高等学校教材

大学生创新领航

朱瑞富　主编
孙康宁　主审

山东大学出版社
SHANDONG UNIVERSITY PRESS
·济南·

内容简介

《大学生创新领航》一书在知识体系、内容编排、案例选择上突出系统性、通用性和特色性，着重启发思想、传授方法和培育精神，注重知识、能力和素质之间关系的协调处理，力求体现科学与人文融合、理论与实践结合、知识与能力综合，使学生深入领悟创新理论应用于创新实践的要旨，为学生开展创新活动奠定坚实的知识、理论和实践基础。

全书共10章，包括认识创新、创新人才、创新思维、创造技能、创造原理、创造技法、创新战略、创新工具、创新设计、专利申请等内容。每章后均附有“学习指导”和“复习与思考题”。

本书主要作为高等院校大学生和研究生创新创业通识教育教材使用，同时对不同职业、不同年龄、不同学历的各界人士也具有重要的阅读和参考价值。

图书在版编目(CIP)数据

大学生创新领航/朱瑞富主编.—济南：山东大学出版社，2022.9

ISBN 978-7-5607-7630-9

Ⅰ.①大… Ⅱ.①朱… Ⅲ.①大学生—创业 Ⅳ.①G647.38

中国版本图书馆CIP数据核字(2022)第182567号

责任编辑 李 港
文案编辑 刘晓燕
封面设计 王秋忆

大学生创新领航
DAXUESHENG CHUANGXIN LINGHANG

出版发行 山东大学出版社
社　　址 山东省济南市山大南路20号
邮政编码 250100
发行热线 (0531)88363008
经　　销 新华书店
印　　刷 山东和平商务有限公司
规　　格 787毫米×1092毫米 1/16
　　　　 20.25印张 439千字
版　　次 2022年9月第1版
印　　次 2022年9月第1次印刷
定　　价 58.00元

《大学生创新领航》
编委会

主　编　朱瑞富
参　编　张进生　栾贻国　吕宇鹏　曹利华
　　　　刘甜甜　仪　维　吴　涛
主　审　孙康宁

序

虽然社会对人才的需求是与时俱进的，但是“立德树人”是人才培养不可回避的永恒主题。新经济、新产业、新业态的不断涌现和对创新型人才的需求，孕育了新工科、新医科、新农科、新文科。这“四新”是促进教育改革和发展的强劲动力，对“四新”人才的培养要求相较传统人才培养已发生了根本性的变化。其中，对学生创新能力的培养已不仅仅局限于积极倡导和利用业余时间，而是要求创新教育要进课堂、进必修课。创新能力已成为新时代人才必备的基础能力。《大学生创新领航》一书顺应时代发展要求出版发行，领航大学生创新发展，是一件非常有意义和价值的事情。

朱瑞富教授从事高校教育教学40余年，是享受国务院特殊津贴专家、全国万名优秀创新创业导师、山东大学“教学卓越奖”获得者。其教学团队常年从事创新教育与工程实践教学工作，不仅在创新教学中取得了一批重要的教学成果，而且在实践与创新教育等方面更是逐渐形成了富有特色的创新理念和课程知识体系。本书思路开阔，着重启发思想、传授方法和培育精神，注重知识、能力和素质之间关系的协同，体现科学与人文、理论与实践、知识与能力的结合，是一本具有通识教育特点的非常好的创新课程教材。

我与朱瑞富教授一起工作已有40多年，既是同事，也是好朋友，他喜欢写作，善于总结，一直秉承严谨求实的工作态度和与时俱进的工作精神。团队成员张进生教授、吕宇鹏教授、栾贻国教授，曹利华、刘甜甜、仪维、吴涛等老师不仅常年指导大学生参加创新比赛，更是各级大赛的组织者和领导者，书中的很多创新案例来自竞赛作品。作为主审，我能感受到作者在本书编写过程中的用心和一如既往的风格。全书纲目清晰、层次分明，遵循“认识创新—创新人才—创新思维—创造技能—创造原理—创造技法—创新战略—创新工具—创新设计—专利申请”的逻辑主线，是一本理论与实践结合紧密、体现全周期创新的教材，值得细读。

孙康宁

国家级教学名师、山东大学教授

2022年3月30日

前言

放眼当今世界，国家之间的竞争日趋激烈，新一轮科技革命和产业变革正在孕育兴起，变革突破的能量正在不断积累。国家之间的竞争说到底是人才竞争。没有一支宏大的高素质人才队伍，中华民族伟大复兴的中国梦就难以顺利实现。科教兴国、人才强国、产学研结合等，都与教育工作紧密相关。中国这么多人，教育水平上去了，将来人才就会像井喷一样涌现出来。广大青年科技人才要树立科学精神、培养创新思维、挖掘创新潜能、提高创新能力，在继承前人的基础上不断超越；要增强责任感和使命感，勇于创新，报效祖国，把人生理想融入为实现中华民族伟大复兴的中国梦的奋斗中。因此，加快建设一支规模宏大、结构合理、素质优良的创新人才队伍，已成为当今我国高等教育的重要历史使命。

为推动大学生创新创业教育的实施，探索创新人才培养模式，山东大学于2010年制定了《山东大学关于通识教育核心课程的实施意见》，首批启动了78门通识教育核心课程和23门培育课程的建设。这些课程包括国学修养、创新创业、艺术审美、人文学科、社会科学、自然科学、工程技术七个模块。创新创业模块的课程旨在培养学生的创新意识、创新方法、创新能力以及创业的基本素质，“创新理论与技能”就是山东大学该模块的全校性通识教育核心课程之一，但最初该课程没有适用性很强的教材。为此，笔者所在的课程组根据通识教育核心课程建设要求，组织相关人员编写了《创新理论与技能》一书，并由高等教育出版社于2013年3月正式出版，至今已有全国多所高校选作创新创业教材。

随着创新创业教育形势的不断变化和发展，原使用的《创新理论与技能》一书在知识体系、内容编排、案例选择上显现出了一些不足，亟须编写系统性、特色性和针对性更好的适用教材。为此，本课程组又组织相关人员对《创新理论与技能》一书进行体系重构、内容增删和案例更新等，编写出《大学生创新领航》一书。该书的出版得到了山东大学2022年高质量教材出版资助（编号:2022-32）和山东大学2022年度教育教学改革研究项目（编号:2022Y309）的资助。

《大学生创新领航》一书在原则、体系、内容、表达和形式等方面具有以下特点：

1.原则上，贯彻“全而要，少而精”的原则，着重启发思想、传授方法和培育精神，试图引领广大青年学生树立科学精神、培养创新思维、挖掘创新潜能、提高创新能力、投身创新实践。

2.体系上，注重知识、能力和素质之间关系的协调处理，力求体现科学与人文融合、理论与实践结合、知识与能力综合。

3.内容上，突出系统性、通用性和针对性，遵循“认识创新—创新人才—创新思维—创造技能—创造原理—创造技法—创新战略—创新工具—创新设计—专利申请”的逻辑主线，在重点论述创新思维、创造技能、创造原理、创造技法等基本理论的同时，还介绍了认识创新、创新人才、创新工具、创新战略等基本知识，用古今中外的大量典型创新案例对创新理论和创新知识进行了诠释，并开展了创新设计和专利申请的实践训练，旨在为学生开展创新活动奠定坚实的知识、理论和实践基础。

4.表达上，注重层次性、准确性和哲理性，力求做到纲目清晰、层次分明，概念准确、理论系统，简明扼要、文字流畅，联系实际、浅入深出，力求使学生深入领悟创新理论应用于创新实践的要旨。

5.形式上，注重规范性、逻辑性和便学性，力求做到格式规范、逻辑严谨，图文并茂、案例丰富，循序渐进、易读便学。每章后均附有学习指导、复习与思考题，书末附有参考文献。

本书由山东大学朱瑞富教授担任主编。本书第 1 章（认识创新）、第 2 章（创新人才）、第 3 章（创新思维）、第 5 章（创造原理）和第 7 章（创新战略）由朱瑞富教授编写，第 4 章（创造技能）和第 6 章（创造技法）由张进生教授编写，第 8 章（创新工具）由曹利华和朱瑞富教授编写，第 9 章（创新设计）由栾贻国教授编写，第 10 章（专利申请）由吕宇鹏和朱瑞富教授编写，朱瑞富教授对书稿进行了全面修改，山东大学的曹利华、刘甜甜、仪维和吴涛博士分别对书稿进行了校对和修改。

国家级教学名师、山东大学孙康宁教授审阅了本书，提出了宝贵意见和建议，并为本书撰写了序，在此深表谢意！本书在编写过程中参考和引用了多位专家学者的著作内容和研究资料，除了列于书后“参考文献”中的部分资料外，还有其他书籍、报刊及网络资料，吸收引用了其中不少有益的见解、图片和精彩案例，在此一并表示衷心感谢！

由于编者的水平和时间所限，书中难免有疏漏之处，敬请各位专家、老师和同学不吝赐教、批评指正。

编　者

2022 年 3 月

目 录

第1章 认识创新

进入21世纪以来，“创新”已成为当今社会的最强音和高频词。“创新”这一概念包含范围广、涉及领域多，既有涉及技术性变化的创新，如技术创新、产品创新、过程创新等；也有涉及非技术性变化的创新，如制度创新、政策创新、组织创新、管理创新、市场创新、观念创新等。可以说“创新”有着无限的空间。本章将介绍“创意”“创造”“创新”“创业”等基本概念及其特性和分类，创意、创造、创新及创业之间的关系，创新与社会发展等基本内容。学习创新、了解创新、启蒙创新、开展创新，不仅对我们的学习、生活、工作、发展有着广泛的现实意义，而且对实现中华民族的伟大复兴也具有深远的历史意义。

1.1 创意

1.1.1 创意的内涵

创意就是具有新颖性和创造性的想法。也可以理解为：创意就是人们有与众不同的好点子。创意的汉语原意是指写文章有新意，也就是说有好的想法和巧妙的构思，一般是指有新意的想法、念头和打算，过去从没有过的计划和思路，创造性的意念等。

创意有名词和动词两个词性，作为名词的“创意”是指新巧的构思与创造性的意念。作为动词的“创意”是指从无到有产生新意念的思考过程。一个好的创意具有新奇、简单、实用、与众不同、能使人眼前一亮、会令人久久难忘等特点。

“创意”作为一个词语，最早出自世界著名的广告大师詹姆斯·韦伯·扬的广告名著《生产创意的方法》(英文*A Technique for Producing Ideas*)，从此，“idea”作为“创意”一词被普遍认同并被广泛使用。

1.1.2 创意的特性

创意的主要特性是突发性、形象性、自由性和不成熟性。创意常得益于灵感，它是灵感诱发形成的观念形态的想法和念头，比灵感要完整和完善。

(1)突发性。创意的突发性不仅指创意的不能确切预期的突如其来的降临，还指它的突变性，即创意是一种突变式的思考飞跃，使感性材料或灵感启示迅速升华为理性认识，也就是想法、意念。

(2)形象性。爱因斯坦在给美国有关机构调查科学家的思考方式的回信中写道，在他的思维机制中，作为书面语言的那种语调似乎不起任何作用。好像作为思维元素的心理存在，乃是一些符号和具有或多或少明晰程度的表象，而这些表象则是能够自由地再生和组合的。爱因斯坦所说的“思维元素的心理存在”就是一种创意。也就是说，爱因斯坦在产生创意时，他主要的思维活动是形象思维。有了创意之后，才可以用概念来审查、推论，运用批判和逻辑思维来证明或否定创意。

(3)自由性。创意思考的目标是确定的，但从思考的方向来说，则是多路的、散漫的、全方位的、灵活的，具有充分的自由性。在创意的选择上，也是自由开放的，甚至是由着自己的性子去思考自己最愿意做的事情，有的甚至是隔行的“业余爱好者”，表现出思维开阔、自由奔放、不受拘束的特点。

(4)不成熟性。创意的不成熟性指明了创意是灵感闪现和创新方案形成之前的那个创新意念。爱因斯坦说的创意是“具有或多或少明晰程度的表象，而这些表象则是能够自由地再生和组合的”，正说明了创意的相对模糊性和不成熟性，经过明晰化和再生、组合之后，才能成为创新、设计和方案。创意不等同于创新思维的最终产物，创意是灵感或经验与创新设计方案之间具有中介性质的思维存在。因此，创意诞生后，还必须有一个对创意的验证过程，有一个去粗取精、去伪存真、由此及彼、由表及里的再思维过程。

1.2 创造

1.2.1 创造的内涵

“创造”是历史上流传已久的概念。据唐代颜师古的《汉书注》中记载：“创，始造之也。”可见，我们的祖先很早就将“创”和“造”紧密地联系在一起了。“创造”一词由“创”和“造”两字组成。《词源》中“创”有疮、伤、损、惩的意思，其共同含义是“破坏”；而“造”有作、为、始、成的意思，其共同含义是“建设”。两字结合起来，“创造”就是“破旧立新”。《辞海》中将“创造”一词解释为“做出前所未有的事情”，这是有关创造的最普遍的阐述。创造有三层含义：第一是发明，即制造前所未有的事物；第二是制造、建造；第三是创作，即撰写文章或创作文艺作品。

到目前为止，世界各国的创造学学者对创造的内涵仍存在不同的解释，归结起来大致有如下几种：

(1)创造是人们在综合观念、分析形象、解决问题并由此而产生新事物时显示特异性的活动。这种说法强调了创造的综合性和特异性。

(2)创造是不同质的素材的新组合。这种定义对科学、艺术、哲学、宗教等精神活动的全部领域都是适用的。它的重点在“新组合”上,而且是“不同质的素材的新组合”。

(3)创造就是解决新问题、进行新组合、发现新思想、揭示新理论。用四个“新”强调创造的创新特性,显然新颖性是创造的一个本质特点。

(4)创造就是依靠今日条件对明日世界——未来梦想的实现。这种定义注重“今日”与“未来”时空的跨越。

总之,在创造学的形成过程中,人们不断研究各种创造活动的共同特征,试图对“创造”下一个学术上的准确定义,但要给“创造”下一个严格、统一的定义并非易事。因此,至今人们对“创造”的定义仍然是仁者见仁,智者见智。

1.2.2 创造的特性

综合有关学者的研究结果,创造具有如下特性:

(1)主体性。主体性即创造的主体必须是现实的人,包括现实的个人、群体和全人类。

(2)控制性。任何一种创造都是主体有目的地控制、调节客体的一种活动,是主体为实现自己的目标而使活动作用于自身客体、自然客体、社会客体,并在创造活动中有控制地进行信息、物质和能量的交换。

(3)新颖性。凡是创造就意味着要产生一种前所未有的新成果。

(4)进步性。任何一种创造活动的成果都必须具有社会价值,有利于社会进步。

(5)综合性。任何一种创造都是主体辩证地综合各方面的信息,并重新组织新信息的过程。从这个意义上说,综合就是创造。

总之,创造首先要强调的是产生对社会或个人有价值的新事物。创造的深度包括所有的层次等级,从对人类社会历史产生重大影响的伟大创造,到为一个国家、地区或部门所承认的杰出创造;从造福社会的创造,到只对创造者本人有意义的创造。创造的广度包括人类活动的所有领域,从科技、军事、政治、教育、管理,到文学、艺术、娱乐、饮食、服饰等。举例来说,探索出一条自然规律、获得了一项专利、制订出一套行之有效的规章制度是创造,找到一种更有效的工作方法、制作一套新服装、把住房布置得典雅别致也是创造。

1.2.3 创造的分类

创造的领域很广,有不同的分类方式,可以按创造性的大小、创造的内容、创造过程等方面进行分类。

1.2.3.1 按创造性的大小分类

创造就是首创的或改进的形形色色的事物,首创和改进的创造性差别很大,有关学者根据创造性的大小将创造分为第一创造性和第二创造性。

“首创”属于第一创造性，它是指人类历史中出现的重大发明和创造。如中国的四大发明、爱因斯坦创立的相对论、莱特兄弟发明的飞机、爱迪生发明的电灯等，它们都是从无到有的创造成果，创造性很高，属于第一创造性，第一创造性是少数人进行的活动。

“改进”属于第二创造性，它是指人们在理解和把握某些理论与技术的基础上，根据自身的条件加以吸收和融合，再创造出具有社会价值的新事物。如工厂的技术革新、产品的升级换代等。大多数人开展的创造发明活动，取得的成果都属于第二创造性。

1.2.3.2　按创造的内容分类

根据创造的内容不同，可将人类的创造分为物质财富的创造、精神财富的创造和社会组织的创造等。

(1)物质财富的创造。物质财富的创造是指创造的成果是物质领域的事物，如研究设计生产一种有形的物质产品(如桥梁、卫星、手机、电脑、共享单车、新产品)等。

(2)精神财富的创造。精神财富的创造是指创造的成果是精神领域的东西。如小说家创作一本小说、剧团导演一出新话剧、画家创作一幅新作品等。莫言创作小说《红高粱》，张艺谋将其拍成电影，郑晓龙将其拍成电视连续剧，这些都是精神财富的创造。

精神财富的创造也能够带来高额回报。据报道，2013 年 36 岁的幻想文学作家江南“咸鱼翻身”，以 2550 万元的年度版税收入成为万众瞩目的中国作家新首富，文坛老将莫言依然以 2400 万元的版税收入稳占次席，郑渊洁则以 1800 万元全年版税收入位居第三。

(3)社会组织的创造。社会组织的创造是指人类为了一定目的，从社会宏观和微观等方面建立的新的组织机构，如不同的社会制度、不同的公司制度等。当前国企改革的方向是改造为混合所有制企业，混合所有制企业是指由公有制资本(国有资本和集体资本)与非公有制资本(民营资本和外国资本)共同参股组建而成的新型企业形式。混合所有制企业就是社会组织的创造。

1.2.3.3　按创造过程的表现形式分类

按照创造过程的表现形式不同，可将创造分为科学研究、技术发明和艺术创作等。

(1)科学研究。科学研究是指人类为了认识客观事物的内在本质和运动规律，利用科研手段和装备，进行的调查研究、实验、试制等一系列的活动。科学研究为创造发明新产品和新技术提供理论依据，科学研究在探索、认识未知上需要高度的创造性，科学上的创造也称“发现”。

屠呦呦从中医古籍里得到启发，通过对提取方法的改进，首先发现了中药青蒿的提取物有高效抑制疟原虫的成分，她的发现对抗疟疾新药青蒿素的开发起到了关键性作用。青蒿素的发现挽救了全球特别是发展中国家数百万人的生命，为此屠呦呦于 2015 年获得了诺贝尔生理学或医学奖。

科学研究的主要任务是科学发现，科学发现分为两种类型。

第一种类型是发现科学事实，是指经过研究、探索等看到或找到前人没有看到和找到的事物，如哥伦布发现美洲新大陆、南京紫金山天文台发现小行星等。

第二种类型是发现科学规律，如哥白尼的“日心说”、达尔文的“进化论”、爱因斯坦的“相对论”等。

科学研究成果最好的表现形式是发表学术论文。因此，在科学研究取得成果后可以撰写学术论文，并在相关学术刊物上发表，如可以在《自然》(*Nature*)、《科学》(*Science*)和《细胞》(*Cell*)等学术期刊上发表。

(2)技术发明。技术发明是指人类在技术领域的实践、发明的成果，提供前所未有的人工自然物模型，或是提供加工制作的新工艺、新方法。机器设备、仪表装备，以及有关制造工艺、生产流程和检测控制方法的创新和改造，均属于技术发明。技术发明也同样需要高度的创造性。

2009年诺贝尔物理学奖获奖者为英国华裔科学家高锟及美国科学家威拉德·博伊尔和乔治·史密斯。博伊尔和史密斯发明了半导体成像器件——电荷耦合器件(CCD)，这个传感器好似数码照相机的“电子眼”，通过用光电设备捕获光线来替代以往的胶片成像，摄影技术由此得到彻底革新。此外，这一发明也推动了医学和天文学的发展，在疾病诊断、人体透视及显微外科等领域都有着广泛用途。可见，技术发明更接近我们的生活，能够产生很大的社会效益和经济效益。

技术发明包括新产品的研制和新方法的发明两类。我国四大发明中的火药和指南针是新产品的研制，造纸术和印刷术是新方法的发明。

当然，技术上的创造也有不同层次，按创造性由低到高可分为技术革新、方案设计、发明和技术创新等。技术发明成果的表现形式是专利，因此，在取得技术发明成果后可以申请专利，比如国家发明专利，还可以申请国际专利。

(3)艺术创作。艺术创作是指艺术家以一定的世界观为指导，运用一定的创作方法，通过对现实生活观察、体验、研究、分析、选择、加工，提炼生活素材，塑造艺术形象，创作艺术作品的创造性劳动。

艺术创作是人类为自身审美需要而进行的精神生产活动，是一种独立的、纯粹的、高级形态的审美创造活动，它是一个复杂的过程，通常分为生活积累、创作构思、艺术表达三个阶段。如画家列宾在涅瓦河畔路遇一群衣衫褴褛的纤夫，而产生了创作《伏尔加河上的纤夫》的灵感。

1.3 创新

1.3.1 创新的内涵

所谓“创新”，就是创造新的事物。其基本含义是指以现有的思维模式提出有别于常规或常人思路的见解为导向，利用现有的知识和物质，在特定的环境中，本着理想化需要或为满足社会需求，而改进或创造新的事物、方法、元素、路径、环境，并能获得一定有益效果的行为。创新有三层含义：一是更新，就是对原有的东西进行替换；二是创造新的东西，就是创造出原来没有的东西；三是改变，就是对原有的东西进行发展和改造。创新是以新思维、新发明和新描述为特征的一种概念化过程。创新的本质是突破，创新的前提是进步。在现实社会中，创新多是模仿加改良。

在国内外传媒和有关书籍中，"创新"至今还是一个模糊不清的概念。许多研究者都对"创新"做了解说，其中具有代表性的定义有如下几种：

(1)创新是开发一种新事物的过程。这一过程从发现潜在的市场需求开始，经历新事物的技术可行性的阶段检验，到新事物的广泛应用为止。创新之所以描述为一个创造性过程，是因为它产生了某种新的事物。

(2)创新是运用知识或相关信息创造和引进某种有用的新事物的过程。

(3)创新是对一个组织或相关环境的新变化的接受。

(4)创新是指新事物本身，具体说来就是指被相关使用部门认定的任何一种新的思想、实践或新的制造物。

(5)当代国际知识管理有关专家对"创新"的定义是：新思想到行动(New idea to action)。

1.3.2 创新的特性

创新是突破性的实践活动，而不是一般的重复劳动，更不是对原有内容的简单修补，必须是突破性的发展、根本性的变革、综合性的创造。创新是继承中的升华，继承是创新的必要。归纳起来，创新具有以下几个方面的特性：

(1)目的性。任何创新活动都有一定的目的，这个特性贯彻于创新过程的始终。

(2)变革性。创新是对已有事物的改革和革新，是一种深刻的变革。

(3)新颖性。创新是对现有不合理事物的扬弃，革除过时的内容，确立新事物。

(4)超前性。创新以求新为灵魂，具有超前性。这种超前是从实际出发、实事求是的超前。

(5)价值性。创新有明显、具体的价值，对经济社会具有一定的效益。

总之，创新理论是近年来伴随知识经济发展而兴起的一门年轻的学科，其内涵十分丰富。创新理论不是仅仅从某个方面、某个领域、某种角度研究创新问题，而是从整体上研究创新问题，具有科学的结构和层次，是开放的理论体系。同时，它又是一门综合性极强的交叉科学，包括科学技术、哲学、心理学、思维科学、方法学、教育学、社会学等，彼此有着密切的联系，互相渗透。创新理论既吸收了其他学科的研究成果，反过来又推动了其他相关学科的发展。人们通过对创新现象的研究，揭示其规律和机制，提出创新理论，指导创新实践，提高创新的速度和效率，从而为人类造福。

1.3.3 创新的分类

创新涵盖众多领域，包括政治、军事、经济、社会、文化、科技等各个领域。因此，对创新也有不同的分类方法。按照创新成果性质的不同，可将创新进行如下分类：

(1)按照创新成果是否原创分类

根据创新成果是否具有原创性，分为原始创新和改进创新。

原始创新是指重大科学发现、技术发明、原理性主导技术等原始性创新活动，如诺贝尔科学奖的获奖成果多是一个国家在推动原始性创新中处于领先地位的标志。

改进创新是对原有的科学技术进行改进所做的创新。比如，火车的驱动方式从最初的蒸汽机发展到内燃机，再发展到电力驱动，行驶速度也在不断提升，最终构建了四通八达的高速铁路网。改进创新可分为材质的改进、原理结构的改进和生产技术的改进等。

(2)按照创新成果是否首创分类

根据创新成果是否属于全世界范围内的首例，分为绝对创新和相对创新。

绝对创新是在全世界范围内实现首创的创新。例如，我国的四大发明、牛顿运动定律等，便是在全世界范围内实现的首创，属于绝对创新。

相对创新不考虑外界环境，创造者在原来的基础上实现了新的突破就属于相对创新。

(3)按照创新成果是否具有自主知识产权分类

根据创新成果是否具有自主知识产权，分为自主创新和模仿创新。

自主创新是指通过具有自主知识产权的独特的核心技术及在此基础上实现新产品价值的过程。自主创新的成果一般体现为新的科学发现及拥有自主知识产权的新技术、新产品、新品牌等。

模仿创新是通过模仿而进行的创新活动，一般包括完全模仿创新、模仿后再创新两种模式。模仿创新难免会在技术上受制于人，随着人们知识产权保护意识的不断增强和专利制度的不断完善，要想通过这种创新获得效益显著的技术十分困难。

(4)按照创新活动涉及的领域分类

根据创新活动所涉及领域的不同，又可分为技术创新、制度创新、观念创新、文化创新、教育创新、理论创新和营销创新等。

1.4 创业

1.4.1 创业的内涵

在我国，“创业”一词自古有之，最早出现于《孟子·梁惠王下》：“君子创业垂统，为可继也。若夫成功,则天也。"这里"创业"的意思就是"开创基业"。而与此意思相同的另一个出处则是在《出师表》中:"先帝创业未半而中道崩殂。"所以,《辞海》对"创业"的解释是创立基业。"基业"是指事业的基础。《现代汉语词典》(第 7 版)对"创业"的解释是创办事业。而"事业"是指人们所从事的,具有一定目标、规模和体系并对社会发展有影响的经济活动。由此可见,创办事业是创业的本质。实际上,"创业"是一个与"守成"相对应的概念。"守成"是指保住前人已有的成就与业绩,而"创业"则是指创立基业或创办事业,是自主地开拓和创造。

创业有广义和狭义之分。广义的创业是指个人、群体或组织以创新和独特的方式追求机会、创造价值和谋求增长,而不顾及资源限制的精神和行为;一般认为狭义的创业特指个人或团队自主创办企业,就是创业个人或创业团队通过寻找和把握各种商业机会,投入已有的知识、技能和社会资本,调动并配置相关资源,创建新企业,为消费者提供产品或服务,具有创新或创造性的、以增加财富为目的的活动过程。

1.4.2 创业的要素

通常来说,创业的关键要素包括创业机会、创业团队和创业资源三个方面。

创业机会是指创业者可以利用的商业机会。从创业者的角度来说,机会是创业的起点,创业过程是围绕机会进行识别、开发与利用的过程。

创业团队是指在创业初期(包括企业成立前和成立早期),由一群才能互补、责任共担、愿为共同目标而奋斗的人组成的特殊群体。

创业资源是指新企业在创造价值的过程中需要的特定资产,包括有形与无形的资产,它是新企业运营的必要条件,主要表现在创业人才、创业资本、创业技术和创业管理中。

没有机会,创业活动就成了盲目的行动;机会虽然普遍存在,但是如果没有创业团队去识别和开发,创业活动也不可能发生;创业团队不仅需要把握机会,还需获得资源,否则机会将无法被开发利用。

1.4.3 创业的分类

(1)按照创业动机来划分

机会型创业,指创业者把创业作为其职业生涯的一种选择,创业动机是出于个人抓住现有机会的强烈愿望,即通常意义上的创业动机。对这类创业者来说,创业活动是一种个体的偏好,是实现某种目标(如实现自我价值、追求理想等)的手段。

生存型创业,指创业者把创业作为其不得不做出的选择。创业动机是出于别无其他更好的选择,即不得不参与创业活动来解决其所面临的困难。这种创业行为是一种被动的行为,而不是个人的自愿行为,是一种无奈的选择。

(2)按照新建企业建立的方式来划分

独立创业,指创业者个人或创业团队白手起家进行创业。

母体脱离，是公司内部的管理者从母公司中脱离出来，新成立一个独立企业的创业活动。母体脱离的创业者拥有创业所需的专业知识、经验和关系网络，生产与原公司相近的产品或提供类似的服务。母体脱离的原因可能是创业者与管理层不合而分离出来，或者是创业者发现了商业机会但原管理者不认同或不重视。

企业内创业，企业内创业的驱动力来自企业内的创新。

(3)按对市场和个人的影响程度来划分

根据创业者个人改变的需求和新创造价值的多少，可以把创业分为以下四种类型：

复制型创业，指复制原有公司的现有模式而创立新的企业，这种创业的创新成分很低。

模仿型创业，这种企业无法给市场创造新价值，创新的成分也很低，并且创业过程对创业者来说具有很大的冒险性。

安定型创业，这种创业为市场创造了价值，但对创业者而言变化不大，风险多来自市场。这种创业强调创业精神的实现，也就是创新的活动，而不是创造新的企业。这种创业体现的是稳健的创业精神，企业内创业多属于此种类型。

冒险型创业，是指一种难度很高，有较高的失败率，但成功所得的报酬也很惊人的创业类型。这种类型的创业如果想要获得成功，必须在创业者能力、创业时机、创业精神发挥、创业策略研究拟定、经营模式设计、创业过程管理等各方面，都有很好的搭配。否则，无论从市场还是个人来说面临的不确定性都最大，难度也最高。

1.5 创意、创造、创新及创业之间的关系

“创意”“创造”“创新”及“创业”均是近年来在国内外传媒和有关书籍中使用较为频繁的词汇之一，学术界对它们之间的关系进行了很多讨论，形成了一些不同的观点，现归纳整理如下。

1.5.1 创造与创新的关系

关于创造和创新的关系，归纳起来大致有以下几种观点：

(1)“等同说”。“等同说”即“创造”就是“创新”，如图 1.1(a)所示。该观点认为“创造”和“创新”不存在实质性的差别，它们都是研究“创造学”领域的逻辑起源的概念。“创造”与“创新”的内涵可以兼容，可以视为相同的概念，在逻辑意义上不必将它们进行严格区分。

(2)“本质不同说”。“本质不同说”即“创造”和“创新”本质上是完全不同的概念，如图 1.1(b)所示。该观点认为“创造”是“无中生有”，即创造出一个自然界从来没有的东西来；而“创新”是“有中生新”，即在已有的基础上通过变革和改进，赋予新的功能和效益。

"创造"是指科学技术的发明,"创新"是指这种发明第一次被商业性运用。

(3)两种"包含说"。一种"包含说"认为"创造"包含了"创新",如图 1.1(c)所示。"创新"仅是人类创造活动的一种,它专指经济领域的创造,是创造成果的商业性应用,是创造的一个突出环节和核心,是创造价值的最高体现。另一种"包含说"认为"创新"包含了"创造",如图 1.1(d)所示。"创造"是"创新"的一个环节,某种新的想法、概念、器物,只要被发明或制造出来就叫"创造";而"创新"既要提出和制造出来,又要推广使用并产生一定的经济效益和社会效益。

(4)"交叉说"。"交叉说"即"创造"和"创新"的内涵有相容和不相容的部分,呈交叉状态,如图 1.1(e)所示。

(5)"本质相通说"。"本质相通说"即认为"创造"和"创新"其本质是相通的,如图 1.1(f)所示。创造如同浩瀚的大海,拥有无穷的生命之星,经历惊涛骇浪的酝酿,它们中的一部分会跃出海面脱颖而出,闪烁出光彩夺目的创新火花。这些创新火花在激烈的市场竞争中,逐渐成长、成熟,造福人类,铸就辉煌,最后又逐渐走向衰退和消亡,被新一轮的创新浪潮所替代,生生不息,创新不止。在浩瀚的"创造"海洋中,只有一部分创造成果能产生社会价值,而绝不可能是全部。由此可见,"创新"是在人类发明创造的基础之上产生的。"创造"和"创新"的共性是都要出成果,其成果都具有首创性和新颖性。它们的差异是"创新"具有社会性和价值性,是在创造的基础上经过提炼的结果,是新设想、新概念发展到实际和成功应用的阶段,它代表了人类的先进生产力和先进文化,有益于人类社会的进步。

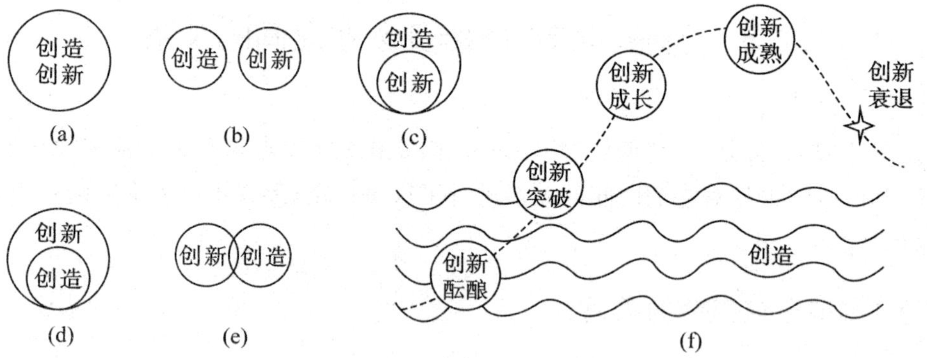

图 1.1 创造与创新

对于"创造"和"创新"的关系,我国学者李放从哲学意义上进行了诠释,似乎也支持了"本质相通说"。他认为创造和创新既有所相通又有所不同,它们是一个人的创造性或"创商"在不同阶段和不同层次上的表现。创造是"从无到有"的一种全新意义的活动。"创"是开始、初次或首次,"造"是做、制作。创造就是开始、初次做,这无疑是一种前无古人、后无来者的全新的活动。"新"的本意是刚出现的或刚经历的事物,以及性质上变得更好的事物。创新就是指推陈出新,即在旧事物的基础上进行扬弃,抛弃其陈旧落后的糟粕，吸纳其有益合理的精华，再增添进去一定量的新因子，是指在旧有事物的基础上升级换代，使其成为一种新的事物。创造则是一种建立在科学理论新发现或技术新发明、新突破基础上的突变性革命，它代表了一种质的变革和飞跃。创新是一种革新，是一种“以新代旧”的渐进式的变革，它代表了一种量的积累。

至今，有关“创造”和“创新”概念的讨论仍在继续，尚无一致的结论。虽然“创新”的概念是在1912年由美籍奥地利经济学家约瑟夫·熊彼特首先提出，但“创新”的重大意义是伴随着知识经济的到来和国家创新体系的创建才被人们真正理解的；而“创造”的概念已有几千年的历史。就创造学和创新学而言，目前尚处于“初生期”。但是，正如学者所说，我们没有更多的时间去弄清正在发生的事情及其原因，但我们必须用足够的时间去组织创新。

1.5.2 创新与创业的关系

从经济学范畴讲，创业主要是指为了创建新企业而进行的、以创造价值为目的、以创新方法将各种经济要素综合起来，创造出新产品或服务而获得利润的一种经济活动。创业与创新有着密不可分的联系，可以说，创新贯穿于创业的全过程，创新是影响创业成功的重要因素。

(1)创新是创业的基础。创业是把创新成果转化为生产力的过程，是一个创造新价值、开辟新道路的过程。

(2)不断创新可以保护创业成果。一个新的模式出现后，很快就有人模仿和复制，要想维护品牌的领先地位，必须要有不断创新的理念。

(3)创新可以推动企业持续发展。改革创新是企业活力的源泉，创业者有了较强的创新意识和能力，就会引导企业不断地创新，这些创新是创业者的成功之道，是企业的生命之源。

1.5.3 创意、创造及创新之间的关系

通俗地说，创意、创造和创新三者之间的关系是：创意产生思路，创造产生作品，创新产生效益。产生一个好的想法是创意，将这个想法付诸实践产生作品是创造，将作品转化为产品产生效益就是创新。有位学者说得好：目前社会上经常将“科研”和“创新”两个词语的含义混淆，科研是将金钱转换为知识的过程，而创新则是将知识转换为金钱的过程。

从历史上的重大技术创新实例可看出，创造发明与技术创新之间通常存在“滞后期”，先有“创造”，后有“创新”，一个创造性成果的诞生不一定马上产生经济效益，它们之间存在滞后期，有的滞后期还很长。如日光灯早在1879年就发明出来了，但是直到1938年才走向市场并产生效益，滞后期为59年。

1.6 创新与社会发展

创新是人类特有的认识能力和实践能力，是人类主观能动性的高级表现形式，是推动民族进步和社会发展的不竭动力。可以这样说，人类社会从低级到高级、从简单到复杂、从原始到现代的发展历程，就是一个不断创新的过程。不同民族发展的速度有快有慢，发展的阶段有先有后，发展的水平有高有低，究其原因，民族创新能力的高低是一个主要影响因素。

1.6.1 创新是人类社会发展的原动力

回顾人类文明进步的历史可以得出这样的结论：创新是社会发展的原动力。其主要表现如下。

(1)创新促进人类发生思想观念更新

创新作为人们的创造性活动，必然会产生不同于传统观念的新认识，这些新认识需要突破旧的思想观念的束缚，才能为人们带来思想观念的更新和解放，进而为社会发展扫除思想障碍。

例如，在科学史上，“日心说”取代“地心说”的创新活动就发挥了这一方面的作用。“地心说”认为，地球处于宇宙的中心并保持不动，太阳、月球及其他行星和恒星都绕地球转动(见图 1.2)。这种学说在 16 世纪以前一直在天文学界占统治地位，并长期被教会用来说明地球是上帝存在的地方。而“日心说”则认为，太阳处于宇宙的中心，地球只是一颗普通的行星，它和其他行星一样，都围绕着太阳转动(见图 1.3)。由于受到时代的局限，哥白尼只是把太阳系中心的太阳视为整个宇宙的中心。虽然这也是不正确的，但在当时，“日心说”推翻了“地心说”一千多年的统治，给神权以沉重的打击，引起了人们宇宙观上的革命。这为近代自然科学的发展扫除了思想障碍，从而为人类社会的发展和进步奠定了自然科学基础。

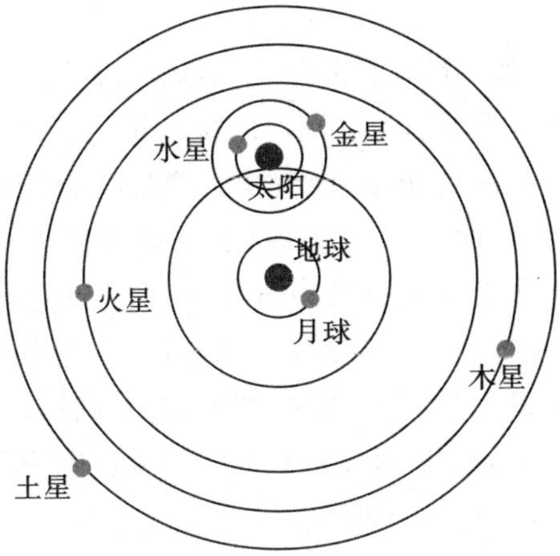

图 1.2 “地心说”示意图

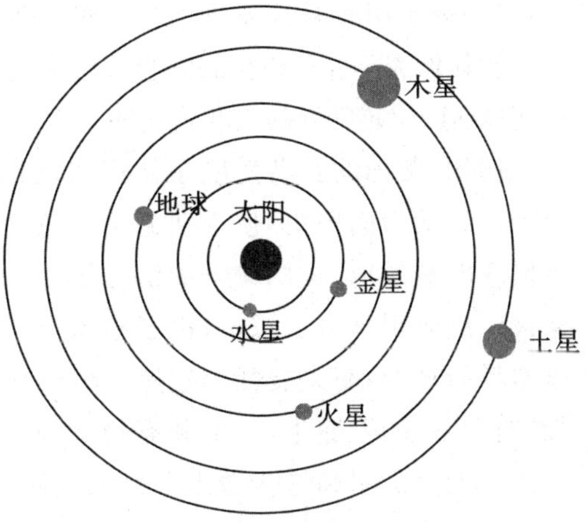

图 1.3 “日心说”示意图

(2)创新促使社会发生革命性变革

由于创新是一种抛弃旧事物、创造新事物的活动,因此它能够使事物产生质的飞跃,形成一种新的事物。在社会领域,创新则能促进社会发生革命性的变革。

例如,18 世纪中期开始的“产业革命”,用机器大工业(见图 1.4)代替工场手工业(见图 1.5)的创新过程就是这样。产业革命于 18 世纪首先在当时资本主义最发达的英国诞生,从棉纺织业开始逐步发展到采掘、冶金、机器制造、运输等部门。18 世纪 80 年代,由于蒸汽机的发明和使用,英国的产业革命得到了进一步发展,到 19 世纪 30 年代末基本完成。美国、法国、德国、俄国、意大利等国家也在 19 世纪先后完成了产业革命。这种产业革命既是生产技术的巨大革命,又是生产关系的深刻变革。它促进了资本主义生产力的迅速发展,提高了生产的社会化程度,使资本主义制度建立在机器大工业的物质基础上,并最终战胜封建制度居于统治地位。这样,产业革命的创新就使社会形态发生了革命性变革,使资本主义社会这一新的社会制度得以确立。

图 1.4 机器大工业

图片来源:朱瑞富.创新理论与技能[M].北京:高等教育出版社,2013:10.

图 1.5 工场手工业

图片来源:朱瑞富.创新理论与技能[M].北京:高等教育出版社,2013:10.

(3)创新引发社会发展产生新的飞跃

创新作为一种开拓性的创造活动，并不是原有事物的简单重复，一旦创新成功，往往可以促使事物产生超常规的飞跃式发展。在社会领域，则会促使社会发展产生新的飞跃。

例如，英国的瓦特发明了蒸汽机，引发了第一次工业革命，改变了人类以人力、畜力、水力作为动力的历史，使人类进入了蒸汽机时代[见图 1.6(a)]。丹麦人奥斯特于 1820 年发现电磁效应，英国科学家法拉第于 1831 年首次发现电磁感应现象，从此电磁感应现象被广泛应用于电工技术、电子技术以及电磁测量等方面，并导致了发电机、电动机和变压器等的诞生，使人类社会迈进了电气化时代[见图 1.6(b)]。同时期被誉为“光明之父”“发明大王”的爱迪生，一生共有约 2000 项创造发明，电灯、电话、电报、留声机、电影等都是他为人类文明和进步做出的巨大贡献，是他将人类带入了电气时代[见图 1.6(c)]。集创新者、企业家、推销员等角色于一身的比尔·盖茨，在个人计算和商业计算软件、服务和互联网技术等方面都是全球范围内的领导者，他为推动人类进入网络信息时代做出了突出贡献[见图 1.6(d)]。

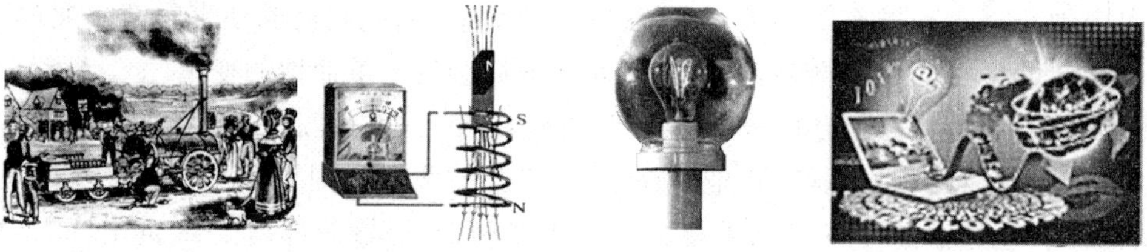

(a) 蒸汽机时代　　(b) 电气化时代　　(c) 电气时代　　(d) 网络信息时代

图 1.6　创新引发的时代变迁

图片来源：朱瑞富.创新理论与技能[M].北京：高等教育出版社，2013：10.

(4)创新引起社会产生综合性发展

创新并不是单个人的孤立行为，而是有机联系的各个领域、各个方面协调发展的创造性活动。因此，它会引起社会各方面的综合性发展。

例如，我国经济体制改革的目标是要建立社会主义市场经济体制。这一目标的确立既是对传统的计划经济体制的革命，又是对建立在生产资料私有制基础上的资本主义市场经济体制的扬弃。因此，这是中国共产党在改革开放过程中领导全国人民进行的一项伟大的创新实践。这种创新就不只是局限于经济领域的改革，而是需要在经济、政治、文化、教育、科技等各方面进行综合配套改革才能实现。例如，随着市场经济的发展，原有的国有企业都要建立起现代企业制度，成为自主经营、自负盈亏的市场主体。在政治体制方面，就要求政府对企业的管理方式进行创新，由计划经济条件下的直接管理转变为市场经济条件下的间接管理为主，从而使政治体制改革与经济体制改革协调发展。所以，建立社会主义市场经济体制的这一创新，就使我国社会生活的各个方面都发生了变革，实现了整个社会的综合性发展。

1.6.2 创新是影响国家兴衰的关键因素

任何一个时代,任何一个国家和民族都需要创新。没有创新,时代就不能前进,民族就不能发展。约瑟夫·熊彼特认为,资本主义经济的最本质特征就是创新,资本主义之所以能不断突破自身的各种局限性和经常发生的经济危机,其最主要原因就是资本主义经济的自发创新机制。

美国在19世纪一跃成为世界经济强国,就有赖于它的科技创新。美国是一个移民国家,很多居民来自欧洲大陆。1776年7月4日美国独立后,在生产技术方面的创新主要还是照搬欧洲技术。美国的科技创新始于伊莱·惠特尼发明的轧棉机。1793年,伊莱·惠特尼根据美国棉籽的特点,吸收欧洲经验发明了轧棉机,顺利地解决了美国棉籽和棉花分离的难题。这一发明使棉籽清除的效率提高了1000倍,让美国迅速超过印度,成为当时最大的棉花出口国。美国利用出口棉花的外汇收入购买技术和工业品,产生了良性循环。直到1850年,美国才结束照搬欧洲技术的历史,走上自主创新的道路。1860～1884年,美国进行了产业革命,依靠吸收英国的资金和技术,一跃成为世界科技中心。到1890年,美国已成为一个经济大国。在整个发展过程中,伊莱·惠特尼发明轧棉机的技术创新是美国实现飞跃式发展的一个重要契机,也显示了技术创新对于社会发展的推动作用,如图1.7所示。

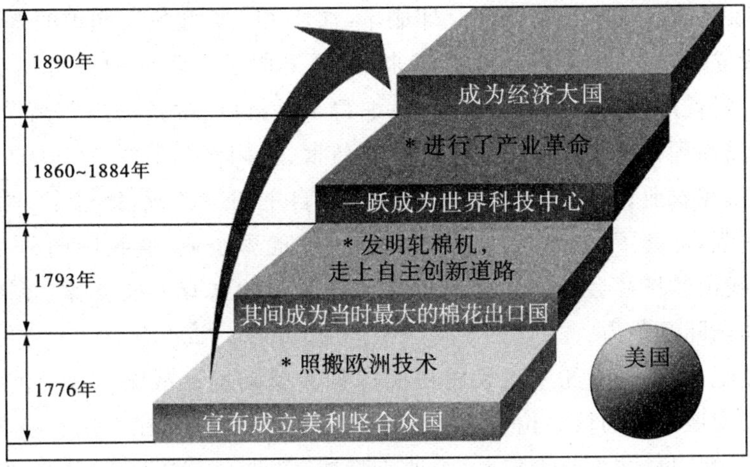

图1.7　美国的强盛有赖于科技创新

创新也是日本产业崛起的根本。1950～1980年,日本总计引进36000余项技术,其引进项目之多、范围之广超过当时的任何国家。日本技术的95%是引进的,只有5%是自主创新的。1957～1961年,日本钢铁工业每投资1美元从国外引进新技术,在国内就要相应投资2～3美元作为吸收、消化、研究和改进的费用。1963年,日本企业研究和开发费用的20%专门用于消化国外技术。第二次世界大战结束以后的20年间,日本的钢铁工业从国外共引进2000余项技术,在采用反求、剖析的方法进行仿制的基础上进行二次创新，使其技术水平超过引进国，促进了日本钢铁产业的发展，使日本迅速成长为世界钢铁大国。

创新也使韩国的经济实现了奇迹般的腾飞。韩国自然资源匮乏，战争又使韩国经济遭到严重破坏，1960 年其人均国内生产总值(GDP)只有 80 美元。从 20 世纪 60 年代初期起，韩国从发达国家(主要是美国、日本)引进大量技术，包括购置先进设备和开展技术许可贸易，并在引进技术的基础上开展模仿创新，提出了“技术—引拼—工艺创新”战略，使韩国的许多产业在国际市场上崭露头角。从 20 世纪 60 年代初期开始，韩国年人均 GDP 以超过 9%的速度增长，到 80 年代末期，韩国一跃成为世界工业强国，充分显示出创新的巨大威力和效率。

美国著名决策咨询机构兰德公司的研究表明：一个国家要在政治上独立，首先必须经济独立；经济要独立，必须在技术上能够独立；技术上要独立，必须通过自主创新，拥有自己的核心技术，否则就要受制于人。

1.6.3 创新是实现民族复兴的必由之路

中国自古以来就是创新和创造的故乡，比如燧人氏发明的钻木取火给人们带来了饮食和取暖的革命；大禹治水，改堵为疏，为人们消除了水患；指南针的发明促进了航海业的发展，使人们在海上航行有了方向；火药的发明促进了矿山开采及武器的发展；东汉蔡伦改进的造纸术、宋代毕昇发明的活字印刷术，加速了人类文化及知识的普及和传播。

新中国成立以来，特别是改革开放以来，我国采取了一系列加快科技事业发展的重大战略举措。经过广大科技人员顽强拼搏，取得了一批以“两弹一星”、高性能计算机、杂交水稻、陆相成油理论和应用、人工合成牛胰岛素、基因组研究等为标志的重大科技成就，拥有了一批在农业、工业领域具有重要作用的自主知识产权，促进了一批高新技术产业群的迅速崛起，造就了一批拥有自主知名品牌的优秀企业，使我国的科技水平显著提高，成为推动我国经济社会发展和人民生活水平改善的强有力的支撑，显著增强了我国的综合国力和国际竞争力。

进入新世纪，特别是党的十八大提出实施创新驱动发展战略以来，党和政府把科技创新摆在国家发展全局的核心位置。在党中央的坚强领导下，在全国科技界和社会各界的共同努力下，我国科技事业密集发力、加速跨越，实现了历史性、整体性、格局性重大变化，重大创新成果竞相涌现。

例如，在基础研究和应用基础研究方面，我国的化学、材料、物理等学科水平居世界前列，铁基超导材料保持着国际最高转变温度，量子反常霍尔效应、多光子纠缠研究水平世界领先，中微子振荡、干细胞、利用体细胞克隆猕猴等取得重要原创性突破，“悟空”“墨子”“慧眼”“碳卫星”等系列科学实验卫星成功发射，500 米口径球面射电望远镜、上海光源、全超导托卡马克核聚变装置等重大科研基础设施为我国开展世界级科学研究奠定了重要的物质技术基础。

在面向国家重大需求的战略高技术研究方面，我国的超级计算机运行速度连续10次蝉联世界之冠，采用国产芯片的“神威·太湖之光”获得高性能计算应用最高奖“戈登·贝尔”奖，载人航天和探月工程取得了“天宫”“神舟”“嫦娥”“长征”等一系列重要成果，北斗导航、载人深潜、深地探测、国产航母、大型先进压水堆和高温气冷堆核电、天然气水合物勘查开发、纳米催化、金属纳米结构材料等正在进入世界先进行列。

在引领产业向中高端迈进方面，“复兴号”高速列车迈出了从追赶到领跑的关键一步，超超临界燃煤发电、特高压输变电、杂交水稻、海水稻等世界领先，移动通信、语音识别、新能源汽车、第三代核电“华龙一号”、掘进装备等跻身世界前列，集成电路制造、C919大型客机、高档数控机床、大型船舶制造装备等正在加快追赶国际先进水平，龙门五轴机床、8万吨模锻压力机等装备填补了多项国内空白，自主研发的人工智能深度学习芯片实现了商业化应用，超导磁共振等医疗器械实现了国产化替代，重大传染病防控和疫苗研制、重大新药创制等有力改善了民生福祉。

当前，我国的科技发展在一些前沿方向正开始进入并行、领跑阶段，科技实力正处于从量的积累向质的飞跃、点的突破向系统能力提升的重要时期。我们比历史上任何时期都更接近中华民族伟大复兴的目标，我们比历史上任何时期都更需要建设世界科技强国！

2018年5月28日，习近平总书记在中国科学院第十九次院士大会、中国工程院第十四次院士大会开幕会上发表了重要讲话，其中有关科技创新的金句振聋发聩。习近平总书记指出，中国要强盛、要复兴，就一定要大力发展科学技术，努力成为世界主要科学中心和创新高地。

习近平总书记的一系列精辟论述，为科技工作者当前和今后的创新确立了目标、指明了方向、坚定了信心、鼓舞了斗志。

学习指导

进入21世纪以来，“创新”已成为当今社会的最强音和高频词。创新不仅对我们的学习、生活、工作、发展有着广泛的现实意义，而且对实现中华民族的伟大复兴也具有深远的历史意义。本章主要介绍了“创意”“创造”“创新”“创业”等基本概念及其特性和分类，创意、创造、创新及创业之间的关系，创新与社会发展等内容。学习本章的目的在于让同学们学习创新、了解创新、启蒙创新，增强创新意识。学习本章的基本要求是：掌握“创意”“创造”“创新”“创业”等基本概念及其特性和分类，熟悉创意、创造、创新及创业之间的关系，了解创新对社会发展的重要影响以及创新对我国建设创新型国家的现实意义。

复习与思考题

1.1 何谓创意？创意有哪些基本特性？

1.2 何谓创造？创造的基本含义是什么？

1.3 创造有哪些基本特性？

1.4 创造是如何进行分类的？

1.5 何谓创新？创新的基本含义是什么？

1.6 创新有哪些基本特性？

1.7 创新是如何进行分类的？

1.8 何谓创业？创业的关键要素有哪些？

1.9 创业是如何进行分类的？

1.10 学术界对创造和创新的关系有哪些基本论点？

1.11 简述创新与创业之间的关系。

1.12 简述创意、创造及创新之间的关系。

1.13 创新对人类社会发展有哪些重要影响？

1.14 为什么说创新是实现民族复兴的必由之路？

1.15 举例说明自己在日常学习、生活和工作中遇到的创新实例。

1.16 谈谈你学习本章后的感想和体会。

第2章　创新人才

当今世界，各国之间围绕着综合国力的竞争日趋激烈，新一轮科技革命和产业变革正在孕育兴起，变革突破的能量正在不断积累。综合国力的竞争说到底是人才竞争。对今天处于复兴进程中的中国来说，加快培养一支规模宏大、富有创新精神、敢于承担风险的创新型人才队伍，已成为当今我国高等教育的重要历史使命。为此，本章将介绍“创新人才”的基本概念、基本能力和个性品质，创新人才培养的理念、模式和方法，创新能力培养的内涵、原则和途径，“创新创业教育”的概念、现状和发展等基本内容。通过本章的学习，意在使同学们确立创新人才的发展目标和方向，明确创新人才培养的模式、方法和途径，为使自己早日成为创新人才提供基本遵循。

2.1　创新人才概述

2.1.1　创新人才的基本概念

人才是指具有一定的专业知识或专门技能，进行创造性劳动并对社会做出贡献的人，是人力资源中能力和素质较高的劳动者。创新人才是指具有创新意识、创新精神、创新思维、创新知识、创新能力并具有良好的创新人格，能够通过自己的创造性劳动取得创新成果，在某一领域、某一行业、某一工作上为社会发展和人类进步做出了创新贡献的人。创新人才通常表现出灵活、开放、好奇的个性，具有精力充沛、坚持不懈、注意力集中、想象力丰富以及富于冒险精神等特征，这些已成为当代创新人才的一般识别标准。

在对“创新人才”概念的全面理解上，应注意以下几点：

(1)创新人才与常规人才之间的关系。创新人才是与常规人才相对应的一种人才类型。创新人才是创新思维占主导地位，具有创新意识、创新精神和创新能力，并能够取得创新成果的人才；常规人才则是常规思维占主导地位，创新意识、创新精神、创新能力不强，习惯于按照常规方法处理问题的人才。创新人才与通常所说的“理论型人才”“应用型人才”“技艺型人才”等是相互联系的,他们是按照不同的划分标准而产生的不同分类。

(2)创新人才的基础是人的全面发展。一个人的创新意识、创新精神、创新思维和创新能力并不是凭空产生的,也不是完全独立发展的,它们与人才的其他素质有着密切的联系。从这个意义上说,创新人才首先是全面发展的人才,是在全面发展的基础上创新意识、创新精神、创新思维和创新能力高度发展的人才。

(3)个性自由发展是造就创新人才的前提。《日本临时教育审议会关于教育改革的第一次审议报告》中指出:创造性与个性有着密切的联系。大学要培养具有创造性的创新人才,就必须首先使他们成为一个作为人的人、真正自由的人、具有个体独立性的人,而不是成为作为工具的人、模式化的人、被套以种种条条框框的人。虽然不能说个性自由发展了人就有创造性,就能成为创新人才,但没有个性的自由发展,是难以诞生创新人才的。从这个意义上说,创新人才就是个性自由、独立发展的人。

(4)对创新人才的理解随时间而产生变化。无论是“创新”还是“创新人才”,都是一个与历史有关的概念,在不同的历史时期,人们对创新和创新人才的理解都会有一些不同。当代社会的创新人才是立足于现实而又面向未来的创新人才,应具备以下基本素质:充分的知识储备,以创新能力为特征的高度发达的智力和能力,以创新精神和创新意识为中心的自由发展的个性,积极向上的人生价值取向和崇高的献身精神,强健的体魄等。

总之,创造、创新者的使命是不断探索自然、改造社会,追求新的发现,从事新的发明,在科学、技术、管理以及文学、艺术等一切实践活动领域内,产生具有经济价值、社会价值、艺术价值和生态价值的新思想、新观念、新理论、新方法、新技术、新产品、新材料、新成果。是不是创新人才,第一是看创新能力的高低,第二是看创新者的个性品质。

2.1.2 创新人才的基本能力

创新人才的基本能力应包括知识和领域技能、创新专业知识、创新思维能力、创造技能、完成工程的能力和创造技法等。

(1)知识和领域技能。创新人才必须拥有一般的基础知识、专业知识及交叉学科知识(领域内的基本知识、基本技能和特殊才能),只有具备广博的知识,才能发现问题、提出问题、解决问题,并形成新的概念、做出新的判断、产生新的见解。领域技能既依赖于先天的认知能力和感知运用能力,也依赖于后天所受的教育。基础知识薄弱的人不可能产生高水平的创造成果。

(2)创新专业知识。创新人才要熟悉创造学知识并能灵活运用发明原理从事创新活动。

(3)创新思维能力。创新人才要通晓创新思维规律,要有检索、处理以及综合运用信息的能力,能综合运用直觉、想象、灵感思维、显意识和潜意识、发散思维和收敛思维,独辟蹊径开辟新的思路,能够提出新的理论、建立新的概念。从本质上来说,创新思维既是人类的一种高级本能,又是一种高级的社会产物,也是一种创新人才必须具备的思维品质。在创造、创新精神的指导下,经过创新思维和创新行为的联合作用,敢于创新、勇于创新、善于创新，才能形成创新能力，从而为塑造新世纪的创新人才奠定基础、创造条件。

(4)创造技能。创造者应具有卓越的创造技能，包括细致的观察力、牢固的记忆力等。创造技能是创造者在创造活动过程中正确处理自己和社会之间关系的方式、方法的概括。创造技能主要依赖于个性，同时也与领域训练的认知风格有关。创造技能的提高有助于提高创造力。

(5)完成工程的能力。创造性地完成工程才能体现出创造者理论联系实际和敢于实践的能力，只有理论、没有实践，就不可能产生创造性成果。

(6)创造技法。创造者在长期的科研、创造发明过程中，总结出了许多具有普遍规律性的技巧和方法，其特点是将创造技法和课题开发过程有机结合，直接指导人们开展创造、创新活动，具有提高创造、创新能力和效率的显著作用。创造技法有许多种，而且随着科技的发展和时代的进步，还在不断涌现出新的创造技法。可以通过系统的创造技法培训来提高创造者的创造能力。

2.1.3 创新人才的个性品质

总体上讲，每一个人都有区别于他人的个性特征，如有的人坚毅果断，有的人优柔寡断；有的人热情开朗，有的人冷漠孤僻；有的人思维敏捷，有的人反应迟钝等。人的个性差异是先天遗传因素和后天生活、学习、锻炼及环境因素共同作用的结果。

创新人才的个性品质中，包含了具有创新能力者的各种心理品质。创新人才通常以培养拥有无穷的创新能力和养成良好的创造性人格为目标，增强自身有利于创新的个性因素，抑制和消除阻碍创新的个性因素。良好的创新人才的个性品质特征如图 2.1 所示。

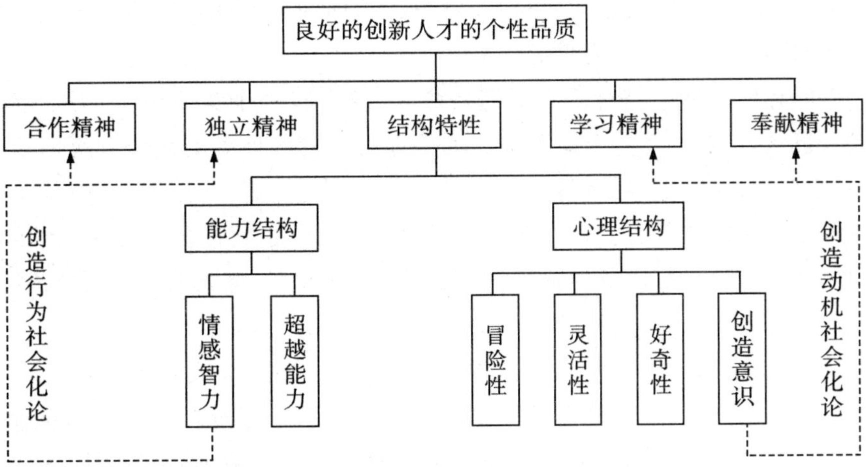

图 2.1　良好的创新人才的个性品质特征

2.1.3.1　追求卓越的奉献精神

创新的动力来自内部，创新者首先要积极主动地树立正确的世界观、人生观、价值观和造福社会的崇高理想，激励自己追求卓越。爱迪生给自己确立了不断尝试做出新发明的目标，以此来保持创造力。他一生中拥有1093项专利，这个记录迄今无人打破。爱因斯坦最著名的是关于相对论的论文，同时他还发表了另外百余篇论文。只有在观念上和行动上都坚持追求卓越，才能实现奉献人类的理想。这是创造者创造动机的体现。具体可从以下几点着手：

(1)每天进步一点点。二战后日本经济萧条，为此，日本企业界从美国请来管理学博士威廉·爱德华兹·戴明，后者告诉日本人一个观念：企业只要能"每天进步一点点"，就一定能够茁壮成长。日本的众多企业从"每天进步一点点"做起，最终促成了松下、本田、三菱等的成功。日本质量管理的最高奖——戴明奖，也已经成为享誉世界的质量奖项。要保证每天进步一点点，就要对自己的创造活动进行整体设计，以开发自己的创造潜能为目标，不断培养自己的创造激情，改善工作方法，提高自己的决断能力，正确面对失败和挫折。

(2)拥有自信。自信属非智力的心理因素，它会对人们的创新思维产生巨大影响，它能激发人的创造热情，使人们的创造、创新冲动持续下去，化为自觉的行动。有人曾问比尔·盖茨："成功的秘诀究竟是什么?"他回答说："不愿意付出努力就想成功，是不可能的事；小付出、小努力也不会成功的；加倍努力、双倍努力不够，就三倍甚至十几倍，只要你比任何竞争对手都努力，你就会非常自信，你就一定会超过所有的竞争对手，迈向成功。"为了确保成功，要追求个人的经验、知识和信息资源的合理配置，认识自己的长处和不足，努力学习，充分发挥自己的最大潜能。

(3)无止境地追求完美。成功的一个秘诀就是要积极主动地把事情做得好上加好。当你在工作中坚持完美的时候，就会全身心地投入，你的事业就会突飞猛进，追求完美是永无止境的，永远没有最好，只有更好。

(4)永不停息地超越竞争对手。要创新成功，就要找一个竞争对手，去了解对方、研究对方，想方设法超越对方，并形成习惯。如果你打算在你所处的领域有所创新，你现在就应确定具体对手，研究他、超过他。

(5)坚忍不拔的创造毅力。创造者立志造福全人类，必须在科技发明和技术创新的过程中拥有坚强的毅力，始终发扬开拓创新精神，在技术上、观念上勇于突破传统的思维定势。

法国文学家奥诺雷·德·巴尔扎克说过，"勇气和天才"是成功的一半，而毅力是成功的另一半。有毅力的人具有百折不挠、勇往直前、永不半途而废的特点。爱迪生认为，伟大人物最明显的标志就是坚强的意志，不管环境变换到何种地步，他们的初衷与希望仍不会有丝毫的改变，而终于克服障碍，达到期望的目的。诺贝尔奖获得者、美国科学家罗歇·夏尔·路易·吉耶曼为了研究下丘脑激素花费了35年，经过27万次的实验，忍受无数次的失败，最后终于取得了成功。毅力还表现在对自己弱点的自我克服上，具有坚强毅力的人善于在思想上自我除锈，使思维始终保持积极向上的状态，妥善地管好自己的情感，不断自我激励，在艰难曲折的创新活动中知难而进，始终如一地朝着既定的目标前进。超人的创造能力与造福全人类的价值观相融合，就能形成攻克难关的无穷力量。毅力和勤奋是人的宝贵精神品质，它不单是一种习惯，而且是一种志气、一种追求。

(6)对变化有所准备。当我们做某一样事情而失败的时候，往往会自问为什么自己会失败。创造者必须具备非凡的洞察力，能察觉出所有突发情况。抗生素的发现和应用拯救了无数的生命，亚历山大·弗莱明之所以能发现青霉素，是因为他对“暴露在空气中的培养基会生出霉菌”这个被别人忽视、看似无关紧要的现象报以极大兴趣的结果。

2.1.3.2　科学理性的独立精神

创新人才通常有很强的独立性，表现为对书本、理论、权威、经典不迷信、不盲从，敢怀疑、敢超越。思维上的独立性将导致行为上的独立性，而行为上的独立性又将促进思维上的独立性，从而使创新人才的创新精神向更高层次发展。

2.1.3.3　热情洋溢的合作精神

创新行为的社会特征之一就是合作性。合作可以使个人有限的智力和精力得到延伸，也可以使个人有限的财力和物力得到多种扩充，从而为创新行为的实施提供多重保障。合作精神是创新者个性品质的重要特征，也是创新者行为特征的具体表现，两者互为依托、相互促进。良好的合作精神是促使团队创造、创新制胜的重要前提。

在科学技术高度发达、学科专业高度深化的今天，创新行为的深度和难度与日俱增，仅凭个人的力量，试图单枪匹马、独闯天下的时代已一去不复返。人们要进行高水平创新，就必须依靠多学科、多专业、多层次人员的合作，才有望在艰难的创新之路上有所作为。因此，在创造、创新的过程中，科研团队成员及领导要正确认识自己知识的局限性，加强学术沟通和人际沟通，提高沟通能力。应善于洞察别人的心态，领悟合作伙伴的感受，尊重他人的意见，平等待人，对人、对事既讲原则，又注意方法、技巧，一旦发生矛盾，要能很好地控制自己的感情。在与人相处时，应注意以下方面：

(1)宽容他人。宽容是一种美德，不要指责和抱怨。

(2)注意赞美。赞美会带给人喜悦。

(3)保持微笑。微笑能缩短心理距离，是加强友谊的桥梁。

(4)“诚”字当头。诚实是交往成功的基础。

(5)尊重别人。人敬我一尺，我敬人一丈。

(6)善于沟通。耐心听取意见，真诚坦率地表达自己的意见，坚持原则，但不压制对方。

2.1.3.4　坚持不懈的学习精神

进入21世纪，一切知识、事物、技术、技能都在以惊人的速度变化和发展，多学科相互融合、交叉，只有勤奋学习，才能持续地提高创新能力。

2.1.3.5　努力开拓的结构特性

创新者努力开拓的结构特性主要表现在心理结构和能力结构两个方面。

1)心理结构

心理学家开展过创造性测试研究，采用测量、实验、个案、历史文献和计算机模拟五种方法进行测试，初步认定创造者的心理特征是多方面的，为了更好地开发人的创造、创新潜能，除了从生理方面了解和掌握人脑科学理论外，深层次的、与创造力紧密相关的是创造意识、好奇性、灵活性和冒险性。

(1)创造意识。创造意识是指创造者在不断变化的外界作用下，自觉产生的改造客观世界的创新欲望、意愿、观念和思想的总和，是一切创造、创新观念形态的总和。正是有了创造意识，创造者才敢于破旧立新，不断涌现新的意图、新的观念，这种勇于冲破原有观念束缚，不断产生新思想的心理状态，就是创造意识的体现。创造意识是各种创新行为的观念形态，既是创造活动的反映，又是创造、创新活动的动力。创造意识总是促进创造、创新活动的产生、进行和成功，是创造、创新的灵魂，它促进创造者产生超越意识、进步意识、审美意识。创造者的智慧、情感和理智能调动创造者的潜意识、直觉和灵感，为在创造、创新过程中攻克难关服务。因此，在所有创造、创新的要素中，人的创造意识是最重要的要素，可以说没有创造意识，一切创造和创新活动就无从开展。

(2)好奇性。美国心理学家吉尔福特研究认为，"有强烈的好奇性，对事物的机理有深究的动机"是创新者的普遍心理特性。玛丽·居里曾将好奇誉为"人类第一美德"。好奇是一种心理上的动力，它促使人们对神秘事物的内在规律展开研究。正是这种好奇性推动着人们不断创新，以丰富人类的知识宝库。古希腊哲学家柏拉图说过："好奇者，知识之门。"好奇性是促进想象力发展的重要条件。无数发明创造的先例充分说明，好奇驱动着人们沿着创新之路一步一步地前进。当旧的问题解决时，人们的好奇得到一定满足，心理产生满足感和愉悦感。但当新的问题产生时，又将引起人们新的好奇，由此始终推动人们好奇不止、创新不息。创造者可以通过多看、多读、多想、多问来培育和提高自己的好奇性。

(3)灵活性。灵活性是指心理活动的智力灵活程度。它有以下特点：①起点灵活，即从不同角度、方向、方面，用多种视角认识问题和用多种方法解决问题；②过程灵活，从分析到综合，从综合到分析，全面灵活地进行推理和探索；③概括、迁移能力强，运用规律的自觉性高；④善于组合分析，考虑问题的范围伸缩性大；⑤创造的结果往往是多种合理而灵活的方案，这种结果不仅有量的区别，而且有质的区别。

(4)冒险性。冒险性表现在：勇于面对失败或批评；敢于怀疑，能在逆境中完成任务；敢为自己的观点辩护等。没有冒险性的心理准备，就无法承担由于创新行为暂时受挫所造成的心理打击和物质损失，难以继续其创新行为。所以，敢于冒险、不怕失败、坚持到底是创新行为的第一特征。

2)能力结构

创造者的能力结构是一个庞大、复杂的多元系统，如知识结构、智力结构和非智力结构等；而从创新人才的个性品质考虑，主要包含两方面的内容，即感情智力和超越能力。

(1)感情智力。美国哈佛大学心理学教授丹尼尔·戈尔曼博士首先提出了“感情智力”(Emotional Intelligence,EI)的理念,EI主要有以下内容:①情绪认识,即认识自身的情绪;②情绪控制,即妥善管好自己的感情;③自我激励;④人际沟通挫折承受能力;⑤人际关系的建立。同时他还提出了EI发展中要解决的四个问题:第一,如何激励自己愈挫愈勇;第二,如何克制冲动,延迟满足;第三,如何调整情绪,避免因过度沮丧而影响思考能力;第四,如何设身处地地为他人着想,对未来永远抱有希望。丹尼尔·戈尔曼的研究结论是:人生的成功不仅仅取决于智商,更重要的是取决于感情智力,感情智力是组成人的个性品质的核心部分。

有观点认为,人的一生20%由智商决定,80%由感情智力主宰。职位越高,感情智力的作用就愈加显著,几乎达到85%。在以往创造发明或技术创新活动中,有些高智商的天才不一定能获得创造成功,其原因也就在于感情智力欠缺。可见,创造者注重培养自身的感情智力是何等重要。

通过培养可以促进感情智力的提高,重要的是创造者首先要能够全面地认识自己,不但要看知识结构和技能方面,还要看感情智力方面,如是不是容易被激怒,是不是做事不果断,是不是善于听取他人的忠告,是不是敢于主动抓住机遇,是不是善于实践等。

(2)超越能力。创新就是超越,不仅仅是超越竞争对手,从思维进度看,超越能力可以让人省略常规思维步骤,以较大的思维跨度和较快的思维速度,超越一些非创造过程中习以为常的某些阶段,提高思维功效。主要表现在:①加大思维的“前进跨度”,把思维集中在事物的本质方面;②加大思维的“联想跨度”,跨越事物的“相关度”差距,把思维的触角伸向多方面,从事物的相似性中开启智慧;③加大思维的“转换跨度”,不仅着眼于已知领域,更着眼于未知领域,多方面联想、及时转换,以取得意料不到的成果。

2.2 创新人才培养

目前,我国科技队伍规模是世界上最大的,这是我们足以引以为傲的。但是,我们的科技队伍也面对着严峻挑战,就是创新型科技人才结构性不足的矛盾突出,世界级科技大师缺乏,领军人才、尖子人才不足,工程技术人才培养同生产和创新实践脱节。“一年之计,莫如树谷;十年之计,莫如树木;终身之计,莫如树人。”

2.2.1 创新人才的培养理念

(1)创新人才培养的教育观

教育观是指人们对教育这一事物以及它与其他事物关系的看法。教育的观念众多,如学校观、教学观、教师观、学生观、媒体观、教法观、人才观和质量观等。为了培养创新人才,需要转变的主要教育观念如下:

第一，转变传统的学校观。学校应该由“知识传播机构”向“知识生产机构”转变。有人认为，学校如不飞速改变，就会全面崩溃；学校如不改革，将会被新的机构所代替。

第二，转变传统的教学观。教学应该由“以知识为本，立足于灌输多少知识量”向“以人为本，立足于学生的接受能力、学生的需求，让学生成为学习知识的主人，促进学生学习能力、实践能力、创新能力和整体素质的提高”转变。

第三，转变传统的教师观。教师应该由“知识的灌输者”向“学生学习的组织者、指导者、帮助者、促进者、评价者”转变。

第四，转变传统的学生观。学生应该由“知识的被动接受者”向“教学活动的参与者、探索者、合作者”转变。

第五，转变传统的媒体观。教学媒体应该由“教师讲解的辅助工具”向“帮助学生学习的感知对象和认知手段”转变。

第六，转变传统的教学方法观。教学方法应该由“教师、教材、教室、满堂灌、注入式”向“学生参与教学、讨论式、学导式、问题式，情景创设、主动探索、协作学习、会话商讨、意义建构、激活课堂、激活学生等多种新型教学方法的综合运用”转变。

(2)坚信每个学生都是可以造就的

我国近代著名教育家陶行知曾经指出：创造是儿童的天性，而我们的教育在某些情况下非但没有使这种自然本性得到发展，反而压制了儿童创造的冲动。创新教育的提出，要求我们以欣赏的眼光来看待学生，使每个学生的潜能都能得到发挥。教育者应坚信每个学生都是可以造就的，尤其是不可低估“后进生”的创造潜能。可以肯定地讲，每一个学生都是一片有待开发或进一步开垦的土地。教育者应视之为教育的资源和财富，加以挖掘和利用，通过创新教育，把学生身上的多种潜能变成现实。

一谈到“创新”，人们很快就会与天才联系起来，似乎创新对一般学生来说是望尘莫及的事。事实上，人与人在智商差异上没有不可逾越的鸿沟，绝大多数人先天的条件是相似的。在实践中，教育者应坚信，所有学生的创造潜能同样深厚。在创新面前，没有“后进生”与“尖子生”的差别，关键在于怎样去开采、挖掘。教师在实践中应善待每一位学生，努力开发每一位学生的创造潜能。

(3)解放学生的主体性和自由意志是创新教育的希望所在

在当今时代，人的主体性空前弘扬，任何对人的主体性和自由意志的扼杀几乎都被视为罪恶，因为人生而具有追求自由的天性。人崇尚民主、向往自由，自由的本质或实质是自我选择、自我决定、自我追求、自我实现。而某些传统教育手段却习惯于代替学生选择，代替学生思考，强迫学生接受，禁锢学生的自由，压抑学生的个性，违背了人的自然本性、社会本性和追求自由的本质，目的是按社会的预设标准把学生塑造为某一种特定的人。因此，学生的抗教育、反教育现象不断产生，出现了新的“教育无力”。教育成了异化人的一种手段，不是去引导、发挥人的潜能，而是成为一种强制的、令人生畏的外在力量。

2.2.2 创新人才的培养模式

有专家认为，人才培养模式的创新是人才培养体制改革的核心环节。创新人才培养模式要做到“三个注重”，即注重学思结合，注重知行统一，注重因材施教。这是针对当前人才培养过程中存在的重灌输轻启发、重理论轻实践、重共性轻个性弊端提出的，是新的人才培养模式的核心与精髓。

(1)注重学思结合

注重学思结合就是要改变过去以知识灌输为中心的教育教学模式，注重学生思考能力、想象能力和创造能力的发展，使学生在学习中学会思考、在思考中学会学习，形成良好的学习和思维习惯。首先，要改变偏重于记忆和理解的课堂教学方式和立足于被动接受教师灌输的学习方式，确立“以学生为主体”的教学观，把学习的主动权和责任交给学生。其次，要适应经济社会发展和科技进步的要求，推进和深化以课程改革为核心的教学内容改革，不断加强课程内容与学生经验、社会发展与科技进步的联系，充分发挥现代信息技术促进优质教学资源共享的积极作用，努力解决课程内容“繁难偏旧”的问题。

(2)注重知行统一

注重知行统一就是要在教育教学过程中注重对学生实践能力的培养，坚持教育与生产劳动、社会实践相结合，让学生不仅学会知识，还学会动手动脑，学会做事做人，学会与别人共同生活。陶行知曾提出：生活即教育，社会即学校。教育只有与生活、与社会实践相结合，才能真正为人的职业生涯和全面发展创造条件。当前，教育与实践相结合的重点是加强教学的开放性和实践性，强化社会实践、科研实践等培养环节。

(3)注重因材施教

注重因材施教就是要在统一教学要求的同时，关注学生的不同特点和个性差异，发展每一个学生的优势潜能。教育的悲剧往往缘于用一个标准要求所有的学生，而只有针对每一个学生的实际实施教育，让每一个学生都能在自己的基础上不断提高，才是真正以人为本的教育。为此，要探索分层教学、走班制、导师制等多种教学形式，形成适应不同学生特点、灵活多样的教学组织形式和管理制度。要特别关注学习上的“优异生”和“后进生”两类学生。对成绩优秀的学生，要改进培养方式，在跳级、转学、转换专业以及选修高一学段课程方面给予支持和指导；对具有特殊禀赋和潜能的学生，要实施个性化的培养；对学业上有困难的学生，则要建立相应的帮助机制，努力不让学生掉队。

创新人才培养模式要在教育教学改革过程中不断积累经验，因地制宜地探索推广素质教育的有效途径和办法。要鼓励各地各学校大胆突破，在课程设置、内容选择、教学组织形式、课堂形态和考试评价等方面进行前瞻性探索和试验，不断拓宽人才培养途径，优化人才知识结构，提高人才培养的质量和水平，努力形成各类人才辈出、拔尖创新人才不断涌现的局面。

2.2.3 创新人才的培养方法

2005年，我国著名科学家钱学森在病榻上向温家宝总理进言：现在中国没有完全发展起来，一个重要原因是没有一所大学能够按照培养科学技术发明创新人才的模式去办学，没有自己独特的、创新的东西，老是冒不出杰出人才，这是个很大的问题。因此，培养大量的一线创新人才已成为当代中国高等教育最重要的历史使命。为了培养创新人才，从教学方法上应进行以下几方面的改革。

一是注重培养学生的学习兴趣。兴趣是最好的老师，兴趣是感情的体现，是学生学习的内在因素。学习中有了兴趣，可以有效地提高学习的内动力，就能做到忙而不累、乐而忘忧，就能产生灵感、提高效率。现在我国高等教育中比较普遍的问题是学生学习兴趣和求知欲望不足，学习的内动力不足，因此如何培养学习兴趣、提高学生学习的内动力，已成为我国高等教育亟待研究和解决的一个重要问题。

二是实行以问题为主线的教学。注重在教学中引导学生思考问题、提出问题、研究问题和解决问题。在一个班集体、一个学习小组或一个宿舍集体内，形成研究问题、讨论问题的风气，这是引发思考、启迪智慧、激发灵感的重要渠道，是创新性学习的重要形式。

三是引导学生学会进行知识综合。科学是内在的统一体，它被分解为单独的部门不是取决于事物的本质，而是取决于人类认识能力的局限性。当代科学技术不断分化与综合，而以综合化和整体化为主。因此，学生在学习中要学会把学到的多门课程以及多个门类的知识综合在一起，做到系统掌握、综合运用，去解决实际问题。

四是指导学生学会“结合”和“转化”。学生在学习过程中不仅要学习，而且要做到学习、思考、实践三者的结合，知识、能力、素质三者的转化。知识多、能力强不一定素质高；而要想素质高，一定要知识多、能力强。为此，作为学生要勤于学习，善于思考，敢于实践，勇于创新；学习要广博，思考要深入，实践要努力，创新要突破，因为学习是基础，思考是关键，实践是根本，创新是灵魂。无学习就无知识；无思考就不能消化知识、超越知识、开拓知识；无实践就不能检验、体现、内化思考成果；无创新就不能寻觅人生真谛、探索自然奥秘、打开未知之窗、实现进步超越。只有边学习、边思考、边实践、边创新，四者紧密结合，相互渗透，不畏艰辛，持之以恒，才能形成良好的素质，成就创新人才，创造辉煌业绩。

五是鼓励学生勇于进行突破。科学的发展、社会的进步既是以继承前人为基础，又是以怀疑否定前人为突破。因此，学生要有意识地突破前人、突破书本、突破自己的老师。如果一个老师把学生教得超过了自己，那是这个老师最了不起的成就。

总之，教学方法的改革直接关系人才培养质量，关系创新人才的培养和建设创新型国家的战略目标的实现，因而应引起教育行政部门和各高校的高度重视，在全国范围内形成教学方法改革的氛围和热潮，并且长期坚持下去，否则就难以培养学生的创造精神和创造能力，难以培养出适应时代需要的创新人才。

2.3 创新能力培养

2.3.1 创新能力的基本内涵

2.3.1.1 基本内涵

创新能力是运用知识和理论，在科学、艺术、技术和各种实践活动领域中不断提供具有经济价值、社会价值、生态价值的新思想、新理论、新方法和新发明的能力。

综观近年来的研究成果，虽然国内学者对创新能力的理解各不相同，但他们对创新能力内涵的阐述基本上可以划分为以下三种观点：

第一种观点是以张宝臣、李燕、张鹏等为代表，认为创新能力是个体运用一切已知信息，包括已有的知识和经验等，产生某种独特、新颖、有社会或个人价值的产品的能力。它包括创新意识、创新思维和创新技能三部分，核心是创新思维。

第二种观点是以安江英、田慧云等为代表，认为创新能力表现为两个相互关联的部分，一部分是对已有知识的获取、改组和运用，另一部分是对新思想、新技术、新产品的研究与发明。

第三种观点是以宋彬、庄寿强、彭宗祥、殷石龙等为代表，从创新能力应具备的知识结构着手，认为创新能力应具备的知识结构包括基础知识、专业知识、工具性知识或方法论知识以及综合性知识四类。

2.3.1.2 重要意义

创新能力是民族进步的灵魂、经济竞争的核心。当今社会的竞争，与其说是人才的竞争，不如说是人的创造力的竞争。如果一个人不具备创新能力，那么可以说是庸才；如果一个民族没有了创新人才，那么它便是一个落后的民族；如果这个世界没有创新能力，人类便不会有今日的文明，可能还过着钻木取火的原始生活；如果爱因斯坦、爱迪生等人没有创新能力，他们何以会取得巨大的成就与收获！

我国几千年的教育发展史中，闪烁着一些简单而朴素的培养创新能力的思想和方法。例如，两千多年前，老子就在《道德经》中提出了“天下万物生于有，有生于无”的创造思想；孔子提出要“因材施教”以及“不愤不启，不悱不发；举一隅而不以三隅反，则不复也”的思想。1919 年，我国著名教育家陶行知先生第一次把“创造”引入教育领域。他在《第一流教育家》一文中提出，要培养具有“创造精神”和“开辟精神”的人才，培养学生的创新能力对国家富强和民族复兴有重要意义。

培养学生的创新能力，当前对我国具有更为重大的现实意义。我国到 2050 年左右要赶上或超过世界发达国家，成为具有高度物质文明和精神文明的社会主义现代化强国。这个宏伟计划的实现，需要这一事业的继承者必须具有创新精神。历史和现实已经和正在表明：随着现代科学技术的发展，现在和未来文明的真正财富将越来越表现为人的创造性。之所以如此，是因为知识量激增需要受教育者学会学习，科技革命需要受教育者革新创造，民族复兴需要受教育者开拓前进，智力潜能需要教育者去系统地开发。2014年6月9日，习近平总书记在中国科学院第十七次院士大会、中国工程院第十二次院士大会上的讲话中指出："未来总是属于年青人的。拥有一大批创新型青年人才，是国家创新活力之所在，也是科技发展希望之所在。……广大青年科技人才要树立科学精神、培养创新思维、挖掘创新潜能、提高创新能力，在继承前人的基础上不断超越。"①

2.3.2 创新能力的培养原则

培养青少年的创新能力，既是实现中华民族伟大复兴的战略抉择，又是青少年自身成长成才的内在需要，涉及价值取向、教育改革、物质保障、社会机制以及人文环境等方方面面，只有对症下药、多管齐下、综合治理，才能取得实质性的进展。在具体的培养过程中，应遵循以下四条基本原则。

(1)个性化原则

每个人都是一个特殊的、不同于他人的现实存在。从某种意义上说，"个性化"就是创造性的代名词，没有个性就没有创造。因此，培养青少年的创新能力必须遵循个性化原则，因材施教，重在激发青少年的主动性和独创性，培养其自主的意识、独立的人格和批判的精神。确立教育的个性化原则要从以下三方面入手：

一是要走出思想认识上的误区。要从"将全面发展与个性发展对立起来"的误区中解放出来，从"将全面发展理解为平均发展"的误区中解放出来，正确理解马克思关于全面发展的理论；要从对"教育平等"的错误理解中摆脱出来，承认差异，发展差异，鼓励竞争，鼓励冒尖，不求全才，允许偏才、奇才、怪才的生存与发展。

二是要从小就培养和强化青少年的自主意识和独立人格。家长和教师都要彻底改变"听话就是好孩子、好学生"的陈腐观念，以民主平等的态度对待孩子和学生，鼓励他们大胆质疑，逢事多问一个"为什么""怎么样"，自己拿主意、自己做决定，不依附、不盲从，引导和保护他们的好奇心、自信心、想象力和表达欲，使他们逐步养成自主、进取、勇敢和独立的人格。

三是要因材施教。针对人的能力、性格、志趣等具体情况施行不同的教育。教师要善于激发学生的求知欲和创造欲，鼓励学生大胆发言，勤思考，多讨论，把批判能力和创新性思维教给学生，培养学生的创新精神，努力创造一种宽松、自由、民主的"教学相长"的良好氛围。

(2)系统性原则

所谓"系统"，是由相互联系、相互作用的若干要素以一定结构组成的、具有一定整体

---

① 习近平.在中国科学院第十七次院士大会、中国工程院第十二次院士大会上的讲话[N].人民日报，2014-06-10.

功能的有机整体。根据一般系统论原理，培养青少年的创新能力，一方面是一个包括培养创新意识、创新精神、创新思维、创新方法等诸要素的有机整体，绝不能割裂开来；另一方面是一项庞大的立体化系统工程，需要政府、学校、家庭、社会各方面的共同参与，封闭式的教育是没有出路的，单方面的努力是难以成功的。因此，培养青少年的创新能力作为一项系统工程，目前需要解决以下三个比较突出的问题：

一是要进一步加大教育改革力度。教育在人的全面发展和社会进步中具有先导性作用。我国现行的应试教育模式已不适应社会主义市场经济和知识经济发展的要求，必须进一步深化教育改革，认真贯彻落实《中共中央、国务院关于深化教育改革全面推进素质教育的决定》(中发〔1999〕9 号)和《国务院办公厅关于深化高等学校创新创业教育改革的实施意见》(国办发〔2015〕36 号)，尽快实现从应试教育向以培养创新精神为核心的素质教育转变。深化教育改革，最关键的是要把教育建立在市场机制的基础上，使教育面向市场，适应市场要求。

二是要尽快在全社会建立激励青少年创新的价值导向机制。社会价值取向具有激励和约束两个方面的作用。个人能力的发展方向如果与社会的激励方向一致，则可以达到较高的速度，并受到援助和尊重。因此，培养青少年的创新能力，一定要建立鼓励探索、冒险、质疑和创新的激励机制，包括社会激励、市场激励和政府激励，形成新的价值导向。

三是要加速以青少年活动中心、博物馆、天文馆、图书馆、科技馆等为主体的基础设施建设，和以多媒体教学、网络技术、信息技术为标志的教育技术现代化进程，为培养青少年的创新能力提供有效载体和物质保障。

(3)实践性原则

实践是人所特有的对象性活动，是人类的存在方式。实践改造自然不仅仅是改变自然物的形态，更重要的是在自然物中关注人的需要、目的和本质力量，使其从“自在之物”转化为“为我之物”，从而创造出按照自在世界本身的运动不可能产生的事物。

实践分化世界的过程，实际上就是“按照人的样子来组织世界和创造世界”的过程。培养青少年的创新能力，无论是培养的目的、途径还是最终结果，都离不开实践。遵循实践性原则，就是坚持马克思主义的教育观和人才观，坚持创新是一种创造性的实践，坚持以实践作为检验和评价青少年创新能力的唯一标准。

(4)协作性原则

所谓“协作”，是指由若干人或若干单位共同配合完成某一任务。青少年的创新能力不只是跟他们的智力因素有关，非智力因素也在很大程度上影响着他们创造潜能的发挥。个性品质中的协作特征就是这样一种因素。

许多教育界人士曾经反复呼吁，目前我国独生子女的一个严重问题就是不善于合作与交往。世界国民教育的主旋律也已经从培养学生“学会生存”转变成了培养学生“学会关心”。有人对诺贝尔奖获得者的工作态度与方式进行了全面分析，发现在 1901 年到

1972年间的286位获奖者中，近三分之一的人是因为与他人合作进行工作而获奖。相比之下，在未获奖的科学家中，只有很少的人与别人进行积极的合作。这个结果显示，与别人合作可以增加创造性。

有一个基本的事实就是，现代科学的发展已经让任何一个人都无法在一生当中涉足科学技术的各个方面。要想在现有的科学技术基础上有所创造，就必须学会与别人进行"信息共享"。由此看来，人的创造性既是一种个人化的品质，也是一种社会化的特征。培养青少年的协作精神，首先要从小培养他们乐观、豁达、开朗的性格，学会与人相处、关心他人。其次是要多让他们参加各种各样的集体活动，学会在一个有竞争的集体中进行工作，学会在与人合作中进行创新。

2.3.3 提高创新能力的途径

提高大学生的创新能力主要有两个途径：一是学校教育，二是个人努力。对于大学生自身来讲，要提高自己的创新能力，可从以下几个方面入手：

(1)学习创新知识

才智因素是创新的基础。没有必需的知识、智力和技能等才智因素，创新就只是一句空话。因此，大学生要从知识、智力和技能等方面入手，通过参加创新教育、学习创新理论、培养创新思维、掌握创新技能、运用创新技法等方式，逐步建立健全有利于创新的知识结构体系，持续积累夯实创新的基础知识。可以肯定地说，良好的创新基础知识是诞生创新成果的良好基点。优秀的创新成果都是饱含科技含量的，没有坚实的创新知识积累和深厚的创新知识底蕴，是不可能孕育出优良发明成果的。

(2)增强创新意识

创新能力的提高应该从增强创新意识开始。创新活动首先来自强烈的创新欲望，知识和经验是创新必不可少的条件，但有知识并不等于有创新。古往今来，多数科学家的骄人成果都形成于30岁之前，这显然与年轻人保守思想较少、更富创造和创新的冲动有关。

创新的障碍主要来自创新者自身，既有心理上、认识上的原因，如创新神秘感、功能固着、思维惰性、学不致用、害怕失败等；也有社会的原因，如习惯势力、权威迷信、创新环境等；有时也有技术性的原因，主要是创新的知识、思维、技能、技法等技术性基础不足。因此，增强创新意识首先要有信心，正如陶行知先生所说："人人是创造之人，天天是创造之时，处处是创造之地。"其次要坚定创新信念，综观人类创新的历史，可以发现这样的规律：青年人可以成为创新的主力军(见表2.1)。大学生(研究生)照样能做出巨大创新(见表2.2)。科学权威也会犯错误，有一句名言也许是有道理的："当一位杰出的老科学家说什么是可能的时候，他差不多总是对的；但当他说什么是不可能的时候，他差不多总是错的。"另外，大学生在日常生活中也要经常有意识地观察和思考一些问题，进行日常的创新自我训练，提高观察能力和大脑灵活性，主动培养自己的创新意识。

表 2.1　青年人创新实例一览表

创新人	创新内容	年龄(岁)	时间(年)
爱因斯坦	狭义相对论	26	1905
玻尔	原子结构理论	27	1912
海森堡	量子矩阵力学	24	1925
狄拉克	相对论性量子理论	26	1928
沃森、克里克	DNA 双螺旋结构模型	25、37	1953
哥德尔	哥德尔不完备定理	25	1931
图灵	图灵机概念	24	1936

表 2.2　大学生(研究生)创新实例一览表

创新人/机构	创新内容	身份/年龄	时间
牛顿	微积分	22 岁	1665 年
埃克特	计算机	研究生	1946 年
皮兹	神经元的数学模型	博士生	1943 年
卡尔曼	可控性、可观测性、最优控制理论及卡尔曼滤波	研究生	1960 年
佩特里	佩特里网	博士生	1972 年
密歇根大学	进行了遗传算法的开创性研究	博士生	20 世纪 60 年代
比尔·盖茨	创办微软公司,曾连续 8 年为世界首富(1973 年 19 岁时离开哈佛从商)	19 岁时离开哈佛从商	1975 年

(3)进行创新训练

培养创新能力,关键是要加强创新实践训练。创新的灵感大部分来源于现实生活,现实生活也是创新最好的材料,积极有效的社会实践可以增强大学生的竞争意识和创新意识。当代大学生由于很少参与社会实践,导致动手能力差、实践能力弱、创新能力不足。因此,大学生要有效地提高自己的创新能力,就要积极参与社会实践,特别要主动参加一些科技创新训练活动和创新竞赛活动,尝试用创新方法解决实践中的问题,做到理论联系实际,学以致用。

(4)提高创新能力

创新能力是人的心理特质和在创新活动中体现的综合能力。综合能力涉一个人的多种能力,如认识能力、观察能力、记忆能力、判断能力、分析能力、想象能力、实验能力、自学能力、吸收知识能力、处理信息能力等。创新不是一种简单的"包装",它体现的是一种更高层次的能力,需要以各种基础能力为保障。要真正地具备较强的创新能力,就必须具备很强的综合能力和综合素质。因此,大学生要有意识地对组成创新能力的各种相关能力进行全面的培养，做到知行合一、智能并进，这样才能真正全面提高自己的创新能力。一个人的创新意识可以在短时间内快速得到增强，但是一个人的创新能力的提高是一个日积月累、循序渐进的过程，要坚持不懈、锲而不舍、反复锤炼，才能获得成功。

2.4 创新创业教育

21 世纪是知识经济占主导地位的时代，对创新创业型人才的呼唤使人们比以往任何时候都更加关注教育。随着我国创新型国家体系建设的不断深入，迫切需要培养大量具有创新精神、创业意识和创新创业能力的新型人才。2012 年 12 月 7～11 日，习近平总书记在广东考察工作时强调："中国这么多人，教育上去了，将来人才就会像井喷一样涌现出来。"①

2.4.1 创新创业教育的概念

创新创业教育有别于创造教育、创新教育、创业教育等这些传统概念，对创新创业教育的理解需要放到时代背景下，进行横向和纵向的深入梳理，才能深刻地理解创新创业教育的内涵。

(1)创新教育

创新教育是以培养创新意识、创新精神、创新思维、创新能力或创新性人格等创新素质及创新人才为目的的教育活动。

创新教育是随知识经济兴起而出现的一种新的教育理念，要求教育以创造为本位，培养学生的创新意识、创新能力、创新人格。

创新已成为世界经济增长的"发动机"，创新教育应以培养学生的创新精神和创新能力为教育目标，使学生对自己的能力自信，行动上独立，能较好地调控自己的情绪，成就动机水平高，善于自我激励，具有高度的挫折容忍力，不盲从，喜欢用自己的观点来判断问题，对事物有持久的探究欲。

(2)创业教育

创业教育是培养人的创业意识、创业思维、创业技能等各种创业综合素质，并最终使被教育者具有一定的创业能力的教育。狭义上理解，创业教育是一种培养学生开创精神的、能够从事商业活动的综合能力的教育；广义上理解，创业教育是培养具有开拓精神的个人，其重点在于培养个体的创业精神，侧重于培养创新创业型人才。创业其实就是创造价值，创业教育的本质是引导学生找到一种创造价值的思维和方法。

随着以生物技术、大数据、物联网、人工智能、网络购物、虚拟现实、数字多媒体为代

① 中共中央文献研究室编.习近平关于科技创新论述摘编[M].北京：中央文献出版社，2016：107.

表的新技术成为当今时代的特征，提升或改革社会各方面的新产品、过程、服务和系统开发已成为刺激经济增长的最有效的方法之一。创业成为未来的主流趋势。创业教育应以激发学生的创业意识，培养与开发学生的创业素质与能力为核心，以培养可能的未来企业家为最高目标。创业教育强调教育应注重培养受教育者的创业意识、创业心理品质、创业能力和创业知识结构，通过培训为受训者提供创业所需的知识、技能、技巧和资源，使其能开创自己的事业。

(3)创新创业教育

创新创业教育是一种以培养学生的创新精神、创业意识和创新创业能力为基本价值取向的新的教育理念，它将创新和创业的理念相融合，以创新为基础、以创业为载体，使创新和创业有机结合、密不可分，其目的是培养创新创业人才。

创新创业教育是一种兼顾创新教育和创业教育，并以创新教育为重点，注重培养受教育者的创新能力、创新意识、创新思维，为受教育者创业奠定良好基础的新型教育思想、观念、模式。随着现代科技的发展以及国际间经济竞争的日趋激烈，在工程技术设计和产品生产中，提高产品设计水平、掌握设计规律的创新方法，已成为增强产品竞争能力、取得创新创业成功的根本措施和手段。因此，创新创业教育也被赋予了更多的内涵。

(4)创业教育与创新教育的关系

创业教育与创新教育的关系非常密切。创新教育是创业教育的基础与起点，而创业教育是创新教育的实现形式。创新教育的质量在很大程度上决定了创业教育的质量。创业教育不仅需要创新教育的思想和方法，还需要创新教育获得的成果。创新教育的目的在于特别重视培养学生尊重实际但不拘泥于实际的精神和勇气，特别强调创新思维和创新方法的训练。创业教育的目的在于培养学生运用新思维、新方法将学到的知识付诸实践的勇气和能力。

2.4.2 国内外创新创业教育的开展现状

国外的创新创业教育始于西方发达国家，美国是最早在大学中开展创新创业教育的国家之一，许多知名大学都十分重视创新创业教育。早在20世纪中叶，哈佛大学和斯坦福大学就相继开展了创新创业教育相关教学活动，还有一些美国大学先后设立了专门的创新创业类管理学课程，并专注于创新创业研究和创新创业教育教学。近20年来，国外大学和教育机构更是将创新创业教育放在了战略发展的层面上，更强调创新创业教育在学生个体全面发展中的作用，突出培养学生的自学能力、原创能力、创业能力和个体潜能的挖掘，创新创业教育正日益成为国际教育发展的主流理念之一。

目前，国外典型的创新创业教育模式有如下几类：

(1)美国百森商学院模式——以培养创新创业意识为主，新生班级分成若干小组，在教师指导下各组制订出创业计划。

(2)美国哈佛大学模式——以培养实际管理经验为主，针对创业管理建立完整的资料和案例库，实现知识、技能、实践的“三位一体”发展。

(3)美国斯坦福大学模式——以培养系统的创业知识为主，注重应用导向和学科间的优势互补，教会学生评估创业机会。

(4)英国、加拿大、澳大利亚都采用“合作教育”的方式，指导学生在社会实践中进行科学研究和发明创造。

(5)日本提出的创新教育主张教育不仅是让学生学到一些创新方法，更是要全面培养学生的创新精神。在课程改革中重视学生对基础知识的学习，并注重创设创新环境；在教学方法上倡导启发式教学，鼓励学生进行探究学习。

总的来说，国外创新创业教育模式体现了创新思维、创业精神和创造价值这三个方面，这也是创新创业教育的核心内容。

国内的创新创业教育始于20世纪80年代初，随着改革开放和社会经济发展的现实驱动，创新创业相关研究与教育教学在国内日渐兴起，中国科学技术大学、上海交通大学、大连理工大学、东北大学等一批高校开始组织开展创造发明、创新方法相关内容的课程学习或校内活动。其中，一些高校组织成立了创造发明协会、创造发明学校、创造小组等校内创造发明活动组织，在一定程度上带动了国内创新教育的发展。2002年前后，随着创业浪潮的逐步兴起，创业教育在国内正式启动，清华大学、上海交通大学等9所高校率先被确定为开展创业教育的试点高校，有力推动了创新创业教育的发展。

随着国内社会经济发展和国家创新战略的发展需要，迫切需要培养大量创新创业人才，为此，政府推出了一系列鼓励创新创业教育的政策，掀起了新一轮创新创业教育的发展浪潮，国内各高校对创新创业教育的研究、教学及相关实践活动投入都不断加大，主要体现在：一是开设了一大批创新创业课程，如创造学、创新教育基础与实践、创造性思维与创新方法、创业基础、创业实务、创业实训等；二是采用多样化的创新创业教育教学方法和手段，通过教师讲授、案例讨论、师生互动、角色模拟、团队讨论等多种形式提高学生的创新创业能力；三是创新创业理论与实践相结合，许多高校将创新创业理论课程与大学生创新创业训练计划、大学生创新创业竞赛、科技创新实践活动等相结合，极大地丰富了创新创业教育的教学活动内容；四是一些高校设立了专门的大学生创新创业实训和转化基地，如创新创业中心、创业咖啡、创客空间、大学生创业园等，为创新创业教育实践和训练提供了有力支持。

2.4.3 新时代背景下的创新创业教育发展

进入21世纪以来，随着我国创新型国家体系建设的不断深入，创新创业教育面临着新的挑战，更加需要培养大量具有创新精神、创业意识和创新创业能力的创新创业型人才。

2010年5月颁布的《教育部关于大力推进高等学校创新创业教育和大学生自主创业工作的意见》(教办〔2010〕3号)中指出：在高等学校开展创新创业教育，积极鼓励高校学生自主创业，是教育系统深入学习实践科学发展观，服务于创新型国家建设的重大战略举措；是深化高等教育教学改革，培养学生创新精神和实践能力的重要途径；是落实以创业带动就业，促进高校毕业生充分就业的重要措施。

2015年3月颁布的《国务院办公厅关于发展众创空间推进大众创新创业的指导意见》（国办发〔2015〕9号）中指出：全面落实党的十八大和十八届二中、三中、四中全会精神，按照党中央、国务院决策部署，以营造良好创新创业生态环境为目标，以激发全社会创新创业活力为主线，以构建众创空间等创业服务平台为载体，有效整合资源，集成落实政策，完善服务模式，培育创新文化，加快形成大众创业、万众创新的生动局面。

2015年5月颁布的《国务院办公厅关于深化高等学校创新创业教育改革的实施意见》（国办发〔2015〕36号）中要求：全面贯彻党的教育方针，落实立德树人根本任务，坚持创新引领创业、创业带动就业，主动适应经济发展新常态，以推进素质教育为主题，以提高人才培养质量为核心，以创新人才培养机制为重点，以完善条件和政策保障为支撑，促进高等教育与科技、经济、社会紧密结合，加快培养规模宏大、富有创新精神、勇于投身实践的创新创业人才队伍，不断提高高等教育对稳增长促改革调结构惠民生的贡献度，为建设创新型国家、实现"两个一百年"奋斗目标和中华民族伟大复兴的中国梦提供强大的人才智力支撑。

2018年5月28日，习近平总书记在中国科学院第十九次院士大会、中国工程院第十四次院士大会开幕会上发表的重要讲话中指出："我们坚持创新驱动实质是人才驱动，强调人才是创新的第一资源，不断改善人才发展环境、激发人才创造活力，大力培养造就一大批具有全球视野和国际水平的战略科技人才、科技领军人才、青年科技人才和高水平创新团队。"①

近年来，为了激发人的创造力，创客运动在全球范围内蓬勃兴起。"创客"一词来源于英文单词"Hacker/Maker"，是指努力把各种创意转变为现实的人。"创客"体现的精神是首创与开源、协作与分享、注重企业家与团队精神并强调将梦想变为现实。全球创客运动发起人米奇·奥特曼指出：创客活动可以给教育带来一些很好的、甚至是颠覆性的变化。创客项目作为一项人人可以参与、鼓励将创意变成行动的创新活动，能够弥补传统教育忽视兴趣和动手能力的缺陷，让学生自主探究，激发其创新的兴趣，培养其创造的能力。目前全球创客空间已发展至几千家，吸引了上百万的创客入驻。美国规模最大的创客空间 Techshop 中，会员可以自由使用空间里 rapid prototyping 设备以及参加技术分享课程。2012年年初，美国总统奥巴马推出了一个新项目，要求四年内为1000所美国学校引入创客空间，配备3D打印机和激光切割机等数字制造工具。为了激发全民的创造力，他还在白宫举办创客活动，在硅谷引入创客空间。国内的北京、上海、南京、广州、深圳、杭州等地先后建设了创客空间，上海的新车间沿袭国外社区实验室的运作模

① 习近平.在中国科学院第十九次院士大会、中国工程院第十四次院士大会上的讲话[N].人民日报，2018-05-29.

式,以会员费维持运营。北京创客空间作为“新型创业孵化器”,由海淀区和北京市政府提供部分支持。

2015 年 5 月 5 日,时值清华大学建校 104 周年,来自全国近 60 所院校、10 余家企业或机构的 200 余位代表齐聚清华大学,共同见证了“创客教育基地联盟”的正式成立。“创客教育基地联盟”是在“中国高校创新创业教育联盟”指导下,由致力于创客基地建设与发展、创客教育研究与实践、创客活动推广与深化的教育机构、企业单位和创客组织自愿组成的一个公益性、开放性、服务性、研究性、国际性的合作组织。自此,创客教育在我国教育领域开始蓬勃发展。

在“大众创业,万众创新”的时代背景下,将创客教育引入大学,能够助力大学生将梦想变成现实。创客教育助推大学生创新创业教育,能有效让大学生近距离地接触创客文化,与国内外顶尖创客共同参与开发具有原创内涵的产品,营造“动手造万物,人人皆创客”的创新创业氛围,实现大学生创新创业教育的转型升级,对于丰富高校创新创业教育内涵,促进创新创业教育模式变革,提升创新创业人才培养成效,培养大批富有创意、善于创新、勇于创业的创新型国家栋梁,具有重要的现实意义和深远的历史意义。

近年来,各级政府部门先后出台了一系列创新创业教育的帮扶政策和激励措施。教育部设立了创新创业教育指导委员会、创新方法教学指导分委员会等,相继进行了“全国高校实践育人创新创业基地、全国深化创新创业教育改革示范高校、全国创新创业典型经验高校、全国万名优秀创新创业导师”的建设和评选活动,创办了面向大学生的中国“互联网+”大学生创新创业大赛、中国大学生工程实践与创新能力大赛、全国高等医学院校大学生临床技能大赛三大创新创业竞赛活动等。科技部进行了“国家级众创空间”的建设和评选活动。国家发改委进行了“国家大众创业万众创新示范基地”的建设和评选活动等。全国各地先后投入巨资创建了大批创新创业基地、众创空间、创业园、孵化园和创业街等,各高校纷纷创建创新创业学院、创新实践中心、创新创业训练平台、创客空间、创客之家等,全国高校和企业成立了各种不同类型的创新创业联盟、创客教育基地联盟等,有力地推动着创新创业教育不断向纵深发展,创新人才不断涌现,创新成果竞相迸发。

2018 年 5 月 28 日,习近平总书记在中国科学院第十九次院士大会、中国工程院第十四次院士大会开幕会上发表的重要讲话中指出:“创新之道,唯在得人。得人之要,必广其途以储之。要营造良好创新环境,加快形成有利于人才成长的培养机制、有利于人尽其才的使用机制、有利于竞相成长各展其能的激励机制、有利于各类人才脱颖而出的竞争机制,培植好人才成长的沃土,让人才根系更加发达,一茬接一茬茁壮成长。要尊重人才成长规律,解决人才队伍结构性矛盾,构建完备的人才梯次结构,培养造就一大批具有国际水平的战略科技人才、科技领军人才、青年科技人才和创新团队。要加强人才投入,优化人才政策,营造有利于创新创业的政策环境,构建有效的引才用才机制,形成天下英才聚神州、万类霜天竞自由的创新局面!”①

当前,在中华大地上呈现出了“人人创新”“处处创新”的壮观景象,形成了“大众创业,万众创新”的时代潮流!让我们在这一时代潮流中,踊跃参与,勇于创新,用创新创业的新成就开启中华文明的新时代,续写民族复兴的新篇章!

学习指导

创新人才是综合国力的核心竞争力。要实现科教兴国、人才强国、民族复兴,就必须加快培养一支规模宏大、富有创新精神、敢于承担风险的创新型人才队伍。本章主要介绍了创新人才的基本概念、基本能力和个性品质,创新人才培养的理念、模式和方法,创新能力培养的内涵、原则和途径,创新创业教育的概念、现状和发展等基本内容。学习本章的目的在于使同学们确立创新人才的发展目标和方向,明确创新人才培养的模式、方法和途径,为使自己早日成为创新人才提供基本遵循。学习本章的基本要求是:掌握创新人才的基本概念、基本能力和个性品质,创新人才培养的理念、模式和方法;熟悉创新能力培养的内涵、原则和途径;了解创新创业教育的概念、现状和发展。

复习与思考题

2.1 何谓人才?何谓创新人才?创新人才应具备哪些基本能力?

2.2 何谓创新人才的个性品质?良好的创新人才的个性品质有哪些特征?

2.3 培养创新人才需要转变哪些教育观念?

2.4 创新人才的培养模式要做到哪“三个注重”?

2.5 为了培养创新人才,从教学方法上应该进行哪些改革?

2.6 何谓创新能力?创新能力的培养应遵循哪些基本原则?

2.7 提高大学生的创新能力有哪些主要途径?大学生要提高自己的创新能力应从哪些方面入手?

2.8 何谓创新教育?何谓创业教育?何谓创新创业教育?创业教育与创新教育有什么关系?

2.9 国外典型的创新创业教育模式有哪些类型?

2.10 你打算今后如何努力使自己成为一名创新人才?

2.11 谈谈你学习本章后的感想和体会。

---

① 习近平.在中国科学院第十九次院士大会、中国工程院第十四次院士大会上的讲话[N].人民日报,2018-05-29.

第3章　创新思维

从系统论的角度看，人类从事创新实践的过程，就是一个与环境不断交换能量和物质的过程。在这个过程中，思维起着不可替代的作用。创新思维是个体在观念层面新颖、独特、灵活的问题解决方式，是创新实践的前提与基础。创新活动的主体是人，创新人才必须具有创新思维。本章主要介绍创新思维的概念与特征，创新思维的突破思维定势法、逻辑思维法、发散思维法、逆向思维法、形象思维法、潜思维法、辩证思维法和图解思维法等基本方法，创新思维的生理机制、形成过程和培养途径等内容。研究和学习创新思维，对创新人才的成长和培养具有极其重要的现实意义。

3.1　创新思维概述

3.1.1　创新思维的概念

思维可分为常规思维和创新思维两类。常规思维是人类经常性的、以经验为主的、程序化的思考。例如，天下雨了人就会想到带伞或穿雨衣，遇到障碍时就会停下脚步考虑是跨过或是绕过，等等。创新思维是以新颖独特的方式对已有信息进行加工、改造、重组和迁移，从而获得有效创意的思维活动和方法。从这个概念中可以看出，创新思维是一个相对的概念，是相对于常规思维而言的。在创新过程中，当应用常规方法和途径无法解决新遇到的问题，或应用常规方法解决问题成本过高时，往往需要新的思维指导人们寻找解决问题的新方法和新途径。创新思维是人类从事创新活动的基础，是产生一切创造原理和创造技法的源泉，人类的一切成果无一不是创新思维的结果。因此，创新思维是创造力的核心。深刻认识和理解创新思维的实质、类型和特点，不仅有助于人们掌握现有的各种创造创新技法，而且能够促进和推动人们探索和获取新的创造创新技法。

人类的创新思维活动有广义和狭义之分。狭义上的创新思维活动是指人类认识史上首次产生的、前所未有的、具有较大社会意义的高级思维活动。无疑，这种创新思维活动只能为少数人所有。广义上讲,针对某一具体的思维主体而言,任何具有新颖独到特征的思维都可以视之为创新思维,它既可表现在科学史上的重大发明中,也可存在于处理日常具体问题的思维活动中。因此,每一位正常人都具有创新思维能力。本章所阐述的就是广义上的创新思维活动。

创新思维相对于常规思维而言,是一切具有创新性质的整体性思维过程。创新思维的整体活动特性主要有以下几个方面:

首先,它体现出鲜明的创新性。创新思维与常规思维具有鲜明的对比性,这种创新性和对比性在思维活动中的表现是广泛的和多方面的,有论证方式的新颖性,有思考角度和方法的新颖性,有运用材料方法的新颖性,还有思维成果的新颖性。

其次,它具有思维活动的整体性。从其思维运行的过程来看,创新思维是一个由各种思维要素、各种思维活动能力相互作用、协同进行的系统化思维过程。创新思维过程并非是一种简单的逻辑思维活动形式,或者单纯孤立的形象思维或灵感思维活动形式。相反,创新思维是一个存在于"人脑"这种极其复杂的特殊物质系统内的高度复杂的活动过程,其各种因素、能力及其形式之间都存在着不同程度上的相互作用、相互制约的必然联系。

3.1.2 创新思维的特征

创新思维不是天生就有的,也不是少数天才人物的专属,它是一种技能,就像开汽车一样,可以通过人们的学习和实践而不断培养和发展起来的。学习和掌握创新思维,应从了解创新思维的典型特征开始。概括起来,创新思维具有以下典型特征:

(1)对传统的突破性

创新思维的结果体现为创新。从创新思维的本质看,它是打破传统、常规,开辟新颖、独特的科学思路,升华知识、信念和观念,发现对象间的新联系、新规律,具有突破性的思维活动。可以说,突破性是创新思维一个最明显的特征。

人们在认识事物的过程中,总是受传统的知识、经验、习惯的影响,形成各种思维定势,如权威定势、书本定势、经验定势、习惯定势等,它们在创新过程中的某一环节经常会成为消极因素,使创新过程受阻,难以产生创新成果。

人类的科技进步是在批判和否定旧事物的基础上取得的。创新者要敢于怀疑、敢于批判、敢于提出问题,要用好奇的眼光,积极主动地转换视角,从尽可能多的角度去观察事物,运用自己的潜能,激发灵感和直觉,突破各种成见、偏见和思维定势,推动人们沿着创新之路一步一步地前进。当旧的问题被突破时,心理上就会产生满足感和自信心,人们积极主动的好奇心便被调动起来,在新的问题出现时,能再次激发人们创新的思维热情,使创新的火花更加绚丽多彩,使创新的冲动能够延续下去。

(2)思路上的新颖性

新颖性是创新性思维的主要特点,创新思维以求异、新颖、独特为目标。创新者能从不同寻常的角度和不依常规的思路去思考问题，其思维角度、思维方法和思维路线别具一格。这样，思维得出的结论超越了原有的思维框架，具有“前无古人”的独到之处，更新了知识和理念，发现了新的原理、新的规律，对改变人类的生活方式和社会进步起着重要作用。

(3)程序上的非逻辑性

创新思维往往是在超出逻辑思维、出人意料的、违反常规的情形下出现，它不严密或暂时说不出什么道理。因此，创新思维的产生常常省略了逻辑推理的许多中间环节，具有跳跃性。

创新思维的非逻辑性，由于中间环节的省略而呈飞跃式，显得离谱、神奇。有时，创造者自己对其也感到不理解。例如，当德国科学家普朗克首创量子假说时，连他自己也感到茫然、不知所措，甚至怀疑这个假说的真实性。

计上心来、急中生智就是创新思维非逻辑性的典型表现。唐代大诗人李白被称作“诗仙”，他借酒助兴诗如泉涌；词作家乔羽在书房写作时，抬头忽见一只蝴蝶飞来，瞬间又飞去，他借助这一现象触发灵感，创作了著名的歌曲《思念》。

在创造活动中，常常要用到直觉思维。事实上，许多伟大发现都使用了直觉思维，当然这种非逻辑性的思维也是以丰富的知识和经验为基础的。需要指出的是，创新思维的过程往往是既包含逻辑思维，又包含非逻辑思维，是两者相结合的过程。

在创新思维活动中，新观念的提出和问题的突破往往表现为从“逻辑的中断”到“思想的飞跃”。这通常都伴随着直觉、顿悟和灵感，从而使创新思维具有超常的预感力和洞察力。

(4)视角上的灵活性

创新思维表现为视角能随着条件的变化而转变，能摆脱思维定势的消极影响，善于变换视角看待同一问题，善于变通与转化，重新解释信息。它反对一成不变的教条，而是要根据不同的对象和条件，具体情况具体对待，灵活应用各种思维方式。创新视角是多种多样的，我们要学会转化视角，不同的视角会得出不同的结论。俗话说“公说公有理，婆说婆有理”就是这个道理。换一个角度，换一种思维，或许一切都会有所不同，或许整个世界都明亮了。

每一项失败都包含着成功。一件失败的事，只需转换一下视角，就是一件成功的事。有一次，洛克菲勒的合伙人贝德福德在南美洲投资失败，损失了10多万美元。而洛克菲勒不仅没有抱怨他，反而以赞扬的口吻说：“干得不错，如果是我，说不定损失得更多！”

历史上有不少的新发明都是在犯了错误之后而“将错就错”的产物。例如，德国某个造纸厂因为配方出错，造出的纸太洇墨而无法写字。有位技师却用肯定的视角看待这件事，开发出了吸墨纸。还有一位发明家，他研制的高强度胶水生产出来之后黏性很低。但他不认为是失败，反而沿着“黏性低”的视角造出了不干胶。

所以，当众人都在欢呼成功的时候，你采用“肯定视角”，那没有什么大的意义；而当众人都在叹息失败的时候，你能够采用“肯定视角”，这本身就是一种创新思维。

(5)认识上的深刻性

深刻性是指思维的深度。思维深刻的人不会满足于对问题的表面认识，他们善于分辨事物的现象和本质、主要与次要、总体与枝节，善于从多方面和多种联系中去理解事物，因而能正确认识事物，揭示事物内部的规律性，预测事物的发展趋势与未来状态。

要培养思维的深刻性，除了注重知识经验的积累和实践活动外，还必须自觉地运用辩证唯物主义的观点来武装自己的头脑，使我们全面而不是片面地、本质而不是表面地、发展而不是静止地、客观而不是主观地、长远而不是短暂地思考问题、认识事物。

(6)思考上的独立性

思考上的独立性表现在不迷信、不盲从、不满足现成的方法和方案，而是要经过自主的独立思考，形成自己的观点和见解，突破前人、超越常规，产生新的思维成果。如果没有独立自主的思考，总是遵守清规戒律，一切照章办事，服从已有的权威，就不可能产生独特新颖的思维，也就根本谈不上是创新者。

要使自己具有独立的思维，关键在于培养自己独立处理问题的能力。思维与处理问题是直接联系的，只有经常独立处理问题，才能逐步加强思维的独立性。一个经常回避问题或缺乏独立处理问题能力的人是不能使自己的思维得到发展的。因此，在日常生活、学习和工作中，要积极、主动地抓住处理问题的机会，在处理问题时要学会果断，不要盲从，努力促进独立思考。

(7)时间上的突发性

当人们的思考达到极限或思维达到高潮时，往往会豁然开朗，于是有可能思维泉涌、突发奇想，使久思不解的问题在顷刻之间找到答案，这就是所谓的“灵感降临”，它是创新过程中特有的一种思维现象。思维的突发性能使智力出现飞跃，从而使问题迎刃而解。当然，这种飞跃是日积月累、长期坚持努力学习、不断实践的结果。

(8)反应上的敏捷性

反应上的敏捷性是指能在短时间内迅速地调动思维能力，不优柔寡断，不轻率从事，在紧急的情况下能当机立断，迅速、正确地解决问题。思维的敏捷性是心理品质良好的前提。思维的敏捷性首先是以思维的综合性、深刻性、灵活性为基础，具备积极思维、周密考虑、准确判断的能力；其次，思维的敏捷性还必须依赖于高度发展的观察力以及良好的注意力等各种品质。

1947 年 12 月，美国贝尔实验室的一个晶体管放大装置清晰地将声频信号放大百倍以上，科学家威廉·肖克利对这种早期晶体管的工作做了分析，提出了一种关于 PN 结的晶体管理论。1950 年，世界上第一个 PN 结晶体管诞生了。当时，美国西方电子公司仅仅把这种晶体管用于助听器的生产。受过高等教育、具有专业知识的日本人井深大和盛田昭夫得知这个消息后，立即飞赴美国考察。他们敏捷地发现，晶体管像电子管一样能够放大信号，而且反应快、体积小、耗电少、可靠性强，完全有可能取代电子管。于是在

1953年,他们以2.5万美元的价格向美国西方电子公司买下了这项生产晶体管的专利,于1957年生产出命名为“索尼(SONY)”的世界上第一台能装在衣袋中的袖珍式晶体管收音机。与此同时,索尼公司也名扬天下,一举成为家电业的大企业。回首往昔,如果不是井深大和盛田昭夫的高度思维敏捷性,恐怕难有索尼的今天。

(9)结果上的风险性

创新性思维活动是一种探索未知的活动,受到来自多种因素的限制和影响,这些因素包括事物发展阶段及其本质表露的程度、人的认识水平与能力、环境与实践条件等。这就决定了创新思维的风险性,不可能保证每次都能取得成功。相反,有可能毫无成效,甚至也有可能得出错误的结论。

社会文化的传统势力、偏见、权威,为了维护现有的伦理或秩序,对创新思维活动的成果往往抱有仇视的心理。例如,在中世纪的欧洲,宗教在社会生活中占据着绝对统治地位,一切与宗教相悖的观点都被称为“异端邪说”,都会受到“宗教裁判所”的严厉惩罚。然而,历史在发展,社会在前进,创新思维活动是扼杀不了的,伽利略、布鲁诺置生命于不顾,论证了“日心说”,证明地球不是宇宙的中心。他们为探索真理不畏强暴、敢于冒险的伟大精神,为后人树立了永久的丰碑。无法想象,如果没有这两位科学家甘冒此风险,“地心说”不知还要统治天文学领域多少年。

(10)内容上的综合性

综合性思维不仅能使人创新性地认识事物,而且能创新性地构建新事物,即通过揭示事物之间的内在联系,把不同部分的要素、属性、功能等有机地统一起来,组合成一个新事物。

人的思维结构可分为思维形式、思维内容和思维过程三个部分。如图3.1所示,x轴代表思维形式,分为求同与求异、收敛与发散、习惯与变异、循序与跳跃、试悟与顿悟五对思维形式,由10个因子组成。在每对因子中前者为正向因子,后者为负向因子。y轴代表思维方法,由辩证、逻辑、形象、动作四个部分组成,属中性因子。z轴代表思维过程,由分析、综合、比较、概括、推理、抽象、类比、概念、判断、想象等十个部分组成,均属中性因子。x轴上有10个因子,y轴上有4个因子,z轴上有10个因子,用数学的排列组合方法分组,所得到的思维模式种类可有非常多种。

创新思维绝不是某一种思维形式的运用,而是多种思维形式参与的综合性思维活动,是多种思维方式相互作用的过程,因而称作全方位、立体性思维。创新思维是人类最高级、最复杂的思维过程,它是多种思维方法、思维形式和思维过程有机结合的产物。在创新思维方法上,既要有逻辑思维,也要有形象思维;在思维形式上,既要有发散思维,也要有收敛思维,既要有求异思维,也要有求同思维;在思维的过程中,要不断地综合、分析、比较、概括和推理。只有这样,才可能正确地认识事物的关系、本质和规律,卓有成效地产生创造性的成果。

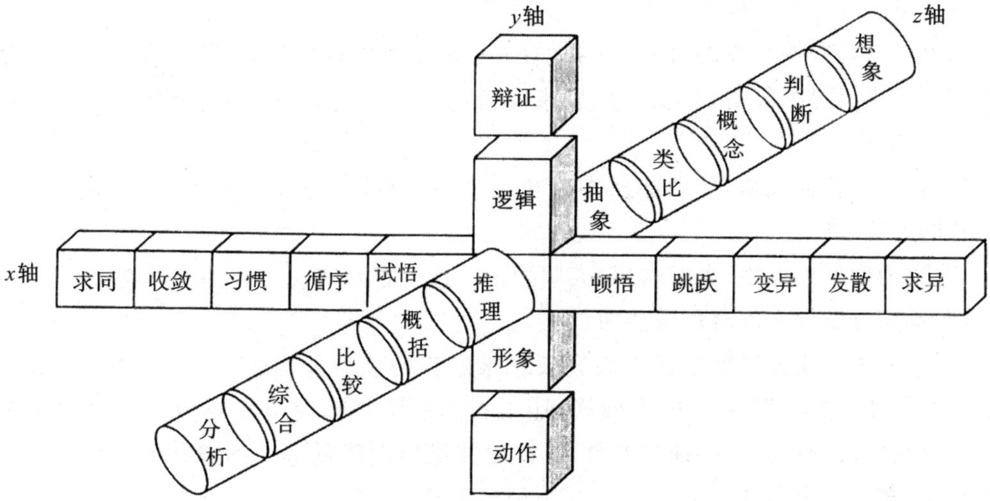

图 3.1 人的全方位思维结构模式图

3.2 创新思维的方法

创新思维可以被归纳为突破思维定势法、逻辑思维法、发散思维法、逆向思维法、形象思维法、潜思维法、辩证思维法和图解思维法等基本方法，下面分别予以介绍。

3.2.1 突破思维定势法

3.2.1.1 突破思维定势概述

思维定势是指由先前的活动而造成的一种对活动的特殊的心理准备状态，或活动的倾向性。一般来说，思维定势在创新时不仅无能为力，相反还会起反作用。这就好比花盆为花的生长提供了许多优越条件，能使其长成美丽的花朵，但“花盆难栽万年松”，松柏必须突破花盆的限制，才能茁壮成长。因此，突破思维定势就要求在思考有待创新的问题时，要善于主动摆脱原有的思维模式，将思路指向新的领域和新的客体。

突破思维定势作为一种创新思维方法，在人们的创新活动中有着极大的价值。它有助于打破旧框框的束缚，有利于发挥人们的想象和创新能力，打开新的思路，产生许多出人意料的新思想、新方法。比如，在火车刚问世时，人们想当然地认为，火车在钢轨上行驶，容易打滑，因此车轮和钢轨都要有齿。而英国发明家史蒂文森却不这么想，他大胆突破思维定势，将钢轨和车轮都制成光滑的，结果这样的列车在钢轨上行驶时不但不打滑，而且大大减少了摩擦力，使列车的运行速度显著提高，大幅度降低了制造列车和钢轨的难度和费用。

3.2.1.2 突破思维定势的方法

思维定势是普遍存在的，隐含在我们的一切活动之中。突破思维定势，首先必须认清我们头脑中的思维障碍，查明产生思维障碍的原因，总结出突破的办法。具体方法主要有以下几种：

(1)要善于转换视角，尽可能从客观角度来观察事物。这是一种行之有效的突破思维定势的方法。

(2)要利用形象思维，大胆联想、大胆想象。这也是对常规思维的一种突破。

(3)要充分发挥人的潜思维能力。

当然，除了上述方法能增强人们突破思维定势的能力外，社会生活中的一些偶然事件也能冲击那些"定型"了的思维模式，让人看到在常规情况下很难发现的事物的另一面。如果我们善于捕捉这些偶然事件，往往也能做出发明创造。如苏联的一位青年工人丘吉柯夫，在一次用超硬合金车刀切削一根软钢棒时，突然发生了停电事故。于是车刀缓缓地触向正在旋转的软钢圆棒，然后渐渐停了下来，这时他想取下车刀，却怎么也取不下来。这一偶然事件引起了丘吉柯夫的注意，并由此发明了一种特殊的焊接法——摩擦焊接法。

3.2.2 逻辑思维法

3.2.2.1 逻辑思维概述

逻辑思维是人们在掌握的各种知识、原理、规律的基础上形成的概念，并以此判断、推理、验证现实的一种思维形式。它能使人们更深刻、更准确、更完整、更科学地反映客观事物的面貌。逻辑思维与形象思维不同，它以抽象为特征，通过对感性材料的分析思考，撇开事物的具体形象和个别属性，揭示物质的本质特征，形成概念，并运用概念进行判断和推理来概括地、间接地反映现实。

逻辑思维又称抽象思维，是思维的一种高级形式，其特点是以抽象的概念、判断和推理作为思维的基本形式，以分析、综合、比较、抽象、概括和具体化作为思维的基本过程，从而揭露事物的本质特征和规律性联系。抽象思维一般有经验型与理论型两种类型。前者是在实践活动的基础上，以实际经验为依据形成概念，进行判断和推理，如工人、农民运用生产经验解决生产中的问题；后者是以理论为依据，运用科学的概念、原理、定律、公式等进行判断和推理，科学家和理论工作者的思维多属于这种类型。经验型的思维由于常常局限于狭隘的经验，因而其抽象水平较低。

社会实践是逻辑思维形成和发展的基础，社会实践的需要决定人们从哪个方面来把握事物的本质、确定逻辑思维的任务和方向。实践的发展也使逻辑思维逐步深化和发展。逻辑思维是人脑对客观事物间接概括的反映，它凭借科学的抽象揭示事物的本质。世界上任何事物的发生都存在客观规律性，都有蛛丝马迹可寻，采用逻辑思维的方法逐步深入，就可取得发明创造成果。

3.2.2.2 逻辑思维的方法

逻辑思维方法是由一系列既相互区别又相互联系的方法组成的，主要包括演绎推理法、归纳推理法、实验法、比较研究法、证伪法、分析和综合法、从具体到抽象和从抽象上升到具体的方法、逻辑和历史统一的方法等。

1)演绎推理法

演绎推理是由一般性前提到个别性结论的推理。按照一定的目标，运用演绎推理的思维方法，取得新颖性结论的过程，就是演绎推理法。例如，一切化学元素在一定条件下都能发生化学反应，惰性气体是化学元素，所以惰性气体在一定条件下能够发生化学反应。这里运用的就是演绎推理方法。

演绎推理的主要形式是三段论法。三段论法就是从两个判断中得出第三个判断的一种推理方法。上面的例子就包含着三个判断：第一个判断是“一切化学元素在一定条件下都能发生化学反应”，提供了一般的原理原则，称作三段论式的大前提；第二个判断是“惰性气体是化学元素”，指出了一种特殊情况，称作小前提；联合这两种判断，说明一般原则和特殊情况间的联系，因而得出的第三个判断是“惰性气体在一定条件下能够发生化学反应”，即为结论。

只要作为前提的判断是正确的，中间的推理形式是合乎逻辑规则的，那么必然能够推出“隐藏”在前提中的知识。这种知识尽管没有超出前提范围，但毕竟从后台走到了前台，对我们来说，往往也是新的，而且由于我们常常是为了某种实际需要才做这种推理，其结论很可能具有应用价值。这样演绎推理的结论就可能既具有新颖性，又具有实用性。

2)归纳推理法

按照一定的目标，运用归纳推理的思维方法，取得新颖性结果的过程，就是归纳推理法。归纳推理法主要有以下几种类型：

(1)完全归纳推理。从一般性较小的知识推出一般性较大的知识的推理，就是归纳推理。在许多情况下，运用归纳推理可以得到新的知识。

例如，在科学史上，科学家通过逐个考察太阳系的几个大行星，即水星、金星、地球、火星、木星、土星，认识到它们都是沿着椭圆轨道绕太阳运行的，从而推出结论：太阳系所有大行星都是沿着椭圆轨道绕太阳运行的。

(2)枚举归纳推理。枚举归纳推理是列举某类事物中一部分对象的情况，根据没有遇到矛盾的情况，便做出关于这一类事物的一般性结论的推理。

例如，很早以前，人们观察到英国的天鹅是白色的，德国的天鹅是白色的，法国的天鹅是白色的，所以过去欧洲人长期都以为“天鹅都是白色的”。可是后来，人们在大洋洲发现了黑色的天鹅。尽管枚举归纳推理的结论是或然的，但我们却不能因此而忽视它的认识作用。只要我们不把它的结论看作是定论，而看作是有待证明的，并以此作为线索继续考察，那么它对于我们获得可靠的结论是有很大帮助的。

(3)科学归纳推理。科学归纳推理是列举某类事物一部分的情况,并分析出制约此情况的原因,以此结果为根据,从而总结出这类事物的一般性结论的推理方法。

科学归纳推理与枚举归纳推理的前提是都只考察了某类事物的部分对象,它们的结论断定的范围都超出了前提断定的范围,都是或然性推理。但由于科学归纳推理是以认识对象和属性之间的因果联系为基础的,它的结论较为可靠,因此它是归纳推理的重要形式。科学上的许多定理、定律的形成过程,都有科学归纳推理的参与。

总之,演绎法和归纳法是人们对客观现实的认识方法的总结。它们仿佛是相反的两种方法,实际上在人们的认识过程中,两者是辩证统一的,没有归纳就没有演绎,因为演绎的出发点正是归纳的结果,演绎必须以可靠的归纳为基础。没有演绎同样也没有归纳,因为归纳总是在一般原理、原则或某种假说、猜想的指导下进行的。

培根在《新工具》一书中也写道:我们不能像蚂蚁,单只收集;也不可像蜘蛛,只从肚子中抽丝,而应像蜜蜂,既采集又整理,这样才能酿出香甜的蜂蜜。培根强调的"既采集又整理",指的就是要善于运用归纳和演绎的科学思维方法。

3)实验法

实验是为了某一目的,人为地安排现象发生的过程,以此为依据研究自然规律的实践活动。实验的特点是必须能重复,能够在相同条件下重复地做同一个实验,并产生相同的结果,这是一个实验成功的标志。不能重复的实验就不是成功的实验,其结果就没有可信度,就不能作为科学依据,这是符合逻辑思维原理的。

实验法研究的优点有很多,如实验能够纯化研究对象,能够人为地再现自然现象,可改变现象的自然状态,可以加速或延缓对象的变化速度,可以节约费用、减少损失等。

4)比较研究法

比较研究法简称比较,是通过比较两个或两个以上对象的异同来获得新知识的方法。在比较研究中,主要起作用的还是逻辑思维中的演绎推理、归纳推理和类比推理,所以比较研究是运用逻辑思维进行创新的一种方法。

比较可以有很多种类,如空间上的比较(横向比较)、时间上的比较(纵向比较)、直接比较、间接比较等。通过比较,人们可以鉴定真伪,区分优劣;明察秋毫,解决难题;确定未知,发现新知;取长补短,综合改进;追踪索迹,建立序列。

5)证伪法

根据形式逻辑中的矛盾律,在同一时间、同一关系上,不能对同一对象做出不同的断定。用一个公式来表示就是:A 不能在同一时间、同一关系上是 B 又不是 B。

根据形式逻辑中的排中律,在同一时间、同一关系上,在对同一事物的两个相互矛盾的论断中必须做出明确的选择,必须肯定其中的一个。用一个公式来表示就是:A 或者是 B,或者不是 B,二者必居其一,不可能有第三种选择。

根据以上两个规律,运用逻辑思维方法,可以在证明一个结论是错误的同时,证明另一个结论是正确的。用这种方式来取得正确答案的方法就是反证法,或称证伪法。证伪法在许多情况下可以帮助我们解决疑难问题，取得创新成果。

例如，人类对自己所生活的地球乃至宇宙的形状的认识，就是一个不断被证伪的过程。起初，人们以为地圆天方，蓝天就像一只碗盖在平地上一样；后来人们才发现，一直朝着一个方向走，最终能回到原地，证明地球是圆的，于是有了地心说；再后来人们发现，原来不是太阳绕着地球转，而是地球是绕着太阳转的，才有了日心说；再后来，又发现了银河系、黑洞……

6）分析和综合法

思维的过程总是从对事物的分析开始的。所谓分析，就是从思想上把客观事物的整体分解为若干部分，分析各个部分的特征和作用；所谓综合，就是在思想上把事物的各个部分、不同特征、不同作用联系起来。通过分析和综合，可以显露客观事物的本质，并通过语言和文字把它们表达出来。人类的语言、文字也正是在思维分析和综合中逐步形成的。

例如，毛泽东同志的《中国社会各阶级的分析》一文，开头先提出问题：革命的首要问题是分清敌友；中间逐个分析组成中国社会整体的各个阶级；结尾时综合以上分析，解决问题，回答开头提出的中国革命的敌友问题。

7）从具体到抽象和从抽象上升到具体的方法

通过对事物各个部分外观、特性、特征等的比较，把诸事物中的一般和特殊区分开来，并以此为基础，在思想上又将它们联系起来，确定它们的异同，称之为概括。通过概括，事物中的本质和非本质的东西已被区分，舍弃非本质的特征，保留本质的特征，这就称之为抽象。与抽象的过程相反，具体是指从一般抽象的东西中找出与之相应的特殊东西的过程，它能使人们对一般事物中的个别得到更加深刻的了解。抽象和具体是创新思考中频繁使用的思维。

从具体到抽象，是从社会经济现象的具体表象出发，经过分析和研究，形成抽象的概念和范畴的思维方法。从抽象上升到具体，是按照从抽象范畴到具体范畴的顺序，把社会经济关系的总体从理论上应用到具体中的思维方法。

8）逻辑和历史统一的方法

从抽象上升到具体的方法就是逻辑的方法。所谓历史的方法，就是按照事物发展的历史进程来表述的方法。逻辑的发展过程是历史的发展过程在理论上的再现。

综上所述，从本质上讲，创新是自主思考与逻辑论证相结合的过程，逻辑是创新得以实现的基础。在创新的各个阶段，逻辑都发挥着重要的作用，各个领域的创新都必须以具备很强的逻辑思维能力为前提。在创新过程中，逻辑思维为问题的提出、确定、分析及解决方案的验证等提供了基础、手段与保证，从思维形式、逻辑思维基本规律和逻辑方法的角度，可以清晰地展现逻辑思维在创新过程中的作用。

3.2.3 发散思维法

3.2.3.1 发散思维概述

发散思维又称扩散思维、放射思维、辐射思维、求异思维，它是一种从不同的方向、途径和角度去设想，探求多种答案，最终使问题获得圆满解决的思维方法。不少心理学家认为，发散思维是创造性思维最主要的特点，是测定创造力的主要标志之一。

发散思维具有发散性、多维性、求异性、想象性、灵活性等特点，在发明创造的过程中起着十分重要的作用。它能使人们摆脱思维定势的束缚，在思考问题时不拘一格、不落俗套，充分发挥大脑的想象力，使思维由一点向四面八方发散。这时，通过新知识、新观念的重新组合，往往就能产生更多、更新的答案、设想或解决问题的方法。

3.2.3.2 发散思维的方法

在科学研究中，如果能灵活地运用发散思维，用非常规眼光去考察大家所熟悉的事物，那么往往就会从"同"中见"异"。在创新过程中应用较为广泛的发散思维方法有以下几种：

1)组合扩散法

组合扩散法是指由几个物质的组合会产生出人意料的结果，导致新物质或新产品诞生的思维方法。

例如，橡皮头铅笔是美国人威廉受朋友用一端绑着一块橡皮的铅笔画画启发，将铅笔和橡皮组合而发明的；毛笔传说是秦国大将蒙恬为了给秦王写战报，用碱性水浸过的兔尾和竹管组合在一起发明的；日本的一位理发师设计了一种由推剪和小吸尘器两部分组合而成的新型理发工具，这样理发时即使不用围布也没关系。这些物品中都有奇妙的组合扩散法的影子。

新西兰作家戈登·德莱顿曾针对组合扩散法说过：一个想法是旧成分的新组合，没有新的成分，只有新的组合。

2)侧向扩散法

侧向扩散法是指遇到难以解决的困难时，不从正面直接着手，而是从侧面寻找突破口，这样往往就能化难为易，变被动为主动，从而使问题轻而易举地得到解决的思维方法。

例如，孙膑到齐国后，齐威王想考考他，一天他们走到一座小山脚下，齐威王问孙膑能否让他走到山顶上，孙膑说没有办法让齐威王从山脚走到山顶，却有让齐威王从山顶走下来的办法。齐威王不信，待走上山顶时，孙膑才歉意地告诉齐威王说，这就是让您自己走上山顶的办法！

3)立体扩散法

立体扩散法也称为整体扩散法或空间扩散法，是指对认识对象通过多角度、多方位、多层次、多手段地考察研究，力图真实地反映认识对象的整体以及这个整体和其他周围事物构成的立体画面的思维方法。立体扩散法反映的不是个别现象，而是一个有机整体，它和组合扩散、侧向扩散一样，也是扩散思维的一种重要方法。

例如，现代大都市的交通就是立体扩散的产物：地铁在地下飞速行驶，大大减小了地面上的人流量；一层又一层的高架道路大幅度提高了汽车的行驶速度，减小了地面上车流量的压力；行人在人行天桥上走；轻轨在立交桥上顺利通过……这些都是立体扩散思维的杰作。

4)列举扩散法

列举扩散法是指以列举的方式将问题展开，从中寻找出解决问题的途径和方法。它包括特性列举法、希望点列举法和缺点列举法等，这几种列举扩散法在创新活动中往往交叉使用、相辅相成。

例如，开水壶是已经问世多年的老产品，似乎很难有什么改进。可是，如果采用列举扩散法，就可能出现创造性的进展。

首先，我们将开水壶的特性分别列举如下：

(1)名词特性：

整体——开水壶。

部分——壶嘴、壶把、盖、身、底、排气孔。

材料——铝、铜、瓷、不锈钢。

制造方法——焊接法。

(2)形容词特性：

性质——轻、重。

状态——美观、清洁。

(3)动词特性：

功能——装水、烧水、倒水。

经过分析研究、结合实际，我们便可列举出它的缺点和希望点。

缺点：冒出蒸汽时烫手，金属壶柄烫手，壶底易烧穿，烧水时不能离人……

希望点：将蒸汽口移到别处，将壶柄改成塑料，将壶底加厚，加装报警装置……

后来市场上出现的鸣笛壶就是通过上述列举扩散法制成的，深受消费者的欢迎。

总之，一个人能否灵活运用发散思维，是能否发挥与显示创造力的一个重要的环节。正如美国心理学家吉尔福特所说：发散思维是创新思维的核心，正是在发散思维中，我们才看到了创新思维最明显的标志。

3.2.4 逆向思维法

3.2.4.1 逆向思维的含义

逆向思维法是指为实现某一创新或解决某一因常规思路难以解决的问题，而采取反向思维寻求解决问题的方法。人的思维活动存在正向和逆向两种方式。在通常情况下，正向思维方式比较有效、经济，能解决大部分常规问题。但在创新时，这种常规思维就可能解决不了问题，而且还会束缚人们的思路。如果转换视角，从逆向去探求，即从相反的方向去思考，往往会发现新的线索，产生超常的构思和不同凡响的新观念。

有这样一则小故事，一位体型很瘦的客人去参加一个宴会，被一位膘肥体胖的商人挖苦："一见到您，我就知道世界上正在闹饥荒！"这位客人不仅不生气，反而笑着说："嗯，先生，我一见您，就知道闹饥荒的原因了！"既然瘦是因为饥荒，反过来胖就是闹饥荒的原因了。商人原想讥讽这位客人，结果搬起石头砸了自己的脚。这里运用的这种思考方法就是我们所说的"逆向思维方法"。

3.2.4.2 逆向思维的方法

由于客观事物之间相互联系、相互影响、相互制约、相互作用，并且在一定条件下可以相互转化，这就决定了逆向思维方法在创新活动中有着不可替代的作用。下面就介绍四个在创新活动中应用较为广泛的逆向思维技巧。

(1)逆事物的原理思考。逆事物的原理，对自然现象、物理变化、化学变化等进行逆向思考，往往能产生创新。

例如，1800 年意大利物理学家伏特发明了伏打电堆，第一次将化学能转换成了电能。反过来，电能是否也能转换为化学能呢？英国化学家戴维由此出发，最终创立了电化学，并发现了钾、钠、镁、钡、硼等元素。

(2)逆事物起作用的方向思考。事物起作用的方向与性质、功能等方面存在着某种内在的联系，方向一经逆转，该事物的其他方面也会发生相应的变化。因此，有意识地对事物进行反方向上的思考，也是逆向思维的一大技巧。

例如，原来的破冰船都是船在冰面上，靠重量压碎冰层。因此，破冰船头部要用十分坚硬的材料制造，十分笨重。而苏联科学家利用逆向思维，让船潜入水中、依靠浮力，用坚硬的"巨齿背脊"顶冰，十分小巧。

(3)逆事物的位置思考。将事物的位置相互颠倒，往往也能产生创新的思想。

例如，在传统的动物园中，动物关在笼子里，逐渐失去了野性，因此人们看不到自然界中真实的动物。于是有人采用逆向思维方法，让人进入封闭的观光汽车中，而让动物自由自在地在大自然中觅食、活动。根据这一思路，世界上出现了野生动物园，人与动物的位置正好对调，而动物也全然没有关在笼子中的那种懒洋洋的样子了。

(4)利用事物的缺点进行思考。任何事物都不可能十全十美，总有这样或那样的缺点。因此，如果我们从周围事物或产品存在的缺陷和不足中进行思考，往往就能做出创新，甚至能够利用这些缺点为人类造福。

例如，大风是一种具有一定危害性的自然现象，然而创新者却利用它进行风力灌溉；海浪会掀翻船只，但创新者却利用它来发电；恶臭冲天的皮革厂废料渣是污染环境的一大公害，而有人却变废为宝，利用它制造出了厌氧发酵沼气池，为工厂节约了大量燃料……

总之，逆向思维法是创造发明的一种有效方法。面对需要创新的问题，如果反过来思考，那就能够对问题有较为深刻的认识和把握，并有可能获得与众不同的新想法、新发明。

3.2.5 形象思维法

形象思维是人们通过对事物直接、连续的观察，对事物的表象获得感受和体验，并通过想象、联想、幻想，从而诱发出对事物运动变化的认识和把握，是一种再现式的思维形式。形象思维可以通过语言、绘画、草图等形式对事物进行描述，它丰富了人类的创造能力。许多发明创造往往是从对事物形象的观察、思考和想象中得到启示而产生的。

例如，在科学研究过程中，物理学家观察、识别并描述光和电的物理现象；化学家想象并设计复杂的分子模型；天文学家观测满天繁星的夜空，想象银河星系的形态；动物学家解剖动物的肢体，在显微镜下观察细胞的结构等。在工程技术和生产过程中，工程师构思设计建筑物或机器零件的模型；炼钢工人从钢水的显色变化中识别判断转炉的温度；火车司机用小锤敲打车轮，从声音中判断车轮的好坏等。在医疗工作中，医生通过察言观色、把脉、看舌苔、听心音等复杂的形象，判断、诊断疾病等。

形象思维法分为想象思维、联想思维和幻想思维三种形式。

3.2.5.1 想象思维

1)想象思维概述

想象思维是人们在原有感性认识的基础上，在头脑中对各种表象进行改造、重组、设想和猜想，使其产生新思想、新方案、新方法，从而创造出新形象的思维过程。

爱因斯坦认为，想象比知识更重要、更可贵。知识是有限的，而想象是无限的。正是有了想象，人们才能不断地创造出世界上前所未有的新事物。

根据产生想象时有无目的、意图，可以把想象分为有意想象和无意想象。有意想象是带有目的性、自觉性的想象，它包括再现想象、创新想象和幻想。无意想象是没有特定目的、不自觉的想象，梦就是无意想象的极端情况。把想象视为超现实的观念并不正确，想象总是在人类改造世界的同时产生的，是对现实表象的优化和提升。

2)想象思维的培养

(1)克服抑制想象思维的障碍。抑制想象思维的障碍主要有环境方面的障碍、内部心理障碍和内部智能障碍。环境方面的障碍是指人际关系的不协调、学习思考环境的恶劣等。内部心理障碍是指心理处于积极还是消极的状态，如心理处在积极、愉快、兴奋的状态时，人就容易进行想象；如果处于消极、压抑，甚至悲观、沮丧的状态，那就很难进行乐观、正向的想象。但是，人的心理状态是可以调整的。内部智能障碍主要是指思维方法的僵化，也就是思维模式的固定化，即所谓的“思维定势”或“习惯性思维”。

(2)培养想象思维能力的途径：一是强化创新意识，人的意志和意识的强弱决定了人的思维积极性和活跃性；二是学习，学习包括从书本上学习，也包括从实践中学习，还包括向一切有知识、有经验的人学习；三是静思，人有时需要交往，需要热闹，需要和别人产生思维碰撞,但有时也需要孤独,需要安静地思考。

3.2.5.2 联想思维

1)联想思维概述

联想思维是指人们在头脑中将一种事物的形象与另一事物的形象联系起来,探索它们之间共同的或类似的规律,从而解决问题的思维方法。

例如,高山和镜子是两个风马牛不相及的概念,但联想思维可以使它们之间发生联系:高山—平地,平地—平面,平面—镜面,镜面—镜子。假如每个词语都可以与10个词直接发生联系,那么第一步就有10次联想的机会,第二步就有100次,第三步就有1000次,第四步就有10000次,第五步就有100000次机会!因此,联想思维有着广泛的基础,它为我们提供了无限广阔的天地。一个人如果不会运用联想思维,学一点就知一点,那么他的知识是零碎的、孤立的,派不上什么用处;可如果他善于运用联想思维,就会做到举一反三、触类旁通,从而获得创新的构思。

2)联想思维的类型

(1)相似联想。相似联想是指在性质上或形式上相似的事物之间进行的联想。找到事物的相似点,往往就能够把不同的事物组合起来。相似联想法的运用会使整个事物具有新的性质和功能,也会给我们带来耳目一新的感觉。

例如,把爆破与治疗肾结石联想到一起,可谓是一个伟大的创举。目前的定向爆破技术能将一幢高层建筑夷为平地,同时又不影响旁边的其他建筑物。医学家们由此联想到了医治患者的肾结石,他们经过精确的计算,把炸药的分量控制到恰好能炸碎患者肾脏里的结石,而又不影响患者的肾脏本身。这种在医学上被称为"微爆破技术"的治疗手段,为众多肾结石患者消除了病痛。

(2)相关联想。相关联想是指在思考问题时,根据事物之间在时间或空间等方面的联系进行联想。由于世上万物不是孤立存在的,在空间或时间上总是保持着一定的联系,因此灵活运用相关联想法则,常常也能打开思路,产生创新。

例如,在澳大利亚曾发生过这样一件事情:在收获季节里,有人发现一片甘蔗田的甘蔗产量竟提高了50%,这是怎么一回事?回想起来,在甘蔗种植前一个月,曾有一些水泥洒落在这块田里。于是科学家们运用相关联想,发现水泥中的硅酸钙能使酸性土壤得到改良,并由此发明了改良酸性土壤的"水泥肥料"。

(3)对比联想。对比联想是指由给定事物联想到在空间、时间、形状、特性等方面与之相反的事物的一种思考活动。对比联想法在学习中得到了广泛的应用,它可以帮助我们从一个方面联想起另一个方面:两个相反的对象,只要想到一个,便自然而然地会想出相对的那个来。

例如,当物理学家开尔文了解到巴斯德已经证明了细菌可以在高温下被杀死、食品经过煮沸可以保存后,他大胆地运用对比联想:既然细菌在高温下会死亡,那么低温下细菌是否也会停止活动?在这种思维的启发下,经过精心研究,终于发明了"冷藏"工艺,为人类的健康保健做出了重要的贡献。

(4)类比联想。类比联想是指通过对一件事物的认识引起对与该事物在形态或性质上相似的另一事物的联想。由于这种联想是借助于对某一事物的认识，通过比较它与另一类事物的某些相似，达到对另一事物的推测理解。

例如，浙江省某食品机械厂的技术人员在一次去贵阳某糕点厂安装蛋卷机时，在本厂总装试车运行良好的蛋卷机，在贵阳却不听使唤了，蛋卷坯子出来后，都在卷制过程中碎掉了。他们在原料、配方、卷制尺寸等方面花了许多精力也解决不了问题。后来，他们看到贵阳即便是阴天，晾在外面的湿衣服半天也能干，想起糕点厂空气湿度不当会造成断丝，蛋卷在卷制过程中碎掉可能也与空气湿度有关。于是，他们采取了在本车间及机器内保湿加湿的措施，终于做出了漂亮的蛋卷。

(5)因果联想。因果联想是指由事物的某种原因而联想到它的结果，或指由一个事物的因果关系联想到另一种与它有因果联系的事物。

例如，人们由冰想到冷、由风想到凉、由火想到热、由科技进步想到经济发展，这些都是因果联想。这种联想往往是双向的，可以由因想到果，也可以由果想到因。

当然，在具体的创新活动中，上述类型的联想思维往往是互相结合、交叉使用的。因此，要想真正掌握联想思维，更重要的是要积极地参加创造性活动，在创新活动中有目的地提高自己的联想思维能力。

3)联想思维的训练

培养和训练联想思维能力通常采用概念联想式训练法。概念是事物本质属性的反映，是人们经常使用的思维单元，而概念和概念之间的关系反映了客观事物之间常见的关系，这就为开展概念联想创造了条件。

联想力的高低主要表现在两个方面，一是联想的速度，二是联想的数量。人人都会发生联想，但高联想力并不是人人都具备的。只有经常地进行专门的联想训练，才会提高联想力，才会为创新思维打下良好的基础。

(1)提高联想速度训练。可以给定两个词或两个物体，通过联想，在最短的时间里由一个词或物体想到另一个词或物体。例如。“天空—鱼”，它们之间的联想途径可以是：天空(对比联想)—地面(相关联想)—湖、海(相关联想)—鱼；再例如“粉笔—原子弹”，联想途径可以是：粉笔—教师—科学知识—科学家—原子弹。

(2)提高联想数量训练。可以给定一个词或物体，然后由这个词或物体联想到其他更多的词或物体，在规定的时间内，想得越多越好。

3.2.5.3 幻想思维

幻想思维是指在人们的意识活动中，那种突破直接现实材料的局限，也不直接依靠各种现成的文化成就和语言，而是神奇地将感性因素和理性因素、直观形象和概念因素、客观因素和主观因素在意识中融为一体，从已知之物假设出未知之物的思维方法。

由于幻想具有超前性，脱离现实，常常会被人贬低。然而，在有些国家，为了发挥幻想在科技发明中的积极作用，一些学校为学生开设了“幻想课”，旨在从小培养人们的创造才能，引导人们将幻想变为现实，而不致成为脱离客观规律的空想。

幻想往往是科学发明的先导，科学需要创新，也需要幻想，有幻想才能打破传统的束缚，才能发展科学。因此，有人认为创新是幻想的特殊形式。18世纪著名科幻作家凡尔纳，一生也没有飞上过天空，但他凭借无穷的想象力写出了许多关于天空、深海以至世界各个角落的科幻小说，在其科幻小说中出现的坦克、潜水艇、直升机、电视等在20世纪均一一变为现实，正如他所说：“人类的幻想，在不久的将来一定会成为现实。”

3.2.6 潜思维法

潜思维是相对于显思维而言的，是本人意识不到，不能直接加以控制，能独立进行信息处理的一种思维活动。潜思维是在潜意识的基础上发展起来的，是潜意识的高级形式。在有待创新的问题上，能否灵活地运用潜思维往往起着关键性的作用。

潜思维可以分为直觉思维、灵感思维和梦思维三种重要的形式，这三种形式的潜思维与创新活动是紧密相连的。

3.2.6.1 直觉思维

1)直觉思维概述

直觉思维是指对一个问题未经逐步分析，仅依据内因的感知迅速地对问题答案做出判断、猜想、设想，或者在对疑难百思不得其解时，突然对问题有灵感和顿悟，甚至对未来事物的结果有预感等。

直觉思维是一种心理现象，它在创新思维活动的关键阶段起着极为重要的作用。直觉思维是可以有意识地加以训练和培养的。诺贝尔奖获得者丁肇中教授曾回忆：1972年，我感到很可能存在许多具有光特征而又比较重的粒子，然而理论上并没有预言这些粒子的存在。他直观上感到没有理由认为重光子一定要比质子轻。后来经过实验，果然发现了震动物理界的J粒子。

一些著名的科学家、艺术家也给了直觉以最高的评价。如爱因斯坦评价道：他相信直觉和第六感觉。未来派艺术大师玛丽琳·弗格森评价道：如果没有直觉能力的话，人类将仍然生活在洞穴时代。当然，由于直觉思维的非逻辑性，它的结论常常是不可靠的，但不能因此而否定直觉思维的创新作用。著名物理学家杨振宁教授在谈到“氢弹之父爱”德华·泰勒博士的讲课特点时曾说过这样一句话：泰勒的物理学的一个特点是他有许多直觉的见解，这些见解不一定都是对的，恐怕有90%是错误的，不过没关系，只要有10%是对的就行了。

研究表明，许多杰出的创新者在开始发明创造时，似乎对最后的成果总有一种直觉，他们投入大量的时间和艰辛的劳动后，最终使这些直觉变为发明成果。20世纪，相对论、量子力学、基本粒子理论和系统科学的形成和发展表明，实证主义的思维模式已不能适应时代的需要，像爱因斯坦这样的科学伟人都主张以新的思维模式代替实证主义。他认为,科学发现的道路首先是直觉的,而不是逻辑的。进而指出,科学认识包括三个主要环节:一是通过直觉从直接经验到公理体系,二是通过逻辑推理从公理体系到个别结论,三是通过直觉从个别结论返回直接经验,如图 3.2 所示。这既表明了直觉思维在科学认识中的重要地位,又表明了在科学研究中自觉地把西方人擅长的逻辑思维方式与中国人擅长的直觉思维方式结合起来的重要意义。

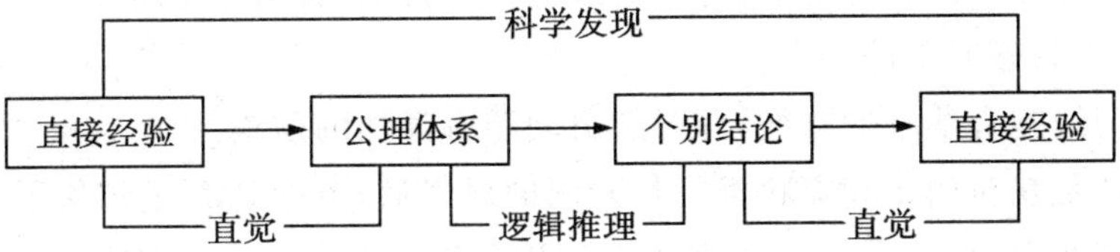

图 3.2 科学认识的三个主要环节

2)直觉思维的训练

直觉思维的训练方式有以下几种:

(1)获取广博的知识和丰富的生活经验。直觉的产生不是无缘无故、毫无根基的,它是凭借人们已有的知识和经验才得以出现的,直觉往往比较偏爱知识渊博、经验丰富的人。因此,获取广博的知识和丰富的生活经验是直觉训练和强化的基础。

(2)学会倾听直觉的呼声。直觉思维凭借的是"直接的感觉",但又不是感性认识。直觉需要细心体会、领悟,需要倾听它的信息、呼声。当直觉出现时,不必迟疑,更不能压抑,要顺其自然,顺水推舟,做出判断、得出结论。

(3)培养敏锐的观察力和洞察力。直觉突出的特点是洞察力和穿透力,因此,直觉与人们的观察力及视角息息相关。观察力敏锐的人,其直觉出现的概率更高,直达事物本质的效果更强。因此,要有意识地培养自己的观察力,特别是提高对那些不太明显的软事实,如印象、感觉、趋势、情绪等无形事物的观察力。

(4)真诚、客观地对待直觉。直觉虽然是凭借人们已有的知识及经验,凭"直接的感觉"产生,但却常常会受到客观环境的影响及个人情感的干扰。当一个人处在某种情感,如猜忌、埋怨、愤怒等的困扰中时,直觉的判断就有可能失去客观性。因此,要真诚地对待直觉,产生直觉的过程中要尽量排除各种影响和干扰,出现直觉以后,还要回过头来冷静地分析其客观性。

3.2.6.2 灵感思维

1)灵感思维概述

灵感思维是指在创新过程中,经过艰苦研究、探索和实践积累后,借助于直觉启示,突然地领悟到事物的本质和规律的一种思维。

灵感思维是人们在创新过程中发散思维和收敛思维的多项叠加,通过逻辑思维和非逻辑思维反复作用,突然间使隐藏在人们思维中的潜在意识进入激发状态。灵感思维是创新过程进入高潮阶段才出现的一种最富有创造性的思维突破，很多创造成果都是通过灵感思维而最后获得成功的。灵感常常为发明带来思路、线索、设想和启示，但灵感的出现具有随机性、瞬时性、模糊性，创新者要觉察灵感、把握灵感和利用灵感有一定的难度，但人们总结出，灵感总是按照积累、迷恋、松弛、触发的顺序出现，而触发是产生灵感的关键步骤。

逻辑思维和形象思维都是随时存在的普遍思维形式，而灵感思维只有在特定条件下才能出现。产生灵感的条件如下：

第一，对问题抱有浓厚的兴趣，并对解决问题有强烈的欲望。

第二，往往是在对问题和资料进行长时间的思考后，甚至达到了思维的“饱和”状态。例如，阿基米德在洗澡时，受水盆里的水溢出来的启示发现了浮力定律，其实也正是他终日苦思如何区分纯金制的真皇冠和掺杂着银制的假皇冠这一悬案的结果。

第三，注意力高度集中，无任何琐事的烦恼。

第四，经验告诉我们，不受外界干扰时容易产生灵感，并多发生在身体处于轻松的状态时，比如散步、郊游、沐浴，甚至在睡梦中。英国科学家布朗经过大量的研究后认为：浴盆、床铺和农村散步最适宜科学家产生灵感。由于人在良好的情绪状态下，大脑神经活动感受敏感，神经活动灵活性增强，容易形成暂时的神经联系，故往往会触类旁通，促进灵感的出现。

2）灵感思维的训练

（1）灵感的捕获。灵感的捕获需要长期的思想活动准备，因为灵感是人脑进行创造活动的产物，所以长期思考是基本条件。

灵感的捕获需要兴趣和知识的准备，广泛的兴趣、丰富的知识和经验有利于借鉴，容易得到启示，是捕获灵感的另一个基本条件；灵感的捕获还需要智力的准备，包括观察、联想、想象；也需要乐观镇静的情绪，愉快的情绪能增强大脑的感受能力；此外，灵感的捕获更需要注意摆脱习惯性思维的束缚，并珍惜最佳时机和环境。

灵感的捕获需要有及时抓住灵感的精神准备和及时记录下灵感的物质准备。许多有创造精神的人都曾体验过获得灵感的滋味，但因为事先没有准备而没有及时记下这些灵感，事过境迁就再也记不起来了。当然，并不是头脑里出现的灵感都有价值，但记录下来以后可以慢慢琢磨，决定取舍。

（2）灵感的诱发。灵感的诱发有外部机遇诱发和内部积淀意识引发两种，外部机遇诱发包括思想点化、原型启发、形象发现和情景激发，内部积淀意识引发包括无意遐想和潜意识。

思想点化一般在阅读或交流中发生。如达尔文从马尔萨斯人口论中读到“繁殖过剩而引起竞争生存”时，大脑里突然想到，在生存竞争的条件下，有利的变异会得到保存，不利的变异则被淘汰，由此促进了他对生物进化论的思考。

原型启发是受自己要研究的对象的模型启发而产生的灵感。如英国工人哈格里沃斯发明纺织机，就是受到原来水平放置的纺车偶然被他踢翻变成垂直状态的启发才研制成功的。

形象发现是通过发现某个现象而引发的灵感。如意大利文艺复兴时期的著名画家拉斐尔想构思一幅新的圣母像，但很久难以成形。在一次偶然的散步中，他看到一位健康、淳朴、美丽、温柔的姑娘在花丛中剪花，这一富有魅力的形象吸引了他，他立刻拿起画笔创作了《花园中的圣母》。

情景激发是通过看到某个情景而引发的灵感。如我国作家柳青经过对农村生活的体验写出了《创业史》，但七年后，当他想改写时却找不到感觉了。只有当他再次回到农村后，那些农民的情感及自己对农村生活的眷恋才一起被激活，产生了创作灵感。

无意遐想的灵感在创造中很常见，如作家在散步或郊游时因沉思或回忆而闪现的灵感，它多是因为心情的放松而使得积淀在无意识中的体验自由涌现。这一类情形还可以在梦幻中出现，传说作家郭沫若经常从睡梦中跳起，抓来纸和笔记录下梦中偶得的诗句。总之，这种自由的无意遐想都是作家在内心宁静时充分调动和依从无意识的结果。

潜意识与无意遐想的轻松心态下产生的灵感相反，这种灵感的诱发是人脑中平时未发挥作用的那部分潜在的智能在危机状态中的突然激发，如广为人知的曹植写出《七步诗》的故事。

3.2.6.3 梦思维

1)梦思维概述

与直觉、灵感相似，梦也是一种潜思维。古今中外有不少科学家在梦中做出发明创造的奇闻轶事。比如，胰岛素的结构是班廷在梦中得到启示的，著名画家拉斐尔在梦中有了“圣母像”画面的雏形，现代科学思想之父笛卡尔关于方法论、数学和物理学的一些基本概念是在1618年一个夜晚三个不连续的梦中构思的……这些正是潜思维在发明创造过程中起作用的表现，只不过它们通过“梦”来显现而已。

2)梦思维的开发

英国科学家克里克认为，做梦可以消除大脑中无用的信息。如果不做梦，不对自己接受的大量信息进行筛选整理、去粗取精，那么一堆乱麻的大脑是没有多大用处的。梦思维就像一座蕴藏了大量宝藏的金矿，等待人们去开发。开发梦思维应注意以下四个方面的问题：

(1)要全身心地投入到有待解决的问题中去。梦思维同灵感一样属于潜思维，因此它具有与灵感相似的特点。俗话说“白日思之，夜则梦焉”，同灵感一样，梦也只青睐那些有准备的大脑。

(2)在思考问题的过程中入睡。人清醒时，显思维对潜思维有着较强的控制作用，使得潜思维的作用发挥不出来。而入睡后，控制机能则明显减弱，潜思维开始活跃，催眠术很好地证明了这一点，但这时潜思维又苦于找不到思考对象而白白浪费了。而在思考问题中入睡，就能强化问题意识，将潜思维引导到所思考的问题上，从而充分利用潜思维的这种潜能。

(3)入睡前提醒自己记住所做的梦。人几乎每晚都会做很多梦,但如果醒来后,梦不转化为显意识,那么开发潜思维便成了一句空话。入睡前提醒自己记住所做的梦,有助于加强思维的警觉性,这样当潜思维对问题的思考取得一定成果时,显思维将它记录下来的可能性便大大增加了。

(4)醒来后保持一段时间的迷糊状态。由于睡梦中的内容有许多是十分荒唐的、模糊的,因此在醒来后保持一段时间的似醒非醒的朦胧状态,能使梦境在大脑中多停留一段时间,以便对其进行整理,去其糟粕,取其精华,有利于梦中灵感的出现和捕捉。

总之,人的一生会做大量的梦,尽管梦是人类了解最少的事物之一,但梦思维有利于创新已为人们的实践所证实。

3.2.7 辩证思维法

辩证思维法是所有创新思维方法中最高级的一种思维方法,需要较高的艺术技巧和悟性才能运用自如。

3.2.7.1 辩证思维概述

辩证思维是指按照辩证逻辑的规律,即按照唯物辩证法的规律进行的思维活动,也称"矛盾思维",人们常说的"两面性思维"就属于辩证思维。

唯物辩证法关于事物普遍联系的观点、发展变化的观点以及对立统一的观点是辩证思维法的基石。如果这些基本的观点和意识在头脑中树立得不牢,就会大大降低创新效率。例如,如果普遍联系意识不强,在运用类比法去寻找类比对象时,就会有许多可被利用的类比对象被舍弃;或者在运用组合法进行组合时,就会说这也不行那也不行;或者在应用模仿法、移植法时会说这不可能那不可能。与此类似,如果发展变化的观念不强,对许多本来可改进的东西就会说它已经完美无缺、无懈可击。同样,如果对立统一的观点不强,不是抱残守缺、不思进取,就是好高骛远、脱离实际,也就不可能在创新活动中正确把握继承与发展的关系。不过,在众人的思维实践中,掌握和运用这些辩证逻辑规律的一般方法并不难,难的是如何更巧妙地运用这些规律去驱动创新成果的形成。两面性思维就是巧妙地运用对立统一规律的形象写照。

所谓"两面性思维",就是从对立之中去把握新的、更高级的、统一的辩证思维方法。掌握了这种思维方法,就可以更容易地从差异中看到一致,从对立中看到统一,把思维中势不两立的对手变成志同道合的朋友,使思维成果在更高的水平上融合、统一、升华。

两面性思维由来已久,我国古代孔夫子就曾说过"叩其两端而竭";德国的大哲学家康德也有"二律背反"之说;不过,应用两面性思维最成功者之一当属爱因斯坦。根据爱因斯坦的成功经验,应用两面性思维进行创新时应注意如下几点:

(1)两面性思维是一种积极的思维,它总是积极地关注思维的目标,而不是消极地等待目标的到来。

(2)两面性思维是一种主动的思维,它主动地把对立的两极明朗化。

(3)两面性思维是一种大胆的思维,它总是大胆地对看似不合逻辑的情况提出合理的假设。

总之,两面性思维的特点是能同时积极地构想出两个在逻辑上互为矛盾,但又各有其经验基础的相反物(对立面),由此构成理性创新的思维背景。

3.2.7.2 辩证思维的技巧

驾驭辩证思维最根本的方法当然是要学好唯物辩证法。但是,在具体应用过程中,要想取得不同寻常的成果,还必须加入一些操作上的技巧,这种技巧主要表现为如下三点:

(1)有意创设对立面。有时对立面是不存在的,因为表面看相互对立的东西无法共存,这样就必须人为去创造。否则,问题就得不到解决,就不可能有新的事物产生。

(2)有意强化对立面。强化对立面就是有意拉大对立面的距离。在拉大距离后,矛盾变得突出,问题就可能得到解决。比如,两块相吸的磁铁只有拉开一定的距离,才可能体现出吸力的存在。不过,强化对立面不能忘记思维的目标,即不能忘记要解决的问题。而且为了强化对立面,必须要通过给定某些限制条件才可能实现。

(3)关注对立的统一性。在辩证思维中,不仅要关注对立两极的存在,而且应从对立的背后纵深关注它们之间的深刻的统一性。关于这一点,爱因斯坦曾有过深刻的论述:从那些看来直接可见的、真理十分不同的各种复杂现象中认识到它们的统一性,那是一种壮丽的感觉。实际上,在辩证思维中关注统一的一面,就是在关注思维的目标,即问题的解决。

3.2.8 图解思维法

3.2.8.1 图解思维法的概念

人们平时表达自己的想法一般都使用语言或文字,很少用图画来表达自己的想法。其实,人类在发明文字之前是用图画来交流信息的,甚至汉字本身就是从“画面”慢慢发展而来的。从某种意义上说,图画天然就是人类表达思想的有效工具,它有助于我们进行思考和交流。

那么,什么是图解思维法?

图解思维法就是一种通过插画、图形、图表、表格、关键词等把信息传达出来,将人们的想法画出来,帮助人们有效地分析和理解问题、寻求解决问题的方案的思考方法。

图解思维法是一种有效的整理思路的方法,可以通过这种方法把大脑中的信息提取后,用图画的方式表达出来。运用这种思考法,可以把许多枯燥的信息高度组织起来,遵循简单、基本、自然的原则,使其变成彩色的、容易记忆的图。

3.2.8.2 图解思维法的类型

图解思维法主要包括逻辑型图解、过程型图解、图表型图解和思维导图等基本类型。

(1)逻辑型图解。逻辑型图解是从人们思考的逻辑顺序出发,在解决和思考问题的过程中,用图解的形式建立起事实和事实之间、概念和概念之间的逻辑联系,如图 3.3 所示。逻辑型图解是一种常见的图解思维法,一般有逻辑树型结构图解和金字塔型结构图解等不同的图解呈现方式。

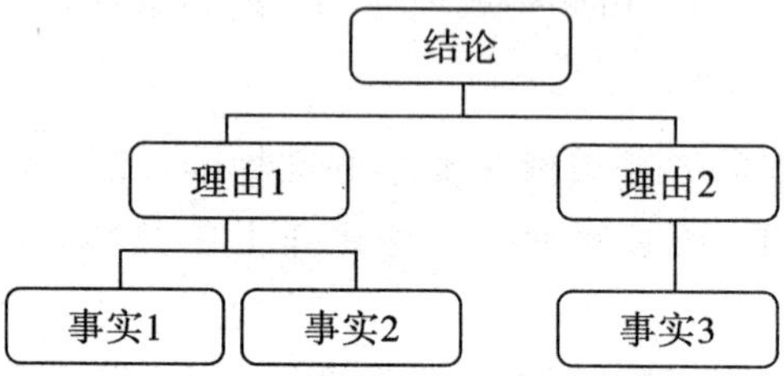

图 3.3 逻辑型图解

逻辑型图解能够帮助人们更好地从全局出发,全面、彻底地思考解决问题的办法或建立事物之间的逻辑关系。通过逻辑型图解,能够系统地把思考对象和关键词之间的关系连接起来,不至于迷失方向,或出现重复、遗漏等情况。

(2)过程型图解。过程型图解是通过图文表现过程的整体概要,展现整个运作过程、工序或作业流程。通过过程型图解的绘制,能够帮助人们检查工作中的各个环节和程序,并对不当之处进行适时调整。

图 3.4 所示是关于某项新产品开发的过程图解,呈现了从创意提出到产品生产,再到售后反馈的各个环节的操作过程。

过程型图解既可以表现整个工作过程,也可以显示出细节化的分析;既适用于复杂的作业过程,也可以用于体现不同环节、部门之间的联系。

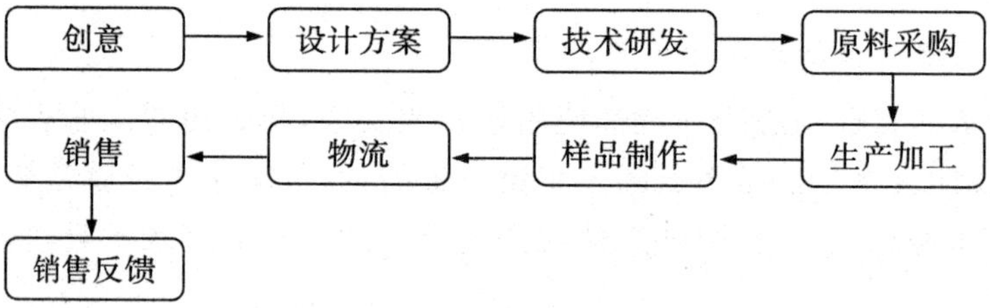

图 3.4 新产品开发的过程图解

(3)图表型图解。图表型图解是通过图表呈现按照一定顺序排列的数据信息,帮助人们了解和掌握事物的发展趋势和动向,从而快速、清晰地掌握整体发展概要,以便做出相应的判断和决策。

常见的图表型图解包括饼图、折线图、柱状图、雷达图、圆环图等多种形式,根据不同数据信息的呈现要求可以选择相应的图表型图解形式,以增加视觉效果,更直观、形象地表现数据之间的关系。图 3.5 所示是以分季度销售额为例的饼图和折线图。

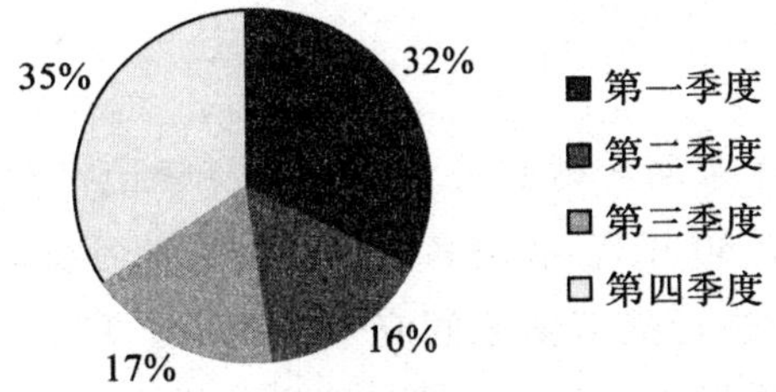

(a) 饼图

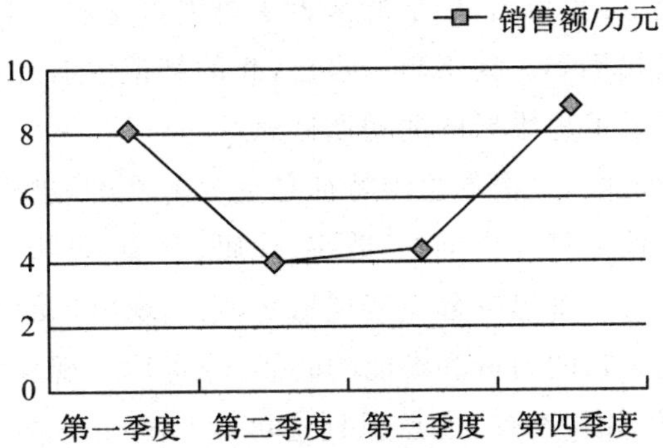

(b) 折线图

图 3.5　分季度销售额

(4)思维导图。思维导图是心理学家东尼·博赞发明的一种图解思维法,用于描述或建构针对某一问题的各个方面,以帮助人们记忆、理解或拓展思路。这种图解思维法从思考的中心出发,绘制要解决问题的不同方面,运用图文并茂的技巧,把各级主题的关系用相互隶属的层级图表形式表现出来,将主题关键词与相关的层级图表联系起来,使主题关键词语、图像、颜色等建立记忆链接。运用这种方法,可以帮助人们描绘一天的工作或学习计划,可以囊括一本书、一门课程的概要,也可以用来描述一个问题的不同思考方向或搜索一个问题的多种解决路径,如图 3.6 所示。

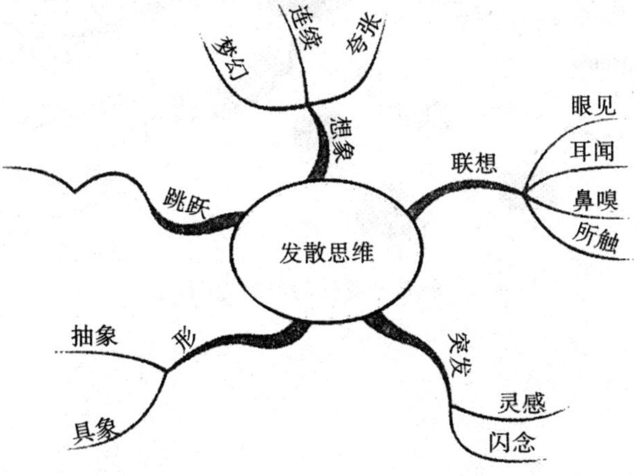

图 3.6　发散思维的思维导图

3.2.8.3　思维导图

1)思维导图的概念

著名心理学家、教育学家东尼·博赞曾说:“通过探索记忆和理解的不同,我想到了要去开发思维导图。20 世纪 60 年代,我去各个大学讲授学习和记忆心理学,同时注意到了我所讲的理论和自己实际进行的事情之间有一段距离。我的讲授笔记都是传统的线性笔记,忘记的东西和无法沟通的东西与传统的笔记一样多。我把这些笔记当作记忆讲座的基础。在这个基础上,我指出,回忆的两大主要因素是联想和强调。可是,这些因素却在我自己做的笔记里找不到。我不断问自己,我的笔记中有什么东西会帮助我产生联想和强调,结果,我就形成了思维导图的初期概念。”

科学研究已经充分证明,人类的思维特征是呈放射性的,进入大脑的每一条信息、每一种感觉、记忆或思想(包括每一个词汇、数字、代码、食物、香味、线条、色彩、图像、节拍、音符和纹路等),都可作为一个思维分支表现出来,它呈现出来的就是放射性立体结构。

东尼·博赞在研究大脑的力量和潜能的时候,惊奇地发现伟大的艺术家达·芬奇的笔记本中充满了图画、代号和连线,他意识到这可能是达·芬奇在很多领域取得成功的原因所在。在此基础上,东尼·博赞于 20 世纪 60 年代末发明了思维导图,如图 3.7 所示。这种思考方法一经公布,很快风靡全球。

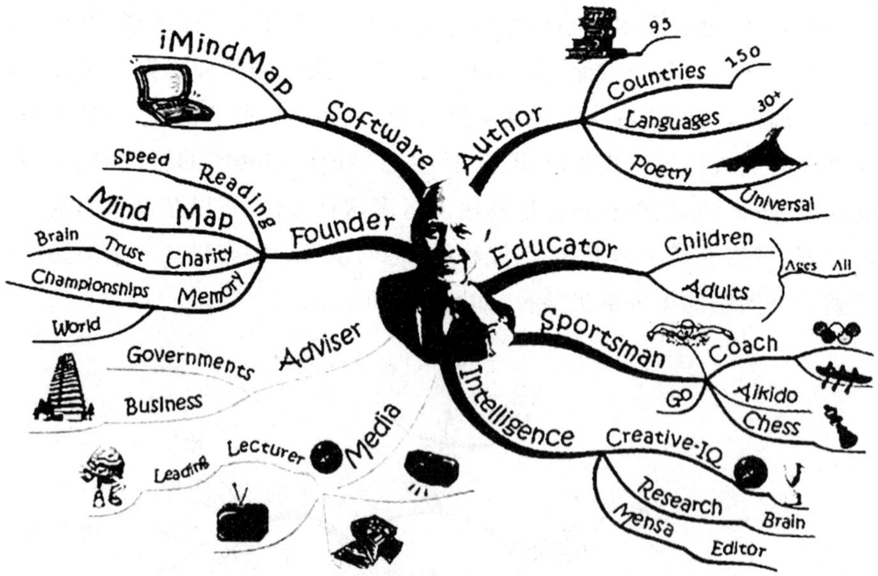

图 3.7　东尼·博赞的思维导图(英文)

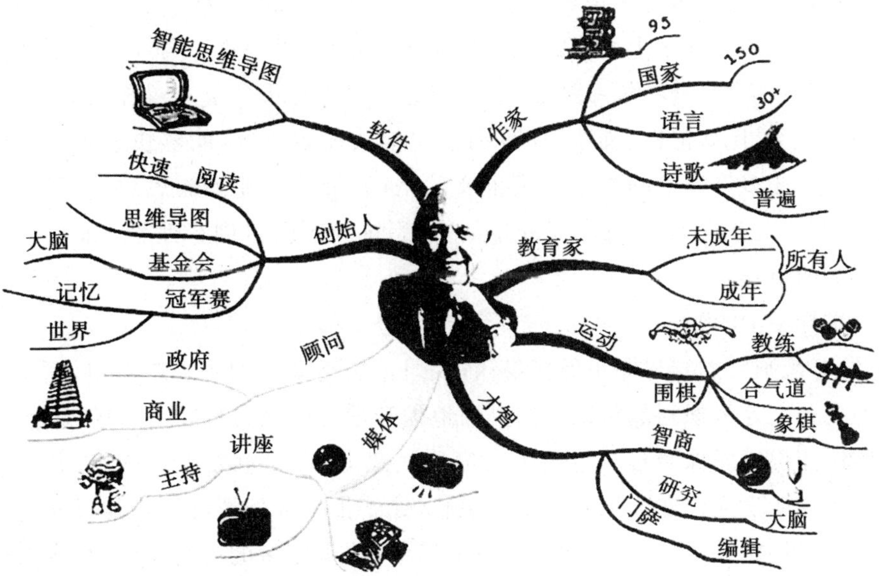

图 3.7 东尼·博赞的思维导图(中文)

在《思维导图宝典》中,东尼·博赞对思维导图有这样的定义:思维导图是用图表表现的发散性思维。通过捕捉和表达发散性思维,思维导图将大脑内部的过程进行外部呈现。本质上,思维导图是在重复和模仿发散性思维,这反过来又放大了大脑的本能,让大脑更加强大有力。

简单地说,思维导图所要做的工作就是更加有效地将信息“放入”人们的大脑,或者将信息从人们的大脑中“取出来”。

思维导图充分运用人的左右脑的机能,利用记忆、阅读、思维的规律,把各级主题的关系用相互隶属的层级图表形式表现出来,将主题关键词与相关的层级图表联系起来,使主题关键词、图像、颜色等建立记忆连接。思维导图协助人们在科学与艺术、逻辑与想象之间平衡发展,从而开启人类大脑的潜能。

2)思维导图的特点

(1)平易近人。思维导图的规则简单且容易掌握。由于思维导图规则的设定遵循人们大脑的思维模式,所以几乎所有的人都能看懂。此外,思维导图不管是作为一个学习工具还是作为一门技术,都为人们熟练掌握提供了可能,它没有繁多的限制和要求,不需要人们具有高超的艺术修养,只需要人们发挥联想,保持思维自由,遵循简单的规则,竭尽所能地利用一切让思维导图的制作过程充满乐趣,就可以画出出色的思维导图。

(2)珠联璧合。思维导图具有极高的信息压缩率,它从海量的信息中筛选出只占信息总量很小一部分的信息使之保留在思维导图中,综合了文字和图形这两种表达形式的优点,并以它们为单位来组织信息。思维导图还利用发散式或节点式的结构,将文字和图表表达的信息连接起来。

(3)四两拨千斤。东尼·博赞曾经说,就像所有的肌肉一样,大脑要想强劲有力,必须要接受训练。思维导图为大脑提供了完美的“锻炼”,能够提高思考力、创造力及记忆技巧。所有的训练都一样,练习越多,效果越好。思维导图的起步是作为记忆工具,集中在基本的应用上,比如记忆、创造、决策和组织他人的观点等,能够快速轻松地产生比传统头脑风暴方法多许多倍的想法。更重要的是,思维导图能解放思想,给思维带来无尽的可能性,不管是在学习、工作还是在生活中,思维导图会将创造性渗入其中,为生活、学习增添更多的色彩。

3)思维导图的绘制

(1)绘制规则。思维导图虽然极易入门,但要想高效地利用思维导图,还需要遵守一些重要的规则。这些规则能帮助人们更快地提升学习能力、记忆能力和创新能力。

①使用图像。图像能自动地吸引人们的注意力,可以触发无数联想,并且能帮助人们记忆。图像能使人们在记忆时产生愉悦感,处于正中央位置的图像能反映出人们大脑思维程序的多钩状特性,从中心向四周发散思维,获得更多的思维空间,释放人们思维的自由。不仅仅是使用中央图像,在思维导图的其他位置也要尽可能地使用图像,这样可以在视觉和语言皮层技能之间建立起刺激性的平衡,提高人的视觉感触力。

②添加分支。中央图像会引发大脑产生相关联想,人们需要跟随大脑给出的层级完成思维导图,但不要急于在一开始就建立一个良好的结构。好的结构按照大脑的自由联想就可以自然形成,所以给自己充分的思想自由,给中央图像不断地添加分支,在各分支之间自由移动,也可随时回到前一个分支添加新内容。需要注意的是,中央图像与分支之间需要用写有主题的连线连接起来。

③建立联系。不时地回顾一下已完成的思维导图,寻找思维导图内部各部分内容之间的关系,用连线、图像、箭头、代码或颜色将这些关系表现出来。有时,相同的文字或概念出现在导图的不同分支上,这并非是不允许的,人们可以通过这些相同的文字主题发现思维节点之间的附着点,使思维导图的应用更加流畅。

④享受乐趣。在绘制思维导图时,尽量放松大脑,让思维自由地展开联想,将想法以个性化、生动化的形式写在纸上。竭尽所能让思维导图更加色彩丰富和引人注目。花点时间给分支和图像上色,并给整幅导图增加一些层次和添加一些装饰。此外,让自己做个自由的人,将“荒诞”或是“愚蠢”的想法记录下来,特别是在绘制思维导图的起步阶段,这些所谓“荒诞”和“愚蠢”的想法通常会成为重要的突破口和新范式的东西。

(2)绘制流程。开始创作之前需要一张白纸,这张纸不能有任何横格和线条,因为原有的线条会使人们在画向外拓展的曲线时不自觉地受到暗示而画成直线,从而限制人们的发散思维。此外,这张纸应该大小适当,不能限制人们的创意发挥,又要方便收藏。思维导图的绘制流程如图 3.8 所示。

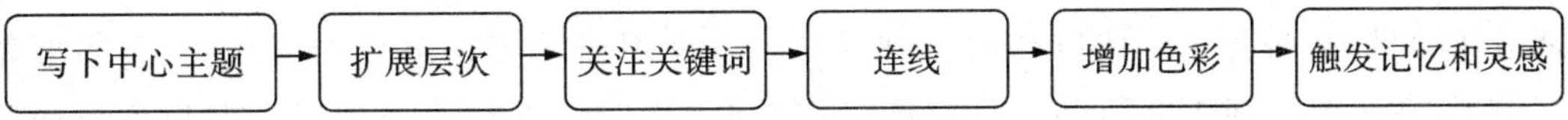

图 3.8　思维导图的绘制流程

①写下中心主题——埋下智慧的种子。从白纸的中心开始创作，在中心位置画一个与所要表达的主题有关的图形，这个图形要独特。需要花点时间来装扮思维导图，并尽可能多地使用色彩，至少要用三种颜色来画，让图形更有吸引力，重点突出。中心主题不要用方框框起来，这样才能自由地扩展分支。

②扩展层次——长出茂密的枝干。层次使事物"凸显"出来，而任何突出的事物都会使人容易记住，也便于交流。因此，思维导图中最为重要的一些因素就可以通过三维的图像得以强调。越是重要的内容越靠近中心，由内向外逐渐扩展。画分支时通常从时钟钟面 2 点钟的位置开始，顺时针画，阅读思维导图自然也是从这个位置开始。此外，将思维导图的分支设计成独特的形状，这些独特的外形可以激发包含在这个分支里的信息记忆。

③关注关键词——采摘智慧的果实。使用思维导图比传统做笔记需要的词汇量要少得多，人要记忆的内容大多是图像，这就意味着将节约大量的时间。

关键词在思维导图中要用印刷体，以方便大脑记忆辨识，同时通过想象来帮助大脑将词汇"形象化"。不用担心标准固定的印刷体会浪费时间，那些额外花费的时间由于快速的创造性联想和回忆会得到更多的补偿。关键词写在线条的上面，每条线上使用一个单词或词语，这样可以触发更多的想象和联系。字体和字形可以根据需要多一些变化，这有助于人们按照一定的视觉节奏进行阅读，同时也有助于人们理解和记忆。

④连线——连接记忆的桥梁。连线、所写的关键词与所画的图形等长，这样既不会浪费空间，也不会因过于拥挤而不美观。要保证每条连线都与前一条连线的末端衔接起来，并从中心向外扩散。如果连线之间不衔接，那么再回忆的时候，思维也会跟着"断掉"，从而导致记忆的断层。连线从中心到边缘逐渐由粗变细，就像一棵树，树干比较粗，树枝比较细。从中心延伸出来的主干最好不要超过 7 个(大脑的短时记忆一次只能记住 7±2 个信息片段)，主干过多不利于记忆，理解起来也很困难。

可以把这些连线彼此连上，这也能使思维连接得更为紧凑。连线可以变成箭头、曲线、圆圈、圆环、椭圆、三角形、多边形，或者是大脑里随便想出的形状。

⑤增加色彩——刺激视觉的感官。每个人天生就喜欢色彩，与其用白纸黑字写一些单调的文字，不如用最好的纸张、水彩笔或彩色铅笔来创作。可以找些不同的笔，如油性笔、荧光笔等，用它们来标注关键词，画不同的线条。不要小瞧这些微小的改变，这些微小的改变也能触发人们的记忆。

⑥触发记忆和灵感——重温之前的想法。制作思维导图是为了帮助人们记忆，要达到这样的目的，需要先记住自己的思维导图。要想积极地记住自己的思维导图，需要做好计划，在一定时间内复习。复习思维导图的时候，应时不时快速地做一些思维导图简图，总结出可以记起来的思维导图原图。这样做的时候，实际上是在重新创造和更新自己的计划，这再次表明创造力和记忆力不可分割。

(3)绘制误区。在思维导图的绘制过程中，人们难免过于急功近利，为了增强思考和记忆效果，会选择利用思维导图来做各种各样的记忆描述或思考方案，在使用上就产生了一些误区。

①误区一：思维导图上出现太多的注释文字。文字的数量和思考是成反比的，这种绘制方式虽然很方便，但却剥夺了自己再次查找资料的过程，减少了调动大脑思考的机会。思维导图中图像的作用无法得到有效的发挥，也就无法真正发挥思维导图的功能。

②误区二：图像太多或与主题不相关。在思维导图的绘制中，图像的应用是为了帮助人们加深对所要表达内容的理解和记忆，突出重点。所以思维导图中所用的图像一定要与人们所要表达的主题相关。引入与主题不相关的图像会干扰人们围绕主题的表达、联想和记忆。此外，如果思维导图中插入的图像过多，也同样会扰乱人们的联想和记忆。

③误区三：节点太多。思维导图的第一要义是简洁明了，而很多人在绘制思维导图时会在导图中不同的地方分出不同的节点，这就使思维导图更加复杂。太多的节点导致大脑思考的不定向性加大，无法更好地关联要思考的内容。

(4)利用计算机技术绘制思维导图。随着信息时代和大数据时代的到来，我们需要处理的信息数据越来越多，处理数据的速度也必须越来越快。所以，利用全新的科技和工具辅助大脑正变得日益重要，用计算机制作思维导图为高效地管理信息数据提供了可能。而且，利用计算机绘制思维导图的优点非常明显，具体表现在以下方面：

①利用软件制作的思维导图很容易修改，可以毫不费力地对思维导图进行重构和编辑，给它加入新的观点和见解，补充新的信息和扩展思维，不会给用户造成混乱。

②思维导图软件为人们提供了丰富的模板和素材库，可以充分利用库中各种符号、图表、图片等，也可以使用网上下载的图片或自己制作的图片。

③各个节点都是模仿人脑模型的一种连接，各个节点还可以超链接到其他主题和某种不易被导入的媒体形式(如电子表格、图片、视频、音频等)、程序或互联网(如相关网站、电子邮件等)，可以轻松地转变成严肃的知识管理工具，高效地处理超负荷的信息数据，并对其进行深度分析。

④利用思维导图绘制软件制作出的思维导图输出格式多样化，便于存储和网络传输，方便和其他制作软件结合使用。

目前比较流行的思维导图软件有 XMind、MindManager、FreeMind、iMindMap、inspiration、PersonalBrain 等，其中 XMind 是基于 FreeMind 开发出来的，可以更好地支持

中文，界面也更美观，并且除了可以绘制思维导图外，还能绘制鱼骨图、二维图、组织结构图等，功能丰富强大。

4）思维导图的应用

（1）在记忆领域的应用。思维导图的构造与大脑进行思考时的形态非常相似。用大脑思考时，神经元不断“爆炸”寻求建立新的连接，而神经元之间不断重复、形成节点，从而形成记忆并不断巩固。这类似于用手戳一块海绵，多次触碰同一个地方，海绵就会形成一定的凹陷；而长时间不对海绵施加压力，凹陷则会消退，即遗忘。

记忆的存储过程是一个动态过程，这个过程中已有的经验会发生变化，即通过归类、概括对信息进行重构。记忆的过程包括编码和提取，编码的过程就是对信息进行加工，以便于记忆。之后再需要这些信息时则进行提取，以帮助进行再认识和回忆。思维导图无疑就是编码的有效辅助工具。心理学家研究发现，处于放松状态之下的大脑有更强的记忆能力。如果大脑长期处于紧张状态，会分泌对回忆或提取记忆非常不利的化学物质。

思维导图的绘制结构决定其具有发散的框架，从一个中心点出发，与其相关的因素能够最大限度地被列举，这样大脑不必纠结于一点，状态更轻松。就其外观来说，思维导图精炼、美观，其中富含多种颜色、形状，对于记忆的触发也有显著的促进作用。

想象力和联想力是记忆的触发器。在日常生活中，人们经常遇到出门之前找不到车钥匙、太阳镜或者某个重要文件的状况，当集中精力回忆这些物品的具体位置时，通常导致的结果是越想越想不到！这是由于人们集中精力于虚无或者缺失的信息而造成的。这些物品在人们脑中已经是“丢失的物品”，是记忆的断层一直纠结在这些物品上，不能触及记忆的开关。这时，绘制一幅思维导图是很有帮助的，思考与之相关的物品、地点，放松大脑，可能就会“灵光一现”，回忆起更多线索。这时的思维导图不一定要真实地画在纸面上，而可以在内心的“白纸”上绘制一幅虚拟的思维导图。可见，思维导图在记忆方面的应用是非常灵活的。

（2）创造思维训练的应用。人的大脑一旦长时间沿着一定的方向、按照一定的次序思考，就会形成一种惯性。也就是说，这次解决问题的思路会不由自主地顺延到之后相似的问题之中，这就是“思维惯性”。在思维惯性形成之后，如果多次以这种惯性思维来对待客观事物，就会形成非常固定的思维模式，即“思维定势”。思维定势和思维惯性一方面可以帮助人们提高工作的效率，促进社会更加有序，但同时也会成为阻碍创新发展的障碍。

一般说来，创新思维是创造者利用已掌握的知识和经验，从某些事物中寻找新关系、新答案，创造新成果的高级、综合、复杂的思维活动。创造性的结果首先表现为对传统的突破性，要求思考者打破已有的思维框型和思维定势，在思考的过程中力求创新。

如何使思维惯性和思维定势为自己所用，发挥其长处，尽可能地减小其负面影响呢？

思维导图是一个非常理想的创新思维训练工具。

在思维导图的绘制过程中，创作者本身是轻松愉快的，大脑处在一种轻松的状态之下，思考路径更为开阔，开启了创造无数设想的可能性。在思维导图绘制结束之后，整个图画都在眼前呈现，这就方便对任意要素之间的联系产生新的联想。此时，也可以重新审视已经画好的思维导图，对主干和主要的因素进行一个简单的梳理，考虑那些看似荒诞的因素是否和思维导图的大框架真的不相容。

经过第一次修改之后，尝试彻底放松大脑进行休息活动，例如跑步、游泳、听音乐、散步等，大脑在松弛的状态下，通常会灵光一现，打通全新的、更广阔的思路。之后，便可对思维导图进行第二次修改。在两次发散性思考的过程中，第一次思考用来捕捉在快速思考中闪现的创意，第二次思考则对其进行筛选、重构，最后将两次思考的成果相结合，就可以得到最终结果，所得到的全新视角可能为打破思维定势做出很大的贡献。

(3)解决生活难题的应用。假设你是一家书店老板，现在是一天中的黄昏时分，书店即将打烊，顾客们急于早点结束购物，售货员也盼望着下班。此时，一位顾客忽然在柜台前发脾气，原因是几周前预订的一本书没货了，他原本打算用这本书送给孩子做礼物。店员解释说店里的图书只能保留一个星期，而这又再次激怒了这位顾客，他认为店员是在对他的行事方式做出指点，他要求见书店的负责人。这时，你该怎么办？

在面对棘手的问题时，很多人的本能是逃避。而此时逃避是万万行不通的，这是你的书店，你要做的就是处理这些别人不愿面对的问题。遇到这种情况不要慌，在心里构思一幅思维导图可以有效地帮助你渡过难关。以顾客的满意为中心，根据当前处境，思维导图的主干和主要因素应该包括：

找出解决问题的办法——为顾客找到一本书。

A.书店的声誉——再不平息这次事件可能会让其他正在消费的顾客同样感到糟糕。

B.问题——找到症结所在，并避免类似情况再次发生。

C.管理者——不仅要安慰顾客，还要顾及员工的感受。

在考虑这些主要方面之后，你的思维导图就大致成型了，如图 3.9 所示。

在这幅思维导图的指导下，可以预见接下来的行动。

A.安慰顾客：可以先将顾客带离柜台，询问他在预订这本书时店员是否已经告诉他这本书最多只能保留一周的信息，如果没有，这是书店的失职，作为老板你要承担责任。

B.安慰店员：将店员暂时领到一旁，避免因为店员的情绪波动影响其他顾客和工作人员。

C.挽回信誉：将这本书只能保留一周的信息传达给顾客，并为发生这样的事情道歉，联系本地其他分店看是否有存货，或是免费让顾客挑选一本书、给他代金券，借以安抚他的情绪，这样他离开书店以后也会赞扬你的书店。

D.善后工作：对店员的再次指导也是有必要的，要使他们更熟悉如何为顾客提供令后者满意的服务。

图 3.9　应对书店难题的思维导图

(4)快速记笔记的应用。思维导图由于其特殊的发散形式,在记录活动中也有显著的优势。

传统的线性笔记一直是主流的笔记记录方式。什么是线性笔记呢?简单来说就是排成一排的陈述式笔记。典型的线性笔记具有以下特点:成排排列,整齐划一;用句子来做笔记,可能是很长的句子;按照数字、序号顺序排列;从上往下的循序记录;等等。

运用思维导图做笔记则比较省时省力,不必记录冗长的句子,列出关键词即可。同时,还可用符号将关键词排列在一张纸上,使整个框架更为清晰,通过已经记录的关键词还可以进一步展开联想。思维导图可以将想象力和联想力作为记忆的触发器,对于温故知新是大有裨益的。

同时,展现在思维导图上的各个分支信息要素在眼前不断地重复能够促进记忆的巩固。重复的次数越多,大脑对相关信息的回忆也就越多,这使得在记录的过程中不自觉地增强了对所记录内容的印象。另外,思维导图精炼、美观,其中包含的多种颜色和形状也有助于强化记忆。

图 3.10 所示是一幅学生利用思维导图记录的一堂物理课中学习平面向量的笔记内容,其中运用了丰富图形以及符号等元素,整个结构非常鲜明。

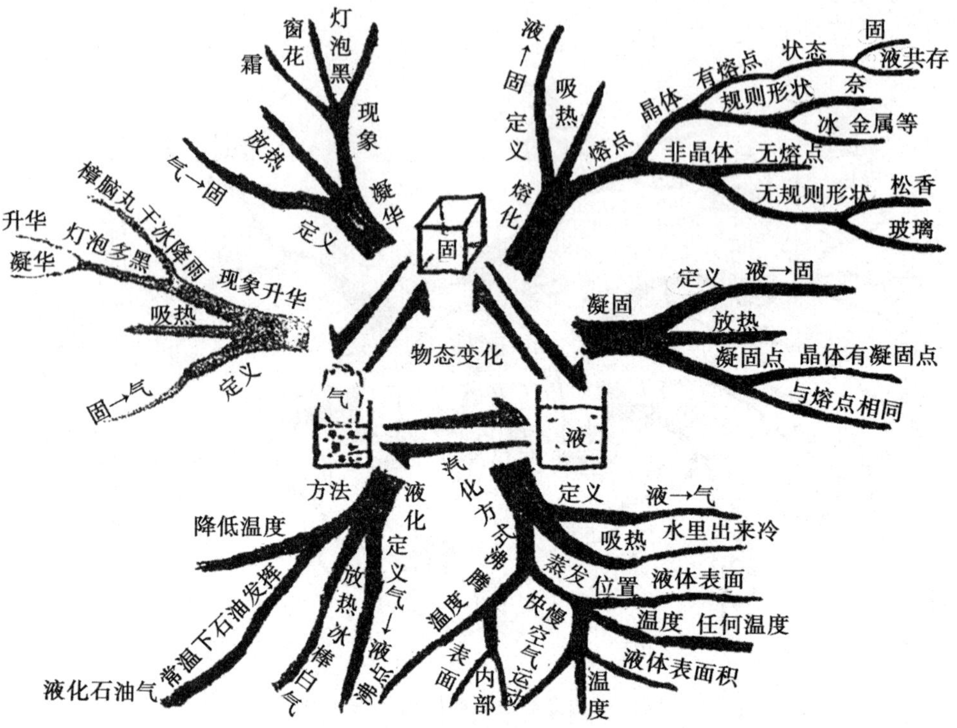

图 3.10 用思维导图记录物理课程学习的笔记

(5)制订计划的应用。一个有效的计划是进行良好工作的前提,计划的完整度、精细度都影响着之后工作的效率。与传统的计划表相比,思维导图中丰富的色彩、线条、图案使得计划更生动,重要的事项可以被放在显著的位置,不会被疏漏。同时,大量符号元素的运用使得计划更为简洁,提高了做计划的速度。

通常,按照时间可将计划分为年度计划、季度计划、月度计划、周计划和日计划。年度计划由于其时间的跨度较大,应该归纳一年中最重要的事情进行思维导图绘制。

图 3.11 所示是一幅针对 2016 年年度计划的思维导图。与绘制其他思维导图一样,开始绘制时先在图的中心画上一个图像(这里以 2016 年的生肖“猴”为中心),然后以日常事项为单位进行划分,包括家庭朋友、健康养生、事业成就、学习分享、休闲娱乐、个人管理等。接下来,主分支以下又有若干个次分支,如学习这一项就划分为阅读、视觉呈现、TED(技术、娱乐、设计)等,分享这一项就划分为 PPT 技巧、学习心得等多个分支。在此基础上,继续衍生出学习的具体内容,如 PPT 制作、信息阅览、思维导图的学习等。也可以尝试以月份时间为单位,计划每个月、每个季度的主要任务并进行细化。

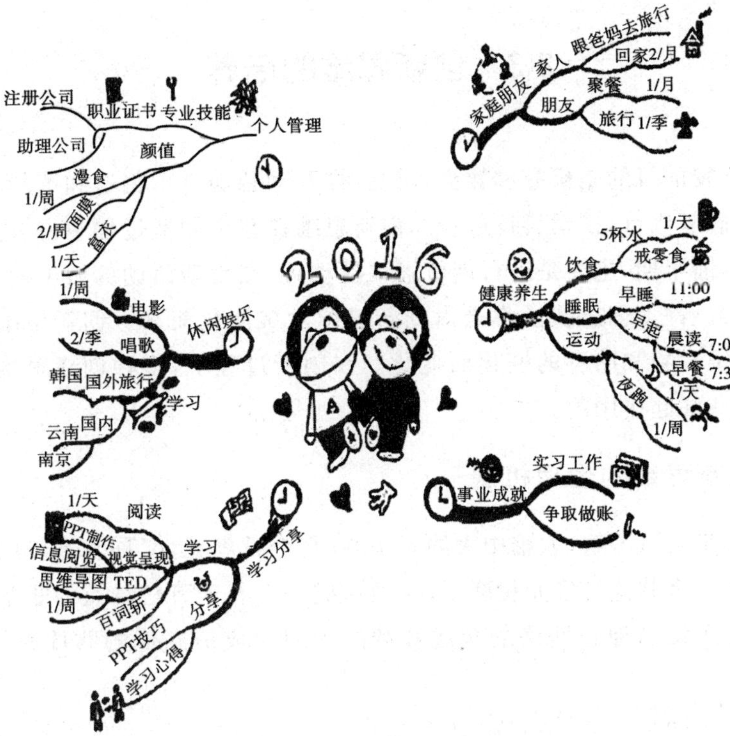

图 3.11　2016 年年度计划思维导图

同样，也可以制作一张思维导图用于回顾过去一年的成绩，如图 3.12 所示，主干分支以事件为单位。

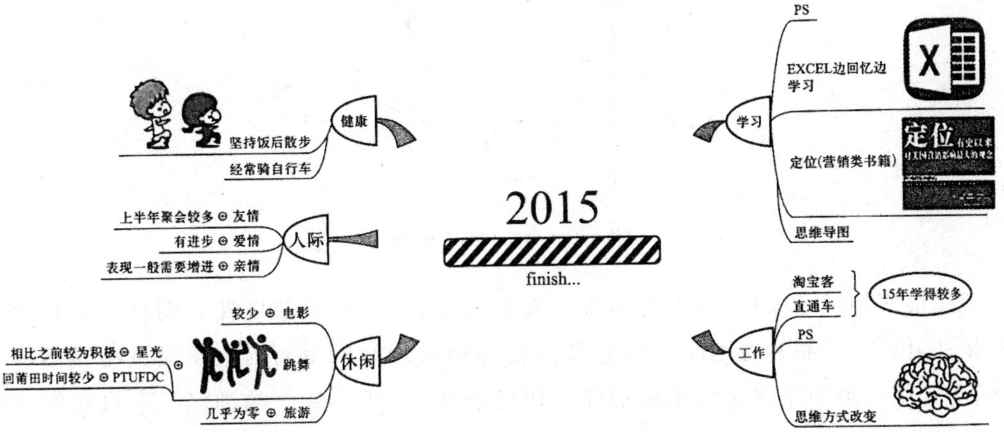

图 3.12　2015 年年度总结思维导图

3.3 创新思维的培养

创新思维开发的目的是研究和教会人们怎样开动脑筋进行创造和革新；怎样发现和解决新问题、突破新难点，推动科技进步。创新思维在整个创新过程中占有重要地位，因为在创新活动的前半期，主要是进行创新思维活动；而在创新活动的后半期，主要是把创新思维付诸现实。许多创造技法都是由创新思维发展演化而来。创新思维的形式是不固定的，它随思维对象和内容的变化而变化。在创新过程中，多种创新思维的形式和方法是互相联系、共同起作用的。

3.3.1 创新思维的生理机制

从神经解剖学可以了解，人脑中大约有1000亿个神经元，又称为神经细胞。每个神经元平均都与数万个其他神经元相联系，从而形成一个有千万亿结点的非常巨大的精细网络。人的创新思维与神经网络的构成和神经元内形成信息流的物质密切相关，如图3.13所示。

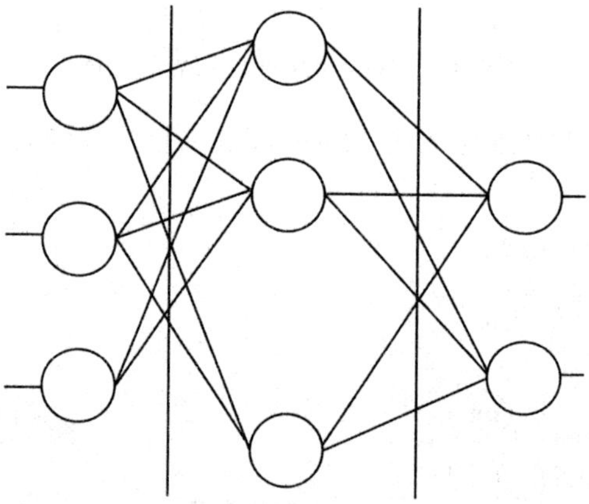

图3.13 神经网络模型

现在很多神经学家相信，人的思维主要取决于：①大脑中数以兆计的神经细胞之间的联接；②传递、控制神经网络中信息流的化学物质。如果用高倍电子显微镜观察神经网络，它就像一堆缠结在大锅中的面条。研究表明，与任一特定的神经元形成接触的神经细胞在1万至10万个之间；反过来，任一特定的神经元将成为神经网络中下一个细胞的成千上万个输入中的一个，汇集在一个细胞上的不同输入将导致不同质和量的递质（在神经网络中传递信息的物质）释放，递质在突触处与神经元细胞膜中的特定物质（称为“受体”）相结合，触发神经细胞内部的一系列反应，形成某种特定活动的内部形态，同时传递的质和量决定了其与受体结合的方位和程度。这样，神经网络之间的信息在每一个环节都具有巨大的灵活性和多样性的可能空间。试验证明，大脑神经网络中的突触是可通过训练改变的，递质、受体等也随输入信息和积极有效的思索而有所变化。另外，人体摄入的食物和药物对递质等化学物质也可产生影响。这些就是创新思维的生理机制，也可以说，创新思维是人类生命本质的属性。

3.3.2 创新思维的形成过程

凡是发明创造活动，都要运用创新思维，以新颖、独特的理念和方法去解决发明中出现的各种不寻常的问题。创新思维是极其复杂的心理活动，不同的人、不同的工作领域和环境、不同的创造对象，其思维过程有所差异，表现出多种多样的形式。心理学家对创新思维的过程的研究表明，每一项发明创造活动由发生、发展直至完成的过程，均具有明显的客观规律性。

创新思维的形成过程首先是发现问题、提出问题，这样才能使思维有方向性和动力源。发现一个好的问题，才能使人的思维更有意义和价值。爱因斯坦说过：提出一个问题往往比解决一个问题更重要，因为解决一个问题也许仅是一个科学上的实验技能而已，而提出新问题、新的可能性以及从新的角度看旧的问题，却需要创造性的想象力，而且标志着科学的真正进步。

科学发现始于问题，而问题是由怀疑产生的。因此，生疑提问是创新思维的开端，是激发出创新思维的方法，其主要内容为：①问原因，每看到一种现象，均可以问一问产生这些现象的原因是什么；②问结果，在思考问题时，要想一想这样做会导致什么后果；③问规律，对事物的因果关系、事物之间的联系要勇于提出疑问；④问发展变化，设想某一情况发生后，事物的发展前景或趋势会怎样。

在问题已存在的前提下，基于脑细胞具有信息接收、存储、加工、输出四大功能，创新思维的形成过程大致可以分为四个阶段，即准备阶段、酝酿阶段、顿悟阶段和验证阶段。

(1)准备阶段——问题提出

准备阶段就是明确要解决的问题，围绕问题收集信息，使问题和信息在脑细胞及神经网络内留下印记。大脑的信息存储和积累是诱发创新思维的先决条件，存储得多，诱发得也多。

在这个阶段，创新主体已明确要解决的问题，开始收集资料信息，并试图使之概括化和系统化，形成自己的认识，了解问题的性质，澄清疑难的关键等，同时开始尝试和寻找解决方案。任何一项创新和发明都需要一个准备过程，只是时间长短不同而已。收集的信息包括教科书、研究论文、期刊、技术报告、专利和商业目录等；查访一些相关问题的网站，或与不同领域的专家进行深入的讨论有时也会有助于收集资料。

例如，爱迪生为发明电灯，所收集的有关资料整理后有200多本，4万页之多。爱因斯坦青年时，就在冥思苦想这样一个悖论问题：如果我以速度 c（真空中的光速）追随一条光线，那么我就应当看到这样一条光线——就好像一个在空间里振荡着而停滞不前的电磁场。他思考这个问题长达十年之久，当他考虑到“时间是可疑的”概念时，他忽然觉得萦绕脑际的问题得到解决了。这时他只经过 5 周的时间，就提出了闻名世界的“狭义相对论”。狭义相对论的研究专题报告虽在几周时间内完成，可是从开始想到这个问题直至全部理论的完成，其中有数十载的准备工作。因此，创新思维是艰苦劳动、厚积薄发的奖赏，也正应了“长期积累，偶然得之”的名言。

（2）酝酿阶段——问题求解

在准备阶段之后，一种研究的进行或一个问题的解决不是一蹴而就的，往往需要经过各种探索尝试。若工作的效率仍然不高，或问题解决的关键仍未获得线索，或所拟订的假设仍然未能得到验证，在这种情况下，研究者不得不把它搁置下来，或对它放松考虑。这种未获得要领而暂缓进行的时期称为酝酿阶段，这一阶段的最大特点是潜意识的参与。对创新主体来说，需要解决的问题被搁置起来，主体并没有做什么有意识的工作。由于问题是暂时表面搁置，而大脑神经细胞在潜意识指导下则继续朝最佳目标进行思考，因而这一阶段也常常被称为探索解决问题的潜伏期或孕育阶段。

在围绕问题进行积极的探索时，神秘而又神奇的大脑不断地对神经网络中的递质、突触、受体进行能量积累，为产生新的信息而运作。在这个阶段，人脑能总体上根据感觉、知觉、表象提供的信息，超越动物脑只停留在反映事物的表面现象及其外部联系的局限，认识事物的本质，使大脑神经网络的综合、创新能力有超前力量和自觉性，使它能以自己特殊的神经网络结构和能量等级把大脑皮层的各种感觉区、感觉联系区、运动区都作为低层次的构成要素，使大脑神经网络进行受控的、有目的的自觉活动。

（3）顿悟阶段——问题突破

顿悟阶段是真正的创新阶段。经过充分酝酿和长时间思考后，思维进入豁然开朗的境地，从而使问题得到突然解决。这种现象心理学上称为灵感，没有苦苦的长期思考，灵感绝不会到来。

进入顿悟阶段，问题的解决一下子变得豁然开朗。创新主体突然间被特定情景下的某一特定启发唤醒，创造性的新意识猛然被发现，以前的困扰顿时一一被化解，问题顺利解决。在这一阶段中，理论解决的要点、解决问题的方法会在无意中忽然涌现出来，而使研究的理论核心或问题的关键明朗化，其原因在于当一个人的意识在休息时，他的潜意识会继续努力地深入思考。

顿悟阶段是创新思维的重要阶段，被称为“直觉的跃进”“思想上的光芒”。在这一阶段，客观上是由于重要信息的启示；主观上是坚持不懈的探索，再加上在酝酿阶段内，研究者并不是将工作完全抛弃不理，只是未全身投入思考，从而使无意识思维处于积极活动状态，不像专注思索时思维按照特定方向运行，这时思维的范围扩大，多神经元之间的联络范围扩散，多种信息相互联系并相互影响，从而为问题的解决提供了良好的条件。

(4)验证阶段——成果验证

在验证阶段多采用逻辑思维方法，对创造成果进行科学的验证，利用观察、实验，分析、证明发明的可重复性、合理性、严密性、可行性和发现的真实性。经过验证阶段，可以使创造成果得到完善和确认，也可能因为可行性、重复性差等原因被否定，也可能又回到酝酿阶段重新冥思苦想。

例如，渐开线环形齿球齿轮机构的发明就是一个典型事例。20世纪90年代初期，我国一位科研工作者在研究国外引进的一种喷漆机器人的柔性手腕时，发现这种手腕机构中采用了一种离散齿球冠齿轮。仔细分析后发现，这种球齿轮存在传动原理误差和加工制造困难两大缺陷，因而仅限于用在对误差不敏感的喷漆机器人上。能否发明一种新机构来克服这两大缺陷呢？为此，他苦思冥想了近一个月也未能取得实质性的突破，每天满脑子想的都是新型球齿轮，几乎到了一种痴迷的境界。1991年10月2日，是一个值得纪念的日子，大约在凌晨3点钟，在迷迷糊糊、半睡半醒的状态下，这位科研工作者的大脑中突然冒出了一个新想法：将一个薄片直齿轮旋转180°不就得到了一种新型球齿轮吗？惊喜中，他立刻翻身起床，拿出绘图工具，通宵完成了新型球齿轮的结构设计工作，第二天送到工厂加工，试验结果验证了这一灵感的正确性，于是一种首创的渐开线环形齿新型球齿轮就这样诞生了。

目前，国外有人将创新思维的形成过程分为更明确的三个大阶段，然后细分为13个步骤的程序模式，如表3.1所示。第一阶段（准备）分为5个步骤；第二阶段（创新）分为2个步骤；第三阶段（验证）分为6个步骤。这个模式还显示出了不同的创新思维方式在各不同阶段的具体作用：第二阶段主要是非逻辑思维方式的作用，第一、三阶段是逻辑思维方式和非逻辑思维方式的共同作用，并以逻辑思维方式为主。其中以第七步骤（即顿悟）为中心，使13个步骤呈对称分布的格局，从而充分显示出“顿悟”这个非逻辑思维方式在整个创新过程中的特殊地位和意义。

表3.1 创新思维阶段与步骤

步骤	1	2	3	4	5	6	7	8	9	10	11	12	13
阶段	第一阶段（准备）					第二阶段（创新）		第三阶段（验证）					
名称	前导	不满	认识环境	获得资料	研究分析	潜伏	顿悟	生产	发展	审核	实施	满意	转向
思维方式	U/C	U/C	C	C	C	U	U	U	C	C	C	U/C	U/C

注：逻辑思维是意识活动（Conscious）的表现，简称“C”；非逻辑思维是无意识活动（Unconscious）的表现，简称“U”。

3.3.3 创新思维的培养途径

3.3.3.1 创新思维的影响因素

关于一个人创新思维能力的形成和发展，现代心理学家做过许多实验。根据实验的结果，影响创新思维能力的主要因素有以下三个方面：

(1)先天赋予的能力。当人出生时，人已经拥有了与生俱来的所有神经元，即使这时脑的质量只有成年后的1/4，之后脑的发育也不是因为有更多神经元形成，而只是使这些早在其位的神经元沿适宜的路线变得更大，这"适宜的路线"由脑内的生物化学信号控制，其后随着环境和教育的影响，神经元的轴突和树突联系不断增加。天赋能力绝不意味着不需要任何外界条件，它只是一种资质、一种倾向，一旦遇到合适的条件，天赋能力便能够充分地展现出来。如果缺少必要的现实条件，天赋再高的人也无能为力。

(2)生活实践的影响。后天的实践活动对于个人思维能力具有积极意义。美国加利福尼亚州立大学的一个科学研究小组通过实验证明，丰富的生活环境能够影响小白鼠大脑的结构和功能。试验人员把普通小白鼠分成两组：一组放在贫乏环境中，即放在空无一物的单调环境中；另一组放进有梯子、转轮、滑板、秋千之类东西的丰富环境中。经过一段时间的饲养之后发现，处于丰富环境中的小白鼠的大脑皮层的质量和厚度等比处于贫乏环境中的小白鼠有明显的提高，其学习能力和对陌生环境的适应能力都有明显的提高。

(3)科学安排的思维训练。思维能力可以通过训练而得到提高，这一点已成为众多成功人士的共识。对于一般的人来说，接受还是没接受过思维训练，结果是不一样的，思维学家做过很多实验已证明了这一点。问题的关键在于，训练方法必须具有科学性和简练易行的特点。通过对思维能力的训练，应使受训者在大脑机理发展的同时，掌握一些常用的创新思维的方法和技巧。

3.3.3.2 创新思维的培养途径

虽然每个人都有创新思维的生理机能，但一般人的这种思维能力经常处于休眠状态。生活中经常可以看到，在相似的主、客观条件下，一部分人积极进取，勤奋创新，成果累累；一部分人惰性十足，碌碌无为。学源于思，业精于勤。创造的欲望和冲动是创造的动因，创新思维是创造中攻城略地的利器，两者都需要有意识地培养和训练，需要营造适当的外部环境刺激予以激发。

(1)潜创造思维的培养。潜创造思维的基础是知识，人的知识来源于教育和社会实践。由于受教育的程度和社会实践经验的不同，人的文化知识、实践经验知识存在很大差异，即人的知识深度、广度不同。但人人都有知识，只是知识结构不同，也就是说，人人都有潜创造力。普通知识是创新的必要条件，可开拓思维的视野，扩展联想的范围。专门知识是创新的充分条件，专门知识与想象力相结合是通向成功的桥梁。潜创造思维的培养就是知识的逐渐积累过程，知识越多，潜创造思维活动越活跃，所以学习的过程就是潜创造思维的培养过程。

(2)创新涌动力的培养。存在于人类自身的潜创造力只有在一定的条件下才能释放出能量,这种条件可来源于社会因素或自我因素。社会因素包括工作环境中的外部或内部压力,自我因素主要是强烈的事业心。二者的有机结合构成了创新的涌动力,所以塑造良好的工作环境和培养强烈的事业心是出现创新涌动力的最好保证。

思维是人对自然和社会的第一反应,实现思维的创新对于创新人才的成长影响巨大。一方面,我们要从根本上去把握创新思维的内涵和本质,实现思维在方法上的创新;另一方面,要掌握基本的创新思维方法,并运用它们进行创新活动,使我们都能够成为具有创新思维的人才,促进创新事业的发展,促进中华民族的进步。

学习指导

创新人才必须具有创新思维,创新思维是创新实践的前提与基础。研究和学习创新思维,对创新人才的成长和培养具有极其重要的现实意义。本章主要介绍了创新思维的概念及其特征,创新思维的突破思维定势法、逻辑思维法、发散思维法、逆向思维法、形象思维法、潜思维法、辩证思维法和图解思维法等基本方法,创新思维的生理机制、形成过程和培养途径等内容。学习本章的目的在于掌握创新思维的基本方法及其应用,明确创新思维的培养途径,自觉在社会实践中不断提升自己的创新思维能力。学习本章的基本要求是:掌握创新思维的基本方法及其应用,熟悉创新思维的形成过程和培养途径,了解创新思维的基本概念及其特征。

复习与思考题

3.1 何谓创新思维?创新思维有哪些典型特征?

3.2 创新思维方法有哪些类型?

3.3 何谓突破思维定势法?突破思维定势的方法有哪些?

3.4 何谓逻辑思维法?逻辑思维法有哪些类型?

3.5 何谓发散思维法?发散思维法有哪些类型?

3.6 何谓逆向思维法?逆向思维的技巧有哪些?

3.7 何谓形象思维法?形象思维有哪些形式?

3.8 何谓潜思维法?潜思维有哪些形式?

3.9 何谓辩证思维法?辩证思维的技巧有哪些?

3.10 何谓图解思维法?图解思维法有哪些类型?

3.11 何谓思维导图?思维导图有哪些特点?

3.12 高效利用思维导图需要遵守哪些重要规则?

3.13 在绘制思维导图的过程中容易产生哪些误区?

3.14　绘制思维导图的基本流程是什么？

3.15　利用计算机绘制思维导图有哪些优点？

3.16　思维导图有哪些具体应用？

3.17　你最擅长哪门学科？你擅长必然是因为你牢牢把握住了它的来龙去脉。请试着勾勒出有关这门学科的思维导图。

3.18　请认真回顾自己过去一年的生活、学习或工作情况，画出自己学习或工作的年度总结思维导图。

3.19　请认真思考自己当前的生活、学习或工作状态，画出未来一年有关自己学习或工作规划的思维导图。

3.20　创新思维的形成过程分为哪些阶段？

3.21　创新思维的影响因素有哪些？

3.22　创新思维的培养途径有哪些？

3.23　你今后打算如何培养自己的创新思维能力？

3.24　谈谈你学习本章后的感想和体会。

第4章　创造技能

发明创造不但需要创新思维、创造技法、基础知识和各种专业知识，还需要由各种基础能力和基本素质所形成的创造技能。创造技能综合反映了创造者的智力技能、感情技巧和动作技能的综合水平，它与创造、创新的关系犹如摩天大楼与坚固地基的关系一样，创造者应努力学习和开发自己的创造技能。本章将介绍观察力、注意力、记忆力、理解力、发现问题能力、开发选题能力、抓住机遇的能力、操作能力、工程能力、智能技术运用能力、破译黑箱的能力、系统分析和系统决策能力、信息能力等内容。学习本章的目的在于通过创造技能的学习，使同学们在理论的指导下能够有意识、有计划地开发和培养各种创造技能，从而不断提高自己的创造能力。

4.1　观察力

4.1.1　观察力概述

4.1.1.1　观察力的概念

观察力是指主体正确观察对象、认识对象的能力，它反映了一个人创造力的高低，是主体在观察活动中的智力体现。

没有观察，就没有科学。观察是一种受思维影响的、有意识的、系统的知觉活动，是人类获得知识的一个重要步骤，是认识世界的开始。同人的生理素质、知识水平以及思维方法相联系的是观察能力。英国科学家贝弗里奇曾说，在研究工作中养成良好的观察习惯比拥有大量学术知识更为重要。在观察中，要始终注意防止谬误，确保观察的真实性、客观性、细致性、灵敏性、深刻性、完整性、集中性和代表性，以提高观察结果的创造性。

从管理的角度看，对人的熟悉和了解也是在观察的过程中逐步进行和完成的。因此，提高观察力，深入掌握和灵活运用观察力具有普遍意义。

4.1.1.2　观察的三大要素

观察由观察者、观察对象、观察工具三个要素构成。在这三个要素之间存在着相互依存、相互作用的辩证关系。

(1)观察者。据资料介绍,人的记忆力中,85%靠眼睛,10%靠耳朵,3%～5%靠触觉和嗅觉,通过观察可以锻炼思维和增强记忆力。凡是观察者,必须具有一定的科学知识、实践经验和观察方法。在进行观察之前,应当提出观察目的,制订观察方案,装备观察仪器;在观察过程中,应当正确地使用观察工具,把思维与感知有机地结合起来,通过观察发现问题和提出问题,开动脑筋,对事物或现象做出科学的判断,发挥思维的能力和作用;在观察结束时,要通过适当的方式提出准确、可靠的观察报告,正确描绘科学事实,从而获得新的发现或新的发明。

(2)观察对象。对于一项具体的观察活动来说,被观察的某个事物、某个局部可以被视为观察对象。观察者根据实践或研究课题的需要和当时、当地的具体条件来确定观察对象。

(3)观察工具。观察工具包括观察使用的各种仪器及其他辅助工具。观察工具的作用是可扩大观察视野和延伸人的感觉器官,使人们的观察得以向自然界的广度和深度扩展。

4.1.1.3　观察的一般程序

观察的一般程序如图4.1所示。观察本身不是简单的感性活动,其过程要在正确的理念和方法的指导下进行。在观察过程中,首先应该遵循全面性原则,即要尽可能地从各种角度进行观察。要特别注意那些看起来好像是偶然发生的意外现象。观察要和研究紧密地联系在一起。在对观察结果进行分析和下结论时,要和观察的条件紧密联系起来考虑,确保观察结果的相对正确性。多数观察过程是在对所研究对象不加控制和干预的情况下进行的,其观察成果只有在可重复出现的情况下才具有科学研究的意义。

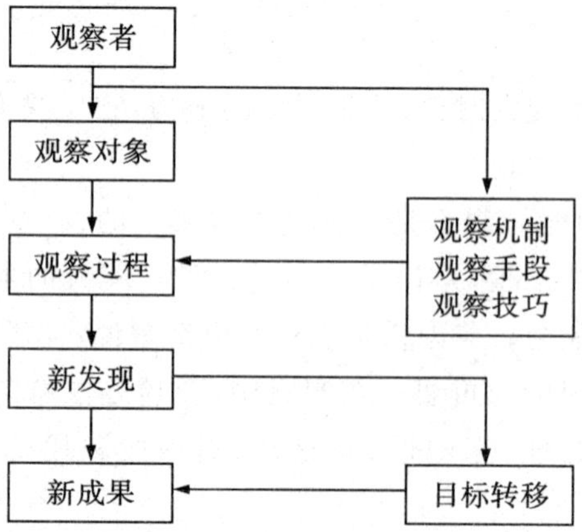

图4.1　观察的一般程序

需要指出的是，观察者的角度对观察是有影响的，观察者的主观性、视错觉以及观察的机制、手段和技巧等，都会导致观察出现误差。观察本身也可能存在失误，比如古人就曾认为太阳绕着地球运动。

4.1.2 观察分类

观察可以分为直接观察和间接观察、探索性观察和验证性观察、定性观察和定量观察三种类型。

(1)直接观察和间接观察

按照在观察过程中有无使用仪器，可将观察分为直接观察和间接观察。

直接观察是指观察者不借助仪器，单凭人的感官，直接对现象或事物进行观察的方法。由于受到人的感官生理条件的限制，直接观察的作用范围往往有一定的局限性。

间接观察是利用仪器或其他技术手段对现象或事物进行的观察。仪表和仪器是人的感官的延伸，工具是人体四肢的加强，计算机则是人脑功能的扩展。通过仪器、仪表和工具间接观察，扩大了人们的观察视野，使人们对自然界的认识在深度、广度上得到了延伸。例如，以前人们不知道牛奶为何变酸，食物为何变质，但发明了显微镜后，才发现原来是一种十分微小的细菌在作祟。这一发现对食物防腐方面的研究提供了理论基础。

间接观察法的长处是精确、迅速，观察的范围也扩大了，不但能定性，而且可定量。但间接观察水平的高低在很大程度上取决于仪器精度的高低。

(2)探索性观察和验证性观察

按照观察目的的不同，可将观察分为探索性观察和验证性观察。

探索性观察是指观察者在不知道观察结果的前提下，以某种科学认识为目的进行的观察。例如，气象科学主要是一门观察科学，各气象台、气象站要对气象要素(如气温、气压、温度、风、云、降水等各种天气现象)进行系统的观测，并对观测资料进行分析和预测，预报天气情况，指导人们的工作和日常生活。

验证性观察是指观察者为了验证已提出的某一假说或理论，为它们提供证明或反驳证据而进行的科学观察。例如，魏格纳为了验证他提出的大陆漂移假说，亲自到各地进行考察，为学说提供了古生物学、地质学和古气象学方面的证据。

(3)定性观察和定量观察

按照观察结果对观察对象进行数量特征的描述，可将观察分为定性观察和定量观察。

定性观察亦称“质的观察”，它是为获得观察对象的性质、特征及其同其他事物的定性关系而采用的观察方法。这种方法在生物分类学、矿物学、地质学等学科中应用较多。

定量观察亦称“量的观察”，它是在了解观察对象基本特征、性质的基础上，为了进一步探知观察对象在数量上的精确性，确定被观察对象的各种数量关系而采用的观察方法。这种方法在化学、物理学、工程技术学以及农业科学中应用较多。

定性观察和定量观察二者相互联系、相互补充。从人们的一般认识过程来看，定性观察先于定量观察，使人们把被观察对象初步地与其他事物区分开；定量观察则是以定性观察为基础，使人们进一步深刻地认识事物，检验并修正定性观察的结论。

4.1.3 创造性观察机制

(1)奇异现象剖析机制

许多创造发明都是在对奇异现象的观察、剖析中产生的。例如，冯·梅林教授和闵可夫斯基教授于1889年在斯特拉斯堡为研究胰脏在消化过程中的功能时，用手术切除了一条狗的胰脏。一位实验助手发现，这条狗由此招来了成群的苍蝇。他将此事报告了闵可夫斯基，引起了闵可夫斯基的警觉。他想：为什么正常的狗不招苍蝇，而切除胰脏的狗会招引苍蝇呢？这可能与狗的尿液有关。经过对狗尿的成分分析，发现尿中有糖。这就是说动物胰脏与体内糖的代谢有关。正是这一偶然事件，帮助人们认识了糖尿病，并掌握了用胰岛素控制糖尿病的方法。

(2)“见异思迁”机制

从事科学观察通常都有预定的目标。如果在观察中发现了不曾预见的异常现象，而且此现象很有价值时，就应当中断既定观察目标而另选观察目标，从而有可能出现“种豆得瓜”式的创造，这就是所谓的“见异思迁”机制。例如，1935年，第二次世界大战前几年，英国的一位物理学家接受了制造用来消灭远距离的敌人或击毙敌方飞机上的飞行员的“死光”任务。所谓“死光”，就是指发射波长很短但能致人死亡的电磁波。但就在他进行实验的过程中，偶然发现用电磁波的反射特性可以探测飞机的距离和方向。于是，他中断了“死光”任务的试验，转向电磁波的反射特性研究，根据电磁波的一系列反射特性研制成功了最早的雷达，在第二次世界大战中发挥了重要作用。

(3)抓住机遇不放机制

人的识别能力不仅与所具备的科学知识有关，而且还和精神状态密切相关。例如，光谱仪是本生和基尔霍夫在观察自然现象时获得启迪进而发明的，它是敢于探索、紧紧抓住线索不放的科学态度以及真诚合作的结晶。本生和基尔霍夫的携手并进既是化学家与物理学家的紧密联盟，又是两门学科的集成发明，他们有效地推动了科学技术的进步。依靠光谱仪，人们可以分析各种复杂物质的成分。只要取一点钢的样品，放在光谱仪上通电起弧、发光，就可知道钢的成分及其含量；利用光谱仪分析茫茫宇宙中的遥远星体发出的光谱，就能知道其组成的元素成分及比例。光谱仪使科学家在研究工作中受益匪浅，现在光谱仪已成了科学家的“眼睛”，是从事某些科学研究的重要手段。

4.1.4 观察技巧

观察技巧分为重复观察、动态观察、观察和创新思维紧密结合三种类型。

4.1.4.1　重复观察

所谓重复出现，指对于同一种科学事实，不同的人在不同的环境和条件下，可获得同样的结论。如果能揭示这些重复现象中隐藏着的某种规律，就有可能捕捉到创造的机遇。世界上的一切事物都是相互联系的、有序的，都按照其自身固有的客观规律在发展变化。发现重演现象，就意味着观察到某种规律的踪迹，在认真的观察与实验探索中，就有可能做出科学发现或技术发明。科学家特罗特认为，知识来源于对周围事件中相似和重现情况的注意。对于创造者来说，就是要研究每一个有限的时间或空间里所发生的一切相似或重复出现的现象。

4.1.4.2　动态观察

在创造活动中，人们为了多方面地把握研究对象的特征、属性，不仅要对其进行静态观察，而且要创造条件进行动态观察，以获取人们在静态观察中无法领略的情况。可以从以下方面创造动态观察条件。

(1)改变空间。同一事物在不同的空间可以表现出不同的功能与属性。比如，将各种植物种子放在太空飞行器中，让这些种子经受失重和辐射等处理，然后观察它们在地球上发芽生长会有什么变化，从而发现改良品种的途径。

(2)条件极端化。事物的特性在极端的条件下可能与常规条件下有所不同，研究超高温、超低温、超高压、超真空等极端条件下的事物特性，将会发现某种前所未知、前所未见的现象或属性，这便意味着抓住了发明创造的契机。

例如，金属是常用的材料类型，对一种金属而言，在常温下观察，除了看到它的形态、光泽等特性外，很难有新的发现。如果将它逐步冷却，进行降温状态下的动态观察，又会产生什么结果呢？有人按此思路对多种金属进行了实验，发现当把某些金属置于接近绝对零度(－273.15℃)的温度状态下时，其电阻为零，称为超导现象。在低温下，超导线圈上便能通过很强的电流且不发生衰退。由于超导材料具有完全不容纳磁感线的特殊性质，因此可以用它制成悬浮在磁场中的磁悬浮轴承、磁悬浮列车等。如果能应用超导材料制成高压输电线，输电总损失将从现在的20％以上降至接近零的水平，其产生的经济效益是十分可观的。

(3)变换视角。观察总要选择一个基点，在不同的视角范围内，观察到的可能是不同的事物形象。比如，站在地上观察一辆飞驰的列车与坐在一辆飞驰的列车内去观察一辆飞驰的列车，显然会得出不同的印象。在创造活动中，如果有意识地改用过去不曾用过的角度去观察与思考，或许能发现新的创造契机。在改变视角前，应当首先了解人们传统的观察习惯所采取的视角。然后，可以采用以下方式有意识地变换视角：

①改变观察者所处的位置。比如站在地上和坐在飞机上观察地面上的同一物体，会得到不同的印象。

②迂回观察。在观察活动中，常常发生正面或直接观察遇到障碍的情况。许多发明

创造都是采用迂回方法，即从两侧或外围入手进行观察才能有所收获。比如无法观察到承载构件中的应力分布，但通过应变仪却可以得知构件中应力变化的情况。

值得指出的是，在变换视角的同时，还要变换思维方式，即将创造性观察与创新思维紧密地结合，才能通过改变视角获得某种创造契机。

4.1.4.3 观察和创新思维紧密结合

观察获得的是有关研究对象的感性材料，这一过程应该始终伴随着积极的思维活动，观察者应力求自觉地把已掌握的知识和观察到的现象、过程紧密联系起来思考，抓住机遇，抓住通向科学发现的每一条线索。

例如，贝尔就是由于勤于观察实验和勇于探索新问题而成为电话发明家的。贝尔出生于语言学世家，针对聋哑人不能说话的障碍，他想研究一种“可视语言”。他力图在纸上显现出人的语言声波，以使聋哑人能从波形曲线中看出“语言”。由于识别波形曲线相当困难，这一设想未能实现。但他在实验中却意外地发现，电流在导通和截止时，线圈会产生噪声，这激起了他用电流传送语言的大胆设想。从此他向各方面的专家求教，并辞去大学教授的职务专门从事研究，尤其是得到了年轻电气技师沃特森的全力支持。经过几年的艰苦研究，贝尔终于在1875年制成了世界上第一台实用的电话机。如果说，贝尔发明电话得益于某次机遇，这次机遇正是在他勤于观察实验并和积极的创新思维相结合的情况下撞击产生的。在贝尔的塑像下面刻着这样一句话：有时需要离开常走的大道，潜入森林，你就肯定会发现前所未见的东西。这是对贝尔科学生涯的生动写照。

4.1.5 观察能力的培训

4.1.5.1 观察力的培养

要想培养自己良好的观察习惯，提高观察能力和观察水平，产生良好的观察效果，取得优异的观察成绩，就应当做到下述基本要求：①要循序渐进，逐步提高；②要明确观察的目的和任务；③要选定观察对象，制订观察计划；④要全神贯注，集中注意力；⑤要注意观察的敏锐性、准确性、全面性；⑥要储备和运用相关的知识；⑦要掌握和运用科学的观察方法；⑧要充分利用科学的手段，特别是现代仪器设备；⑨要吃苦耐劳、持之以恒；⑩要对观察情况进行记录、分析、总结、提高。

4.1.5.2 观察力的训练

人的观察力是可以通过训练得到提高的，以下几种方法可以有效地强化观察力。

(1)直接观察训练。用感官直接观察周围各种事物的细微变化，做好记录。每天坚持写观察日记，就能养成细心观察的好习惯。

(2)间接观察训练。借助一些仪器或特定手段对事物进行量的测量和观察。

(3)质的观察训练。观察各种事物特征、性质上的差异，如牛和马同样是吃草，但它们又有所不同。

(4)观察与思考的结合训练。观察是学习和积累知识的过程,但是只有与创新思维结合起来,才能获得更深入的认知。在观察中,要注意提出问题,对周围发生的任何事物、现象都要问一个为什么,思考事情发生的原因和解决方法。

总之,观察贵在坚持。观察要做记录;要注意观察前人未注意到的东西;要总结观察经验,即总结自己的观察方式、方法和手段;要寻找被观察对象有无特别的变化规律。观察要促进研究工作,即选择与本职工作相关的课题,长期观察。对出现的新东西、新感觉、新体会、新观察要详细记录,日积月累必有所建树。

4.2 注意力

4.2.1 注意力概述

注意力是思维活动对特定创造对象的指向和集中能力,它是一项重要的创造技能。

注意力是产生灵感的先导。创造活动的成功总是伴随着灵感、启示和顿悟而出现的,产生灵感的最重要条件是对问题进行一段时间的专注研究及对解决方法的渴求。阿基米德为了搞清楚叙拉古国王的王冠是不是纯金的这一难题,专心致志,如痴如醉,他在洗澡时灵感突然降临,他赤身冲到了街上。

许多发明家都对大自然十分注意,对异常表现出了始终如一的敏感性。达尔文的儿子谈到他父亲时曾写道:当出现一种例外情况并屡次出现时,人人都会注意到它。但是,他却具有一种捕捉例外情况的特殊天性。注意捕捉例外情况和始终如一的敏感性是创造者高度集中注意力的优良品质。

4.2.2 注意力的作用

在创造过程中,注意力的作用主要体现在以下几个方面:

(1)促进观察和学习吸收能力的提高。注意力不集中,所有的东西就无法进入人的大脑,无法进行学习和观察。

(2)提高思维的灵敏度。通过对注意力的培训,可以明显地改善大脑功能。在创造活动的过程中,如果注意力不集中,人的智力思维活动受阻,就会表现为心不在焉、视而不见,将会严重影响创新过程。

(3)提高工作效率,确保攻克难关。历史上许多杰出的科学家之所以能为人类做出杰出的贡献,是与他们具备高度集中的注意力分不开的。英国科学家牛顿集中注意力思考问题时,达到了废寝忘食的地步,竟把怀表当作鸡蛋放进锅里煮。良好的注意力能使我们集中精力,提高观察、记忆、想象和思维能力,最终取得伟大的发明成果。

4.2.3 注意力的品质

注意力的品质主要包括以下几个方面：

(1)注意力的广度。注意力的广度是指在同一时间内，有效地把握目标对象的数量。注意力的广度与目标对象的特性、个人的能力以及个人的知识经验有关。如司机开车时，其注意力应有一定广度，能根据路况准确控制速度、方向，应对突发事故等。

(2)注意力的稳定性。注意力的稳定性是指在特定时间范围内，将注意力高度集中到目标对象上的能力。如飞行员注意力的稳定性十分重要，飞行时切不可走神。

(3)注意力的分配性。注意力的分配性是指将注意力分配到一个或几个目标对象的活动上。注意力的科学分配是有效完成复杂工作任务的重要保证。如工人同时操作几台数控机床加工零件时要做好注意力的分配。

(4)注意力的转移。注意力的转移是指根据工作需要，创造者主动地从一个目标对象转移到另一个目标对象。一旦在研究中发现奇异现象时，就应该"见异思迁"，主动转移注意力，伟大的发明成果或许就在其中。另外，有计划地将注意力转移，可确保学习、工作和休息的正常进行。

了解注意力的品质，有意识、有针对性地培养注意力十分重要。对不同的主体，注意力品质要求的侧重方面略有不同。如领导者的注意力要有一定的广度，能洞察全局，善于控制注意力的转移和分配，把握关键问题；对那些从事重要实验和工作的人员来说，注意力的高度集中特别重要，不能放过任何意外现象，如核电站的操作工程师，其注意力就必须高度集中，不允许有任何失误，否则会酿成重大事故。

4.2.4 注意力的培养

注意力的培养可以从以下几个方面入手：

(1)要有明确的目标。有心理学家指出：伟大的目标产生伟大的动力。人的注意力会受到理想和人生观的激励，有了奋斗目标，创造者就能始终保持高度的注意力，直到任务完成。

(2)要进行积极的思维。积极思维能激发创造者长时间保持并高度集中注意力。

(3)要提高自己的感情智力。人的思维活动和注意力往往会受到各种干扰，私心杂念也会影响注意力。创造者一定要认识自己的情绪，把握和调整自己的情绪，以坚强的意志驱使自己的注意力高度集中。

(4)要有紧迫感。限期完成任务的压力往往使人的大脑处于高度兴奋状态，人的事业心、责任感、荣誉感能激发创造者产生紧迫感，创造者往往会主动给自己"加压"，不断提出新的任务，促使注意力高度集中。

(5)要养成认真、细致的习惯。要保持一丝不苟和精益求精的科学作风，时时力戒粗心大意，这些优良作风对于保持稳定的注意力、提高创造者的工作效率很有好处。

(6)要找到适合自己的、科学的工作方法。过于单调的工作往往会分散注意力,要学会合理安排自己的工作、学习和锻炼,在业务上培养自己的一专多能;在工作中强化不同学科活动的交叉;在生活中培养业余爱好。体力和脑力活动的合理搭配可以激发人工作的兴趣,从而使注意力始终处于旺盛的最佳状态。

(7)要认真总结自己的工作和活动。通过今天的总结,了解昨天的业绩,展望明天的更大辉煌,能激励自己不断创新,继续保持良好的注意力。

(8)要发挥人的主观能动性。可以进行诸如"闭门思过",想象、描述某一事物,重复一句话,重复听一个故事,对看过的文章逐节进行回忆等。通过听、看、闻、尝、触摸等各种方式,培训人的注意力,加强人的感官和大脑的紧密联系。

4.3 记忆力

4.3.1 记忆力概述

记忆力是识记、保持、再认识和重现客观事物所反映的内容和经验的能力。记忆力是创造型人才工作、学习和发明创造不可缺少的基本条件之一。

一般来说,人们都能记忆一些知识或经验。但良好的记忆力能使人迅速而准确地记住必要的信息材料,善于把过去已有的知识或经验纳入自己现有的知识体系中,成为自己的个人财富,在需要时即可从记忆的仓库中检索出来。

记忆是人们对知识、事物、经验和情感进行编码、存储和提取的心理活动,是对过去经历过、感知过、思维过、体验过或操作过的事物的反映。例如,人们对学习过的词语过目不忘,对思考过的问题记忆犹新,对游览过的景色历历在目,对实施过的技能印象深刻,这些都是记忆在起作用。

科学研究表明,人的记忆力大得惊人。据粗略统计,一个人的大脑可以储存高达数百万亿比特的信息,相当于5亿本书所包含的信息总量。正是由于人脑的记忆潜能非常强大、非常神秘,所以人们必须尽量开发利用,掌握先进的记忆理论,运用科学的记忆方法来为发明创造服务。

心理学研究表明,人在12～13岁时,机械记忆(无意义记忆)最为发达;而到15～16岁时,逻辑记忆(理解记忆)不断发展起来,这个时期正是青少年时期。心理学家还发现,人到6岁时对新的不熟悉领域的记忆能力比2岁时平均要低35%;而到80岁时,智力只比20岁时低20%左右。这说明,随着年龄的增长,记忆力的减退要比理解力的减退显著得多。因此,人一生的前期记忆力较强,而到后期,记忆新东西就会感到十分吃力了。这正如一句古话所说:少壮学习,就像在石头上雕刻;老大学习,正如在沙土上记录。

4.3.2 记忆力的作用

创造需要记忆，记忆促进创造。一般情况下，记忆力的作用主要通过以下几个方面表现出来：

(1)记忆是提高认识的途径。人的记忆能够对客观感知提供经验，它架起了一座从感知到思维的桥梁。有了记忆，人们才能在不断地认识世界和改造世界的过程中积累经验并运用经验。只有通过记忆这条途径，人们才能丰富自己的知识储备，提高自己的认识水平。

(2)记忆是形成知识的条件。英国思想家培根曾说：一切知识，不过是记忆。各种学习都是以记忆作为基础的。通过记忆，学者们把零散的经验整理成系统的理论，专家们将分离的知识汇总成专业的学科。有了良好的记忆力，人们才能迅速、及时地汲取科学的营养，保证发明创造的成功。

(3)记忆是发展思维的基础。在发明创造的过程中，人们通过记忆储存在大脑里的各种信息很容易通过联想的方式，转化为人们需要的原则和方法，以使问题得到解决。可以这样说，创新思维和创造性联想是建立在记忆的基础上的，因为思维和联想都离不开知识和素材，而知识和素材都是靠记忆不断积累的。

4.3.3 记忆力的培训

人的记忆力可由后天的培养训练来改善和加强，在这个过程中，为了满足创造活动所需要的突出记忆力，人们必须锻炼记忆能力，掌握记忆技巧，讲究记忆卫生，这样才能有所作为。

4.3.3.1 锻炼记忆能力

锻炼自己的记忆能力，应该从以下几个方面做起：

(1)目标明确，步骤具体。目标明确，就会使人的脑细胞处于高度活跃状态，因而容易接受外部的信息，形成清晰的记忆。

(2)全神贯注，精力集中。保持高度的注意力是学习和记忆的必要条件。因为全神贯注、精力集中可使大脑的兴奋点增多，从而对事物的记忆更深刻、持久、牢固。

(3)收集信息，加强印象。人脑记忆的过程实际上是把来源于视觉、味觉、听觉、嗅觉和触觉等多种渠道的信息综合处理的过程，这种多渠道信息刺激可使人们印象深刻，进而使记忆的牢固程度提高。

(4)积极思维，力求理解。人脑的记忆活动与思维活动密不可分，在记忆过程中，多思、多想，记忆效果就会提高；反之，死记硬背，记忆的效果肯定很差。

(5)重复训练，巩固提高。“重复是记忆之母”这句话说明了复习对增强记忆、防止遗忘的重要性。重复和复习是巩固记忆的基本途径。马克思有一个良好的读书习惯，就是每隔几年要把书中做了记号的部分重读一遍，其目的是为了巩固记忆，在一定时候对记忆进行必要的修补。

4.3.3.2　掌握记忆技巧

科学的记忆方法能使记忆效果事半功倍，所以创造型人才应该掌握行之有效的记忆方法，下面介绍几种常用的记忆方法。

(1)协同记忆法。在记忆过程中，看、读、听、写应该多渠道同时进行，交叉协调发展，保证记忆效果。

(2)联想记忆法。把互不相关的事物连成一个有前因后果的小故事，能极大地提高记忆效果。

(3)规律记忆法。事物的发展都有一定的规律，找出事物发展的规律，然后按照这种规律加以记忆，这比死记硬背的方法要科学得多，也轻松愉快得多。

(4)口诀记忆法。口诀朗朗上口、简洁明快，容易使人产生深刻印象，也就容易使人记忆。

(5)趣味记忆法。记忆的规律告诉我们，对感兴趣的东西，人们的印象就深刻，记忆就牢固。因此，可以把某些需要记忆的内容编成自己感兴趣的故事加以记忆，或通过记忆比赛激发起人们的竞争意识，来提高记忆的效果。

除了上述几种常见的记忆方法之外，还有强烈印象记忆法、发掘特征记忆法、轮廓骨架记忆法、对比记忆法、数形记忆法、复数记忆法、争论记忆法、改错记忆法、朗诵记忆法、推理记忆法、辨别记忆法、卡片记忆法、分段记忆法、全文记忆法、重点记忆法等，这些都可供人们在记忆时灵活采用。同时，还需要根据个人的特点，形成自己独具特色的记忆习惯。

4.3.3.3　讲究记忆卫生

为了培养突出的记忆能力，人们还要讲究记忆卫生。为此，应该积极做到以下几点：

(1)勤于用脑，善于用脑。生理学家们认为，人脑使用的频率越高，脑细胞老化越慢。由此可见，勤于用脑不仅不会给大脑造成负担和伤害，反而能促进大脑功能的加强。但用脑还要讲究科学，只有合理地使用大脑，以使大脑皮层的不同部位轮流处于兴奋与抑制状态，才有助于记忆效果的增强。

(2)思维锻炼，开发脑力。人脑分左、右两半球，左半球支配着右半身的活动，右半球支配着左半身的活动。一般情况下，人们左半球用得多，而对于主管创新思维的右半球用得较少。为了开发右半脑的潜在功能，应当提倡思维锻炼，开发脑力，包括做一些脑力体操和特殊训练。只有当左、右两半脑都发挥出最大潜力时，人们的记忆能力才会产生质的飞跃。

(3)劳逸结合，身心放松。大脑也同一部精密的机器一样，需要保养和维护。充足的睡眠、适当的文体活动都有利于大脑的休息和保护。只有在劳逸结合、身心放松的情况下，大脑才能保持良好的记忆能力。

(4)把握时间，增强效果。记忆也有最佳时段，一般说来，早晨和睡前的时间用来记忆效果最好。清晨，一日之计的始发阶段，大脑十分清晰，因而利于记忆新的东西；傍晚，一日之计的结束阶段，不存在后面学习材料的影响，因而利于巩固、保持记忆。所以要把握时间，使记忆的效果得到改善和加强。

(5)稳定情绪，坚定信心。记忆不但是一种生理过程，也是一种心理过程。稳定的情绪、坚定的信心可以使人们的记忆能力大幅度增加。日本心理学家曾对一批情绪沮丧、信心低落、兴趣索然的人进行记忆实验，发现这些人对记忆的东西，20分钟后忘记的占40%，两天后忘记的占66%，六天后忘记的占75%，大大高于正常人的遗忘水平。这说明情绪、信心、兴趣对记忆有重大作用，因此人们有必要加强这方面的训练。

(6)适当营养，合理饮食。据科学家们分析，人的记忆力与脑细胞的结构和传递信息的神经递质(乙酰胆碱)有关。脑细胞的营养通过血糖获得，葡萄糖是脑细胞工作的“燃料”。在食品之中含有制造乙酰胆碱的原生物质，例如蛋黄中就含有大量的卵磷脂和甘油三酯，卵磷脂进入肠道后，经酶的消化作用，释放出胆碱随血液进入大脑，与乙醇结合生成能改善和促进记忆能力的乙酰胆碱。所以，为提高记忆能力，人们应该加强营养，注意饮食。

(7)空气清新，环境良好。新鲜的空气可以保证大脑获得充足的氧气，使人精神振奋、头脑清晰、记忆敏捷，记忆力增强；而浑浊的空气使人头昏脑涨、意识衰退、记忆减弱，妨碍人们对有关事物的记忆。因此在需要记忆时，一定要注意使空气流通。良好的环境使人心情舒畅、兴趣盎然，有利于提高记忆效果。

4.4 理解力

4.4.1 理解力的含义

理解力是对某个事物或事情的认识、认知、转变为自己的知识的能力。理解力是掌握和运用知识的前提，是创造者洞察知识并真正把握其内部关系的能力的体现。

许多知识单靠机械记忆是不行的，尤其是随着年龄的增长，理解能力尤其显得重要。对各种知识一旦理解了，真正懂得了它的含义，才能被吸收，才能掌握知识的本质，进而才能做到举一反三、灵活运用，为创新准备条件。比如，只有明白了各种公式定理的由来，从推导的过程中找出其因果关系，才能对其存在的方式和应用范围做出科学的判断。

4.4.2 理解力的培训

理解力和创造者的逻辑思维能力有着密切关系，它和观察力、学习能力、注意力和记忆能力相辅相成，共同促进人的创造力的开发。为了提高理解力，应该从以下几个方面做起：

(1)加强学习。多读书、多实验、多实践,并注意学习的内容和含义,加快对新鲜事物的深刻理解。

(2)敢于质疑。要在读书的基础上,多问几个是什么、为什么、怎么办,养成自问自答的习惯,解答不了的再请教别人或与他人讨论,这对提高理解力有很大的促进作用。

(3)注意积累。要提高理解力,就应注意积累知识,把提高理解力和积累知识经验、训练思维结合起来。一般来说,积累越多,知识水平越高,其理解能力就越强。

(4)抓住事物的本质。在工作中要抓住事物深层次的核心本质,抓住知识的内部联系,对各种知识和信息要深加工,明白知识的来龙去脉,去粗取精,去伪存真,由此及彼,由表及里,抓住问题的要害,在脑海中形成科学的、完整的概念。

4.5 发现问题能力

4.5.1 发现问题能力的含义

发现问题能力是指能够发现和提出问题,并由自己回答或请别人回答问题的能力。科学的发现往往始于问题的提出。

爱因斯坦和英费尔德合著的《物理学的进化》一书中曾指出:提出一个问题往往比解决一个问题更重要,因为解决问题也许仅仅是一个数学上或实验上的技能而已;而提出新问题、新的可能性,从新的角度去看旧的问题,却需要创造性的想象力,而且标志着科学的真正进步。这表明提高发现问题能力对创造者来说非常重要!

4.5.2 提高发现问题能力的途径

人们可以通过有效地提高对问题萌芽的敏感度,并通过各种不同路径,来发现问题和提出问题。

(1)抓住观察的事实同已有理论的矛盾。每一个新的观察和实验结果以及多数反常现象,都可能与现有的理论概念发生冲突。这个时候,新的问题就会产生。对于创新者来说,最重要的是能从一些蛛丝马迹中洞察到这种不相容的事实,进而提出问题。

(2)抓住理论的逻辑矛盾。一个理论系统内部应该是融合的、和谐的。如果一个理论系统的内部出现了逻辑矛盾,它就会推导出两个相矛盾的论断。因此,抓住理论的逻辑矛盾往往是发现问题并实现理论突破的关键。比如,爱因斯坦发现电磁学方程在伽利略变换中不具有融合性,这就意味着电磁理论同经典时空观存在矛盾,这一矛盾引导爱因斯坦探求出了狭义相对论。

(3)盯住争论。不同学派、不同学术观点的争论是科学史上的常事。一个问题如果引发了多个方面的争论,那么这些激烈而尖锐的争论往往孕育着科学问题的突破。

(4)盯住不同知识领域的交叉地带。近代科学的发展呈现出既分化又综合的趋势。一些有远见的科学家特别重视科学中的交叉地带,从中能找到许多有意义的课题,并做出开拓性的创造,比如系统论、控制论、信息论等。在创造哲学中,科学、技术与社会学的交叉以及与经济、政治、文化、教育的交叉,都促进着人们对科学本性的深化认识。

4.5.3 发现问题能力的培训

(1)增强问题意识

凡事要问个为什么,以求理解。问题意识是对问题的感受能力,创造活动源于问题意识。

爱因斯坦认为他的那些最重要的科学概念都是从“我明显不理解的问题”中产生的。这也提醒我们对身边大量的现象要持“去理解”的态度,看一个事物或看一种现象,不管它是初次出现还是频繁出现,都应问一个为什么,养成“打破砂锅问到底”的好习惯。

(2)增强好奇心

好奇心是诱导人们走向未知领域的一股巨大力量,我们应该给自己的好奇心以足够的重视。如果你对某个领域有较深的了解,那么对这个领域产生的好奇心有时会给你带来一些意外的创新。如 1831 年法拉第发明了产生电的方法。起初他并没有任何明确的目的,只是有一天他突然对下面的问题很好奇:如果让一个铜线圈在马蹄铁形状的磁铁之间不停地转动会产生什么现象呢?经动手实验后,他出乎意料地发现铜线圈上产生了微弱的电流,由此一项伟大的发明就产生了——发电机。

4.6 开发选题能力

4.6.1 开发选题能力的含义

所谓开发选题能力,是指创造者在掌握现有科学技术知识的基础上,根据某种需要找到问题、确定选题,并组织人力物力去解决问题的能力。

创造活动从开发选题开始。通过选题就能反映出创造者在主动性、突破性和创造性等方面的能力。

4.6.2 开发选题的原则

开发选题必须掌握以下原则:

(1)需求性原则

创新项目的选题首先必须着眼于社会发展的需要和科学本身发展的需要。社会发展的需要包括生产发展需要、国防建设需要、医疗卫生需要、文化教育需要、国际贸易需要等，应设法抓住其中一些热点和难点问题；其次，应着眼于科技人员自身发展的需要，在前人研究的基础上，抓住其新生长点选题，包括开拓科学领域、更新科学理论、改进科学方法等方面，以推动学科自身的发展。

(2)创新性原则

所选课题应是国内外前人没有或未完全解决的，具有一定的先进性和新颖性，满足科技进步的要求。在完成所选课题之后，能发现或完善前人没有发现和完成的真理。

(3)科学性原则

所选课题必须以客观事实和科学理论为依据。在创造活动中，既提倡突破创新，又提倡科学严谨。如有人研究"水变油""永动机"，这样的课题就不符合科学性原则。

(4)竞争性原则

竞争性原则是根据社会主义市场经济体制建设期间引入竞争机制的要求而提出的，科技工作者应根据这一指导思想选择有竞争力的课题，它强调的是选题应参与国际同类领域的竞争，抢占科技的制高点。在参与国内领域竞争时，靠优胜劣汰，不靠平衡照顾，在竞争中获得成功。

(5)特色性原则

在进行科学研究的时候，尤其是对于刚刚接触科研工作的人，课题的专业性显得十分重要，要确立自己的专业研究方向。专业研究方向一旦确立，则应保持特色，始终不渝。选题切忌杂，力求专。在长期的科研活动中，始终坚持自己的专业特色，就会有意想不到的收获。

对于尚未建立起自己专业专长的年轻人或是刚刚踏上科研之路的学生来说，先选一些随机性的、易于获得结果的题目，以期锻炼提高科研和写作能力，这是不少科学家所走过的道路。一旦建立起自己的专业特色，确定课题之后，应该首尾一致，深入持续地在既定的研究领域中大显身手。切不可朝三暮四、轻易转移，那样是很难取得成功的。

(6)可行性原则

必须周密地对主/客观条件加以分析和评估，确认所选课题经过努力是可以实现的。课题分析的关键在于：从现有条件出发解决技术问题的可能性。课题分析的内容包括提出课题的原因，了解与课题相关的时间、人力、资源、研制和生产环境等因素的限制条件，以及课题解决后产生的效果等。在充分估计人的主观能动性的基础上，对于那些虽具备需求性、创造性，但现阶段科研条件和能力根本满足不了实现选题的任务要求，应该果断舍弃。

技术课题可行性分析常采用系统分析法，即将课题看成是一个系统，考察它在研制、生产、使用各阶段的输入、输出情况，发现其相关的影响因素。从研究者和使用者的角度出发，一切研究成果都具有四种基本的输入和输出条件，这就是预期输入、环境输入、期望输出和非期望输出。

期望输出是研究成果在生产、消费过程中应当具有的性能和效益，表明成功的研制方案应当达到的目标，这是课题分析首先要明确的。

非期望输出是研究成果必然会带来的不利影响。在课题分析时，不仅要看到成果有益的方面，还必须重视研究成果可能会带来的不利影响。如果能够事前就正确地预见它们，就应尽量减少它们对研究成果的总输出即总体效果的影响。

环境输入是指在研制和使用过程中人们无法控制的外部影响因素，如经济条件、政治条件、自然地理条件、现有技术装备、人员和产品使用条件等。环境输入的特点是研究者和使用者只能利用、预防，而无法直接控制它们。

在上述三种因素确定之后，就可以确定预期输入。预期输入是指为了达到期望输出所必须具备的条件，这些条件是可以控制的。

当以上四种因素被确定后，将它们按照研制、生产、使用等不同阶段汇列成一个表，即可一目了然地掌握有关研究项目的总体情况（见表 4.1）。

表 4.1　某新产品的输入-输出条件

	预期输入	环境输入	期望输出	非期望输出
研制	研制人力 资金 技术情报 可用设备	国家技术政策 现有技术水平 时间限制	技术效果好 经济效益好 部门生产 能力扩大	研制费用高 实验失败 研制周期长 应用可能小
生产	加工设备 原材料 技术力量	技术标准 国家经济政策 市场需求	产品质量好 成本低 销路好	成品率低 资金周转缓慢 事故污染环境
使用	操作能力 消费心理 支付能力	使用条件 同类产品 竞争能力	易操作 安全 耐用 易维修	价格低 能耗高 效果差 污染环境

此外，在进行课题分析时，经常会发现许多尚未掌握的情况，这可以为进一步搜集情报指明方向。通过对一个技术课题的全部情况进行系统分析，取得概略的了解，可使对下一步的选题更有把握。

4.6.3　开发选题的途径

开发选题不仅仅是专门集中一段时间进行冥思苦想，更重要的是要经常挂在心上，一旦出现有创造价值的课题萌芽，立刻把它记在本子上，过后再加以追踪、加工、提炼，就有可能捕捉到有实际意义的创新课题。一般来讲，无论从事什么工作，通常都有以下几种开发选题的途径。

（1）从工作实践中开发选题

实践活动是丰富多彩的。不论何种形式的实践活动，只要创造者不满足于现状，增强创新意识，随时都可能找到创新课题。具有创新意识的人总是能在科研、生产等实践中发现矛盾、找出课题。例如:①正常生产中出现的问题;②为改善生产设备、工艺和生产条件提出的课题;③探讨新的技术原理转化为产品的可能性;④解决新技术推广中出现的问题;⑤巩固国防需要解决的技术问题;⑥减少环境污染、保护自然资源而需解决的新技术课题等。

在社会生产和实际生活中,创造者可以通过联想、推理、想象进入创新境界,产生有价值的设想。如果把这些设想进一步分析、提炼,就有可能获得有实际意义的创新课题。例如,1957 年武汉长江大桥建成后,突然出现了晃动,该现象用已有的基础理论无法解释,这就要求科学地揭示大桥晃动的振动机理。我国著名桥梁力学专家李国豪由此提出并系统地研究了桥的稳定和振动问题,建立了"桥梁实用空间分析理论"。

(2)从日常生活中开发选题

人们在每天的生活中都从事着丰富多彩的活动,这类活动的特点是环境变化快、事物景象多,极易消除人们头脑中的思维定势。虽说工作之余要放松精神,让大脑得到片刻的放松,但实际上人的大脑是一刻也不会休息的。据中国管理科学研究院思维科学研究所陶同教授的研究,若把一个人一天 24 小时脑内闪过的内语言和内形象全部记录下来的话,就能形成一部约 20 万字的书和约 8 小时的录像片。在每几万字中,至少有几百字是有创造价值的。对这些有创造价值的语言(概念)或形象,如果能及时抓住,再加以提炼、完善,就有可能形成一个创新课题。要做到这一点,创造者就一定要有一个善于观察、勤于思考的好习惯。

(3)从科技文献中开发选题

各类科技文献是人类创造成果的结晶。当我们认真阅读科技文献时,不仅可以浏览许多创造者对某一问题的观点和见解,而且更宝贵的是可以从中发现前人对这一问题已解决到什么程度,有哪些方面尚未解决。

阅读科技文献的过程也是不断激活思维活动的过程,使想象活动进入创新思维状态。此时,若能及时捕捉到那些稍纵即逝的表象或概念,再加以引申、扩大或完善,就可能形成一个完整的创新课题。所以,养成爱读书、勤联想的习惯,是选择创新课题的一条重要途径。

(4)从交谈讨论中开发选题

人们在社会生活中离不开以语言形式的信息交流。交谈的过程和思维紧密相关,尤其是非正式交谈的形式更为轻松随意,茶余饭后、海阔天空的闲谈能调动思维活性,有时会引发出新奇的想法,如能及时捕捉,就可能获得一个创新课题。多人参加的针对某一问题的讨论更容易调动人的思维活性。一般来说,讨论常用于解题,但在探求解题方式的讨论中,常常会引出一些新的问题,如能把握提炼,也可能形成创新课题。因此,创造者要养成在轻松中不失敏锐思考的习惯,同时在闲谈的内容上也不要过于漫无边际。

(5)借助创造技法开发选题

在技术革新和产品开发中,常常借助各种创造技法开发选题,如信息交合法、智力激励法、类比法、逆向构思法等，这些强制联想有利于促进创新课题的产生。

(6)从知识领域的空白区开发选题

当前，科学发展的特征是：一门学科内各分支学科交叉结合，各门学科相互交叉结合，自然科学与社会科学交叉结合，科学与技术、科学与艺术日益紧密结合；数学向一切学科领域渗透，等等。在各种知识领域交叉和渗透所产生的空白区，常常是科学园地中尚未开垦的“处女地”，那里的课题最多，可能的收获也最大。

本体论是研究大千世界万物间的普遍联系的理论，其优点是能对自然科学及工程领域中事物之间的复杂关系实现全面、客观的描述，有利于发现空白区，实现对知识的全新组织，发现被人忽视的“无人区”。

(7)从已有理论与事实的矛盾中开发选题

社会生产力的不断发展带来了科学实验手段的不断进步，科学实验无论对生产实践还是科学理论都起着越来越重要的作用。人们在实验中观察到的科学事实有时与现有的科学理论不一致，或者理论不能为实验所证实，在学科理论内部以及不同学科理论体系之间也会出现矛盾，有矛盾就要找出解决矛盾的办法，于是就有了新的科研课题等待人们去研究。

例如，在20世纪初，人们发现β衰变中电子所带走的能量要比原子核所释放的能量少，实验事实与能量守恒定律不符，这样就出现了新的课题：是什么东西带走了一部分能量？通过研究，物理学家泡利提出了中微子假说，并进而导致了中微子的发现。

4.7 抓住机遇的能力

4.7.1 机遇概述

机遇是指在生活和工作过程中偶然出现的，能够给人带来转机或出乎意料的良好效果的情况和条件。

对任何人来说，机遇总是存在和经常发生的，关键是碰到机遇时能否马上认识和即刻抓住。一位美国职业战略家将人们能够“借助机遇起跳”列为从业成功的关键技能，他指出：机遇来自他人，如果善加利用，可以达到本来可望而不可即的目标和成功。

机遇出现的形式多种多样，但其共性是意外性和异常性。在科学研究和创造过程中，一些意外、异常现象常常在无法预料的时间、地点出现，如能及时抓住这些意外和异常，就能获得极好的机遇。偶然的机遇既在人们的意料之外，又在事物发展的情理之中。创造者要从自然界超常规的表现中看到偶然性中蕴藏着必然性，机遇性中包含着辩证性，因此留心“意外之事”是科学发现的一条重要途径。人类历史上，有很多重大的发现、发明和创造都是由于偶然的机遇触发的。

4.7.2 机遇的类型

不同的机遇有不同的发生条件和具体情况，按照意外程度的不同，可将机遇分为完全意外型机遇和部分意外型机遇。

4.7.2.1 完全意外型机遇

完全意外型机遇是指在研究、实验或观察过程中发现了与原有计划或预定目标完全不同的新现象。它有以下两种情况：

(1)异向机遇。它是指机遇的发生与原定研究计划的指向毫不相干。例如，1865 年欧洲疟疾流行，当时治疗此病的特效药奎宁来源短缺。英国学生柏琴在德国科学家霍夫曼的指导下，想从煤焦油中提取奎宁，但失败了。不过柏琴在实验中意外获得了一种棕色黏液，将这种液体用来染布，颜色鲜艳且不褪色，这种物质就是后来用途广泛的人工合成染料“苯胺紫”。

(2)背向机遇。它是指意外现象出现之后，科学家一时难以把握，一旦加以重视，就能获得重大成果。例如，法国军医巴雷面临治疗外伤用的“沸油”被用完的境况时，为了应急需要，他用身边仅有的鸡蛋黄、蔷薇油和松节油组成的混合剂来代替。当时巴雷对此并没有任何把握，甚至担心伤员会由此受到感染而深感不安，然而结果却大出意料，伤员不仅没有感染的迹象，伤口愈合得也较好，还免除了过去用“沸油”治疗外伤引起烧灼的那种痛苦。正是这一背向机遇，使外科创伤疗法产生了突破性变革。

4.7.2.2 部分意外型机遇

部分意外型机遇是指结果与原定计划或方案基本相同，但发现的场合或方式却是意外的。它有以下两种情形：

(1)同向机遇。它是指机遇的结果与科研指向基本上一致，在具体的进展过程中因偶然出现而被突破。例如，橡胶加工硫化技术的诞生就属于同向机遇。19 世纪初，欧洲移民把天然橡胶夹在两层布中间制成雨衣。天然橡胶有个缺点：天气热时发黏，天气冷时发硬，使用起来很不方便。对此，美国人古德伊尔进行了长时间的研究，但始终未能取得突破性进展。1839 年的一天，他在实验室里工作，不小心把橡胶和硫黄的混合物撒落在很热的炉子上，他急忙把混合物从炉子上刮下来。事后他却惊喜地发现，经过加热后的混合物性质改变了，受热不黏，遇冷不硬。经过反复实验，他终于开发出了橡胶的硫化技术，从而使橡胶加工业获得了生机。

(2)类向机遇。它是指机遇与科研方向基本上相背离，但其部分结果与科研方向一致，其中仅有部分超过预测。

例如，近视眼手术治疗方法的发现就属于类向机遇。有一个眼睛近视的小男孩不小心绊倒，把眼镜打碎，破碎的镜片刺进了眼角膜，医生通过手术为他清除了眼中的异物，但令人惊奇的是，眼伤治愈后小男孩的视力也明显得到提高。这一现象立刻引起了莫斯科外科专家弗奥多洛夫博士的重视，他经过深入研究，终于发明了通过改变角膜弯曲度治疗近视眼的新方法。

4.7.3 捕捉机遇的途径

(1)增强意识,把握机遇

由于机遇的表现形式具有意外性和异常性,稍纵即逝的偶然机遇常常使毫无准备的人们在失之交臂的反思中后悔不已,因此创造者必须增强机遇意识,要注意观察,善于思考,把握机遇。应注意保持对新事物、新问题的敏感性和好奇心。敏感和好奇的人,其发明和探索的欲望常常会很强烈,就像高效的雷达一样,始终在寻找和捕捉发明创造的目标,在处理新鲜的、特殊的、意外的事物方面拥有强劲的驱动力,因此也最有可能成为发明创造者。

在增强机遇意识的同时,要树立市场观念、竞争观念和效益观念,即使在顺境中也要有一定的危机感。危机感和生存感是增强机遇意识的基础。

(2)看清本质,寻找机遇

机遇带给人们的信息和线索有时很明显,有时则很隐蔽,只有具备渊博的理论知识和洞察力强的人,才能从错综复杂的现象中将有用的线索突出并强化出来,看清本质,找到机遇,为发明创造提供依据。

能否有效地寻找机遇、利用机遇来实施创造发明,关键在于科学工作者要有敏锐的观察力和准确的判断力,而这又有赖于长期的思考和不懈的努力、有赖于科学的态度和有效的方法。机遇只是向导,它提供了机会而没有提供结论。要从偶然中找到必然,从现象中看清本质,还必须付出艰苦的劳动,才能不断开拓认识真理的道路。

(3)日思夜想,捕捉机遇

偶然现象是人人都会碰到的,但有的人能够从偶然事件中发现新事物,并由此创立了惊人的科学业绩,这应归于他们的"日思夜想"和"有所准备的头脑"。日常生活中有许多这样的现象:为了要解决某个问题,总是不得其解,某一天突然受到某事启发,原来百思不解的问题就解决了。美国政治家米敦曾说:很多人说我是天才,但我的眼前总是面临许多问题。他从各种角度研究面临的问题,于是那个问题就如影随形,不时地跟着他,他也对那个问题愈来愈熟悉,直到有一天,解决问题的方案闪现在脑海里……

"十月怀胎,一朝分娩。"创造者应该经常在头脑中储备发明创造的课题,养成勤于思索、乐于分析、善于观察的习惯。朝思暮想,对周围的事物有着敏锐的观察力,能使人们捕捉发明创造机遇的意识更强烈、更具体,一旦碰到发明创造的机遇,就能迅速反应、及时捕捉,并勤于思考,进而将现象与机理联系起来分析,也就不失为发明创造的天赐良机。

(4)开拓创新,锲而不舍

由于机遇提供的信息大多是不显现的,要揭示其重要内涵并不是一件轻而易举的事情,这不仅要有开拓创新的精神,还要有锲而不舍的意志力。例如,1895 年 11 月 8 日晚,德国物理学家伦琴用一张不透光的黑纸包在放电管上，当他在暗室接通高压电流时，意外地发现旁边的荧光屏出现了闪光。他连续几个星期废寝忘食地开展实验研究，确认这是由放电管中射出的新射线引起的，伦琴称这种新射线为X射线，它提示人们原子内部有着复杂的结构。随后，法国科学家贝克勒尔设想，是否所有能发出强烈荧光的物质都会发出X射线？贝克勒尔锲而不舍地把当时所能找到的发出荧光的物质都拿来做实验，当他用铀盐做实验时，原想用阳光来照射放出X射线，可那几天一直阴天。出于好奇，他把当时认为铀盐未经日晒的底片拿去冲洗，他想洗出的底片一定很模糊，结果却使他大吃一惊，底片十分清晰。由此，他揭开了一种不需外界刺激就可不断自发产生新射线的现象，这引起了当时科学界的极大震动，从而掀起了研究放射性现象的热潮，也因此引发了一场物理学革命。

(5)闻风而动，抢抓机遇

闻风而动，就是对待信息要"心灵、眼明、手快"，从信息中抢抓机遇。相关信息可以决定企业的成败，对成功者来说，市场信息值万金。要善于把握市场动态，了解社会经济和社会发展的重大事件和方向，及时"见风使舵"，调整产品结构，开发研制适应市场变化的新产品。

(6)巧用危难，引发机遇

事实上，每一个创新者都有可能遇到这样或那样的危难，创新者遇到危难是不可避免的，危难出现时不要怨天尤人，而要想方设法化险为夷，将坏事变成好事，创造出一个新的局面并找出新的机遇。

4.8 操作能力

4.8.1 操作能力概述

操作能力也称"实践能力""动手能力"，是指为了实现解决问题的目标，运用一定的知识和信息，调动自身肢体的潜能，改变客体的现存形态，以适应主体需要的能力。操作能力还包括创造者对创新的有关活动能亲自组织、指挥、操作和演示的能力。

研究表明，人的双手具有敏锐的感觉，能做绝妙无比的动作。人体用以进行各种操作活动的骨骼肌有600多条，在大脑的指挥下，它们相互配合，使双手能做出难以计数的动作，任何机械和智能装置都无法与之比拟。

人类的直立行走、食用熟食和手脑并用劳动是促进人类智力发达的三大要素。人通过操作获得敏锐感觉，通过手与脑的复杂联系，使大脑的创新思维活动因反复受到刺激而活跃起来，人的智力包括思维、想象、观察、记忆能力，都能在操作中获得提升和发展。因此，笔者主张科技人员要参加实际操作，例如从事组装、拆卸、维修、调整数控机床等，在操作中使自己变得心灵手巧，设计中百思不解的难题可能在操作过程中迎刃而解。通过操作，不但可验证自己的设计，使观念产品变为实物产品，更重要的是能诱导出创新的动机，锁定创新目标，明确创新方向。

4.8.2 操作能力的表现

一个人的操作能力通常表现在以下几个方面：

(1)操作能力的表现方式。操作能力表现的主要方式就是通过手、足等肢体，去从事实际的设计、制作、实验、交往等具体活动，引起对象的实际变化，把头脑中的思想表现出来，把设想变成现实，因而也可看作是主体思想的物化能力。从头脑处理信息的角度看，操作能力主要是输出和应用信息的能力。

(2)操作能力的表现范围。操作能力在一定程度上超出了智力的范围，它包含非智力因素，将主体的目的意图、意志情绪等直接融合于操作之中。这里既有体力的支出，又有智力和脑力的支出，是手脑并用，是心理对生理的支配，是信息的输出和应用。因而那些实践能力强、贡献大的人，往往被称作是眼明手快、心灵手巧、智慧超群的人。并且，正是因为手脑并用、身心协调，才促使人的智力得到了高度发展，变得更聪明和更有智慧。

(3)操作能力的表现品质。操作能力的品质表现在准确性、迅速性、协调性和灵活性四个方面，一个人操作能力的大小强弱，就是通过这些操作品质来衡量的。准确的操作是成功地完成某项任务的基本条件，操作能力的准确性要求是最重要的基础品质；迅速性是讲操作的效率，要争时间、抢速度，不能拖拉和延误；协调性是强调各种操作的动作要一致，程序要合理，技术要到位，技巧要熟练，组织要统一，这样才能协调一致，完成操作任务；灵活性是指要根据客观情况的变化，及时调整操作的程序、过程和方式，使操作活动顺利进行。

(4)操作能力的智力体现。操作能力是非常重要的智力因素，是整个智力因素的集中体现，是智力外显和实现的基本途径，在人的创新活动和其他活动中起着关键性的作用。一切知识和智力都是在实践中产生的，又通过实践(操作)来检验，并在实践中发展。人的任何聪明才智、伟大设想，都要通过操作来实现，没有实现的设想只能是空想。因此，绝不能对操作能力等闲视之。

4.8.3 操作能力的培训

操作能力分一般操作能力和专业技术操作能力。为提高自己的操作能力，通常应做到以下几点：

(1)增强操作能力的自觉意识

任何创造活动都离不开实验、测量、制作、拆装等操作活动，以及在操作过程中的相关思维活动。创造活动中的操作带有独创性和探索性，要始终保持培养自己操作能力的自觉性。在操作前，要对操作的目的、步骤和方法做认真细致的准备；在操作中，要随时注意和解决操作过程中出现的问题，要不断修改和补充原有的设想和方案，加深对客观事物的认识。

(2)学习操作能力的方法和原理

实施操作是一个复杂的过程，操作应以相应的知识和经验为基础，如果不掌握有关的基本知识，操作过程就会缺少预见性、计划性、方向性、步骤性和安全性，从而使创造活动半途受阻，甚至引发事故。因此，要认真学习与操作有关的方法和原理，了解设备的操作规程，制订详细的计划分工，确定操作步骤，特别要注意杜绝安全事故，防范突发事件的发生。

(3)树立良好的进取心

操作往往是由一系列动作组成的，操作的顺利完成有赖于对实现这些动作的熟练程度。进取的心态可以使人反复练习，确保操作的准确性，并有助于人们积极思考操作中的各种问题，如检查操作目的是否清楚、分工是否明确、操作方法是否合理、操作步骤是否具体、操作过程是否完善、操作结果是否可靠等，以便发现问题、分析问题、解决问题。

(4)刻苦练习专业技术操作技能

专业技术操作技能要在技师或工程技术人员的指导下认真、刻苦地练习。如操作数控机床并熟练掌握编程、参加机床零部件的组装和总装等。

(5)在日常生活中锻炼操作技能

日常生活中，如有机会，应对下列项目认真练习或实践，以把自己培养成一个“心灵手巧”的创造者：①拆、装或修理自行车、童车、摩托车等；②拆、装各种电动工具等；③拆、装或修理电视机、收音机、计算机等；④修理桌椅板凳等；⑤手工制作航模；⑥制作手工艺品；⑦钳工、木工、电工、机械加工、瓦工技能的学习与实践；⑧装修住房等。

4.9 工程能力

4.9.1 工程能力概述

工程能力是指出色地将有价值的创新构思付诸实施，并将其变为优秀成果的能力，包括设计、绘图、工艺操作、实验、组织、语言、写作、自我表现、精雕细刻、资源整合等能力。

凡是心理正常的人都会产生一些创新的想法，有时产生的想法相当有价值，甚至已经思考出了创新方案，但因缺乏工程能力而不能付诸实施，最终不能将科技成果转化为商品。还有一种人，虽拿出了成果，但给人以粗制滥造、废物一堆的感觉。然而，有出色工程能力的人，就有可能将粗制滥造的“废物”，经过精雕细刻，变成优秀成果，并向外进行转让。数学家克雷洛夫曾深刻地指出：在任何实际事业中，设想只占2%～5%，其余

95%～98%是实施。

4.9.2 工程能力的体现

一个人的工程能力主要体现在以下方面：

1)设计能力和绘图能力

设计能力是描绘创新方案的手段，通常用图样、文字、数字、模型、电子计算机程序等形式表现出来。当一个创新方案确定之后，就要用现有的物品、技术和条件，通过合理的安排计划、分析、计算等来实现创新方案的功能。因此，创造者必须掌握与设计有关的专业知识标准、规范、相关设计程序和绘图方法，用计算机进行辅助设计，包括仿真模拟等。

在概念设计、技术设计、施工设计的过程中，都要用绘图的方式来表达创新方案，它比纯用语言文字的表达方式要更清楚、更方便。绘图有利于观察组成创新事物各个部分的联系，这样更便于直接统观创新事物及各个系统和各个部分的合理匹配，使创新更趋完善。通过绘图还可以检验自己的创新方案正确与否，发现创新方案中不规范、不合理的地方，避免在制作中发生更大的浪费。

只有掌握绘图的方法和有关规定，才能提高绘图能力。各个专业的技术有各种不同的图样表示方法，如工艺美术、建筑、公用设施、服装、机械产品、化工、电气等图样表示方法各不相同，创造者应根据自己所从事的创新专业领域，熟练掌握相应的制图方法。

2)工艺设计和制作能力

在施工设计和实践过程中，往往需要创新者自己亲自动手将自己的创新方案做出模型或样品。一方面，通过制作模型能更直观地审核创新方案；另一方面，只有制作出样品或模型才能进一步进行实验；同时，还可以为投入批量生产提供一定的准备。这就需要创新者有一定的工艺设计和实际制作能力。

3)实验能力

在总体设计阶段，结构模型设计、关键零部件或设备安装后调试阶段等均需进行实验，几乎所有的创造都要通过实验来完成，有时甚至要做成千上万次实验。实验能力是创造者必备的最重要的工程完成能力。因此，创造者要学会选择科学的实验方法、实验设备和仪器，有时还需要自己动手设计和制作一些专用的实验用具，要制订实验大纲、设计安排自己的实验，并正确操作、观察、记录和分析。

实验中要把安全放在第一位，必须特别注意掌握各种实验的安全操作规程，严格执行安全操作规范。有些实验是前人没有做过的，缺乏可以借鉴的经验，隐藏着很多未知因素，这一点应特别引起注意。

4)组织能力

较大的创新项目涉及多专业、多部门，耗用大量的人力、物资和时间，创造项目的完成首先要掌握工程技术研究开发的基本程序，并且要靠集体的力量。因此，项目负责人必须具有较强的组织能力，不仅要有经验、实际工作能力和领导能力，还必须具备相应的与组织计划、科研管理和生产管理有关的知识，如数学、运筹学、系统论、控制论、科研管理学等方面的知识。

5)语言和写作能力

在课题规划、创造构思等阶段，创造者均要用语言或文字来表达，对课题的规划、预测分析、构思概念、原理及评价等是自我描述能力的反映，可以帮助人们鉴别理解或作为创造完成的一种形式。特别是在有些创造成果需要用论文、报告或书籍的形式呈现出来的时候，语言和写作的作用更为突出。这里所说的语言和写作能力与文艺作品中的要求是不一样的，这里要求具备准确性和逻辑性，论证充分，结论明确，文字应该简练、精确、清晰、完整。

6)精雕细刻能力

精雕细刻能力就是要注意各个细节，使每个细节都趋于完善，这是很容易被忽视的问题。大部分创造者都非常重视方案的原理和巧妙性及其如何实现，而很少考虑细节。其实在很多情况下，某些未被注意到的细节会导致整个项目毁于一旦，美国“哥伦比亚”号航天飞机失事就是一个典型的例子。这里要把精雕细刻与画蛇添足严格区别开来。

7)资源整合能力

资源整合能力就是创造者为了尽善尽美地完成创新项目，从系统、整体的高度去发现、挖掘一切资源，并将创新活动各环节、各阶段、各层次的各种资源有机地结合、融合起来，在最佳时间内以达到指定目标、取得最优质量和效益为目的的能力。为了掌握资源整合能力，必须做到以下几点：

(1)充分发现资源的潜能。既要看到物质资源、有形资源，又要看到精神资源、无形资源。如果看不到那些隐性资源、无形资源，就不能整合所有资源，就会埋没、闲置、废弃大量资源，包括那些最重要、最珍贵的资源。这样就不能使创新项目获得最精良的资源、最快的速度、最佳的质量和最大的效益。

(2)辩证地看待资源。那些平常看似不重要的东西，有时却蕴藏着可利用的“宝藏”。因此，在分析、发掘资源时，既要认识那些显而易见的有利资源，又要注意分析看似不重要的资源。

(3)牢牢地把握整合资源的效益。创造者要善于算效益、算大账，要考虑各个方面的效益，特别要计算总体的、根本的、长远的、最终的效益。

8)管理时间能力

时间不仅是一切能力发展的根基，而且是一切事业、人生发展的根基。一切的节约，归根结底是时间的节约；一切的管理，关键在于时间的管理。出色的创造者，有能力挖掘时间潜能，在最短的时间内做出惊人的成就。

要进行有效的时间管理，可以从以下几个方面着手：

(1)统计时间。对自己的一天、一周、一月是怎么过的，一天中有效地利用了多少时间、浪费了多少时间，在各种事情上花费的时间是否值得等，用纸笔一一进行记录、统计。

你会发现自己浪费的时间远远超过了自己的想象和判断。

(2)杜绝浪费。在统计时间的基础上,把那些低效、无效甚至负效的时间浪费坚决“砍”掉。教育改革家魏书生非常重视学生的时间管理,提出杜绝“三闲”——闲事、闲话、闲想。有关研究人员对人每天的思维活动进行统计发现,人们一天中花在“三闲”上的时间浪费惊人。因此,时间管理首先要向做闲事、说闲话、瞎闲想(与创新思维不矛盾的瞎想除外)这“三闲”开刀。

(3)提高效率。能力的高低最终要体现在效率上,提高效率是管理的更高要求。有人说知识经济时代的制胜之道就是比谁学得更快、用得更快,其实质就是比谁效率更高。提高效率的方法有很多种:如增强自身本领,提高熟练技能;学会授权,有的事可以请别人干,借别人的力量提高效率;学会花钱买时间,利用快速、高效的大工具;学会巧妙运筹,同时做两件或几件事等。最实用、最重要的方法是集中精力、高效投入。有效地把精力、时间集中在当前该做的事情上,就可以产生能量聚焦效应。集中精力、高效投入的方法很多,最可行的方法就是规定期限。一旦规定了把一件事办成的期限,这种压力紧迫感可以使人做到高度投入,就容易在这个期限内倾注全部的精力,效率自然会大大提高,就可较快地取得成果。创造学之父奥斯本说:多数有创造力的人,其实都是在期限的逼迫下从事工作的,决定了期限,就会产生对失败的恐惧感。因此,工作时加上情感的力量,会使得工作更完美。

(4)掌握时间管理法则。时间管理法则包括:①优先法则,把要做的事情按轻重缓急分成等级和类别,先做有关全局成败的最重要的事,再做次级的事。②长远法则,时间管理要兼顾长远性与紧迫性,要高度重视对眼前虽不紧迫但有深远影响的事务的处理。③并行工程法则,巧妙设计和精心组织,在同一时间里干几件事,也是提高效率的妙招。

9)成功益进能力

在创造失败者的队伍中,有很多人以前曾经是成功者。有人研究,这些失败者为什么一开始成功而后来又失败了呢?答案是相同的:缺乏成功益进能力是其中的重要原因。具有成功益进能力的创造者,面对自己今天的成功能保持谦虚学习的态度,永不自满,永远把成功放在明天,把计划放在今天,把行动放在现在。成功者能正确对待荣誉和奖酬,不受环境氛围变化对自己的影响,不因暂时的成功而迷失崇高目标,以奉献社会的精神为动力,争取更大的成就,并且不断增强这个力量。成功是无穷尽的,任何现在的成功和将来的成功相比,都只是小成功。无论何时,人们都需要争取更大的成功。

4.9.3 工程技术研究开发的程序

从认识规律看,工程技术研究程序与科学研究程序恰好相反,工程技术研究遵循从理论到实践的认识规律。工程技术研究种类繁多,其具体研究程序都有各自的特殊性,但它们统属于技术研究开发活动,都要经过课题规划、创造构思、总体设计、试验实施四个阶段,如图 4.2 所示。

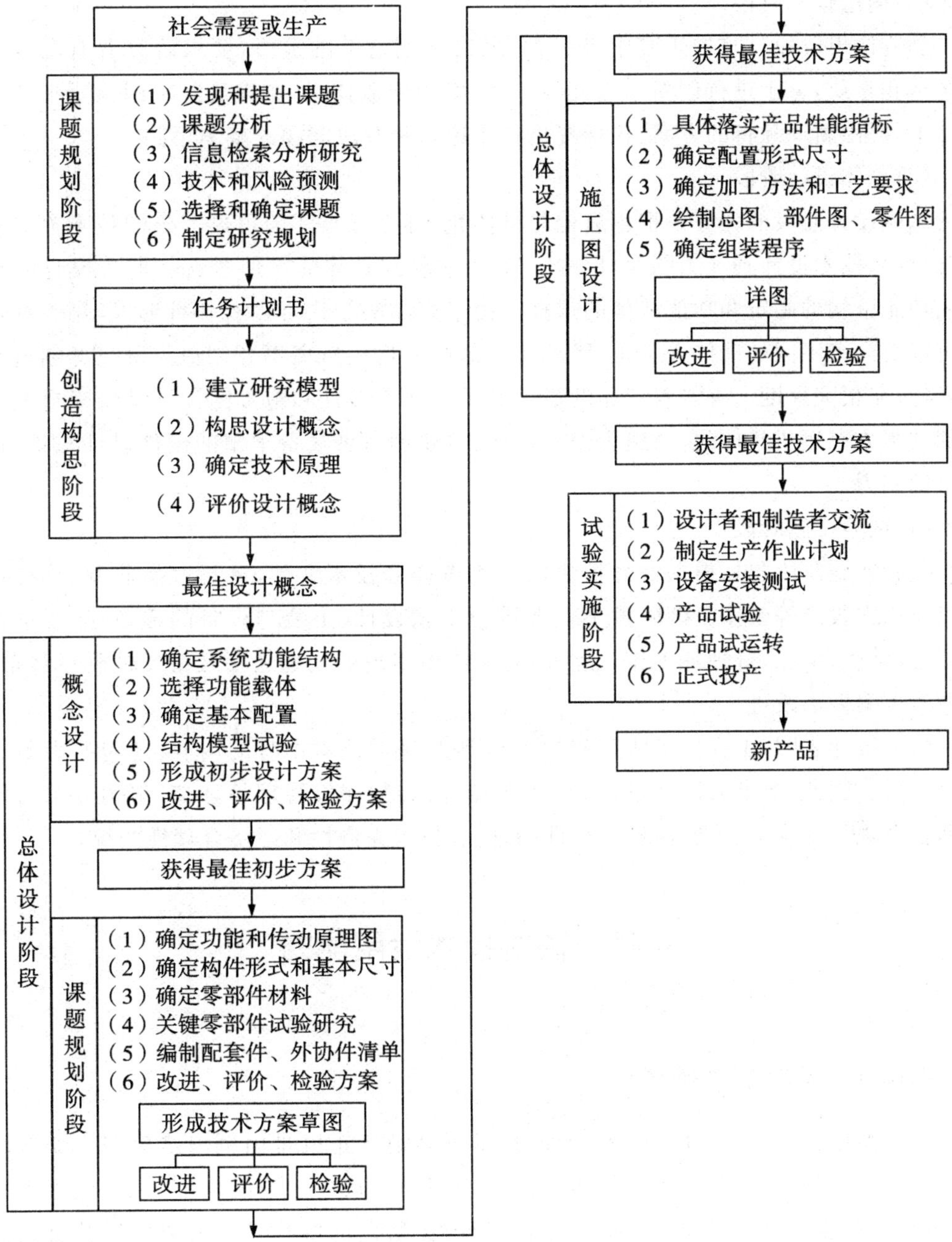

图 4.2　技术研究开发活动的四个基本阶段

(1)课题规划阶段

课题规划阶段的中心任务是选择、确定研究课题和明确主攻方向。在该阶段中，要认真进行技术和风险预测以及信息检索分析、研究，做到对技术发展趋势、市场需求和竞争动向心中有数，以保证研究工作卓有成效地进行。

(2)创造构思阶段

创造构思阶段是技术研究中最关键、最富于创造性的阶段,要求研究者有高度的创新精神和素质,善于进行创新思维,能够熟练使用创造技法,在满足既定课题要求的限制条件下,提出新颖独特的方案,包括提出技术原理和解决问题的基本思路。

(3)总体设计阶段

总体设计阶段的任务是把创造构思具体化,即拟订具体的可供实施的技术方案。从概念设计、技术设计到施工图设计,是一个从抽象到具体的发展过程。概念设计着重于产品功能结构的确定和功能载体的选择。由于产品的结构可以有多种形式,每一种功能又可以由许多不同的载体去承担,因此完成这些工作仍然离不开创造。研究者创造才能的发挥,在很大程度上决定着产品的最终品质。技术设计和施工图设计是将来自概念设计的初步方案逐步具体化,与概念设计相比,需要创造者具备丰富的硬件设计知识、计算和绘图能力。

(4)试验实施阶段

试验实施阶段包括根据设计提供的详细图样和技术文件,进行产品研制、小批量生产以及正式投产等工作。该阶段不仅要进行工艺设计、工装与设备的准备,还要进行产品鉴定、试验、生产、管理等工作。此外,对实施中出现的问题还要及时反馈到设计部门,以便对方案做出改进。

以上所述表明,工程技术研究程序不仅涉及科学技术本身的内容,还包括大量经济社会因素。因此,要求人们通过选题、技术经济预测、评价管理等环节,努力寻求自然规律和社会规律的统一、需要性和可行性的统一、技术先进性和经济合理性的统一。

4.10 智能技术运用能力

4.10.1 智能技术概述

自人类社会进入 21 世纪以来,智能技术创新浪潮正以排山倒海之势向一切领域渗透,这场创新实质上是人类智力与能力的综合革命。从方法论的角度分析,能力中有智力,智力中有能力,智力与能力的有机结合形成了所谓的“智能”。智能始终都是人们重视和研究的课题。

智能技术是指人们运用智能理论发掘一切智能载体,特别是人脑的智能潜力,为创造和技术创新服务。

智能技术的研究范围包括人的智能研究、仿生学的智能研究、计算机求解问题的研究、计算机控制过程的研究、计算机辅助设计研究、计算机辅助工程研究、模糊识别技术研究、机器人技术研究等方面。

智能是一种改造物质、变换能量以及处理信息的综合能力。随着人工智能和知识工程的兴起,尤其是计算机技术的发展,信息处理技术正向知识处理的方向迈进,人类社会正在实践着由信息革命向知识革命的重大转变。

4.10.2 智能技术的开发途径

1)充分发挥人脑的智能潜力

要充分发挥人脑的智能潜力,可以从以下三个方面着手:

(1)充分利用人脑的直觉思维、形象思维、发散思维、联想思维等突发灵感的优势,继续发挥思维在发明创造过程中的主导和核心作用。

(2)充分发挥电子计算机运算速度快、精度高、逻辑推理能力强、信息数据存储容量大和能长时间连续工作的优势,以弥补人脑生理功能的不足,全面延伸人脑的功能。

(3)促使实现人脑和电子计算机功能特性的最佳有机结合。

2)加强智能技术理论的学习

20 世纪的科技工作者,如不掌握计算机技术的应用,就可以称之为“科盲”。进入 21 世纪,如不掌握智能技术的基本理论,就很难在有些领域的科学发明和技术创新工作中有突出建树。认知科学和知识工程是具有广阔发展前景的人工智能领域。诸如自然语言理解、机器人控制以及智能机的感知、学习、博弈和识别、判断、决策等,都是人工智能的重要研究课题。

人工智能是一门综合科学,包括智能科学和智能技术。它是计算机科学、控制论、数理逻辑、离散数学和神经生理学、心理学、语言学、哲学相互渗透的产物。同时,它又是一门横断科学,可以用人工智能研究许多其他学科(包括社会科学)的问题。

3)智能技术开发贵在坚持

在科学技术迅猛发展的今天,社会高智能结构的形成需要人们进行智力开发,尤其是人工智力的开发,而智力开发需要多次和反复才能完成。例如,智力的一次开发可通过教育实施,智力的二次开发可通过实践贯彻,智力的三次开发则可通过人工智能进行。这些智力开发就是利用知识工程建造专家系统,使人们的智力水平通过不断开发而逐步提高,从而促进社会智力水平的提升。

当计算机发展为智能机、工业机器人发展为智能机器人、信息网络也发展成为智能网络时,这三股智能技术洪流的汇合就将引发智能核爆炸,引发一场世界性的智能革命,从而导致社会变革,出现智能社会。需要看到,高智能结构是智能社会的基本特点,其中既有自然高智能,也有人工高智能;既有人机复合智能,也有网络集成智能。正是人的智能与机器的智能相互作用和相互转化,使智能放大并增值,形成高智能结构。

需要说明的是,人机复合智能是指人与机器构成的人机系统整体所具有的智能功能。著名的四色定理的求证结果,就是由人利用计算机辅助证明取得的,它是人机复合智能的智慧结晶。网络集成智能是指智能网络集成了所有联网计算机的智能以及人与网络交互的智能，人们可以充分利用网络的智能资源来迅速提高和改善自己的智能。

4.11 破译黑箱的能力

4.11.1 破译黑箱的能力概述

"黑箱"是科学研究中的一个重要概念。在自然科学、社会科学和工程技术领域中，还有许多事物，人们不知道其内部构造和机理，这样的系统称之为"黑箱"。相对来说，那些内部构造和机理已有部分为人们所了解的系统称之为"灰箱"；对那些已完全掌握和认识了内部结构，并能用一定的关系式表示出来的系统称之为"白箱"。

破译黑箱的能力是指在不打开黑箱的条件下，利用外部观察、试验，通过输入、输出的信息分析来探索其结构、原理和机理，认识研究对象的特征和功能的能力，体现的是黑箱概念衍生的一种分析和解决问题的能力。

破译黑箱的能力反映了人类认识和改造客观世界的基本能力，因而它是人们探索未知和认识事物的重要创造技能。今天，随着科学技术的不断发展，黑箱分析法在科学研究和工程实践中日益得到人们的重视和应用，已全面渗入自然科学、社会科学和工程技术的各个领域。

在企业实施模仿创新的战略中，破译黑箱的能力是不可或缺的。例如，一台复杂的仪器内部出现故障，在维修人员一时无法打开系统的情况下，首先通过仪器对输入信号进行观测，然后观察其输出变化的情况并进行分析，最后做出故障诊断，该过程就是破译黑箱能力的具体运用。

长期以来，人们常常采用分解手段打开黑箱，这种做法在科学研究中占据重要地位。但这种分解手段往往只能在个别领域实施黑箱破译，所以破译黑箱的能力在近代发展得十分缓慢。随着人类认识能力的不断提高以及科学技术的不断发展，人们更多地开始从整体上、从事物的相关联系上研究问题，使破译黑箱得以奏效并得到迅速发展。与之类似的是我国传统医学通过望、闻、问、切等手段收集诊断信息，并从整体功能、外现行为以及它们的相互联系等方面诊断患者的病情，而后开出对症的药方。

4.11.2 破译黑箱理论的作用

破译黑箱理论的作用主要通过以下三个方面表现出来：

(1)破译黑箱理论为研究复杂系统提供了有效工具

在现代大系统和大科学的研究中，人们经常会遇到结构复杂、功能综合、因素繁多、不能分解或难以分解，即使能分解其工作量也十分浩大的情况。破译黑箱理论对于研究具有高度组织性的生命系统，对于研究规模庞大、结构复杂、功能综合、因素众多的系统，如生态系统、社会经济系统、工程技术系统、城市管理系统等有其独特的优势，是最有效的工具之一。

(2)破译黑箱理论为探索科学路径提供了重要启示

控制论创始人维纳曾说过:所有科学问题都是作为“闭合”问题开始的。在科学技术发展历程中充满着各种探索性、开创性的问题，需要人们探索解决它们的路径和手段，由于这些问题一般可视为有待认识和有待揭示的黑箱，因此对黑箱进行分析就能为人们探索科学路径提供重要启示。

例如，人们在探索物质结构的过程中，曾一而再、再而三地遇到诸如“原子”“原子核”和“基本粒子”这样一些暂时无法打开的“黑箱”。自卢瑟福以来，人们一直采用高速粒子或高能粒子轰击研究对象(输入)，然后观测粒子散发的特征(输出)，再进一步对研究对象的内部结构做出推测。这种研究方法包含着考察黑箱和阐明黑箱的基本思想，正是这种基本思想和基本方法推动着人们不断揭示物质结构的秘密。

(3)破译黑箱理论为促进科学发展提供了新颖创意

当代的破译黑箱理论建立在有关“系统”和“信息”概念的基础上，为促进科学技术的发展做出了贡献。可以说，破译黑箱可以掌握内因和外因对立统一的关系，也体现了人们认识事物从感性到理性、从现象到本质的过程，这本身就是对科学方法观和认识观的一种创新，并因此给科学技术的发展带来了活力。

4.11.3 破译黑箱能力的培训

提高破译黑箱能力是帮助人们深入开展科学研究的锐利武器。因此，我们必须注意培养和适时应用这种能力，并逐步提高应用水平。一般说来，破译黑箱可按以下四个步骤进行，如图 4.3 所示。

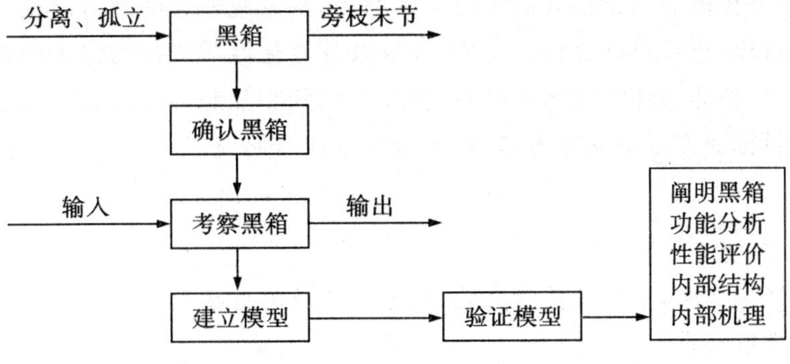

图 4.3 破译黑箱流程图

(1)确认黑箱

由于任何事物和过程都处于相互联系和相互作用之中，为澄清问题、简化关系，必须将作为黑箱的研究对象从环境中“分离”或“孤立”出来，才能有效地进行相关研究。换言之，就是必须根据研究对象的性质和任务，撇开旁枝末节，抓住主要矛盾，确认黑箱。

(2)考察黑箱

当黑箱确认之后，人们应当在具体研究展开之前，先做详细的黑箱考察，以获得必要的感性材料。所谓“考察黑箱”，就是通过有选择地观测和实验来研究系统的输入、输出及其动态过程。这种考察一般是在不对系统施加干预的情况下进行的。有时为了使系统的特性更加清晰和易于掌握，可以有意识地输入特殊信号，然后再观察其输出反应，以便获取更多的信息来认识黑箱。

(3)建立模型

可以利用观测和实验所取得的系统输入和输出数据，经加工、整理、比较、分析，并运用已有的理论和知识推断黑箱内部的状态、结构或性能，并从中找出规律性的东西，建立黑箱模型或进行相关模拟，以求对黑箱所刻画的系统有新的认识和了解。

(4)验证模型

验证模型就是阐明黑箱规律性的东西，变换成相应的信息，对黑箱进行新的输入。通过对新的输入、输出数据的分析，看是否与所总结的规律相符合，进而对其功能、性能、结构以及内部机理予以完善和改进。

4.12 系统分析和系统决策能力

4.12.1 系统分析能力

4.12.1.1 系统分析能力的定义

所谓“系统分析能力”，是指人们运用系统原理，从系统整体的观点出发，按照事物变化发展的系统过程，进行目标、因素、功能、环境及其变化性质规律的深入剖析，对研究对象的整体与部分、整体与环境的相互联系、相互作用和相互制约的关系进行综合考察，优选出实现预期目标研究方案的能力，这对从事科学技术研究、经济管理、实现技术创新具有重要意义。

4.12.1.2 系统分析能力的特点

在发明创造领域中，系统分析能有效地、能动地反映事物的整体性、最佳性、综合性、模型化和动态性等特点。

(1)整体性。世界上任何现象、事件或者过程都不是各种相关要素杂乱无章的堆积，而是相关要素组成的有机整体。例如，人类社会就是一个大系统，它是由社会生产力、生产关系、经济基础、社会文化、上层建筑及其他各种元素有机组成的整体。

整体性特点就是要求创新者把研究对象作为系统来考察，从整体出发研究对象的组成、结构、功能和运动变化的规律。由于整体是由若干部分构成的，部分对整体有重要的影响和作用，可从事物各个组成部分的相互关系中把握系统整体。在对部分进行认识和改造的同时，也不能忽视系统整体优化方法，其整体性的功能应该大于各个组成部分的功能之和。

(2)最佳性。系统分析是为了获得最终目标的最佳性。人们从多种可行方案中经分析筛选，确定出最佳的系统方案，用新的技术手段和处理方法把整个系统分成不同的层次、等级，并在动态中协调整体和部分的关系，从而使系统处于最优状态，并获得最优效果，以达到整体的最佳目标。

最佳性要求系统的性能尽可能地好，它可以指时间、数量、质量、费用、可靠性等方面的目标，也可以包括规划、研究、设计、调试、流通、管理等手段的最优化。如对一个大型的水利枢纽系统的设计和控制，除了发挥其系统本身"元件的潜力和优点"外，系统整体优化方法还可以根据其所在地区的气候、地质、地理等环境条件和系统的关系，确定一个最佳目标，并应用电子计算机技术，又快又好地提出可供选择的最优方案。国外控制论专家认为，一个最优系统包括人和机器，应当保证在操作时不超出装置条件和人的生理条件的限制，最好地发挥这些元件的潜力和优点，以达到最大效能。

(3)综合性。凡是大的系统，其成分、结构、功能、联系方式及历史发展等方面均具有高度的综合性，现代化的新技术也几乎都是技术的综合体，由平面的综合变为立体的综合，由单项技术的综合变为多项技术的综合，由单层次的综合变为多层次的综合等。在现代的综合时代，综合的技术越多，所产生的效应就越大。有些以综合国外技术见长的国家，就是依靠"三分欧洲的技术，七分美国的技术"综合成为自己的技术而获得高速发展的。

综合有两方面的含义：纵的方面是综合前人的成果，横的方面是综合当今的成果。把前人和当今所创造的成果重新组合，就可以产生原有成果不具有的新的性能，达到大系统整体性功能最优化的目标。美国"阿波罗"计划负责人说，阿波罗宇宙飞船的技术，其中没有一项新的突破，都是成熟的技术，关键在于能否运用系统整体优化方法的综合特点，把多种技术精确无误地组成一个新的系统，构成"物的重新组合"，然后在此基础上进一步发展到"物和人的重新组合"，即从规划、设计、生产、试验到使用等一系列过程的科学管理，从而产生大系统新的整体性功能。

(4)模型化。模型化是实现系统分析定量化、系统试验科学化的必由之路。人们研究规模庞大、因素繁多、结构复杂的项目时，必须遵循模型化原则。人们必须根据系统研究的最终目的，设计出相应的系统模型，通过建立系统模型，合理确定系统的边界范围及其约束条件，借助模型揭示和定量描绘系统的联系规律，正确分析系统的组成要素及其相互作用。因此，人们只有建立系统模型，才能进行模拟实验，才能运用计算机进行系统仿真，从而不断检验并修正系统方案，逐步实现系统的整体最优化。

(5)动态性。动态性是系统分析方法的重要特征。研究对象是一个"活的系统"，系统的状态是在不断运动、变化和转换的。现实的任何系统都是开放系统，不断处于物质、能量和信息的交换和变化之中。大至星系，小至亚原子，都有一个产生和消亡的过程，这就要求在研究系统时，要了解它的过去、掌握它的现在、预测它的未来，用动态的观点去分析、研究系统整体。

4.12.1.3 系统分析能力的培训

完备的系统分析应当包括系统的目标分析、结构分析、功能分析、环境分析和动态分析等诸多方面，并按以下步骤具体展开。

(1)目标分析。目标分析是指通过区分和分析系统目标的层次和主次，并分别了解实现该目标的约束条件，从中找出实现目标的最佳方案。这里既包括对系统整体的总目标分析，也包括对系统要素的分目标分析。例如，导弹的摧毁力这个功能目标(k)，是由导弹的爆炸力(Y)和命中率(C)两个子目标构成的，其关系式为：

$$k=\frac{Y^{2/3}}{C^{2}} \tag{4.1}$$

经计算，爆炸力 Y 提高 8 倍时，摧毁力 k 只增加 4 倍；而当命中率 C 提高 8 倍时，摧毁力 k 可增加 64 倍。由此可见，提高导弹的命中率比提高导弹的爆炸力效果更好。

需要指出，在进行目标分析时必须同时考虑相应的约束条件，进行全面、客观的权衡，使得出的分析结果符合系统的真实情况。

(2)结构分析。结构分析是指从系统的整体与部分、部分与部分之间的相互关系和联系上展开探讨和思索，通过分析和研究，了解各种相互关系的关键所在，并重新调整系统的结构，使其整体优势得以发挥。例如，经济领域中产业结构的分析和调整，领导班子中素质结构的分析和调整，以及人才培养中知识结构和个性品质的分析和调整等，都属于结构分析的范畴。处理好这一问题，能使系统的整体功能大为改善。

(3)功能分析。功能分析是指在结构分析的基础上，对系统各个组成部分在系统整体功能中所处的地位和作用加以分析和比较，从中确定起关键作用的功能。进行功能分析时，应从横向和纵向两个方面具体展开分析。

①横向分析。横向分析的主要任务是分析处于系统中同一层次的各个部分在完成上一层次功能目标中所起的作用。

②纵向分析。纵向分析的主要任务是在横向分析的基础上，分析处于不同层次中的各个组成部分在完成系统整体功能目标中所起的作用。

(4)环境分析。环境分析是指人们根据系统与环境的相关性，分析系统对环境以及环境对系统的作用情况，以便了解和掌握改善系统整体目标的措施和方法。

实际上，系统与环境之间的相互作用十分复杂，因为在系统与环境之间既存在物质和能量的交换，也存在信息的交流。环境可以对系统施加作用，系统也可以对环境施加反作用。因此，人们对每一系统层次的分析，既要分析该系统对当前和未来环境的适应情况，也要分析该系统对当前和未来环境的双重影响。只有通过这种多角度、多层次、多方位的环境分析，才能使人们从分析中找到优化系统的条件或改善系统的措施，从而提高系统的整体性能。

(5)动态分析。动态分析是指人们从事物动态发展的视角,分析系统及其环境条件的过去、现在和将来,以了解和掌握系统的历史和起源、现状和不足,掌握系统的变化和发展趋势。通过这种分析,人们可以把握系统的运动演变规律,制订出实现系统整体优化目标的具体措施和行动方案。

4.12.2 系统决策能力

所谓“决策能力”,是指决定行动的策略或确定工作的方法。所谓“系统决策能力”,就是依据系统的观点来指导人们开展正确的决策,以使获得的策略或方案符合系统整体化、最优化要求的能力。系统决策的有效实施可以通过下述步骤进行:

(1)发现问题。通过进行调查研究,发现问题、提出问题、界定问题、确认问题,是人们对系统进行有效决策的基础。

(2)确定目标。在调查研究和对发现的问题进行充分分析的基础上,运用相关预测技术确定系统在一定环境条件的影响和制约下所能实现的目标,包括业绩、时间和责任的界定。由于系统决策对象的复杂性,确定目标时应当根据系统决策的不同层次提出不同的要求,即进行目标分解,并区分主次及轻重缓急,根据价值准则,指明约束条件并确定取舍。

(3)拟订方案。拟订方案主要是拟订实现系统决策目标的途径、方法、措施、时间、程序和责任。在此环节中,应充分利用智囊和知识库、环境分析和价值准则,尽可能多和尽可能细地设计出各种系统方案,并且应具有独创性和个性,保证有大量的方案可供人们选择和检验。

(4)分析评估。对已设计的各种方案进行可行性分析,提供比较数据,并在决策技术的指导下,保证评估的真实性和可靠性。

(5)方案选择。在分析评估的基础上,依据决断理论和系统优先的基本思路和基本方法,从全局的角度对方案进行选择评优,确定所选方案。

(6)试验实证。按照所确定的方案,在小范围内进行局部试验。这既是对所选方案的检验,也是为方案的正式实施做准备。

(7)方案实施。根据最后选定的方案进行具体的实施。

以上各个步骤既相互联系,又相互制约,构成了完整的系统决策全过程,如图 4.4 所示。

总之,系统分析和系统决策能力对创造工程的顺利进行至关重要,创造创新者应深入调查研究,在决策程序的各个环节中,灵活使用预测技术、环境分析、智囊技术、决策技术、可行性分析、决策理论和可靠性分析,在决策过程中应不断修正方案,在实施过程中应追踪决策,切忌主观片面而导致全局性失误。

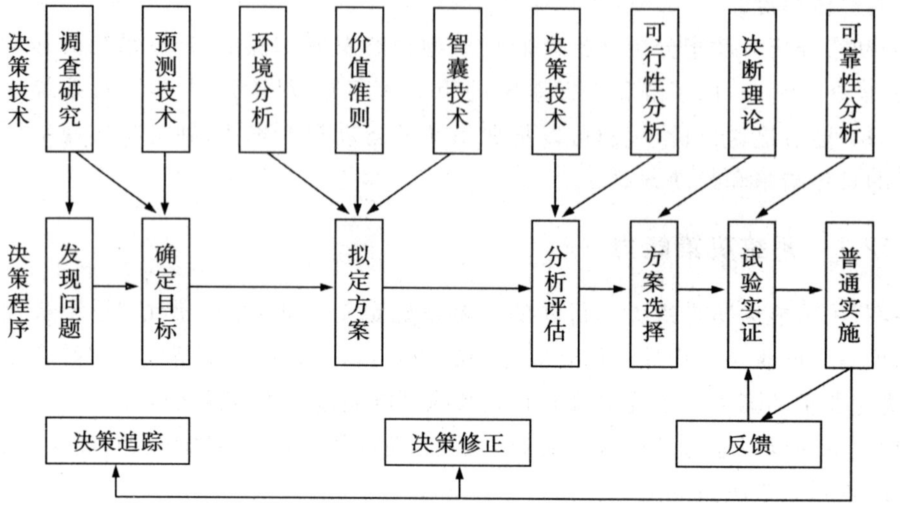

图 4.4　系统决策程序示意图

4.13　信息能力

4.13.1　信息能力概述

4.13.1.1　信息能力的概念

信息能力是指理解、获取、利用信息的能力及利用信息技术的能力。所谓“理解信息”，就是对信息进行分析、评价和决策，具体来说就是分析信息的内容和信息的来源，鉴别信息的质量和评价信息的价值，决策信息的取舍以及分析信息成本。所谓“获取信息”，就是通过各种途径和方法，搜集、查找、提取、记录和存储信息。所谓“利用信息”，就是有目的地将信息用于解决实际问题或用于学习和科学研究之中，通过已知信息挖掘信息的潜在价值和意义并综合运用，以创造新的知识。所谓“利用信息技术”，就是利用计算机网络以及多媒体等工具，搜集信息、处理信息、传递信息、发布信息和表达信息。

4.13.1.2　信息与创造和创新的关系

获取信息是创造、创新过程中带有前瞻性的一种活动，它是创造者必备的基本技能。科技成果的产生取决于创造者吸收相关信息的能力。科学地理解信息，巧妙地利用信息，抓住有价值的信息，并与市场的需求相结合，对信息分析、整合、嫁接或以其他的创造方式构思，就可以产生意想不到的创意。充分的信息可促进创造活动。

一切创造、创新活动都是在前人积累的知识基础上进行的，是在利用已有的知识，包括理论、事实、数据、方法等。据统计，在科技人员研究过程中出现的各种问题中，95%～

99%是可通过科技信息,即借助于他人的经验或成果解决的。只有平均1%～5%的问题是靠研究者本人的创新劳动完成的。信息的产生、发表、传递、获取和利用,形成了信息的流动。而科技创新的整个过程都和信息的交流传递紧密相关,即使是发达国家,其本国提供的新知识也只占世界新知识总和的20%～25%,而75%～80%是从国外吸收进来的。图4.5表明了技术发明各阶段对信息的依赖关系。

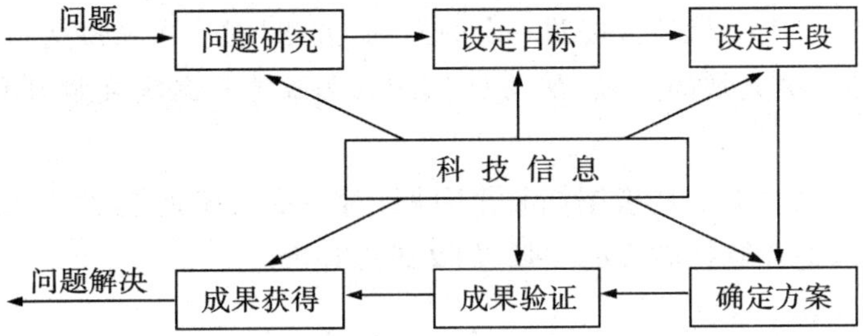

图4.5　技术发明各阶段对信息的依赖关系

4.13.2　信息源

信息源是指人们获取信息的来源。一切创造、创新活动都是从信息源开始的。

4.13.2.1　信息的存在形式

信息以三种形式存在:一是存在于人脑的记忆中,人们通过交谈、讨论、报告会等方式进行传播交流;二是存在于实物中(如产品、样机、样品等),人们通过采集、实地参观考察和举办展览等方式加以传播交流;三是用文字、图形、符号、声频、视频等手段记录在某种载体上,以文献的形式进行传播交流。信息的这三种存在形式共同构成了信息源,人们习惯将这三种形式的信息分别称为口头信息源、实物信息源和文献信息源。

4.13.2.2　文献的类型

1)按记录信息的方式分类

(1)手写型文献。手写型文献是指手写未经过复印的书信、笔记、会议记录、手稿等原始资料。这类文献有时具有馆藏价值。

(2)印刷型文献。印刷型文献是指以纸张为载体,以打印、胶印、静电复印等印刷方式制作而形成的文献。

(3)微缩型文献。微缩型文献是指以感光材料为载体,将纸张文献微缩、复制在感光材料上而形成的文献。

(4)视听型文献(又称声像型文献)。视听型文献是指以磁性材料或感光材料为载体,采用录音、录像或摄影技术直接记录声音、影像信息而形成的文献,包括唱片、录音带、录像带、幻灯片、电影片等,其特点是直观、真切、传递速度快、存储密度高。

(5)电子型文献。电子型文献是指电子出版物,是以磁性材料为载体,把文献变成机读文字、语言、图像输入计算机，存储在磁带、磁盘、光盘或U盘上，阅读时由计算机将机器语言转换成文字信息或图像信息。

2）按文献内容加工的层次分类

（1）零次文献。零次文献是指未经过复印的原始记录，包括书信、手稿、笔记、会议记录等。零次文献有时具有重要的信息价值。

（2）一次文献。一次文献是指根据生产或科研成果撰写的首次发表的原始文献。

（3）二次文献。二次文献是指按照一定的原则、方法，对一次文献进行加工整理而成的用于揭示和报导一次文献的文献，如书目、索引、文摘等。二次文献具有工具性、检索性、报导性等特点。

（4）三次文献。三次文献是指围绕某个专题，对一次文献所包含的知识信息进行深入的分析研究之后，综合概括而成的文献，如文献综述等。

4.13.2.3　十大科技信息源

（1）科技图书。科技图书是一种单独成册或成套的出版物，大多是已发表的科研成果、生产技术和经验，或者某一知识领域系统的论述或概述，其内容系统、全面、成熟。

（2）科技期刊。科技期刊是指有固定名称和出版编号，定期或不定期发行的出版物等，其内容通常反映最新的科技水平和动向。

（3）科技报告。科技报告是指具体的研究人员和相关机构提交的围绕某一课题或项目所做的论证、总结、方案或介绍的报告，其内容详尽、专深，具有较高的参考价值。

（4）科技会议文献。科技会议文献是指在学术会议上宣读或交流的论文及会后汇编的论文集和专刊，其中国家级和国际学术会议论文质量高，专业性和科学性强，代表该学科技术领域研究的前沿。

（5）学位论文。学位论文是指高等学校或研究机构的学位申请人为获得学位而撰写的反映一定学术水平的论文，其水平高低不等，一般收藏在学位授予单位。

（6）专利文献。专利文献是指专利申请书、专利说明书、专利公报等与专利有关的文献，其内容一般是新颖、先进、实用的技术。

（7）政府出版物。政府出版物是指政府部门及其所属的专门机构发表出版的具有一定技术性和学术性的行政性文件和科技文献，如法律法规、决议指示、方针政策和有关部门的科技研究报告等。

（8）标准文献。标准文献是指对工农业产品和工程质量规格及检验方法等所做的技术性规定，有一定的法律约束力，按技术标准的内容可分为基础标准、产品标准、方法标准，按其范围又可分为国际标准、国家标准、区域性标准、专业标准、企业标准等。

（9）产品样本。产品样本是指对定型产品的性能、构造原理、用途、使用方法和操作规程、产品规格等作具体说明的出版物。

（10）技术档案。技术档案是指围绕某一工程项目而形成的有关技术文件、设计图样、施工图样、图表、照片、原始记录等。

4.13.3 信息检索方法及途径

现代社会处于信息“爆炸时代”。例如，2013 年全球数据信息储量约为 4.3 ZB(相当于 47.24 亿个 1 TB 容量的移动硬盘)，到 2019 年全球数据信息储量已经达到 41 ZB。全球大数据储量预计到 2025 年将达到 175 ZB，2026 年将达到 223 ZB。文献量的剧增，造成了信息累积与信息利用之间的矛盾，于是便形成了一门研究信息检索理论和方法的新学科。

在互联网化的趋势下，各个行业的数据量呈爆炸式增长。另外，随着数据大集中、数据挖掘、商业智能、协同作业等大数据处理技术的日趋成熟，数据价值呈指数上升趋势。

信息检索有三种类型，即文献检索、数据检索和事实检索。其核心是文献检索。因此，发明创造者必须掌握文献检索的基本原理、方法和手段。

4.13.3.1 检索工具

检索工具是用于报道、存储和查找文献线索的工具和设备的总称。图书馆目录、期刊索引、电子计算机检索用的文献数据库等都是检索工具，它具有报道文献、存储文献、检索文献三大基本功能，其类型有手工检索工具和机械检索工具两种。手工检索工具是指目录、索引、文摘等印刷型的二次文献；机械检索工具是指电子计算机情报检索系统的技术设备。

近年来，随着计算机、网络、数据库等信息技术的快速发展，机械检索工具因具有迅捷和方便的特点而逐渐显示出优势，如今已成为文献信息检索的主要发展方向。互联网是一个巨大的信息资源库，包含大量与我们的生活和工作密切相关的信息，并且为用户提供了一个搜索信息的途径，就是搜索引擎。搜索引擎在互联网上收集信息并将其进行处理和存储，采用超链接方式建立起索引数据库和网上信息的关联，用户可以通过搜索网址的方式来实现信息检索。

目前常见的检索工具主要有以下几种：

(1)高校图书馆数据库，包含各种中文、外文期刊，硕博论文，报刊等。

(2)中国知网，涵盖了大量的国内外文献、专利以及硕博论文。

(3)万方数据库，涵盖期刊、会议纪要、论文、学术成果、学术会议论文的大型网络数据库。

(4)Web of Science 及 Ei Compendex 数据库，涵盖大量的期刊文献，是了解专业领域国内外研究现状的重要途径。

在当今的知识经济时代，文献信息的数量急剧增长，内容和载体也呈现出多样性，要想从浩瀚的信息中检索出与课题有关的信息，需要熟悉多种文献检索工具。不同的文献检索工具有其自己的优缺点，应该根据课题性质、专业及要求等多方面考虑，选择最合适的、高效的及便捷的检索工具。

4.13.3.2 检索途径

检索文献信息的途径很多，概括起来有以下六种：

(1)书名、刊名及篇名途径。这是根据书刊名称或文章的篇名所编成的索引和目录来检索文献信息的途径。

(2)著(译)者途径。这是根据著(译)者(个人或某一团体)的名称来查找文献信息的一种途径。这类检索工具有“著者目录”“著者索引”等。这类目录索引均按著者姓名排列和检索。

(3)序号途径。这是按照文献信息出版时所编的号码顺序来检索文献信息的途径。这类检索工具有“专利号索引”“标准号索引”“报告号索引”“收藏号索引”等。这类索引一般都会事先借助其他途径了解有关文献信息的号码。

(4)分类途径。这是按照文献信息主题内容所属学科类别来进行检索的一种途径。这类检索工具有“分类目录”“分类索引”等。这类索引依各种图书资料分类法，按学科体系编排文献信息，用分类途径就能把同一学科的文献信息集中在一起检索出来。

(5)主题途径。这是按照文献信息的主题内容进行检索的一种途径。这类检索工具有“关键词索引”“主题词索引”“叙词索引”等。这个途径是利用从文献信息中抽出来能代表文献信息内容实质的主题词、标题词、关键词、叙词、单元词等，并依某种主题词表来检索。

(6)分子式途径。首先从“分子式索引”中查出化学物质的准确名称，然后转查“化学物质索引”，该途径主要在美国《化学文摘》中使用。

4.13.3.3 文献检索的方法

为了迅速、准确、全面地查到所需的文献信息，必须掌握一定的检索方法。目前，经常使用的检索方法有以下五种。

(1)咨询法。通过专家咨询来获得文献。

(2)追溯法。利用最新发表的文献后面所附的参考文献进行追踪的查找方法。

(3)利用检索工具法。利用检索工具查找文献，可分为顺查法、倒查法和抽查法三种。

(4)浏览法。直接浏览各种文献。

(5)综合法。综合法也称分段法、交替法或循环法，即将以上几种检索方法结合起来交替使用，发挥它们的综合优势，这样交替循环地进行检索可获得对课题较全面、准确的解答。

4.13.3.4 检索文献的步骤

一个课题检索需要一个过程，可分若干步骤执行。检索途径和步骤的科学安排称作检索策略，它是为实现检索目标而制订的全盘计划方案。

1)课题分析

在进行课题检索前，必须首先对检索课题进行认真、细致的分析，明确检索目的与要求，以便检索工作顺利进行和获得较好的检索效果。具体可从以下几个方面着手：

(1)分析主题内容。通过主题分析，形成检索需要的主题概念，以便确定检索途径。

(2)分析课题所需信息的内容及学科范围，以便确定有关检索标记(分类号、主题词)及选择合适的检索工具或检索文档。

(3)分析课题所需信息的类型，包括文献媒体、出版类型、所需文献量、年代范围、涉及语种、有关著者、机构等。

(4)确定课题对查新、查准、查全的指标要求。总的来说，若要了解某学科、理论、课题、工艺过程等的最新进展和动态，则要检索最近的文献信息，强调“新”字；若要解决研究中的某个具体问题，找出技术方案，则要检索有针对性、能解决实际问题的文献信息，强调“准”字；若要撰写综述、述评或专著，要了解课题、事件的前因后果、历史和发展等，则要检索详尽、全面、系统的文献信息，强调“全”字。

2)制订检索策略

制订检索策略具体可从以下几方面着手：

(1)选择检索系统。根据已确定的检索范围和要求来选择检索系统。要了解哪些检索工具及数据库中收录了与所查课题有关的文献信息，且文献信息较丰富、质量较高等。查找时，一般先利用综合性的检索工具，然后再利用专业性的检索工具。

(2)确定检索点。检索点是检索的入口，不同的检索入口有相应的检索途径。如果课题要求是泛指性较强的文献信息，则最好选择分类途径；如果课题要求是专指性较强的文献信息，则最好选择主题途径；如果已知文献著者、分子式、专利号、标准号、报告号等条件，则利用著者途径、分子式途径、序号途径等进行检索。若能将这些途径配合使用，则效果更好。

(3)确定检索方法。在着手使用检索工具之前，还要确定使用哪段时间的检索工具；要选择检索方法，如顺查法、倒查法、抽查法，以保证文献信息检索的质量和效率。

3)查检索工具

根据检索标记，按检索工具的使用方法，查出文献信息的篇名、著者、文种、来源等线索和内容摘要，并弄清各著录项目及缩略语原意。

4)获取原始文献

阅读文摘后，若需进一步阅读原文，则可记下文献信息的出处，再通过查馆藏目录或联合目录，到有关图书信息部门借阅原文或复印。

文献检索方法和途径如图4.6所示。

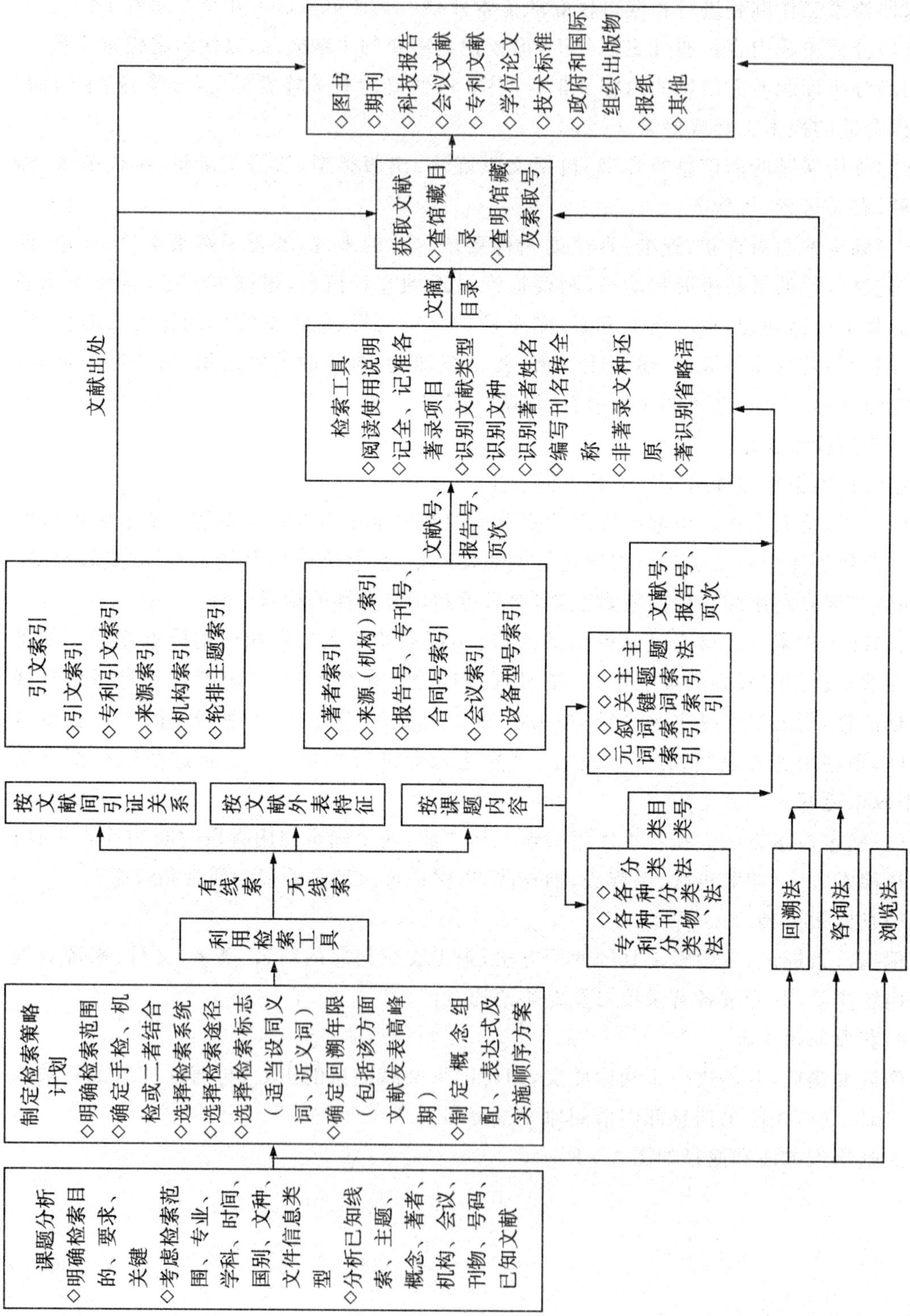

图4.6 文献检索方法和途径

4.13.4 创新者应具备的信息能力

创新者要实现创造、创新，必须具有较强的信息意识和检索、获取、分析、研究和利用信息的能力，包括以下几个方面：

(1)熟悉有关信息源的内容、特点、获取渠道，会正确选用。

(2)掌握各种检索工具的内容、结构、特点和使用方法，会正确选用。

(3)掌握各类信息的检索方法，会制订检索策略，并灵活运用。

(4)熟悉有关网站和搜索引擎，掌握在个人计算机上通过互联网检索信息的方法(国内外有关创新的信息也可以从有关网站获得)。

(5)熟悉有关图书和信息机构的馆藏、检索系统(包括光盘和国际联机检索系统)和服务设施，会有效利用。

(6)掌握各类信息的加工、分析、研究方法，能深度挖掘其潜能，利用信息掌握发展动态和趋势，诱发创新思维，导引创新方向，提高创新能力。

综上所述，创新思维、创造技法、基础知识以及各种专业知识都具备后，要进行发明创造还不够，还需要上述的这些基础能力与基本素质所形成的创造技能。表面上看这些技能相互之间完全独立没有必然的联系，事实上各种技能之间密切相关。拥有敏锐的观察力与良好的注意力是进行创新的基础，应通过记忆这些信息将其存储并消化、吸收。在储备了这些信息之后就能够增强发现问题、抓住机遇的能力，一旦发现问题，就要利用实际的操作能力以及工程能力，并运用智能技术去破译问题中的黑箱。在解决黑箱之后进行系统的分析，最后决策得到通过创新取得的问题答案。由此可见，创造技能就是创新思维的执行者，也是发明创造的基础条件。

学习指导

创造技能综合反映了创造者的智力技能、感情技巧和动作技能的综合水平，它与创造、创新有着密不可分的关系。本章主要介绍了观察力、注意力、记忆力、理解力、发现问题能力、开发选题能力、抓住机遇的能力、操作能力、工程能力、智能技术运用能力、破译黑箱的能力、系统分析和系统决策能力、信息能力等多种创造技能。学习本章的目的在于通过创造技能的学习，使同学们在理论的指导下能够有意识、有计划地开发和培养各种创造技能，从而不断提高自己的创造能力。学习本章的基本要求是：掌握观察力、注意力、记忆力、理解力、发现问题能力、开发选题能力等创造技能的概念及培训途径，熟悉抓住机遇的能力、操作能力、工程能力、信息能力等创造技能的概念及培训途径，了解智能技术运用能力、破译黑箱的能力、系统分析和系统决策能力等创造技能的概念及培训途径。

复习与思考题

4.1 本章主要介绍了哪些类型的创造技能？

4.2 何谓观察？观察的三大要素是什么？

4.3 观察分为哪些类型？

4.4 创造性观察机制有哪些？

4.5 观察技巧有哪些类型？

4.6 如何培养自己的观察能力？

4.7 何谓注意力？注意力的作用主要体现在哪些方面？

4.8 注意力的品质主要包括哪些方面？

4.9 注意力的培养应该从哪些方面入手？

4.10 何谓记忆力？记忆力的作用主要通过哪些方面表现出来？

4.11 如何培养自己的记忆力？

4.12 何谓理解力？如何提高自己的理解力？

4.13 何谓发现问题能力？提高发现问题能力有哪些途径？

4.14 如何培养自己的发现问题能力？

4.15 何谓开发选题能力？开发选题有哪些原则和途径？

4.16 何谓机遇？按照意外程度的不同可将机遇分为哪些类型？

4.17 捕捉发明创造机遇的途径有哪些？

4.18 何谓操作能力？一个人的操作能力通常表现在哪些方面？

4.19 如何提高自己的操作能力？

4.20 何谓工程能力？一个人的工程能力主要体现在哪些方面？

4.21 工程技术研究开发活动都要经过哪些阶段？

4.22 何谓智能技术？智能技术的开发有哪些途径？

4.23 何谓黑箱、灰箱、白箱？何谓破译黑箱的能力？

4.24 破译黑箱理论的作用主要通过哪些方面表现出来？

4.25 破译黑箱的步骤有哪些？

4.26 何谓系统分析能力？系统分析能力有哪些特点？

4.27 完备的系统分析应当包括哪些方面？

4.28 何谓系统决策能力？系统决策的有效实施通过哪些步骤进行？

4.29 何谓信息能力？创新者应具备哪些信息能力？

4.30 请谈谈自己今后如何有意识、有计划地开发和培养自己的创新能力？

4.31 请谈谈你学习本章后的感想和体会。

第5章　创造原理

当前是创造发明的时代，是知识爆炸的时代。国家之间、企业之间的竞争越来越激烈，从现象上看是产品的竞争，从实质上看是智力的竞争，是创造力的竞争，归根到底是创造发明的竞争。因此，有关创造学知识的学习和应用，对任何一个实践领域而言都具有现实意义，对任何一个立志创造发明的人来说都是不可或缺的。本章主要介绍创造学的基本概念、研究目的和原理、研究任务和内容，创造原理的原极思维创造原理、对极思维创造原理和合极思维创造原理等内容。通过本章的学习，旨在使同学们掌握人类发明创造的规律和方法，开发自己的创造力，有效利用创造理论，提高创造活动的效率、质量和水平。

5.1　创造学概述

5.1.1　创造学的基本概念

所谓“创造学”，就是利用现代科学的认识论和方法论，去研究人们在科学技术、文化艺术以及其他领域的创造活动，探索其过程、特点、规律和方法，并因此而形成的一门综合性科学。

创造学主要关心的是从宏观上去把握人们开展创造活动的一般规律，而不十分在意从微观上去考虑人们从事创造活动的具体技术。比如，对爱因斯坦的相对论，创造学并不关心它能解决什么具体科学问题，只关心它是如何从爱因斯坦的大脑里产生的，只注重如何把爱因斯坦独具特色的思维技巧和创造方法总结归纳出来，让更多的人了解和掌握。

发明创造是指运用现有的科学知识和科学技术，首创出先进、新颖、独特的，具有社会意义的事物及方法，来有效地解决某一实际需要。因此，科学上的发现、技术上的创新以及文学和艺术上的创作，在广义上都属于发明创造活动。发明创造是一种有史以来就存在的人类实践活动，任何发明创造活动无不包含着丰富的脑力劳动、体力劳动和物化劳动。人们研究发明创造的规律、掌握发明创造的方法、进行发明创造的实践，都离不开对发明创造历史、发明创造心理、发明创造过程、发明创造环境、发明创造成果的分析与综合。在此基础上，人们一方面对发明创造实践进行科学的抽象，另一方面又对发明创造概念进行逻辑的推理，对发明创造的有关内涵和外延，做开拓与补充，做横移与综合，从而使认识产生新的飞跃，形成了现代创造学的新体系。

科学发现是在科学活动中对未知事物或规律的揭示，包括事实的发现和理论的提出，主要是解决“是什么”和“为什么”的问题。科学发现是一切科学活动的直接目标，重要事实或理论的发现也是科学进步的主要标志。这两类发现是互相联系、互相促进的。重大的科学发现，特别是重大理论的提出，往往构成某一学科甚至引发整个科学的革命。例如，19 世纪末以来，电子、X 射线、放射性等的发现促成了原子结构和原子核理论的建立，而后者又推动了各种基本粒子的发现，为粒子物理学的诞生做好了准备。

技术发明是应用自然规律解决工程领域中的特有问题而提出创新性方案、措施的过程和成果，主要回答“做什么”和“怎么做”的问题。发明的成果是提供前所未有的人工自然物模型，或是提供加工制作的新工艺、新方法。机器设备、仪表装备和各种消费用品，以及有关制造工艺、生产流程和检测控制方法的创新和改造均属于技术发明。

技术创新是改进现有或创造新的产品、生产过程或服务方式的技术活动。重大的技术创新会导致社会经济系统的根本性转变。

科技创新是原创性科学研究和技术创新的总称，是指创造和应用新知识和新技术、新工艺，采用新的生产方式和经营管理模式，开发新产品、提高产品质量、提供新服务的过程。科技创新可以分成三种类型：知识创新、技术创新和现代科技引领的管理创新。

总之，创造学、发明创造、科学发现、技术发明、技术创新及科技创新等，它们既有区别又有联系，彼此相互作用、相互渗透、相互推动，已经形成了不可分割的体系，致使在日常论述中难以清晰界定，但都有如下共同特点：

(1)它们是人类运用知识、智慧、才能和经验创造出有利于社会经济和文化进步的新成果的行为表现，是人类有别于其他动物的根本标志，是人类推动社会进步的强大动力。

(2)创造主体、创造资源、创造对象和创造环境是它们的四大要素。

(3)新颖、独特、巧妙、优美、实用等是它们的成果特征。

(4)都要求创造、创新主体不畏艰险、不怕失败、勇往直前。

5.1.2 创造学的研究目的和原理

创造学的研究目的是尽快开发一个普通人的创造力，提高其创造性，使得普通人也能够进行创造活动，并不断提高创造活动的质量。

学习创造学的目的是通过对人类的创造力、创造性、创造活动、创造行为及创造成果的研究，来了解并掌握人类发明创造的规律和方法，以促进科学技术、发明创造及生产力的发展。

掌握创造学的基本原理，有利于掌握它的学科性质和发展趋向，也可为它的研究和传播提供理论支持。创造学的基本原理主要有以下三条：

(1)创造力人皆有之

创造力是人人皆有的一种能力，人的创造力可以通过教育、学习和训练而被激发出来，并可以得到不断提高。这一基本原理包含三层含义：一是揭示了人的创造能力的天赋性，正如教育家陶行知先生所说：人人是创造之人；二是说明人的创造能力对于绝大多数人来说只是一种潜在的能力，是一种可能性，要想挖掘这种潜在的能力，变可能性为现实性，需要经过教育、学习和训练等开发活动；三是阐述通过挖掘开发，人的创造能力会不断得到提高，并且随着开发的深入，人的创造能力的发展是无限的。

创造学是以研究人的创造力为核心的，人的创造力包含创造思维能力和创造实践能力。如果人的创造能力不可以经过教育、学习和训练而激发出来，不可以得到不断提高，那么创造学还有什么存在的意义呢？所以，这一基本原理提出了创造学存在的基础，而且也增强了人们研究、传播、学习和使用创造学从事创造活动的信心。

(2)创造可能是无限的

人类社会的任何事物都是人创造的产物，一切现存的东西都不是十全十美的，都可以通过人的再创造变得更好，并且可以创造出当前世界上尚不存在的更先进、更完善的东西。这一基本原理包含两层含义：一是说明了人的创造活动及其成果的现实性，即人类社会的万事万物都是人创造的成果；二是说明了人的创造活动及其成果的无限性，即人类社会一切现存的事物尽管都是人创造的产物，但是由于人的认识能力和生产能力受到一定限制，往往创造的事物都不是完美无缺的，都是可以通过再创造而改变得更好，并且还可以在未来创造出更先进的东西。

人的创造是伴随着人类始终的。从原始人直立行走、拿起棍棒、用石头获取猎物，人类的创造活动就开始了。几百万年来，人们在不断地创造，而创造学却才诞生几十年，这说明不是有了创造学才有人的创造，而是先有了人的创造才有创造学。创造学的产生是为了更好地引导人们的创造活动。这一原理揭示了创造学是在总结和研究人类创造活动及其成果和经验教训的基础上，不断地开拓人类的创造能力的。

(3)创造方法是多元的

实现同样的目的，其方法是多元的，越是简单的方法其创造力越强。这一基本原理也有两层含义：一是揭示了创造学是研究创造方法多样性的，其创造的方法包括思维方法和技法，两者是内容和形式的辩证统一；二是说明了创造学是以研究创造最简单的方法为宗旨的，为实现同样的目的，以方法的简单程度作为衡量创造力大小的标准。这就为创造学的研究和发展确立了方向。只有简单的方法才便于推广使用，才利于节省时间和资源。用方法的简单化来实现事物的新功能和使用的方便化是人们生产和生活追求的目标，也是创造学追求的目标。

上述三条创造学基本原理，一是从创造主体来说的，肯定了人的创造能力的潜在性、可开发性和无限性；二是从创造活动及成果来说的，说明了一定的创造活动及成果是一定社会历史条件的产物，会随着社会历史条件的变化而不断地趋向完美；三是从创造方法来说的，创造学作为使人变得人创造力的学问，追求用最简单的方法来解决问题。三者相对独立又相互联系、相辅相成。从这三条基本原理可以得出一个结论：人的创造活动及其创造成果不是神秘而遥不可及的，不是少数天才人物的专利，人人都有创造的才能。正所谓创造力人皆有之，创造力是潜力且是无穷的。只要努力，创造之路就在脚下，创造成果就在手中，创造的美好理想就可变为现实。

值得注意的是，人们大脑中潜在的创造力，若不被开发利用，则会萎缩甚至消失；若被充分开发利用，则会增殖扩大。通过合理地开发创造力、运用创造力，可以重塑人的创造性智能结构。

5.1.3 创造学的研究任务和内容

5.1.3.1 创造学的研究任务

创造学的根本任务是研究和揭示人类创造活动的心理机制、生理机制和社会机制，总结和归纳创造的一般方法、特点和规律，培养和开发人的创造力，挖掘人的最大潜能，使人变得更加聪明。

创造学以人类的创造活动为主要研究对象，研究人类在创造性活动中所表现出来的一般规律、创造性思维及创造技法，也研究创造的环境，如什么样的环境适于创造活动，什么样的环境妨碍创造活动，同样的人在不同的环境中如何发挥个体优势进行不同的创造活动等。

当今的时代是创造的时代，一个人如果没有创造力，就会忙忙碌碌一辈子，没有发明成就。一个企业没有创造力，就不能发展适销对路的新产品，就会在商品竞争中失去竞争力。一个国家、一个民族没有创造力，就很难繁荣，甚至会危及国家、民族的生存。

5.1.3.2 创造学的研究内容

创造学是一门研究人类创造活动的规律和方法，探索其过程、特点和机理，开发人类创造力的学科。其主要研究内容有以下五个方面：

(1)创造精神。创造精神是人们的创造意识或创造欲望的反映。创造学研究者认为，创造者必须具有以下五种精神：①造福于人类的精神；②敢想、敢干、敢于实践的精神；③达不到目的誓不罢休、百折不挠的精神；④善于发现问题、敢于创新的精神；⑤坚持不懈、虚心好学的精神。

(2)创造思维。创造思维是有创见的思维，即通过思维不仅能揭示事物的本质，还能在此基础上提出新的、有建树的设想和意见。创造思维与传统思维相比，其特点是思维方向的求异性、思维结构的灵活性、思维进程的飞跃性、思维效果的整体性、思维表达的新颖性等。它不是一般的想一想，它是人类思维的高级形式，它想的是独立的见解，空前的、前所未有的想象目标，其结果是新颖的、有使用价值的、先进的产品。创造思维是扩散思维与集中思维的综合反映。

(3)创造环境。创造环境是指能够激发人们去进行创造的社会环境，包括社会的组织结构、思想气氛、激励方式，如善用创造性的人才、适于和鼓励人才流动的机制、尊重创造性人才的生活习惯和个性特点以及精神和物质激励等。创造环境的好与坏，对创造发明者来说可以起促进或制约作用。任何个人与团体，虽然都蕴藏着巨大的创造力，但由于受不同环境的影响，或促进或阻碍了创造力的发展。充分认识阻碍创造力发展的环境，创造一个有利于创造发明的环境，正日益受到人们的重视。开拓有利于创造发明的环境，需要领导重视创造发明，积极培养职工的创造精神，有良好的民主作风，认真分析群众意见，从开发群众创造力的高度来尊重群众提出的创造性想法，保护职工创造权益，在群众中形成人人动脑筋搞革新的竞赛风气，否则必将影响创造力的发展。

(4)创造性教育。创造性教育就是运用创造思维和创造技法开发人们的想象力、创造力和解决问题的能力，使人们的思维活动能够超出现有的知识范围，具有独创性，从而去搞革新、搞创造发明。将创造学研究者们提出的有关创造的理论与方法运用到教育活动中来，可有效提高人员素质。

(5)创造技法。创造技法是指创造性解决问题的创意艺术，是促使事物变革的思维方法和技巧，也是人们在研究和进行工作时的一种思路。创造技法具有将创造理论转化为可操作化的手段的功能，它是创造理论与创造实践之间的一座桥梁。因此，学习和掌握创造技法对于驾驭知识、搞好工作、施展创造才能等具有明显的积极作用。

5.1.4 创造原理的分类

创造是有目的的探索活动，人类在进行了无数次的创造实践活动以后，逐渐总结出一些有规律的东西，形成了有关创造的理论。创造原理是创造理论的核心内容，它是指导人们开展创造实践活动的基本原则，也是进行创新设计的理论武器。

创造学研究的领域是广泛的，研究的内容是丰富的，研究的方法是多样的。为了从总体上把握创造原理，在这里引入“极”的概念。所谓“极”就是事物的端。中国的道教把大千世界归纳为阴阳两极。如有无、天地、昼夜、南北、东西、上下、左右、前后、正反、男女、水火、始终等，无不包容于两极之中。

在胡家秀、陈峰编著的《机械创新设计概论》一书中，将创造原理大体分为原极思维创造原理、对极思维创造原理和合极思维创造原理三大类。从创造的思维域考察，把事物的原发端所在的域称为原极，把与之相对或相异的其他事物所在的域称为对极，把由对立的两极或两极中的某些子极所组成的新极称为合极。据此，创造原理的具体分类如图 5.1 所示。

- 创造原理
  - 原极思维创造原理
    - 挖掘深化创造原理
    - 继承借鉴创造原理
      - 继承创造原理
      - 借鉴创造原理
    - 增减扩缩创造原理
      - 减法创造原理
      - 加法创造原理
      - 放大创造原理
      - 微缩创造原理
  - 对极思维创造原理
    - 相似创造原理
      - 结构形态相似法
      - 功能行为相似法
    - 相对创造原理
      - 对应点创新法
      - 对立面创新法
    - 相异创造原理
      - 独特新颖法
      - 多样选择法
  - 合极思维创造原理
    - 组合法创造原理
      - 切割式组合法
      - 非切割式组合法
    - 联合法创造原理
      - 行动联合法
      - 力量联合法
    - 化合法创造原理

图 5.1　创造原理分类

5.2　原极思维创造原理

原极思维创造原理是从事物的本原出发进行的思维创造。用原极思维创造原理进行创造，人们往往从原事物着眼，或者对外形、材质和性能进行改造；或者向深层次进行挖掘，开发出事物的新用途；或者在原事物基础上进行继承或借鉴，创造出新事物。这种创造原理的因果逻辑关系明晰，易于为一般人所掌握，因此是人类创造活动中应用最为广泛的创造原理。

根据原极思维创造时切入点的不同，可将原极思维创造原理具体分为挖掘深化创造原理、继承借鉴创造原理、增减扩缩创造原理三类。

5.2.1　挖掘深化创造原理

挖掘深化创造原理是指围绕原事物进行不断地改进与完善，深入挖掘其潜能、深化拓展其功能的创造原理。任何事物的发展总是遵循从不完善到完善这样一个过程，这是创造新事物的常用法则。

例如，洗衣机的更新换代就是典型的用挖掘深化创造原理进行创新的范例。原始的洗衣机结构并不复杂：用一个筒作为盛水和衣物的容器，容器的底部有一个凹凸的转轮，以电动机作为驱动机构，离合器和变速装置与转轮连接，使电动机的高速转动变为转轮相对低速的正、反转运动，洗涤的方式为用手控方式操纵。电动机带动转轮或者来回往复转动，以模拟用人手洗衣时来回搓擦的动作；或者顺着一个方向高速旋转，用离心作用使衣服脱水，以起到甩干作用。当时，人们认为这是能让人从枯燥的洗衣工作中解放出来的完美机器。但后来人们发现这样的洗衣机有两处不足：一是只用一个筒完成洗涤和过水两道工序，操作不便，费水严重；二是洗衣过程中，人要不断参与操作，并未真正从洗衣工作中解放出来。对此，人们进行挖掘深化创造，很快便发明了双缸洗衣机和全自动洗衣机。后来，根据消费需求，滚筒式洗衣机和迷你型洗衣机又应运而生……

还有更多的例子，如手机的更新换代，从1G到5G；电冰箱的更新换代，从有氟到无氟；火车的更新换代，历经了有轨马车→蒸汽机车→内燃机车→电力机车的发展，等等。可以说这些都是挖掘深化创造的结果。

5.2.2 继承借鉴创造原理

世界上绝大多数新生事物都是从某个原有事物中衍生出来的，这种衍生既可能是遵循基本继承原事物属性、局部加以变化的原理发展而来；也可能是受其他事物的启示，借鉴或移植其他事物的长处，在原体上发展而成，两者统一构成了继承借鉴创造原理。由于前者重在继承和利用，因此又称为继承创造原理；后者重在借鉴或移植，因此又称为借鉴创造原理。继承借鉴创造原理是创造新事物最常用的原理之一。

(1)继承创造原理

熟悉自己想要创造的同类新产品，是继承创造的基础。柯南·道尔的名著《福尔摩斯探案全集》中的福尔摩斯曾对其助手华生说：如果你对第1000个案子的详细细节都了如指掌，而你竟不能对1001个案子给出合理的解释，那才是咄咄怪事。在生活中，属于继承创造原理创造的新事物不胜枚举。

例如，人一生下来就继承了父母的基因，在父母的教导下开始了模仿(临摹)，坐、立、走、跑以及说话、行为、思想等都是在父母的帮助下(模仿、临摹)进行的，故称父母是孩子的第一任老师。创造来源于继承，没有继承的创造，那可能就是空中楼阁。

继承近于模仿，但并不是简单的原物重现。例如学习书法，一种继承方法是临摹，临摹的目的是学习，学习的目的是创造，创造的目的是发展。不断地进行循环、往复、螺旋式的上升，这就是艺无止境的艺术。另一种是金字塔式的学习方法：继承是塔基，临摹是塔体，创造是塔尖。宽博的塔基支撑着塔体、捧起了塔尖，明珠在塔尖上闪光。继承是大自然赋予人的本能，继承在临摹中成长，在创造中生存。故临摹是继承最好的老师，是快速掌握技术的捷径。

再如，现代桥梁尽管千姿百态，但究其结构，受力特点主要有两大类：一类是如南京长江大桥的多支点的跨梁式桥(见图5.2)；另一类是如上海南浦大桥的少支点的牵引桥(见图5.3)。当然，现在国内外已经建成的和正在建设中的多个跨海大桥，则往往是交替使用这两种方式。前者是在继承我国古代拱形桥的造桥艺术基础上创造的，而后者则是在继承了山区峡谷河川上的铁索（或其他材料的牵引索）桥的造桥原理基础上创造的。

图 5.2　南京长江大桥（多支点的跨梁式桥）

图片来源：朱瑞富.创新理论与技能[M].北京：高等教育出版社，2013：39.

图 5.3　上海南浦大桥（少支点的牵引桥）

（2）借鉴创造原理

创造有两种不同的途径：一种是无视他人成功的经验，一切都靠自己从头探索前进；另一种是在保持自己独立创新的意识下，吸收他人先进的东西，以我为主、博采众长、为我所用。显然，第二种途径是一条易使创新成功的捷径。这条捷径的显著特点是借鉴或移植，因此按这种方式进行创造的原理又称为借鉴创造原理。科技史上运用借鉴创造原理创新成功的情况非常普遍。

例如，1742 年 6 月 7 日，德国数学家哥德巴赫提出了两个未经证明的数学猜想，即每个不小于 6 的偶数都可以表示为两个奇素数之和(称“强”或“二重哥德巴赫猜想”，简称“1＋1”)，每个不小于 9 的奇数都可以表示为三个奇素数之和(称“弱”或“三重哥德巴赫猜想”)。“哥德巴赫猜想”自提出之后，经过了众多数学家的不懈努力，取得了一些重要进展。1920 年，挪威的布朗证明了“9＋9”；1924 年，德国的拉特马赫证明了“7＋7”；1932 年，英国的埃斯特曼证明了“6＋6”；1937 年，意大利的蕾西先后证明了“5＋7”“4＋9”“3＋15”和“2＋366”；1938 年，苏联的布赫夕太勃证明了“5＋5”，1941 年，他又证明“4＋4”；1948 年，匈牙利的瑞尼证明了“1＋c”，其中 c 是一很大的自然数；1956 年，中国的王元证明了“3＋4”，1957 年又先后证明了“3＋3”和“2＋3”；1962 年，中国的潘承洞和苏联的巴尔巴恩证明了“1＋5”，中国的王元证明了“1＋4”；1965 年，苏联的布赫夕太勃和小维诺格拉多夫以及意大利的朋比利分别证明了“1＋3”；1966 年，中国的陈景润证明了“1＋2”，即“任何一个大偶数都可以表示成一个素数与另一个素因子不超过 2 个的数之和”。陈景润的“1＋2”是迄今为止这一研究领域的最佳成果，距摘取这颗“数学王冠上的明珠”仅一步之遥，但这一小步却很难迈出。这一成果在世界数学界引起了轰动，“1＋2”被誉为“陈氏定理”。

英国数学家哈伯斯坦和德国数学家黎希特把陈景润的论文写进数学书中，受到广泛引用，使陈景润在哥德巴赫猜想的研究中居世界领先地位。世界级的数学大师、美国学者阿・威尔曾这样称赞他：陈景润的每一项工作，都好像是在喜马拉雅山山巅上行走。这项工作还使陈景润与王元、潘承洞在 1978 年共同获得中国自然科学奖一等奖。陈景润于1978 年和 1982 年两次收到国际数学家大会请他作 45 分钟报告的邀请，这是中国人的自豪和骄傲。他所取得的成绩，他所赢得的殊荣，为千千万万的知识分子树起了一面不倒的旗帜，辉映三山五岳，召唤着亿万青少年奋发向前。

5.2.3 增减扩缩创造原理

增减扩缩创造原理是指对一个事物的功能、作用、影响、数量、面积、体积、范围、规模、程度和内容等，有目的地加以增减或扩缩，从而创造新事物的创造原理。

增减扩缩创造原理是原极思维创造原理中最易被掌握的创造方法。一般地，在涉及事物功能、影响、数量、程度、内容时，比较常用“添枝加叶”和“去枝削叉”的增减法进行创造；而在涉及事物形体、容积、范围、规模时，则常用扩缩法进行创造。增减扩缩创造原理可细分为加法创造原理、减法创造原理、放大创造原理和微缩创造原理四种类型。

(1)加法创造原理

加法创造原理是指通过增加原事物的功能，进而创造新事物的创造原理。用“加法”创造比较容易把握，生活中应用“加法”创新思维创造出新事物的例子比比皆是。

例如，人老了眼睛会花，配一副老花镜虽然可以部分地解决问题，但看书时戴上，行路时又摘下，十分不便。于是有人设计出了“复式眼镜”，即在平光镜的下侧设月牙形的花镜，人们看书写字时眼光向下，可以通过月牙形的花镜视物；平时行路骑车，用其余镜片的平光镜视物。对既近视又花眼的患者，有人又设计出了另一种“复式眼镜”，即在原近视镜的下侧设月牙形花镜，看近用下侧月牙形的花镜，看远用其余镜片的近视镜。还有人设计了一种多功能“复式眼镜”，即在“花眼＋平光”“花眼＋近视”的基础上，又在一只镜脚的前端安装了 LED（发光二极管）节能照明灯，在另一只镜脚的前端安装了验钞仪，这样可实现一镜多用（见图 5.4）。

类似的例子有很多，如瑞士军刀、手机、多用途打火机、多功能剪刀、多功能拐杖等，这里不再赘述。

图 5.4　多功能“复式眼镜”

图片来源：朱瑞富.创新理论与技能[M].北京：高等教育出版社，2013：40.

（2）减法创造原理

减法创造原理就是把原有事物中多余的、陈旧的、繁琐的和无足轻重的部分去掉；或者在原有事物的基础上，减去一些不必要的功能，同时强化事物的主功能，使之功能鲜明、结构精巧，从而产生完全崭新的功能或效果。减法创造原理最明显的效果是产品成本降低，主功能完善，甚至会获得意想不到的效果。

例如，提起白炽灯，人们都以为是爱迪生发明的，其实不然。在爱迪生之前，已经有人发明了用碳丝作灯丝的白炽灯，但由于发明者认为灯丝越粗灯泡的使用寿命会越长，所以使用的碳丝比较粗，结果灯丝在使用时非常容易折断，这种短命的白炽灯没有实用价值。而爱迪生的想法却与常人相反，他试用比原有直径细一半的碳丝作灯丝，没有想到其使用寿命反而大大提高，并出乎预料地增加了亮度，由于爱迪生的改进性发明使白炽灯具有了实用价值，因此后人才把白炽灯的发明桂冠戴在了爱迪生的头上。

（3）放大创造原理

放大创造原理是指将原事物的尺度或某一功能进行放大，从而创造新事物的创造原理。使用放大法进行创造，常可获得令人惊喜的感官效果。

例如，1984 年，瑞士钟表匠制造出了一只世界上最大的手表，重达 30 吨，表面直径 16.3 米，表带长度 142 米，悬挂在德国法兰克福市法兰克福银行的外墙上。这只手表不仅能使成千上万的市民毫不费力地看清标准时间，而且以其巨大无比的形象展示了瑞士钟表业的高超技术。

世界上很多人喜欢把东西放大，世界上许多奇迹就是以宏伟巨大而著称。如中国的万里长城以其横亘山川的巨大身躯，吸引了无数游客；法国的埃菲尔铁塔高耸入云，成为巴黎的象征；美国的自由女神像巍峨耸立，给美利坚平添了风采。人们为了大而醒目，把广告牌做得巨大无比；人们为了大而醒目，把雕像刻在山巅……

(4)微缩创造原理

微缩创造原理是指人们根据科技产品微型化的消费需求，有意识地将产品进行微缩，从而创造出具有特殊使用价值新产品的创造原理。

随着科技的发展，人们在探索宏观世界奥秘的同时，还不断将视野延伸到微观世界。例如现在时兴的纳米科技，纳米科技应用研究的第一个伟大成果，是超高真空扫描隧道显微镜(简称 STM)。作为当今世界上分辨率最高的显微镜，STM 使人们第一次能看到微观物质表面原子的排列和结构，为进行纳米加工提供了重要手段，并形成了纳米加工学。纳米加工是 20 世纪 80 年代末发展起来的一种针对材料表面进行纳米级修饰的技术，包括原子操纵、纳米光刻布线和纳米尺度的常规加工三个方面。其中，原子操纵是通过扫描隧道显微镜，对纳米空间材料表面原子进行提取、植入和转移，看起来有点像对材料原子结构的更新组合施行的“手术”。图 5.5 所示为在扫描隧道显微镜下，科学家将 48 个铁原子排列在铜表面上形成的圆形围栏。

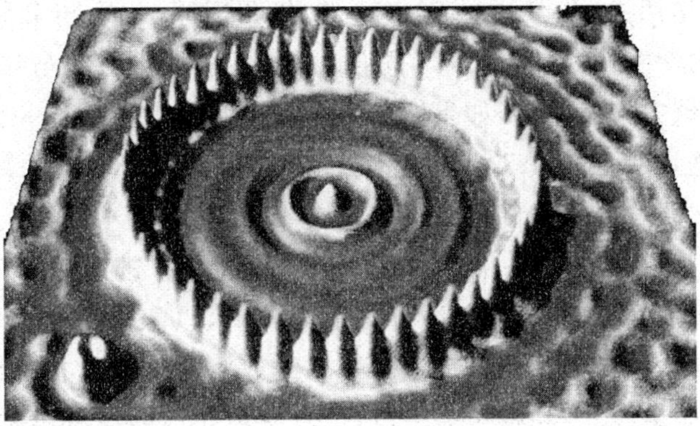

图 5.5　科学家将 48 个铁原子排列在铜表面上形成的圆形围栏

图片来源：朱瑞富.创新理论与技能[M].北京：高等教育出版社，2013：40.

现在，纳米加工技术使得纳米科技的应用研究不断取得突破性进展，并且显示出革命性的产业化前景。例如，工程陶瓷又叫结构陶瓷，因其具有硬度高、耐高温、耐磨损、耐腐蚀以及质量轻、导热性能好等优点，得到了广泛的应用。但是工程陶瓷的缺陷在于，它的脆性较大、韧性和均匀性差、抗弯强度低、可靠性差，因而又使其应用受到了较大的限制。利用纳米技术开发的纳米陶瓷材料是指在陶瓷材料的显微结构中，晶粒、晶界以及它们之间的结合都处在纳米水平(1～100 nm)，使得材料的强度、韧性和超塑性大幅度提高，克服了工程陶瓷的许多不足，并对材料的力学、电学、热学、磁学、光学等性能产生重要影响，为替代工程陶瓷的应用开拓了新领域。

纳米加工技术是一门新兴的综合性加工技术。它集成了现代机械学、光学、电子、计算机、测量及材料等先进技术成就，使得加工的精度从 20 世纪 60 年代初的微米级提高到目前的 10 nm 级，在短短几十年内使产品的加工精度提高了 1～2 个数量级，极大地改善了产品的性能和可靠性。纳米加工技术担负着最新科学技术进步的重要使命。由于国防战略发展的需要和纳米级精度产品高利润市场的吸引，促使了纳米加工技术的产生和迅速发展。例如，现代武器惯导仪表的精密陀螺、激光核聚变反射镜、大型天体望远镜反射镜和多面棱镜、大规模集成电路芯片、计算机磁盘及复印机磁鼓等都需要进行纳米级加工。纳米加工技术的发展也促进了机械、电子、半导体、光学、传感器和测量技术以及材料科学的发展。目前，纳米加工技术已成为国家科学技术发展水平高低的重要标志。

5.3 对极思维创造原理

对极是指与具有原始起点性质的一极（即原极）相对立的另一极点，它是使事物在矛盾中运动、发展，从而使事物在新高度形成新的统一的根本动力。如物理学中的原子核和电子、作用力和反作用力，化学中的酸和碱、氧化和还原、化合与分解，数学中的正和负、微分与积分，生物学中的遗传和变异、同化和异化，军事上的敌与我、攻与守，经济管理中的投入和产出、借方与贷方等，如果把其中具有原始起点性质的一极作为原极，则另一极即为对极。总之，“物必有二”，学会把统一物分解为两个矛盾的部分（即对立的两极）并加以认识，是掌握对极思维创造的关键。

对极思维创造原理是指以某一原有事物为原极观察点，进而像雷达一样全方位、大视野、多角度、深层次地在四维空间中进行扫描与辐射，以探求与之具有对极关系的相似、相对、相异的新事物的思维创造原理。对极思维创造的思路具有流畅性、灵活性和独创性的特点，它是以联想、幻想和猜想为手段，把具有独立性的原有事物作为可能的原极支撑点，借此进行发散的、跳跃式的自由思维，以冲破习惯思维的藩篱，使思路从狭隘、单向转向宽阔、逆向或多向，在现实与理想之间的鸿沟上，架起跨越“由此及彼”的桥梁，从而达到创造的目的。

对极思维创造原理分为相似创造原理、相对创造原理和相异创造原理三种类型。

5.3.1 相似创造原理

相似创造原理是指在发现需要解决的问题或创新目标的基础上，模拟某一事物的结构形态、功能行为，或者通过类比已知事物的结构形态、功能行为，去判断未知事物的结构形态、功能行为，从而实现创造目标或找到解决问题的途径和方法的创造原理。联想创造法、仿生创造法等都属于相似创造原理范畴的创造技法。

按照创造目的与内容的不同，相似创造原理主要分为结构形态相似法和功能行为相似法两种形式。

(1)结构形态相似法

结构是指组成事物整体的各要素之间的搭配和排列关系。按结构形态相似法进行创造，一般可以不考虑自然物和人造物是由何种物质构成的，也可以不必探究自然物和人造物的内在机理，关键在于研究怎样利用原型事物的结构去进行对极思维创造。

模仿蜻蜓发明的飞行器(见图 5.6)就是例子之一。在世界上模仿生物的发明中，没有几件比直升机更生动、更形象的了。如果将直升机与蜻蜓一比，你就会惊叹它们在形态上的酷似程度。直升机是许多发明家智慧的结晶，从最初产生创意的发明家到进一步完善其功能的发明家，无一不是感悟于蜻蜓在空中轻盈灵动的飞行姿态：它一会儿突然制动静悬于半空，仿佛挂在那里一般；一会儿又突然启动，闪电般地掠过。因此，模仿蜻蜓在空中灵活敏捷的飞行本领是人们提高飞行性能、创造直升机的直接动因。

图 5.6 模仿蜻蜓发明的飞行器

图片来源：朱瑞富.创新理论与技能[M].北京：高等教育出版社，2013：43.

(2)功能行为相似法

按功能行为相似法进行对极思维创造的着力点不是追求事物的结构形态相似，而是追求与对极事物的功能行为上的相似。因此，创造者无须深究模仿事物的形态和局部细节，只需在功能行为上进行仿真即可。

以电子驱蚊器的发明为例，蚊子叮人吸血，使从事野外作业的人痛苦不堪。日本学者研究发现，只有母蚊子会咬人，母蚊于产卵期间需要吸吮人类或动物之血液以补充其养分，在此期间极度不喜欢公蚊靠近。利用这一习性，用超声波模拟公蚊的声音(频率为 5000～9000 Hz)，可达到驱赶母蚊的目的。也可以通过模仿蚊子的天敌——蜻蜓的声音来达到目的。这种技术最先使用于战场，经过一系列的革新以后更趋完善。电子驱蚊器就是采用发射超声波和音频的手段，模仿公蚊或蜻蜓所发出的声音和频率来达到驱蚊效果的。它安全无毒、无辐射，对人和动物完全无害，无任何化学物残留，是郊游、旅行、钓鱼、野餐、露营、乘凉、岗哨守卫、居家生活的理想伴侣。

5.3.2 相对创造原理

相对创造原理是指从与原有事物性质上具有相对关系的另一极，来求得实现创造目标或解决问题途径的一种规律性思维创造原理。

相对创造原理主要运用的是逆向思维方法，当人们从一个方向探索问题受阻时，不妨从与问题相对的另一方向进行探索。实践证明，这种貌似与问题原极方向背道而驰的解决问题的思维方法往往能取得出奇制胜的效果。物有两极，相互对立，相辅相成。因此，相对创造原理有对应点创造法和对立面创造法两种形式。

(1)对应点创造法

对应点是指同一系统中某部分与另一部分，或者一个系统与另一个系统在位置、性质、等级、作用或数量上相当。从对应点着手寻求解决问题或创造的方法即为对应点创造法。

以对臭氧层空洞成因的探究为例，地球大气层中有一层臭氧层，它能吸收太阳光中绝大部分紫外线，从而保护地球上的生物免遭紫外线的伤害。1984 年，英国南极考察队在南极上空发现臭氧层破了一个巨大的洞，其面积竟有北美大陆那么大。1986 年，加拿大科学家又在与南极方位对应的北极上空发现了像格陵兰岛一样大的空洞，从南极与北极臭氧空洞长驱直入的“隐形杀手”紫外线，正无情地危害着人的皮肤、遗传、免疫系统和农作物、海洋浮游生物的生长繁殖，并可能导致世界平均气温上升、引起温室效应，使南极和北极的冰层融化加快、海平面上升，未来可能导致大多数沿海城市成为海域。

那么，谁是造成臭氧空洞的元凶呢？根据方位对应创造思维原理，大多数科学家认为，天上出的问题，成因可能在地面。进一步的研究表明，恰恰是人类在化工业、制冷业、计算机工业中使用了大量的氯氟烃，破坏了大量的臭氧，致使臭氧层出现空洞，发达国家难辞其咎。于是，1985 年 3 月，一些主要工业国家在维也纳签署了保护臭氧层国际公约；1987 年 9 月，又在加拿大蒙特利尔签署了由 31 国出席的、旨在减少和限制氯氟烃使用的国际协定；1990 年，又对蒙特利尔议定书作了修订，要求在 2000 年之前完全停止生产和使用氯氟烃等破坏臭氧层的化学产品。因此，目前绿色环保的无氟冰箱已经普及，采用全新制冷原理研发的空调正在逐步代替用氟利昂制冷剂工作的传统空调，地面上人类保护环境的行为正在有效地起到保护天上臭氧层这件保护地球生态环境的“天衣”的作用。

(2)对立面创造法

对立面泛指处于矛盾统一体中的相互依存、相互对立的两个方面，从对立面着手寻求解决问题或创造的方法即为对立面创造法。

对立面创造法大显奇功的事例很多，现用从“吹”尘器到“吸”尘器的例子予以说明。解决大面积室内卫生问题常用除尘器。1901 年出现的除尘器是利用吹风把尘埃吹走的“吹尘器”，当发明者在伦敦某火车站的一节车厢里表演时，新发明的除尘器将车厢里吹得尘土飞扬，让观众透不过气来。这一现象引起了一位观众的注意，他的名字叫赫伯布斯。他想，“吹尘”只是把灰尘扬到四周，并没有真正除去，既然“吹”不行，那能不能“吸”呢？回家后，他用手帕捂住嘴巴，趴在地上使劲地吸气，结果灰尘被吸滤到手帕上了。赫伯布斯用与原极思维相反的对立面创造法发明了带有灰尘过滤装置的真空负压吸尘器。这种原理的吸尘器一直沿用至今（见图 5.7）。

图 5.7　吸尘器

图片来源：朱瑞富.创新理论与技能[M].北京：高等教育出版社，2013：44.

5.3.3　相异创造原理

相异创造原理是从原有事物出发，从各个不同的角度和方向，探求新奇独特或多种多样的实现创造目标或解决问题的途径的创造原理。其最大特点是突出“立异”的创造思维。

创造最忌类同与重复。德国著名哲学家黑格尔有一句名言：第一个把美女比作鲜花的是天才，第二个重复这一比喻的是庸才，第三个重复这一比喻的是蠢材。所以，创造者的思维重心应时时向“标新”和“立异”方向倾斜，只有不囿于原事物的框框，善于思维发散，才能创造出别具一格的新事物来。

相异创造原理有独特新颖法和多样选择法两种基本形式。

（1）独特新颖法

独特是指独一无二的、单独具有的或与众不同的，它是使新事物具有新颖性的不二法门。新颖即新奇、特别，与众不同。新事物就其实质而言，可以有翻新、革新和全新三种情况。显然，以旧翻新和在旧事物基础上进行的革新，与全新的事物相比，全新的事物最为新颖。这里突出了创造的个性化特点。

现举例说明：雪花呢（见图 5.8）曾在某一时期大为流行，可谁会想到这是毛纺厂生产的次品呢？原来，某厂在生产时由于机器出了毛病，深颜色的纯色呢上布满了雪花似的白点，这一批次品的数量还着实不小，如果按规定全数报废，损失太大。一个行事思维与众不同的技术员提出了一条非常独特的建议：何不用“雪花呢”这一品名向市场推出这批次品，也许有人会喜欢这种产品呢！果然，试销变成了热销，厂家顺水推舟，变消灭白点为增加白点，雪花呢一时走俏大江南北。

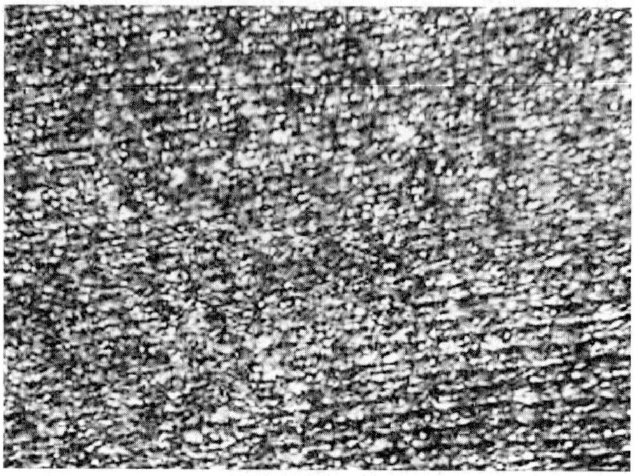

图 5.8　曾经走俏大江南北的“雪花呢”

(2)多样选择法

从多种可供选择的方案中选择一种加以实施，这种方案的成功概率比单方案要高。多样选择法的实质是多谋善断，“多谋”是“善断”的前提。法国哲学家查提尔曾说过：当你只有一个点子时，这个点子是最危险不过的。

5.4　合极思维创造原理

合极是由对立的两极或两极中的某些子极所组成的新极。合极是对立两极的统一，因此就其实质而言，合极是两事物与多事物的集合或融合。

合极思维创造的新事物有两种基本形式：一种是将若干事物或若干事物的某些部分、某些要素合在一起形成新功能、新效应或新优势，另一种是将若干事物或若干事物的某些部分、某些要素合在一起形成新的统一的事物。

合极中各子极的存在方式有两种情况：一种是组成合极的原对立的两极中的某些部分、某些要素仍在合极中保持其自身的相对独立性，如收录机中的收音机与录音机，组合家具中的某一单体与其他单体等。另一种情况是组成合极的原对立的两极或两极中的某些部分均丧失了自身的独立性，如氢和氧通过化合反应生成水，氢和氧原有的性能荡然无存；在染料调色时将蓝色与黄色调和形成绿色；脆性材料与韧性材料通过“复合”形成的“复合材料”能够克服脆性材料的脆性等。需要指出的是，无论是以“两极共存”还是“两极融合”方式形成的新事物，其表现出来的新极性一般不可能不偏不倚、呈中性状态，而总是其中一方表现为起主导、支配、统率作用。当然，在合极创造的事物中，也许无法看到组成两极的明显痕迹，这恰恰说明了合极创造的是一个全新的事物。

唯物辩证法告诉我们，事物是对立统一的。世界上虽然存在着无数两极对立的事物，但同时还存在着大量由两者组合而形成的事物。例如，冷和热是两件截然相反的事，古人用焚烧木柴来取热、用收集冰块来制冷，这是建立在不同载体上的方法，即使在空调发明初期，取暖与制冷也是分而实现的。后来，有人觉得冬天与夏天分别用两种不同的空调实在不便，于是便想，能不能制造出一种既能生热又能制冷的空调呢？顺着这种思维，人们终于发明了制冷与取暖两用的现代空调。这就是合极思维创造的成果之一。

合极思维创造原理可以分为组合法创造原理、联合法创造原理和化合法创造原理三种形式。

5.4.1 组合法创造原理

组合法创造原理是将两个或两个以上各具长处的事物或事物的某一部分、某一要素，在仍保持其各自一定独立性的条件下，按照新的功能要求进行组合，以一定的结构扬长避短、集中优点，创造具有更新、更好性能的新事物的创造原理。

从表面上看，组合法创造原理与原极思维创造原理中的加法、放大创造原理十分相似，其实两者是有区别的：加法、放大是指在一个原有事物的基础上，再增加或扩大点什么；而组合则是指同时将两个或两个以上的事物，或这些事物的某一部分、某一要素集合成一个新的东西。

组合法创造原理可以分为切割式组合法和非切割式组合法两种形式。

(1)切割式组合法

切割式组合法是指创造者为实现某种创造需求，切割、截取两种或两种以上事物的某些部分或其要素，在仍保持其各自相对独立性的条件下组合成新事物的方法。

切割式组合法的手段之一是将部分性事物与整体性事物相组合。一个大系统在作为事物时，它是由若干个小的子系统和多个部分组合成的。随着时间的推移，某些子系统或部分可能已经落后，不能适应人们的新需求和时代潮流，但并非系统的所有子系统和部分都已同步衰退或落后。这时，只要将这些衰退或落后的部分切去，而将其他事物的优秀部分切割下来与原系统组合，就往往是一项了不起的发明，事实上人类历史上许多伟大的发明就源于这种切割组合法。

例如，器官移植就是切割组合法的典型例子。人因患病或衰老，导致某些器官趋于衰竭，医生可以将健康人的部分肝、肾等移植到他们身上，治愈患者或改善人的生理机能。现代医学甚至可以做到将动物的某些器官改造后移植到人身上，改善人的健康状况。这时，事物的一部分已有机地成为另一个整体事物的一部分，实现了质的转变。

(2)非切割式组合法

非切割式组合法是指创造者为实现某种创造需求，直接将两个或两个以上的事物，在保持其各自相对独立性的条件下组合成为新事物的方法。

例如，卫星定位系统是因军事用途而开发出来的高科技产品。中国北斗卫星导航系统（BDS）是中国自行研制的全球卫星导航系统（CNSS），是除美国的全球定位系统（GPS）、俄罗斯的“格洛纳斯”（GLONASS）之后第三个成熟的卫星导航系统，它可在全球范围内全天候、全天时为各类用户提供高精度、高可靠的定位、导航、授时服务，并兼具短报文通信能力。配备了这种系统的导弹、飞机、汽车、舰船等，其导航精度将大大提高。在野外勘察、丛林探险、舰船航海、物流运输等活动中，卫星定位系统已成为不可或缺的组合装备。具有独立性能的卫星定位系统与作为应用载体的另一事物组合，构成具有更优性能的新生事物，这里应用的就是非切割式组合法创造原理。

5.4.2 联合法创造原理

联合法创造原理是指为了同一共同目标或相关利益，将两个或两个以上的事物，在仍保持其各自一定独立性的条件下，通过联结、合作、协调等方式，扬长避短，将联合各方的优势发挥出来，以产生新的、更大的整体威力的一种创造原理。将局部优势整合为整体优势是联合法创造原理的基本特点。

联合法创造原理有力量联合法和行动联合法两种形式。

（1）力量联合法

力量联合法是指为了实现某种意图，将两种力量或多种力量在各自保持其独立性的条件下联合在一起，使其得到平衡与协调，形成新事物的创造原理。

力量联合法创造原理在社会经济领域中应用极为广泛。例如某些企业通过联合外资和私人资本等多种资本力量，建立联合的股份有限责任公司，不但畅通了融资渠道，而且引入了活力机制，因此盘活了旧有资产，使企业焕发了勃勃生机。

（2）行动联合法

行动联合法是指创造者为实现某种意图，将两个或多个独立体在一定时间和空间内进行联合活动的创造原理。

例如，明代“永乐大钟”（见图 5.9）的铸造就是行动联合法（见图 5.10）创造的奇迹。在明朝永乐年间，明成祖朱棣为了纪念自己争夺皇位成功，按“唯功大者钟大”的宗法，下令铸造了铸有“敬愿大明永一统”铭文的一口重 46500 千克的大铜钟，作为定鼎北京的镇物。可是当时最大的熔铜炉只有一丈二尺高，每炉容量仅为 1000 多千克铜矿砂，如何解决这一制造难题呢？聪明的中国冶铸工匠们想出了用多炉联合浇铸的巧妙方法。为了达到同时浇注的目的，工匠们围着大钟铸模四周筑起了与拟铸铜钟质量相当的炼炉群，炉群位置高、铸型位置低，各个炼炉的槽道呈辐辏状通向铸型。当准备工作全部就绪后，铸钟总指挥一声令下，各炉同时生火、鼓风冶炼，待炼成之时又将各炉铜液同时倒向铸型，用“群炉汇流”的铸造新工艺造就了这口名扬四海、悠扬悦耳、声闻百里的“永乐大钟”。这是古人运用行动联合法创造原理的生动事例。

图 5.9　明代“永乐大钟”

图片来源：朱瑞富.创新理论与技能[M].北京：高等教育出版社，2013：49.

图 5.10　明代“永乐大钟”铸造方法示意图

图片来源：朱瑞富.创新理论与技能[M].北京：高等教育出版社，2013：49.

5.4.3　化合法创造原理

化合法创造原理是指将两个或多个事物合成一个新事物，原事物在其中已失去或基本失去了自己独立时的形态或性能的创造原理。这里所说的“化合”与化学上特指化合反应的“化合”并不完全等同，有些变化本质上可能属于“混合”。

在材料科学和化学工业中，这种创造原理应用极为普遍。例如，在润滑油中加入某些添加剂以得到特殊的性能；在钢铁中添加某些金属元素可以生成各种具有特殊性能的合金钢；在水泥中按一定比例添加砂、石和水（可含外加剂和掺合料），经搅拌后可得到混凝土建筑材料等。这些都是化合法创造原理的应用实例。

学习指导

创造力是人人皆有的一种能力，人的创造力可以通过教育、学习和训练而被激发出来，并可以得到不断提高。因此，学习和应用创造原理，对任何一个立志创造发明的人都具有重要的现实意义。本章具体介绍了创造学的基本概念、研究目的和原理、研究任务和内容，创造原理的原极思维创造原理、对极思维创造原理和合极思维创造原理等内容。学习本章的目的在于使同学们掌握人类发明创造的规律和方法，开发自己的创造力，有效利用创造理论，提高创造活动的效率、质量和水平。学习本章的基本要求是：掌握原极思维（挖掘深化、继承借鉴、增减扩缩）、对极思维（相似、相对、相异）和合极思维（组合法、联合法、化合法）等创造原理及其应用；熟悉创造学、发明创造、科学发现、技术发明、技术创新及科技创新等基本概念及其共同特点；了解创造学的研究目的和原理、研究任务和内容。

复习与思考题

5.1 何谓创造学、发明创造、科学发现、技术发明、技术创新、科技创新？其共同特点是什么？

5.2 简述创造学的研究目的和原理、研究任务和内容。

5.3 创造原理分为哪些类型？

5.4 何谓原极思维创造？原极思维创造原理具体分为哪些类型？

5.5 何谓对极思维创造？对极思维创造原理具体分为哪些类型？

5.6 何谓合极思维创造？合极思维创造原理具体分为哪些类型？

5.7 举例说明你在学习、生活和工作中遇到的典型创造事例。

5.8 举例说明你在学习、生活和工作中应用创造原理进行创造的典型事例。

5.9 你打算今后如何运用创造原理进行创造性地学习、生活和工作？

5.10 谈谈你学习本章后的感想和体会。

第6章 创造技法

科学技术的发明创造有一定的规律可循，众多创造、创新学者历经多年的搜集、整理、归纳，总结出了多种多样的创造技法。通常把适用于科学发现和技术发明的技法称为创造技法，而把在创新过程中得到成功应用的技法称为创新技法或创造创新技法。笔者认为，多数技法既适用于创造过程，也适用于创新过程。因此，可把它们统称为创造创新技法，简称创造技法。目前，世界上已有1000多种创造技法，比较实用的有300多种，但常用的只有几十种。本章将介绍智力激励法、类比法、列举法、联想法、移植法、演绎发明法、逆向构思法、形态分析法、信息交合法、TRIZ方法、创造技法的应用特性等内容。通过对创造技法的学习，有效地指导同学们的创造实践活动，提高发明创造的效率、速度和成功率。

6.1 智力激励法

6.1.1 智力激励法概述

智力激励法亦称“头脑风暴法”，是1939年美国纽约BBDO广告公司副经理亚历克斯·奥斯本(Alex Faickney Osborn)创立的。该法起初用于广告的创新构思方面，1953年汇编成书，是世界上最早传播的一种创造技法，也是目前世界上应用较为广泛的创造技法之一。韦氏国际大字典将其定义为：一组人员通过开会的方式对某一些问题出谋划策，群策群力解决问题。

奥斯本在研究人的创造力时发现，正常人都有创造潜力，都有可能产生创造性的设想，而创造潜力的开发和创造性设想的提出，可以通过群体相互激励的方式来实现，因此群体原理是该创造技法的理论基础。

智力激励法的特点是以一种与传统会议截然不同的方式召开专题会议，通过贯彻若干基本原则和特殊规定，给与会者创造一种主动思考、自由联想、积极创新的特殊气氛，从而有效发挥群体智慧，以获取量多、面广、质优的发明创造新设想。需要指出的是，群体智慧不是个人智慧的简单叠加。因为在群体之间，人们的思维可以相互启发并相互激励，做到思维共振；人们的设想可以相互补充并相互促进，做到连环增殖。

6.1.2 智力激励法的实施原则

实施智力激励法的精华和核心在于它的四项原则：自由畅想、推迟评判、以量求质、综合集成。智力激励法的有效性取决于人们对这些原则的贯彻程度。

(1)自由畅想原则

规定此原则的目的是：①让与会者尽可能地解放思想，不受任何传统思维和观念的束缚，不必介意自己的想法是否荒唐可笑，自由畅谈、随意想象，使思想始终保持自由发散的状态，想法越新越奇越好。②让与会者充分发挥想象力，使思路做大幅度的回转跳跃，通过发散、侧向、逆向等思维和联想、幻想、想象等形式，从广阔的学科领域寻找新颖的发明创造方案。

(2)推迟评判原则

创造性构思的产生有一个不断诱发、深化和完善的过程。构思在刚开始提出时似乎没有什么科学根据和实际用途，但它们却可能蕴藏着极好的创意，如果过早地评判则可能会使其在萌芽阶段就被扼杀。因此，会议期间绝对不允许批评别人提出的设想，任何人在会上不能下判断性结论。发言者胆怯的自谦之语、讽刺挖苦的否定之语、夸大其词和漫无边际的吹捧之语，甚至怀疑的讥笑神态、手势等，都是智力激励会的大忌。因此，像那些“这根本行不通”“这个想法已经过时了”“您的想法太妙了”“这个设想真绝了”“我水平有限，想法不一定行得通”“我提一个不成熟的设想”之类的肯定或否定的评判均应避免。

(3)以量求质原则

该原则的关键是“质量递进效应”。谋求数量原则的目的是“以数量保证质量”。参加会议的人员不分上下级，平等相待，在规定的时间内，加快思维的流畅性、灵活性和求异性，尽可能多地提出有一定水平的新设想。奥斯本认为：理想结论的获得，常常是在逐渐逼近过程后期提出的设想中。有实用价值的设想后期提出所占的比重要比初期提出高；在群体激励的过程中，最初的设想往往并非最佳。有人曾用实验证明，一批后半部分的设想，其价值要比前半部分的设想高出78%。据统计，一个在相同时间内比别人多提出两倍设想的人，最后产生有实用价值设想的可能性比别人高10倍。

(4)综合集成原则

该原则的依据是“集成就是创造”。与会者应认真听取他人的发言，并及时修正自己不完善的设想，或将自己的设想与他人的设想集成，确保提出更有创意的方案。奥斯本指出：最有意思的集成大概就是设想的集成。

上述四项原则各有侧重，相辅相成。第一条原则突出求异创新，这是智力激励法的宗旨。第二条原则要求人们思维轻松、会议气氛活跃，这是激发创造力的保证。第三、第四条原则强调互动性，即相互启发、相互补充和相互完善，这是智力激励法能否成功的关键。

6.1.3 智力激励法的运用程序

智力激励法的运用程序如图 6.1 所示。

图 6.1 智力激励法的运用程序

1)准备阶段

(1)确定会议主持人。合适的会议主持人对智力激励法的成功运作能起到很大作用，因此作为会议主持人应具备以下条件：①熟悉智力激励法的基本原理和方法程序，有一定的组织能力；②对会议所要解决的问题有明确的理解，能在会议中作启发诱导；③能坚持智力激励会规定的原则，充分发挥智力激励机制的作用，调动与会者的能动性；④具有民主作风，能平等对待每位与会者，促使会议形成融洽气氛；⑤能灵活处理会议中出现的各种情况，以保证会议按预定目标顺利进行。

(2)确定会议主题。由会议主持人和问题提出者共同研究，准确定位本次会议所要讨论的主题。由于智力激励法适合解决目标单一的问题，因此对涉及面较广或包含因素较多的复杂问题应进行分解，使会议主题目标明确，容易使与会者思维发散、共振和互补。

(3)确定与会人数。①智力激励会的人数以 5～10 人为宜。人数过多无法保证与会者有充分发表设想的机会，容易使思维目标分散而降低激励效果；人数过少会造成专业面过分狭窄，达不到为解决问题所需要的不同专业知识的互补，难以形成信息碰撞和思维共振的环境和气氛，同时也容易因缺乏足够的思考与联想时间而造成冷场，从而影响智力激励的效果。②人员的专业构成应保证大多数与会者都是熟悉专业的行家，但并非局限于同一专业。要注意与会者知识结构的多样性，也要有少量外行参加，有利于相关学科的交叉融合，克服思维定势障碍。③人员的智力水准应尽可能注意到智力激励会具体参加者等级的同一性，即知识水准、职务、资历、级别等应大致相近。④尽量吸收有丰富实践经验的人参加，确定数名在提出设想方面才能出众者作为激励会的核心，然后再视情况配备其他与会人员。

(4)确定举行会议的地点和日期。应提前几天将会议通知下达给与会者，使他们在思想上有所准备，可提前酝酿解决问题的设想。会议通知以书面请柬的形式为好，内容包括两个方面：一是会议时间和地点，二是要解决的问题及背景。最好附上几条对议题的提示或设想。

2)热身阶段

智力激励会安排与会者“热身”的目的是使与会者尽快进入“角色”,使他们暂时忘却个人的工作和私事,形成轻松、热烈的气氛,通过做智力游戏、看有关创造方面的录像、回答脑筋急转弯问题、猜谜语、讲幽默故事等,使与会者思维活跃起来,进入“临战状态”。

3)明确问题阶段

在此阶段,主持人首先向与会者说明会议必须遵守的四项基本原则,然后简明扼要地介绍问题,并简单讨论一下,使与会者对会议所要解决的问题获得比较一致、准确的理解,从而能有的放矢地进行创造性思考。所谓“简明扼要”,是指主持人只向与会者提供有关问题的最低数量的信息,切忌将自己的初步设想和盘托出,形成条条框框,束缚与会者的思路。因此,主持人只是点出问题的实质,选择有利于激发大家热情和开拓大家思路的方式;还可以将问题分解,并从多角度提出问题。一旦与会者对所议问题的目标理解后,会议即可转入下一个阶段。

4)自由畅谈阶段

该阶段是智力激励法的核心步骤,也是能否成功的最关键阶段。该阶段应极力形成高度激励的气氛,使与会者能突破心理障碍和思维定势,让思维自由驰骋,提出大量有价值的创造性设想。

在自由畅谈阶段,除了必须遵守的前述四项原则外,还要遵守下述规定:①不准私下交谈和代表他人发言,始终保持会议只有一个中心;②不应以权威或群体意见的方式妨碍他人提出个人的设想;③应力求简明扼要地表述设想,且每次只谈一个设想,以有利于该设想引起与会者的共振;④所提设想不分好坏,一律记录;⑤与会者不分职位高低,一律平等相待。

自由畅谈阶段的时间可由主持人灵活掌握,一般以不超过1小时为宜。此阶段中,对所要解决的问题多数都会提出30条以上的设想,由此即可转入下一阶段的工作。

5)加工整理阶段

智力激励会结束后,主持人应组织专人对各种设想进行分类整理,筛选出具有实用价值的设想。因为在激励会上提出的设想大都未经仔细考虑和评价,有待进一步完善。该阶段的具体任务和做法如下:

(1)增加和补充设想。在激励会的第二天,由主持人或秘书用电话或面谈的方式收集与会者在会后产生的新设想。这是不可忽视的一步,因为通过会后休息,人们的思路往往会有新的突破或转换,有可能产生新的有价值的设想。

(2)评价和发展设想。评价设想和发展设想是相互联系的两个方面。对与会者提出的各种设想,既要进行筛选评判,又要进行综合完善。为便于筛选和评价设想,最好先拟订一些评价指标,如设想是否可行?结构是否简单?工艺是否合理?费用是否节省?具体拟订哪些指标,要根据问题本身的性质和解决问题的要求来决定。

参与评价和发展设想的人员可以是设想的提出者,也可以是对问题本身负有责任的人。一般情况下人数应该为奇数,经验证明 5～7 人为最佳人数。对筛选评价出来的设想,必须逐一进行分析、比较、发展、完善,做到优中选优。可以以一个方案为主,吸收采纳其他方案的长处形成新的设想;或对两个或多个方案进行集成,优势互补,组合成新的方案。

智力激励法可以造成自由探讨、相互激励的气氛,但其程序并非一成不变,可根据问题的性质和实际条件加以变化和灵活运用。

6.2 类比法

类比法是指把两个或两类事物加以比较并进行逻辑推理,从比较对象之间的相似点或不同点,采用同中求异或异中求同的机制,实现发明创造的技法。类比法包括直接类比、拟人类比、仿生类比、象征类比、幻想类比、综摄类比、对称类比、综合类比等不同的技法。

6.2.1 直接类比法

直接类比法就是从自然界或者已有成果中发现与创造、创新对象类似的事物,将创造对象与相类似的事物直接比较,在原型的启发下产生新设想的一种创造技法。

利用直接类比来启发产生新设想的关键是要善于观察和判断,要保持开放的和有准备的头脑,不放过任何机遇,从事物的诸属性中获得新设想的启示。

1948 年,一位名叫乔治·特拉尔的工程师发现,他每次打猎回来后总有一种大蓟花种子粘在他的裤子上。回家后他好奇地用显微镜观看残留在裤子上的种子,发现每棵种子上都带着许多小钩。他明白了,正是这些小钩紧紧钩住了衣服。当他解开衣裤扣子时冒出了一个新设想:能不能仿照大蓟花种子的结构发明一种“新扣子”呢?出于这种创意,他又再次观察大蓟花种子上钩子的形状和分布特点,并进行类比推理:如果在两个布条上都织上这种小钩,一旦它们接触时不就能互相粘在一起了吗?经过研制,特拉尔发现这种联结方式是可靠的,最终他设计出称作“尼龙搭扣”的拉链,用它来代替扣子,并获得了许多国家的专利权。

6.2.2 拟人类比法

拟人类比法就是将人体比作创造对象或将创造对象视为人体,由人及物、以物拟人,从不同与相似之中领悟两者相通的道理,从而促进创新思维的深化和创造活动发展的一种创造技法。

拟人类比法亦称自身类比法、亲身类比法、人格类比法或角色扮演法。它是移情机制的具体化,从精神到机体上参与创造活动,体验情感,产生共鸣,从而在角色扮演中发现一些与解决问题有关而平时又无法感知的因素，创造性地解决问题。著名科学家法拉第在总结其创立电解定律的经验时，曾强调其成功的关键在于：往里窥视电解质的实质，尽力浮现眼睛可见的原子活动。这就表明，法拉第是在用自身类比的方法进行科学创造。

6.2.3 仿生类比法

模仿生物功能的创造创新方法称为仿生类比法。

自然界中的动植物以其精妙绝伦的生存方式，为人类孕育出新事物和新方法提供了模仿形象。生物界所具有的精确可靠的定向、导航、探测、控制、调节、能量转换、信息处理、生物合成、结构力学和流体力学等生物系统的基本原理和结构，是人类创造新事物的巨大智慧源泉，有着十分广阔的应用前景。1960 年在美国诞生的边缘学科——仿生学，就是为解决技术上的难题而应用生物系统知识的学科。因此，有人也将仿生类比法称为仿生学法。

例如，我国古代著名工匠鲁班，在上山砍伐树木时被茅草拉破了手，鲁班通过仿生类比法发明了切割木材的锯子。光盘技术的发明人高登·艾吉领导的小组通过反复研究，发现飞蛾的眼睛覆盖有一个精巧的十字图案，致使夜蛾的眼睛在吸收光线时并不反射光线，高登·艾吉巧妙地把飞蛾的眼睛结构作为信息存储系统的基础，终于发明了记录信息的光盘。高登·艾吉认为：如果你希望解决一个问题，你可以参考一下这个问题在自然界的解决方案，作为进化的成果，生物总是有着最为经济实用的答案。

6.2.4 象征类比法

象征类比法亦称“符号类比法”，是借助事物形象或象征性符号来类比所思考的问题，从而使人们在间接地反映事物本质的类比中启发思维、开阔思路、产生创造的技法。

威廉·戈登曾说：在拟人类比中，辨别过程要花费大量时间把所有的细微差别表示出来；直接类比可能是非常直接的，但要知道直接类比的理论结果需要大量时间；象征类比是直觉感知的，当利用象征类比的机制时，人们在用非常精炼而富有想象力的方式来定性考虑问题，一旦做出这种类比，它就是一个完整的形象。

象征类比法对开启人们的思路具有极大的促进作用。例如，我国古典哲学巨著《易经》中的“八卦”，早在几千年前就用极为简明的阴和阳两种符号来表示不同的数字和文字，并进行编码，用以“推天道，明人事”。这一古老的类比符号系统创造出了对数千年后的近代和当今世界具有重大影响的两种发明产物：一是二进制数学，二是条形码技术。

17 世纪，德国数学家莱布尼茨在研究乘法计算时，因寻找不到有效的计算方法而陷入困境。后来，他从海外归来的传教士那里得到了来自中国古代的两张八卦图，一张是 64 次序图，另一张是 64 方位图。莱布尼兹从中看到 0～63 的完整的二进制数字，受此启发，创立了二进制数学，并在此基础上发明了计算乘法。

目前风靡于国际、国内市场的条形码技术，可将纷繁复杂的事物符号化。它通过若干粗细有别、间隙不同的竖线来区别不同的代码意义，并可用与计算机相连的条形码阅读器来进行识别。它使传统的标记和识别技术发生了重大变化。如今，诸如装配作业、物料搬运、商品存储、收费识别、票据验证、证件鉴定、档案管理、图书阅览等工作都已离不开条形码技术。

6.2.5 幻想类比法

幻想类比法亦称空想类比法或狂想类比法，它是神话机制的具体化，是通过幻想思维或形象思维对创造对象进行比较而寻求解决问题方法的一种创造技法。

幻想类比是同质异化原则的主要实施途径之一，其作用常常反映在以下三个方面：①使深奥、费解的事物变得清晰；②使人们的联想力和想象力变得丰富；③使解决问题的方案变得具体。

一般说来，幻想类比讲究"神与物"的相互渗透，人们正是在这种相互渗透中去把握要点，悟出道理，进而取得发明创造成果。例如，人类遨游太空，在很大程度上出于古代人们关于"嫦娥奔月"的美丽幻想和近代人们对宇宙航行的迫切愿望。1865 年，法国著名科幻作家凡尔纳写了一本关于宇宙航行的科幻小说，生动有趣地描述了初次到月球旅行的情况。尽管书中描写的内容都是虚构的情景，但它强烈地激起人们将幻想变为现实的雄心壮志。100 多年后，美国"阿波罗"登月计划获得成功，人类终于将自己的脚印踏在了月球的表面上。

在实际运用上述四种类比方式开展发明创造活动时，一般遵循直接类比→拟人类比→象征类比→幻想类比的顺序。人们在解决问题之初，通常喜欢从相似的问题中去直接寻找或借鉴答案。只有经屡次尝试失败或问题太复杂时，人们才会转用拟人、象征、幻想等越来越远的间接类比方法，以求在奇思异想的启发下，创造性地解决问题。

6.2.6 对称类比法

自然界中的许多事物存在着对称关系，利用对称关系的规律进行类比的方法称为对称类比法。在创造过程中如果运用对称类比法，可以得到一个个诱人的假说，从而可能发现某种对称的创造、创新课题。

自然界中存在对称关系的事物有很多，如物理学上的正电荷与负电荷，两者除了极性相反之外，其他都相同，换句话说，正电荷和负电荷是对称的。例如，1897 年，汤姆逊发现一个带负电荷的电子，接着卢瑟福又发现了带正电荷的质子，但是质子的质量是电子质量的 1800 多倍，这就引起了物理学家的思考：质子与电子似乎太不对称了，自然界有没有和负电子质量相同而带正电荷的电子？1928 年，英国物理学家狄拉克从理论上推算出了正电子。三年后，美国物理学家安德森在关于宇宙射线的实验中找到了正电子。正电子发现以后，物理学家很自然地联想到自然界可能存在着带负电荷的质子，它们与正质子的关系就好像正电子与负电子的关系一样，这一推测果然很快被实验所证实。

6.2.7 综摄类比法

6.2.7.1 综摄类比法概述

综摄类比法又称类比思考法、类比创新法、提喻法、比拟法、分合法、举隅法、集思法、群辨法、强行结合法、科学创造法，是指以外部事物或已有的发明成果为媒介，并将它们分成若干要素，对其中的元素进行讨论研究，综合利用激发出来的灵感，来发明新事物或解决问题的方法。

综摄类比法是由美国麻省理工学院教授威廉·戈登于1944年提出的一种利用外部事物启发思考、开发创造潜力的方法。威廉·戈登发现，当人们看到一件外部事物时，往往会得到启发思考的暗示，即类比思考。而这种思考的方法和意识没有多大联系，反而是与日常生活中的各种事物有紧密关系。

事实证明：我们的不少发明创造、不少文学作品都是受日常生活的事物启发而产生的灵感。这些事物从自然界的高山流水、飞禽走兽，到各种社会现象，甚至各种神话、传说、幻想、电视等等，比比皆是，范围极其广泛。

6.2.7.2 综摄类比法的理论根据

威廉·戈登在考察了大量的发明创造后，发现创造者思维分析的转换过程分为以下两个阶段：

(1)变陌生为熟悉阶段：就是把自己初步接触到的事物或新的发现，转换到自己早已熟悉的事物中去。当一个新的问题提出的时候，尽可能多地去掌握它的细节和信息。借助于分析把"未知"转变成"已知"，这是解决问题的前提。在这个分析问题、了解问题、变陌生为熟悉的过程中，可能会产生各种小的发现和得到一些比较肤浅的答案，但这并不能解决问题。

(2)变熟悉为陌生阶段：就是有意识地用全新的方式、全新的角度去解决问题。通过新的发现来找出自己非常熟悉的事物中的不同点，以全新的角度来分析、解决问题，从而产生全新的创造发明。隐喻、移情和类比可以促使熟悉变为陌生，可以使人们的思维范围得到扩展，使人们的思维角度得到改变。

以上两个阶段有不同的思维特点在创新思维过程中有着不同的作用。在发明创造过程中，如何实现由陌生变熟悉以及由熟悉变陌生，是能否实现综摄类比法成功运用的重要环节，也是能否取得发明创造成果的关键。

6.2.7.3 综摄类比法的实施要点

1)建立综摄类比法小组

建立综摄类比法小组时，应根据以下原则来考核和选择人员：

(1)代表性。典型的综摄类比法小组应由3名发明尖子和2名发明爱好者组成。具体人选应针对要解决的问题所涉及的各方面、各部门、各班组予以全盘考虑。

(2)年龄要求。由于小组要付出高度的精力和进行非常规的活动,故候选人以25～50岁为宜。

(3)教育及职业背景。比较理想的人选应是在公司多个部门担任过职务的工作人员,是一个好的管理人员,有作为综摄类比法基础的概括能力;受过较广阔领域的基础教育和富有潜力,具备企业家的进取和创业精神。

(4)小组成员特征要求:①具有较强的隐喻(包括比喻、拟人、象征等)能力;②乐于帮助别人;③善于协调;④有较强的冒险精神;⑤能控制自己的感情;⑥概括能力强;⑦敢于承担责任;⑧平等待人;⑨愿意补充别人的设想;⑩具有较强的创新思维能力。

(5)主持者特征要求。会议的主持者要选择具有以下五种特征的人:①具有坚定、乐观的信念,对存在的可能性很敏感;②具有广泛的科研开发、工业生产和生活经验,能很好地综合所有提出的观念和联想;③对综摄类比法有深刻的理解;④与其他成员相比,对会议讨论的问题能保持一定的心理距离,能把握住会议的方向,不轻易使自己陷入个别问题中;⑤能带动综摄类比法小组成员,让成员了解综摄类比法,使成员能够沿着综摄类比法的路线进行思考和活动。

2)操作步骤

美国创造学家普林斯明确地提出了在运用综摄类比法召开会议和进行创造时应贯彻的七个步骤,如图6.2所示。

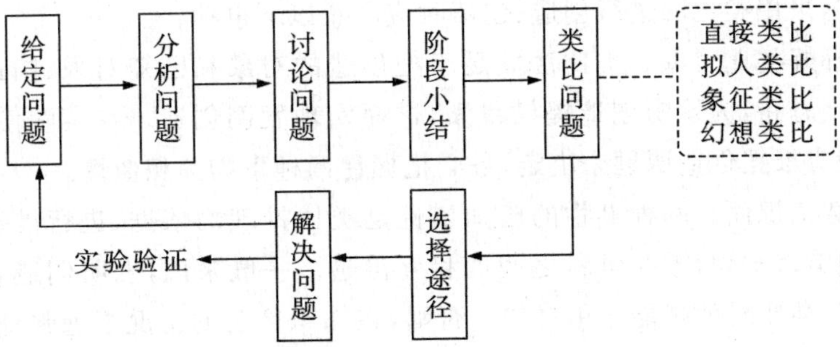

图6.2 综摄类比法的操作流程

(1)给定问题:由会议主持人宣布研讨的事物和创造的对象以及相关的事项。

(2)分析问题:主持人介绍背景情况、相关资料,并进行初步分析,以便与会者掌握信息、打开思路。

(3)讨论问题:与会者畅所欲言、相互激励,提出不同的看法和见解。

(4)阶段小结:会议主持人对与会者的发言进行阶段性归纳和分析,并进行系统地对比和排序,拟订待深入研讨问题的先后顺序。

(5)类比问题:与会者在对上述排序问题做依次讨论和深入研究时,应采用直接类比、拟人类比、象征类比和幻想类比等方法,变熟悉为陌生,使研究思路向纵深渗透。

(6)选择途径：当与会者用类比的方法使思维转移到陌生的领域、摆脱思维定势的束缚后，应从新的角度探寻解决问题的新途径和新方法。

(7)解决问题：对所研讨的问题要能放得开、收得回，与解决问题的方案联系起来并强行结合；将与会者的设想集中起来，综合各自优点，最终形成解决问题的方案。

需要指出的是，在讨论的开始阶段，不要把问题全部摊开，应不断地通过提问和提供资料进行启发和诱导，使与会者突出主题、各抒己见、积极构思，直至产生一系列创造性设想。然后再披露主攻目标，引导全组成员针对创造主题的目标要求，提出各种各样的创造性方案，并展开具体化和可操作化的细致讨论。

6.2.7.4 综摄类比法的适用范围

综摄类比法的宗旨是以已有的事物为媒介，将它们分成若干元素，并将某些元素构成一个新的设想，以此来解决问题。因此，该法的最大用处在于利用其他产品取长补短，设计新产品以及制订营销策略等。

6.2.8 综合类比法

根据一个对象要素间的多种关系与综合相似的另一对象进行类比推理的方法称为综合类比法。比如设计飞机时，为了了解其平衡性、阻力大小等综合数据，先按比例做成飞机模型，放在风洞中进行模拟飞行试验，这就可以综合飞机在飞行中的许多特征进行类比，从而发现设计中可能存在的各种问题，以提高实际试飞时的成功率。

综上所述，采用类比法进行创造、创新时应注意以下事项：

(1)要选择好类比对象。类比法立足于把创造的对象和已知对象进行对比和类推，用以启发、开阔思路，为发明创造提供线索，进而实现发明创造。在实际使用时，类比对象的选择一般应根据创造课题来决定，务必把握住两种事物的相似性。

(2)要拓宽知识面。两种事物的已知属性是类比推理的依据，进行类比创造需要积累有关对象的丰富知识，需要学科之间的相互渗透。一般来说，发明创造者所积累的有关知识越丰富，类比时就越能运用自如。否则，在知识贫乏的情况下勉强地运用类比，就容易做出牵强附会的推理，从而使创造发明误入歧途。

(3)要进行科学验证。在类比时，要从两种事物本质属性的相似和相异方面去推理，通过类比得出的新设想必须进行科学验证。比如牛奶是液体，可以干燥成奶粉，如果和酱油类比，设计出固体酱油也是具有开发价值的新产品；如果和汽油进行类比，把汽油也干燥成汽油粉，则显然是荒谬的。

对于初学者，类比创造法的运用有一定的难度，针对这一问题，美国亿维迅集团已开发出了相应的软件，可按要求迅速地提供多种类比方案。

6.3 列举法

列举法是把与解决问题有联系的众多要素逐个罗列，把复杂的事物分解开来分别加以研究，以帮助人们克服感知不足的障碍，寻求科学方案的创造技法。

列举法通常分为特性列举法、缺点列举法、希望点列举法等不同类型。

6.3.1 特性列举法

6.3.1.1 特性列举法的概念

特性列举法又称分析创造技法，是通过对发明对象的特性进行详细分析和一一列举，激发创新思维，从而产生创造性设想，使每类特性中的具体性能得以改进或扩展的创造技法。特性列举法是美国内布拉斯加大学新闻学家罗伯特·克劳福德在“任何事物都有其特性”的基础上发明的一种创造技法。

6.3.1.2 特性列举法的应用程序

(1)将对象的特性或属性全部罗列出来，犹如把一台机器拆分成许多零件，每个零件具有何种功能和特性、与整体的关系如何等都毫无遗漏地列举出来，并做出详细记录。

(2)分门别类加以整理，主要从名词特性(性质、材料、整体和部分的制造方法等)、形容词特性(颜色、形状和感觉等)、动词特性(有关机能及作用的特性，特别是那些使事物具有存在意义的功能)等方面考虑。

(3)在各项目下设想从材料、结构、功能等方面加以改良，试用可替代的各种属性加以置换，引出具有独创性的方案。进行这一程序的关键是要尽量详尽地分析每一特性，提出问题、找出缺陷。

(4)方案提出后还要进行评价和讨论，使产品更能符合人们的需要和目的。

6.3.1.3 特性列举法的应用规则

(1)必须列举这一事物的所有属性，尽量避免遗漏。

(2)特性列举法最好应用于解决问题单一的项目。如果研究对象是一个大的项目，就应分成若干个小项目来进行。

例如，研究新型汽车可按系统组成来划分，如图 6.3 所示。在运用特性列举法解题时，每次只考虑其中一个子系统，如对发动机进行分析，罗列其特性，然后考虑从哪些方面来改善发动机的性能。如图 6.4 所示，对汽车发动机进行改进的方案可能有好几个，一般是逐个进行评估分析后选出最佳方案。

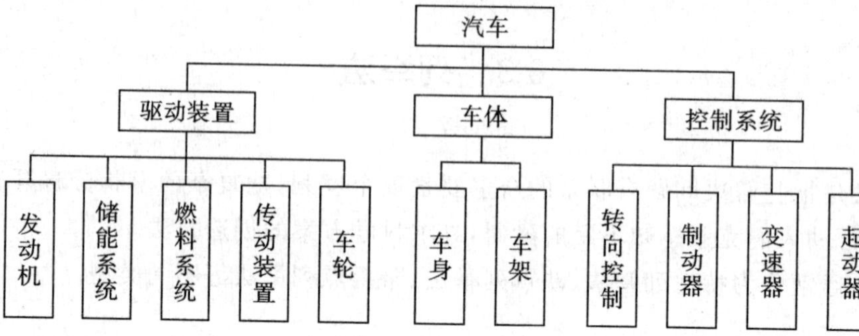

图 6.3　汽车的组成

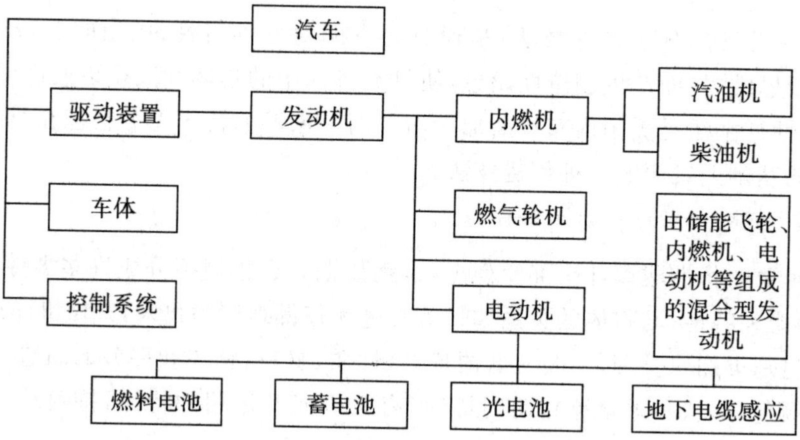

图 6.4　汽车发动机可能的改进设想方案

当前，产品更新换代很快，使用特性列举法可以主动寻找改进产品的思路。将类似的产品都拿来分别列举其名词特性、动词特性、形容词特性，然后把这些同类产品的特性加以比较，取长补短，以获得最佳方案。例如，同样的 26 型自行车，有的材料价廉（名词特性）、有的物美（形容词特性）、有的坚固耐用（动词特性），如把这些优点集成就可能制成价廉、物美又坚固的新型自行车。

6.3.2　缺点列举法

6.3.2.1　缺点列举法概述

缺点列举法是让人们用挑剔的眼光，有意识地列举、分析现有事物的缺点，然后提出克服缺点的方向和改进设想的一种创造技法。由于它的针对性强，常常可以取得突出的效果，目前被广泛应用。

缺点列举法的优点是集中精力、节省时间，容易取得显著效果，有时候只要找出原有事物的一个缺点并加以改进就能产生巨大效益。然而，采取这一技法开发设想只能对原有事物"拾遗补缺",它是一种被动型的创造技法。

缺点列举法的运用基础是发现事物的缺点,挑出事物的毛病。尽管世上万事万物都不是十全十美的,都存在着缺点,然而并非每一个人都能想到、看到或发现这些缺点。其中主要原因是人都有一种心理惰性,"备周则意惰,常见则不疑",对于习以为常看惯的东西,常常会认为历来如此。而历来如此的东西总是完美的、没有缺点的,所以就不肯也不愿意再去寻找或挖掘它们的缺点,这样也就失去了对每个人来说可能取得发明成果的机会,实际上也就失去了每个人都应该具有的创造力。

缺点列举的实质是一种否定思维,唯有对事物持否定态度,才能充分挖掘事物的缺陷,然后加以改进。因此,运用缺点列举,必须克服和排除由习惯性思维所带来的创造障碍,培养善于对周围事物寻找缺点、追求完美的创新意识。

6.3.2.2 缺点列举法的运用要点

缺点列举法的运用要点如下:

1)做好心理准备

缺点列举法的实质就是发现产品的缺陷,寻找事物的不足,从而进行改革与创新。但由于心理惯性和思维惯性作怪,人们往往意识不到这些缺点的存在。因此,在运用缺点列举法时,人们必须首先培养起"怀疑意识"和"不满足心理",要用"怀疑意识"的"显微镜"去寻找缺点,要用"不满足心理"的"放大镜"去分析缺点,使事物的缺点与不足暴露无遗。

2)详尽列举缺点

列举事物的缺点不能仅凭热情,还要依靠科学的方法。用户意见法、对比分析法和会议列举法等都能为人们详尽地列举事物的缺点提供帮助。

(1)用户意见法。如果需要列举现有产品的缺点,最好将该产品投放市场,请用户提意见、找毛病。通过这样方式获知产品的缺点最有参考价值。

例如,将普通单缸洗衣机投放市场并收集用户意见后,便可列举出下述缺点:①功能单一,缺乏甩干功能;②使用不便,需要人工进水和排水;③洗净度不高,尤其是衣领、袖口处不易洗净;④同时洗不同颜色的衣物时容易造成衣服染色;⑤排水速度太慢,洗涤剂的泡沫难以迅速排放;⑥洗涤时,衣物往往被搅在一起,不易快速漂洗等。针对用户提出的这些缺点,迅速"有的放矢"地改进,就可制造出性能更佳、功能更强、效果更好的新型洗衣机。

需要指出的是,采用用户意见法收集产品缺点,应事先设计好用户意见调查表,以便引导用户列举意见,且便于分类处理。

(2)对比分析法。比较是鉴别的关键,通过对比分析,人们可以更清楚地看到事物存在的差距,从而列举出事物的缺点。

例如,轴承是各种机器传动系统不可缺少的组成结构。早期设计的滑动轴承使机械设备得以运转、劳动强度得以减轻、工作效率得以提高,是一项划时代的创造。但随着科学技术的进步，被滚动轴承取而代之，因为滚动轴承避免了滑动轴承摩擦阻力太大的缺点。

(3)会议列举法。通过缺点列举会，可以充分汇集群体的意见，更加系统、深刻地揭示现有事物存在的缺点。

会议列举法的步骤是：①由会议主持者根据活动需要，确定列举缺点的目标对象；②确定会议人员，一般组织5～10人召开主题会议，尽可能多地列举事物的缺点，并将缺点逐条写在准备好的卡片上；③对列举的缺点进行分类和整理，找出主要缺点；④召开有关人员会议，研究克服缺点的办法。每次会议的时间控制在1～2小时。会议讨论的问题宜小不宜大，如果是大的课题，应将其分解成若干小课题，以便于迅速取得成效。

3)仔细分析鉴别

将所列举的缺点进行仔细分析和鉴别，找出有改进价值的主要缺点作为发明创造的目标。在分析和鉴别主要缺点时，首先要从产品的标准、性能、功能、质量、安全等影响重大的方面出发，进行仔细筛选，使提出的新设想、新方案更有实用价值。在事物存在的缺点中，既有显露性缺点，也有潜藏性缺点，在某些情况下，发现潜藏性缺点比发现显露性缺点更有创造价值。

4)进行改进构想

经上述步骤明确了需要克服的缺点后，进行有目的和有针对性的创造性思考，并通过改进设计以获得更为完善和理想的方案，从而发明创造出更为合理和先进的产品。在此阶段，除需对缺点进行列举、分析和思考外，还应采用逆向思维，做到化弊为利。

缺点列举法不仅可以用于改进或完善某种具体产品，解决属于“物”一类的硬技术问题，而且可以用于改进或完善设想计划方案，解决属于“事”一类的软技术问题。因此，缺点列举法对发明创造活动的促进作用不可忽视。

6.3.3 希望点列举法

6.3.3.1 希望点列举法概述

希望点列举法是从人们的愿望和需要出发，通过列举希望来形成创新的目标和构思，进而产生出具有价值的发明创造的方法。与缺点列举法不同，希望点列举法是从正面、积极的因素出发考虑问题，凭借丰富的想象力、美好的愿望，大胆地提出希望点。实际上，许多产品正是根据人们的希望而研制出来的。

例如，人们希望走路时也能听音乐，于是就有了“随身听”；人们希望打电话时能看到对方的形象，就发明了可视电话；人们希望洗手后不用毛巾擦也能干手，就发明了电热干手机；人们希望冬暖夏凉，就发明了空调；人们希望茶杯在冬天能保暖，在夏天能隔热，就发明了保暖杯；人们希望洗衣机更省心、更便捷，就发明了全自动智能洗衣机；人们希望上高楼不用爬楼梯，就发明了电梯；人们希望像鸟一样在天空翱翔，就发明了气球和飞机；人们希望像鱼一样在大海中遨游，就发明了潜水艇；人们希望快速计算，就发明了计算机;等等。古今中外的许多发明创造,都是按照人们的希望产生的。

6.3.3.2　希望点列举法的实施方法

用希望点列举法进行发明创造的具体方法是:①召开希望点列举会议,每次可有5～10人参加;②会前由会议主持人选择一件需要革新的事情或者事物作为主题,发动与会者围绕这一主题列举出各种改革的希望点;③为了激发与会者产生更多的改革希望,可将每个人提出的希望用小纸片写出,公布在小黑板上,并在与会者之间传阅,这样可以在与会者中产生连锁反应;④会议一般举行1～2小时,产生50～100个希望点即可结束;⑤会后再将提出的各种希望进行整理,从中选出目前可能实现的若干项进行研究,制订出具体的革新方案。

例如,在电话刚出现的时候,美国创造学家罗素·艾可夫曾对电话罗列了下列希望点:①不需要用手,即可使用电话;②只要想用电话,就能在任何场合使用它;③不会接到错拨号码的电话;④听到铃声就能知道是谁从何处打来的,这样便可以不去接那些不想接的电话;⑤如果拨电话给他人,遇到占线也不必挂断,待对方通话完毕后即可自动接通;⑥当无暇接电话时,可以告知对方在电话里留言;⑦能使三个人同时通话;⑧可以选择使用声音或画面。事实上,我们今天所用的智能手机,正是早年艾可夫所希望的电话。

6.3.3.3　希望点列举法的注意事项

利用希望点列举法进行发明创造的注意事项如下:

(1)由列举希望点获得的发明创造目标与人们的需要相符,更能适应市场。

(2)希望是由想象而产生的,思维的主动性强、自由度大,所以列举希望点所得到的发明创造目标含有较多的创造成分。

(3)列举希望时一定要注意打破思维定势。

(4)对于用希望点列举法得到的一些"荒唐"意见,应该用创造学观点进行评价,不要轻易放弃。

需要指出的是,希望点列举法的主要作用在于克服人类感性知觉不足的障碍,采用发散思维的方法,促使人们全面感知事物,对希望点加以合理的分类,在重视消费者内在希望的同时,应对现实希望、潜在希望、一般希望和特殊希望区别对待,审时度势,做出科学的决策。如果仅以表面希望来构思创造发明,就会导致失误。希望点列举法的不足之处是不适用于较复杂的项目,不能最终解决较复杂的问题,应将希望点列举法和智力激励法、综摄类比法等结合起来加以应用。这是一种积极、主动型的发明创造方法,通常用于新产品开发。

6.4 联想法

6.4.1 联想法概述

从一个概念想到另一个概念，从一种方法想到另一种方法，从一种形象想到另一种形象的心理过程称为“联想”。所谓“联想法”，就是在创造过程中对不同事物运用其概念、方法、模式、形象、机理等的相似性来激活联想和想象机制，从而产生新颖构思、独特设想的一种创造技法。

一般来说，人们在长期的科学研究和生产实践中获得的知识、经验和方法都存储在大脑的巨大记忆库里，虽然记忆会经时光消磨，会逐渐远离记忆系统而进入记忆库底层，日渐散乱、模糊甚至散失，但通过外界的刺激——联想可以唤醒沉睡在记忆库底层的记忆，从而把当前的事物与过去的事物有机联系起来，产生新设想和新方案。实际上，记忆库底层的记忆在很大程度上已转化为人的潜意识。所以，通过联想使潜意识发挥作用、产生灵感，能为人们开展发明创造活动提供很大的帮助。记忆与联想的路径关系如图6.5所示。联想是发明创造活动中的一种心理中介，它具有由此及彼、触类旁通的特性，常常会将人们的思维引向深化，导致创造性想象的形成以及灵感、直觉和顿悟的发生。

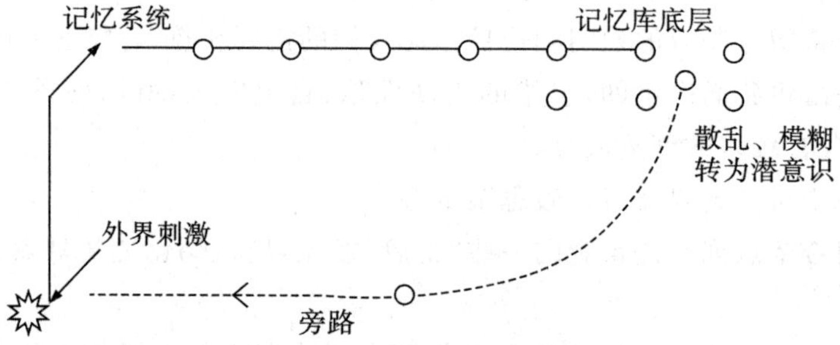

图 6.5 记忆与联想的路径关系示意图

6.4.2 联想法的类型

由于事物之间的关系是错综复杂的，因此联想的类型也必然是多种多样的：可以是概念和概念之间的联想，也可以是形象和形象之间的联想；可以是像桌子和椅子这样两个客观存在的物体之间的联想，也可以是牛郎和织女等传说中的、虚构的人物的联想。此外，联想还可以在已有的和未知的(幻想中的)、真实的和虚假的事物之间产生。

1)接近联想法

从空间上或时间上由一事物联想到比较接近的另一事物，从而激发出新创意、新设计、新发明的方法称为接近联想法。

例如，当你看到蝌蚪会联想到青蛙，是因为两者在空间上接近；当你看到花猫会联想到老虎，则是因为它们在形态上接近。一般地说，空间上接近的，时间上也必定接近；时间上接近的，空间感知也势必接近。时空的接近往往有内在的联系。例如，在第一次世界大战期间，德国侦察兵发现法军阵地后方的空地上有一只家猫经常出没，它每天早晨八九点时总在晒太阳，该空地是一片坟地，而坟地周围又没有村庄和房舍。这位善于联想的侦察兵从空间位置接近想到，里面很可能有个掩蔽部，而且还可能住有高级军官，因为法军中高级军官可以养家猫(接近联想)，于是向总部发出通知，德军用六个炮兵营集中轰击。事后查明，这里的确是法军的一个高级指挥部，经炮击后，掩蔽部内的人员全部丧生。

2)相似联想法

不同事物之间总是存在某些相似的地方，从原理、结构、性质、功能、形状、声音、颜色等方面对事物之间的相似之处进行联想，从而导致新的发明创造的方法称为相似联想法。

例如，美国著名发明家柏西·斯本塞在做大功率的磁控管实验时，发现微波能使周围的物体发热，放在他口袋里的巧克力就被微波加热融化了，他由此联想到能否利用微波来加热食品呢？此处正是运用了相似联想法，最终柏西·斯本塞发明了微波炉，广泛用于木材、铸造砂芯的干燥和食品的加热。

3)对比联想法

对比联想法就是从周围事物的对立面或相反方面进行的联想方法。任何事物都是由许多要素组成的，其中包含着本身的对立面或相反面，例如由黑暗想到光明，由温暖联想到寒冷等。对比联想法往往在一对对立事物之间产生，既反映事物的共性，又反映事物的个性。如黑暗和光明，其共性是二者都是表示亮度的，个性是前者亮度小、后者亮度大。这种联想容易使人们看到事物的对立面，具有对立性、挑战性和突破性。对比联想属于逆向思维，常常会产生意想不到的效果。

以下是对比联想法常用的四种不同的思维角度：

(1)优点、缺点对立的角度。世上的事物都是对立统一的，都具有矛盾的两个方面，所以在进行联想时，既要看到优点和长处，也要看到缺点和短处。从不同的角度考虑问题、进行联想，常常就会有所创造。

例如，铜的氢脆现象使铜容易脆裂，影响铜材的质量和使用寿命，这显然可以看作是铜的属性中的缺点。但在机械碾磨铜粉时，将铜放在氢气流中使其脆化，然后再进行碾磨，就可以得到高质量的铜粉，显然这又成为铜的属性中的优点了。由容易脆裂的缺点联想到容易碾磨的优点，就是对比联想法具体应用的典型案例。

(2)性质、属性对立的角度。这就是说要从事物的一种性质或属性联想到与之对立的另一种事物的性质或属性。这是一种应用十分普遍的对比联想方法。

例如，卡介苗的诞生就是一个非常生动的例子。20世纪初的一天，法国细菌学家卡默德和介兰一起来到一个农场，他俩看见地里长着一片低矮的玉米，穗小叶黄，便向农场主询问原因，农场主解释说该种玉米引种到该农场已经十几代了，有些退化。卡默德和介兰听后不约而同地陷入沉思，都马上联想到自己正在研究的结核杆菌。他们想，毒性强烈给人类带来了巨大危害的结核杆菌，如果将它一代一代地定向培育下去，它的毒性是不是也会退化呢？如果也会退化的话，将这种退化了的结核杆菌注射到人体内，那它不是就能使人体产生免疫力了吗(有毒与无毒的属性对比)！正是以这样的对比联想为基础，他们花费了13年进行反复研究，培育了230多代结核杆菌，最终培育出了对人类做出巨大贡献的人工疫苗。为了纪念功勋卓著的生物科学家卡默德和介兰，世人便将他们培育出来的人工疫苗称为“卡介苗”。

(3)结构颠倒的角度。这是一种从空间结构方面，考虑前后、左右、上下、大小的颠倒而进行创造的技法。

例如，日本有一位家庭主妇，常为煎鱼时鱼老是粘在锅上、煎好的鱼东缺西烂、令人没有胃口一事而感到恼火。她认为这与锅内的鱼油遇到来自锅下面的火有关，她顿时萌生出把锅和炉子“上下倒过来煎”的念头。能不能不在锅的下面加热，而在锅的上面加热呢？于是她采用在锅盖里安装上电炉丝的办法从上面进行加热，几经尝试后终于制成了不仅煎鱼不糊、不烂，而且还能省油又不冒烟，令人满意的“煎鱼不糊的锅”。

(4)物态变化的角度。就是看到事物从一个状态变化成为另一种状态时，联想到与之相反状态的创造技法。

例如，18世纪，法国化学家拉瓦锡做过把金刚石煅烧成二氧化碳的实验，进而证明了金刚石的成分是碳。1799年，法国化学家摩尔沃成功地把金刚石转化为石墨。金刚石既然能够转变为石墨，那么反过来石墨能不能转变成金刚石呢？人造金刚石的出现，使人们再一次如愿以偿。英国物理学家戴维根据化学能可以转换电能，倒过来联想而最终发现了电能也可以转换为化学能。英国物理学家法拉第根据电能产生磁，倒过来联想最终发现磁也能产生电。

4)自由联想法

自由联想法是一种没有明确目标、没有方向、不受限制的任意联想的创造技法，其主要形式有自由漫谈法和输入输出法(简称入出法)两种。

(1)自由漫谈法。这个方法是美国洛克希德航空公司率先采用的，其实质是头脑风暴法(智力激励法)的变种。自由漫谈法首先要求禁止互相批判，形成一个联想创新的“自由”环境。其次，把具有不同方法、经验和见识的人召集到一起，他们的发言可以互相启发、互相补充，有利于广开思路、举一反三，引起思维连锁反应。

自由漫谈的具体规则和做法是：①主持人1名，其作用是把议题告诉大家，并收集、记录大家的意见；②参加者应选6～7名具有不同方面知识和经验的专家、管理者或工作人员，这些人应是具有广泛的知识面、丰富的想象力、灵活的思维方式、敏锐的洞察力、敢想、敢说、敢于打破传统思维定势、善于抓住机遇的创造者；③时间选择要合适，最好安排在上午，时间不超过2个小时。

(2)输入输出法。就是把所期望的结果作为输出，以能产生此输出的一切可以利用的条件作为输入,从输入到输出要反复交替,经历自由联想、提出设想和用限制条件评价设想等过程,最后得到理想输出的创造技法。此法与其他自由联想法相比,多了一个评价过程,因而输入输出法得到的创造性设想往往更趋成熟和实用。

输入输出法采用集体讨论方式。主持人兼作汇总工作,必要的话,最好设置一名记录员。具体做法是:①由主持人宣布“输出”,然后与会者根据输出,提出各种输入;②对“输入”进行全面、深入的分析;③由与会者提出各种联想和设想;④由主持人宣布限制条件;⑤与会者评价各种联想,提出在限制条件下可实现的各种联想,按此程序反复进行;⑥提出联想和评价的结果,最终给出输出。

5)定向联想法

定向联想法是一种有控制的联想,其联想的方向和目标已被锁定,与会者需要按照所定的方向和目标进行联想,主要有查阅产品样本法、焦点法和 T.T.STORM 法三种形式。

(1)查阅产品样本法。该法就是将两个以上、一般情况下彼此无关的产品或构思强行联系在一起,从而产生独特性设想的方法。

这个方法非常简单,只需打开产品样本或其他印刷品,如专利说明书等,随意地将某个项目、题目、语句挑出来,使两个合二为一,产生独创性的设想。该法尤其适合于不断需要独创性见解的工作,如构思文章、设计和做广告等。但是,这种强制性联想由于没有内在的某种联系,得到的设想有许多是毫无道理的“畸形”组合。因此,对于强制联想产生的设想要加以分析和鉴别。

例如,日本著名发明家丰田佐吉发明了蒸汽驱动织布机,丰田最初并不是要研究织布机,而是为了寻找一种使企业获得发展的技术,为此他对专利文献进行了搜集和调查,通览了日本政府专利公报和一些国外的专利公报,从而综合了各种织布机的优点,研制出了具有优良动力的自动织布机。这一发明的成功曾使当时以纺织工业著称于世界的英国大吃一惊,后来英国反过来向丰田佐吉购买了这项专利。丰田佐吉的工作表明,查阅产品样本和专利不仅对设计新产品有用,而且对于提高产品的质量、性能以及改造老产品都是有意义的。

(2)焦点法。该法就是以特定的问题作为焦点,强制地把随机选出的要素结合在一起,以促进新的设想产生的创造技法。

焦点法是由英国的惠廷等人在综合定向联想和自由联想的基础上形成的创造技法。从思维的形式上看,焦点法像光线的聚焦一样,把思维指向某一固定点,它要求人们从多角度、多层次考虑某一问题,得出解决问题的完美方法。此法与查阅产品样本法不同,它不是任选两个项目,而是只能选择一个,而另一个则是指定的要进行创造性联想的“焦点”,要紧紧围绕“焦点”进行联想。该方法不仅可以从任选的某一事物联想到焦点,也可以反过来,从焦点到任选的一事物进行联想。

以运用焦点法解决生产新型椅子为例:①要生产新型椅子,以椅子作为强制联想的焦点。②任选另一项,比如各种灯泡。③将灯泡与椅子进行强制联想,得出许多新的设想椅子,如:薄玻璃灯泡—薄形椅,球形灯泡—球形椅子,螺旋灯头—螺旋式转椅,电灯泡—电动座椅,遥控灯—遥控座椅,透明的灯泡—透明质地的座椅,发光的灯泡—椅背上装有照明灯的椅子等。④发展上述的每一个设想。以发光的灯泡—椅背上装有照明灯的椅子为例,发光—白天—云彩—像云彩一样色彩美丽的、能变色的、云形的,坐上去如同腾云驾雾有悬浮感的椅子。⑤从上述众多设想中选出有市场价值的椅子进行试制。

(3)T.T.STORM 法。STORM 是“实现目标的系统思考方法”的英文首字母缩写,这个技法是由日本经营合理化中心的武知考夫(T.T.)提出的,因此叫作 T.T.STORM 法。该法是把系统思想融合在开发新产品、改善经营的创新活动中,包括集中目标、广泛思考、探索相似点、系统化、择优、具体化六个步骤。由于在进行探索相似点和具体化这两个步骤时,必须应用强制联想法,因而把 T.T.STORM 法归入强制联想法来介绍。此法的特点是比较完整,它不仅包括产生设想的步骤,而且还包括对设想的评价、选用和试制的准备等步骤。

以某个产品或其某个功能为目标,实施 T.T.STORM 法的具体步骤如下:①集中目标,明确提出问题及任务要求;②广泛思考,自由联想提出多个方案;③探索相似点,由多个方案中抽出各自的关键词,对这些关键词做强制联想,以形成若干个比较完善的方案;④系统化,将所得到的方案系统化,通过评价按优劣排序;⑤择优,进行比较、评价后选择优质方案;⑥具体化,将选定的方案具体化,并同其他功能和目标问题强制联系,求得整个产品方案的相互衔接和具体化。

6.5 移植法

6.5.1 移植法概述

移植法是将某个学科、领域中的原理、结构、方法、材料等,应用或渗透到其他学科、领域中,得以改变和创造新事物的创造技法,正所谓“他山之石,可以攻玉”。

现代科学技术的发展,使得学科与学科之间的概念、理论、方法等相互交叉、移植、渗透,从而产生新的学科、新的理论、新的事物和新的成果,这是现代科技突飞猛进的巨大动力之一,因而移植法就成了一种应用极其广泛的创造技法。从思维角度来看,移植法是一种侧向思维的方法,它通过相似联想、相似类比和灵感启示,从表面上来看毫不相关的两个事物或两种现象之间寻找它们的内在联系,从而产生新的设想。

现代新创造或新发明中,约 90%的内容均可通过各种途径从前人或他人已有的科学成果中获取,而独创性发明只占约 10%。这一事实告诉人们,发明创造既可以纵向继承前人的智慧结晶,也可以横向借鉴他人的思维成果,从而使自己的发明创造周期缩短、成功率提高。

例如，16 世纪时，意大利医学家圣托里奥把伽利略发明的温度计加以改良并运用到医疗中，用它来测量患者的体温，作为诊断疾病的依据。19 世纪，英国物理学家麦克斯韦把流体力学的模型和方法移植到电磁场的研究中，完成了对电磁场的理论概括。此外，技术移植的思想和方法还可以在人们日常生活的各个领域中广泛运用。

6.5.2 移植法的类型

移植法可以分为以下四大类，即原理移植、结构移植、材料移植和方法移植。

(1)原理移植

原理移植是将某一学科中的科学原理应用于解决其他学科中的问题，以创造新的技术产物。一般来说，技术原理本身往往都具有广泛的适用性，若能对其进行深入研究和合理移植，就可能产生发明创造。

例如，出于金融业现金提取的安全考虑，20 世纪末开发出了非接触射频识别智能卡技术，以代替安全性较差的磁卡技术。射频识别智能卡技术是大规模集成电路、射频无线电、计算机软件和光机电一体化这四大技术的集成产物，具有独特的准确性、可靠性，能远距离识别，难以伪造和储存信息量大的特点，目前已从金融业移植到仓库和物业管理、货物托运、图书馆管理、快递服务、停车管理、超市商品零售、单位考勤机、出入境管理及身份证识别等许多行业，从而大大提高了社会管理的水平和效率。

(2)结构移植

结构移植是将某种事物的结构形式或结构特征部分地或整体地运用另一事物的设计与制造，以创造新的技术产物。结构是由人们设计和建造的，是其设计理念和功能需求的体现，因而每种结构都有自己的特点和长处，从而成为其他领域开展发明创造活动的模仿对象。

例如，常见的机床导轨是滑动摩擦导轨，其摩擦阻力较大，如果在摩擦面间加设滚子，可使滑动摩擦导轨变成滚动摩擦导轨[见图 6.6(a)]。与普通滑动摩擦导轨相比，滚动摩擦导轨具有运动灵敏度高、定位准确性好、摩擦力低、牵引力小、润滑系统简单、维修保养方便等优点，其发明是借鉴了普通平面滚动轴承的结构形式[见图 6.6(b)]，是结构移植的产物。

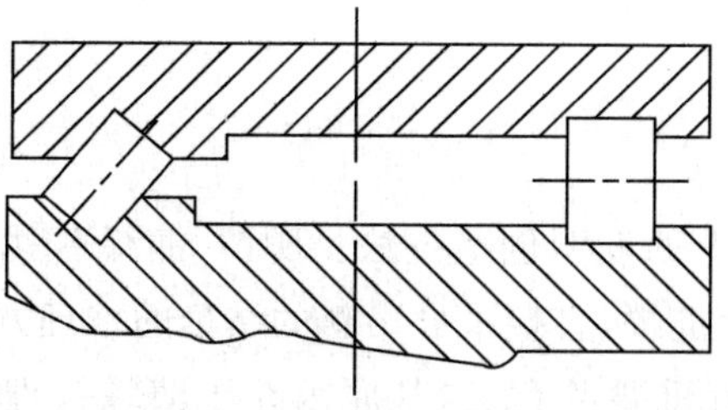

(a)

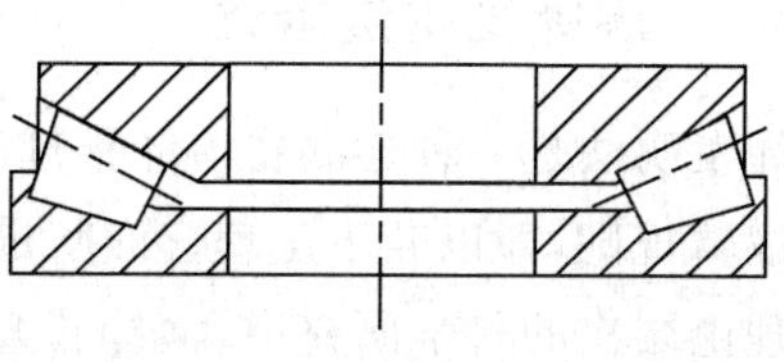

(b)

图 6.6　滚动摩擦导轨结构示意图

(3)材料移植

材料移植就是将材料转用到新的载体上，以产生新的成果。产品的使用功能、使用价值和制造成本，除了取决于技术原理、结构、方法外，还取决于物质材料。许多工业产品是通过材料的更换实现创新的。

例如，用塑料取代金属做汽车的外壳，具有成本低、质量轻、耐撞击的优点；用陶瓷材料做成的发动机具有耐高温、不变形和减少油耗的优点；美国国际纸业公司设计出了一种造价低廉、容易拆迁和建造迅速的纸质房屋，其板壁由一种专用的经化学处理的带皱纹的牛皮纸板涂上树脂和玻璃纤维制成，使用寿命可达15～20年。

(4)方法移植

方法移植就是将某一学科、领域中的方法应用于解决其他学科、领域中的问题，以产生新的成果。科学研究每提出一种新的理论，技术制造每完成一项新的发明，都伴随着方法上的更新和突破，而这种方法的诞生和推广，其意义有时比科学研究和技术创造成果的本身还重要。方法的移植能在很多领域的科研和技术创新中发挥启迪和催化作用，方法的生命力往往超过成果自身的生命力。

例如，1972年的一天，美国俄勒冈州立大学体育教授威廉·德尔曼正在家中做饭，他发现用带有一排排凸凹不平的小方块铁板烤制出的饼不但好吃，而且富有弹性。威廉·德尔曼教授就试验利用高弹性的橡胶钉仿造铁板的方法，用来制作运动鞋底，使走路更加舒适，不久风靡世界的耐克运动鞋就诞生了。

总之，移植法对发展科学技术、促进发明创造具有重大意义。贝弗里奇曾说：使用移植法可以促进科学的进展，也许这就是为什么研究人员对自己狭窄的研究范围之外的发展，至少是重大的发展要有所了解的主要原因所在。今天，科学原理与技术方法的互相交叉和互相渗透趋势愈加突出，我们要把握全局、抓住机会，深刻理解这种趋势的价值。因此，在开展发明创造活动时，不能局限于一个很小的科学技术领域，要拓展知识面、解放思想、开阔思路，运用技术移植法来创造奇迹。

6.6 演绎发明法

6.6.1 演绎发明法概述

演绎发明法是一种建立在演绎推理基础上的发明创造技法。所谓“演绎”，就是按照一定的逻辑规则，即以若干定理、公理、定律为前提，直接推导出新的结论的推理方法。

在理论层次的科学研究中，演绎推理具有重要的意义，其原因在于演绎推理是一种必然性推理，只要合乎逻辑，并以客观为前提，通过演绎就能推导出科学的结论。由于演绎具有这个根本特征，因而在建立严密的理论体系时，往往采用演绎推理作为主要手段。

演绎发明法在发明创造领域中具有极为重要的作用，其作用主要体现在以下方面：①演绎发明法是构造科学理论体系最基本的方法之一；②演绎发明法是检验科学技术理论最有效的手段之一；③演绎发明法是探索发明创造规律最常用的途径之一。爱因斯坦曾高度评价演绎推理方法：理论家的第一步工作是建立可以用作演绎出发点的原理，一旦完成这一步，演绎推理就一个接着一个，它们往往显示出一些预料不到的关系，并超出初始的理论范畴。

最早的演绎方法是亚里士多德提出的“三段论”，由大前提（已知的一般原理）、小前提（个别事实与一般原理的关系）和结论（推导出的个别事实）三部分组成。其最大的特点是：前提与结论之间存在必然关系，如果前提正确，并且采用的推理过程正确，则导出的结论肯定是正确的。

一般来说，先有科学原理的发现，然后才有以科学原理为基础逐渐发展起来的各种技术及其具体应用。当一种新的科学原理被发现后，就会产生连锁反应，衍生出许多新产品、新技术和新课题，并且还可进一步演绎出更多、更好的发明创造。

例如，人们曾推测地球是球形的，但在未经实测之前，并不知道地球究竟是什么样的球形。当时的科学家牛顿运用了演绎推理：首先，凡是自转的球，球上的物质都因受离心作用而沿地线方向运动位移，离心作用的大小与地球的半径成正比；其次，地球是自转的球体，地球赤道附近物质受到的离心作用最大。由此可以推理得出地球是呈扁圆球体的结论。后来的实测结果表明，牛顿的演绎推理是正确的。

6.6.2 演绎推理的基本方式

1）由公理开展演绎

由公理开展演绎是以公理和定义作为大前提，以少量不加定义的基本概念和不加证明的基本命题作为逻辑出发点，得到重大科学研究成果的演绎推理方式。

运用公理化方法建立公理体系或从事发明创造，必须遵守以下原则：

（1）一致性原则。一致性原则即各个公理彼此必须是无矛盾的。若以引进的公理和公式作为演绎推理的出发点，则无论推论多远，都绝不允许出现相互矛盾的结论同时成立的情况。

（2）完备性原则。在演绎推理过程中，引用的公理和公式能组成最广泛的组合，而不需要再插入新的元素。

（3）独立性原则。公理体系中的任何公理和公式都是独立存在的定理，不能是由其他公理或公式采用逻辑方法推论出来的结论。

公理化方法在科学研究和技术发明中具有突出作用，主要体现在它能够以科学技术所积累的丰富的理论成果和广泛的经验材料为基础，使科学知识系统化，从而建立起完整的科学理论体系。此外，公理化方法也是在理论上探索事物发展的逻辑规律、做出科学发现和科学预见的一种重要方法。

2)由假说开展演绎

由假说开展演绎,是以假说作为推理的大前提而进行的逻辑推理,一般形式可写为:如果存在P,则存在Q。这是一种最富有探索性的演绎推理方式。

假说演绎法的基本思想是:为了解释现象,科学家必须首先提出假说,然后从假说演绎出由经验判断的结论,并用实验进行检验和修正。当结论被证实时,就承认假说;当结论被证明是谬误时,则假说不成立。应该记住,假说的提出是由假说开展演绎的第一步,以后的两个步骤是假说的演绎和检验。

例如,人们认识光的本质经历了漫长的过程,并形成了两种典型的假说:一种假说认为光是微粒流,像一串飞行的小球;另一种假说认为光是一种波,在以太中传播。科学家用假说演绎法进行验证,起先证实了光的波动说成立,尔后现代物理学关于光的"波粒二相性"的认识又比"波动说"更前进了一步。

3)由规律开展演绎

由规律开展演绎,是以经验规律或普遍定律作为演绎推理的大前提,经过逻辑推理和创新思考,以获得新的概念、新的认识和新的结论的演绎推理方式。

在科学研究和技术发明过程中,从科学的普遍定律或事物的演变规律出发,通过演绎推理,进而导致发明创造成功的实例不胜枚举。

例如,俄罗斯化学家门捷列夫在从事化学研究中,发现了元素化学性质的变化与原子量的变化之间有函数关系。门捷列夫依据发现元素的经验及其内在的规律,演绎推断出了当时尚未被发现的元素的存在,且进一步推断出了这些有待发现的元素的化学性质,他的预言在以后的实验中均得到了证实,并且最终揭示出了化学元素的周期律。

需要指出的是,演绎推理是否正确的前提条件是已知的原理和规律是否正确。因此,应用演绎推理的关键是首先要弄清原理的实质和条件限制,然后再有的放矢,进行各种演绎推理。如果从对原理的错误认识和对条件的错误理解出发开展演绎推理,其结果必然以失败告终。一般来说,在数学、物理学、化学、工程科学等学科领域,由于前提条件比较明确,加上附加条件也比较容易控制,所以演绎推理的结果也就比较可靠;而像医学、生物学、植物学等学科领域,由于前提条件往往模糊不清,并且变异性很大,所以演绎推理就缺乏可信度,这是在运用演绎发明法进行发明创造时应该注意的问题。

6.7 逆向构思法

6.7.1 逆向构思法概述

逆向构思法又称"反向探索法"或"逆向发明法",它是一种从现有事物的原理、功能、结构的反面去思考、探索的发明创造方法,是逆向思维在发明创造活动中的具体运用。

逆向思维的创造性主要通过“逆向思考”“相反相成”和“相辅相成”三个方面体现出来。逆向思考是指人们有意识、有计划地寻找事物的对立面，从而发现新概念、产生新设想；相反相成是指人们将两个或多个对立面联系在一起时，能够发现它们之间有时不仅不起破坏作用，反而起促进作用，在它们相互补充和相互融合的作用下，发现事物新的功能和作用；相辅相成是指将对立面置于一个统一体系中，保持着相互间一种必要的引力、融合，而且能适时地相互转化，使事物同时具有两种对立的性质，能在两种极端的条件和状态下相继发挥作用。按照这种思路进行科学研究、技术发明和系统管理，能创造出新的科学理论体系、科学概念、技术方法和设计方案。

逆向构思法源于创造学中的逆反原理，它遵循着从原型→反向思维→创造的发明模式。“思维逆转”或“思维反向”就是将思维的主、客体易位，从相反的角度去考虑课题之间的相互关系和相互作用，并引发出新设想、新技术或新方案。在科技发展进程中，不乏这样的例子，当科学家或发明家沿着一条思路苦苦思考，几乎“山穷水尽”时，由于思维逆转，采用逆向思维而使问题迎刃而解，最终取得发明创造的丰硕成果。

发明创造的实践表明，人们可以用具有挑战性、批判性和新奇性的逆向思考去拓展思路、启发思维。因为这种从事物对立的、颠倒的、相反的角度去考虑问题的方式往往能帮助人们有效地破除思维定势，克服经验思维、习惯思维或僵化思维所造成的认知障碍，为发明创造开路。

6.7.2 逆向构思法的类型

创造学的逆反原理告诉人们，在运用逆向思维解决发明创造问题时，应把思维的原点放在发明创造的目标上，这样才能做到思维路径、方向和思考重点突出。为了进行合理的逆向思维，开展科学的逆向构思，以实现发明创造的目标，人们可以采用反转型逆向构思法、转换型逆向构思法和缺点逆向构思法予以辅助和指导。

1)反转型逆向构思法

反转型逆向构思法是指从现有事物的反面进行思考，使思维的功能和作用发生转化，以帮助人们获得启示、发现线索，激励创新思维，达到发明创造目的的创造技法。

事实上，任何事物都存在着正、反两个方面，它们之间有着密切的联系，可以相互转化并相互促进。认识并理解该特殊属性对创造实践有着非常重要的意义。例如，人们在欣赏风景照片时，看到的是正片，这使人们感到真实可信；但对于医生诊断病情来说，使用X光照片的负片则较为适宜，因为它使病灶部分更为清晰。

在发明创造活动中，运用反转型逆向构思法有以下三条主要途径：

(1)功能性反转。这是指从原有事物的相反功能去构思发明创造方案。例如，拖拉机自发明之日起就是一种拖拉货物或耕田犁地的机动工具。后来人们从拖拉机相反的动作出发，做相反功能的探索，在拖拉机前面加上一把大铁铲，再配备机械式或液压式的控制装置，就设计制造出了推土机。

(2)结构性反转。这是指从原有事物的相反结构去构思发明创造方案。例如,有一种移动墙板在市场上十分走俏,但人们对这种墙板在使用一段时间后,移动灵活性会有所下降而颇为不满。工程技术人员针对这一问题展开深入分析,发现原设计墙板的轴座开口向上、转轴向下置于其中。正因为开口朝上很容易积聚灰尘和杂物,导致阻力增大、转动不便。针对存在的问题,技术人员进行了结构反转设计,将轴座开口改为向下而转轴朝上。这样不仅灰尘和杂物无法在其中沉积,而且转轴每转动一次,就相当于清扫一次轴座,改良后的使用效果令人十分满意。

(3)因果性反转。这是指通过改变原有事物的因果关系来构思发明创造方案。例如,1820 年,丹麦物理学家奥斯特发现了通电导体可使磁针转动的磁效应。1820 年,法国物理学家安培也发现了通电的螺旋管具有磁性。这两个发现促使英国物理学家法拉第进行因果关系反转的思考:为什么不能用磁来产生电呢?经过长达 9 年的艰苦探索和反复研究,法拉第终于在 1831 年发现了电磁感应现象,进而制造出了世界上第一台发电机,为人类步入电气化时代开辟了道路。

2)转换型逆向构思法

转换型逆向构思法是指通过转换研究对象的某一方面来引导发明创造的思路,产生发明创造设想的创造技法,其最重要的形式就是所谓的"重点转换",即当某种思维目标或研究课题在一个方向上屡攻不克时,研究者背离以往解决问题的思路或路径,把问题的重点从一个方面转向另一个方面,进而开辟新的思路,从而找到解决问题的新的方法。

例如,自约翰·斯塔利于 1885 年发明链条传动自行车至今,100 多年过去了,在漫长的岁月里,由于人们一直抱着自行车的传统观念,其设计思想和设计方法始终没变,故自行车的造型和结构基本上千篇一律。现在由于新思想、新技术、新材料、新工艺的推动,人们开始思考:自行车的传动方式能否改变?自行车的调速方式能否改变?自行车的骑行方式能否改变?自行车的支撑方式能否改变?自行车的布局方式能否改变?转换了思维角度,就容易发现问题并加以改善。近年来,非链条传动式自行车、无辐条支撑式自行车、碳纤维自行车、铝合金自行车、钛合金自行车、流线型自行车、封闭型自行车、卧蹬式自行车、太阳能自行车和共享单车等相继问世,使自行车家族大放异彩。

3)缺点逆向构思法

缺点逆向构思法是指通过揭示事物缺点的内在实质和作用机制,利用这些缺点来扩展思路和逆向思维,以寻求发明创造的突破口的创造技法。了解和掌握缺点逆向构思法,对人们开拓思维路径、转换思维角度、提高思维质量十分有利,因为逆向思维的辩证法原理不仅表现为事物对立面相互依存、相反相成,而且表现为事物的对立面相互补充、相辅相成。从根本上讲,缺点逆向构思法并不以克服事物的缺点为最终目标,而是巧妙地利用事物的缺点,化弊为利、化腐朽为神奇,进行新的创造。

运用缺点逆向构思法的工作步骤如下:

(1)深入研究找缺点,即通过深入研究和仔细分析,发现事物存在的缺点,特别是那些可以转化、利用的缺点。

(2)透过现象看本质,即认识事物缺点的本质,从复杂的表象中探索出缺点背后隐藏的基本原理、行为特性和运作过程。

(3)运用缺点求创新,即根据缺点现象背后的基本原理和行为属性,寻求加以利用的途径和方法。

应该指出,上述步骤中的第三步是提出设想和构思方案的关键,必须综合其他创新思维形式和方法,才能依据缺点背后所隐藏的原理和特性实现“化弊为利,化害为益”的发明创造。

例如,噪声有害健康,是一种公认的污染,但若能够善加利用,则可以化害为利、变废为宝。美国科学家丹·卡尔森经过实验发现,有些农作物居然偏爱噪声,在噪声刺激下,这些农作物的根、茎、叶表面的气孔可大为扩张,从而便于对肥料和营养物的吸收,产量也随之大幅增加。

应注意,逆向思维的能动性体现在人们思维的创造性转化方面,并主要集中在形态转化、符号转化、语义转化、结构转化、时空转化上。这些转化大多发生于发散思维过程、逆向思维过程以及横向思维过程中。转化是否完善、是否成功,还要借助于收敛思维、正向思维、纵向思维等思维形式的支持与补充。

6.8 形态分析法

6.8.1 形态分析法概述

形态分析法是指根据研究对象系统分解与层次组合的情况,把所需要解决的问题首先分解成若干个彼此独立的要素,然后用网络图解的方式进行排列组合,以产生解决问题的系统方案或创造设想的技法。该技法由瑞士天文学家弗里茨·兹威基和美籍瑞士矿物学家里哥尼联合创建,现已被广泛应用于自然科学、社会科学以及技术预测、方案决策等领域,是发明创造领域最常用和最有效的技法之一。

在形态分析法中,因素和形态是两个非常重要的基本概念。所谓“因素”,是指构成某种事物各种功能的特性因子;所谓“形态”,是指实现事物各种功能的技术手段。以某种工业产品为例,反映该产品特定用途或特定功能的性能指标可作为其基本因素,而实现该产品特定用途或特定功能的技术手段可作为其基本形态。例如,若将某产品“时间控制”功能作为其基本因素,那么“手工控制”“机械控制”“电脑控制”“智能控制”等技术手段,都可视为该基本因素所对应的基本形态。

6.8.2 形态分析法的原理

从本质上看,形态分析法是将研究对象视为一个系统,将其分成若干结构上或功能上专有的形态特征,即将系统分成人们借以解决问题和实现基本目的的参数和特性,然后加以重新排列与组合,借以产生新的观念和创意。其理论基础可从哲学和心理学两个方面进行考察。

在创造学领域中,事物的新颖程度与相关程度成反比关系,即事物越不相关其创造性就越高。既然一些表面无关的事物仍然存在相关联系,因而若能人为地将其重新排列和组合,就有可能创造出新的产物。这既是形态分析法的理论基石,也是形态分析法的基本要点。

形态分析法认为,在那些由很多不同想象交织在一起、形成错综复杂的大系统或大集合的地方,人类的思维都可以发挥巨大的能动作用,都可以用系统化构思和程式化解题的方式来进行科学研究、技术发明或思维创新,即根据系统论的观点和层次性的方法,把大系统分解成子系统,再按它们的特性进行分类,然后再进行技术聚合。因而在发明创造过程中,应用形态分析法的基本途径是:先将研究问题分解为若干相互独立的基本因素,找出实现每个因素要求的所有可能的技术形态,然后加以系统综合,得到多种可行解,最后经筛选确定最佳方案。

一般情况下,研究对象的总系统可以分解成被称为基本因素(或称为"目标标记")的子系统 A、B、C、D 等,而对应每个基本因素都存在很多可能的基本形态(或称为外延标记)。比如,机器系统的基本因素之一是驱动能量,以 A 表示;则对应该基本因素的可能基本形态,即实现驱动的可能技术形态有电能 A1、机械能 A2、液压能 A3、压缩空气能 A4、太阳能 A5、辐射能 A6……将所有的基本因素和基本形态列成矩阵或画成网络(见表 6.1)。然后,从该矩阵或该网络的每个基本因素中选出一个基本形态,就可聚合成不同的总系统,即不同的设想方案。

表 6.1　形态矩阵和形态网络

形态矩阵				
目标标记	外延标记			
A	A1	A2	A3	A4
B	B1	B2	B3	B4
C	C1	C2	C3	C4
D	D1	D2	D3	D4
形态网络				
B4	B4A1	B4A2	B4A3	B4A4
B3	B3A1	B3A2	B3A3	B3A4
B2	B2A1	B2A2	B2A3	B2A4
B1	B1A1	B1A2	B1A3	B1A4
	A1	A2	A3	A4

由于形态分析法采用系统化构思和程式化解题,因而只要运用得当,此法可以产生大量设想,包括各种独创性、实用性和创新程度比较高的设想,可以使发明创造过程中的各种构思方案比较直观地显示出来。

例如，20世纪40年代初，弗里茨·兹威基在参与美国火箭开发研制的工作过程中，分析了火箭的各主要组成要素及其可能具有的各种形态，认为任何火箭都必须具有六大基本要素：使发动机工作的媒介物、推进燃料的工作方式、燃料的物理状态、推进动力装置的类型、点火的类型、做功的连续性。而这些基本要素则各有若干种可能的不同形态，如使发动机工作的媒介物有真空、大气、水、油(4种)，推进燃料的工作方式有静止、移动、振动、回转(4种)，燃料的物理状态有气体、液体、固体(3种)，推进动力装置的类型有内藏、外装、免设(3种)，点火的类型有自点火、外点火(2种)，做功的连续性有断续的、连续的(2种)。这样，这些基本要素组合的可能状态就有 $4\times4\times3\times3\times2\times2=576$ 种，即576种不同的火箭方案，其中许多方案都对以后美国火箭事业的发展做出了巨大贡献。特别令人感兴趣的是，在他得出的这些方案中，已经包括了当时德国正在研制并严加保密的带脉冲发动机的V-1型巡航导弹和V-2型弹道导弹，因而等于获得了技术间谍都难以弄到的技术情报。

由此可见，形态分析法的突出特点在于：一是其所得总构思方案具有全解系的性质，即只要将研究对象的全部因素及各因素的所有可能形态都排列出来，所组合的方案将包罗万象；二是其所得总构思方案具有程式化的性质，并且这些构思方案的产生主要依靠人们所进行的认真、细致、严密的分析工作，而不是依靠人们的直觉、灵感或想象。

6.8.3 形态分析法的运用程序

弗里茨·兹威基教授将形态分析法的运用程序分为如下五个步骤：

(1)明确研究对象。包括研究对象的要求性能、使用可靠性、成本、寿命、外观、尺寸、产量等要求。

(2)组成因素分析。确定研究对象的各种主要因素(如各个部件、成分、过程、状态等)。应列出全部因素，并且列出的这些因素在逻辑上应该是彼此独立的。

(3)形态分析。依据整个研究对象对各因素提出的功能及性能要求，详细列出能满足这种要求的各种方法和手段(每一种方法或手段即因素的一个形态)，为了有利于下一步的形态组合，可把各组因素的各种可能形态绘制成明细表。

(4)形态组合。按照确定研究对象的各种要求，分别把各组成因素的各种形态进行排列组合，获得全部的组合方案。

(5)评选出最佳的组合和实施方案。按照评定的标准，通过严格的反复几轮的分析、计算、实验，评选出最佳方案。

例如，为了开发一种新的运输系统，应用形态分析法的操作步骤如下：

第一步，明确研究对象。把一种物品从某一位置搬运到另一位置，考虑选择何种运输工具。

第二步，组成因素分析。通过分析，可以提出装载形式、运输方式、动力系统等三种组成因素。

第三步，形态分析。详细列出各个独立要素所包含的几个形态，如装载形式有车辆式、输送带式、容器式等，输送方式有水、油、空气等，动力来源有压缩空气、蒸汽、电动机等。列出明细表(见表6.2)并进行图解。

表 6.2 解决运输工具的三大独立要素

装载形式		输送方式		动力来源	
1.车辆式	4.吊包式	1.水	5.滚轴	1.压缩空气	5.电池
2.输送带式	5.其他	2.油	6.滑面	2.蒸汽	6.内燃机
3.容器式		3.空气	7.管道	3.电动机	7.原子能
		4.轨道	8.其他	4.电磁力	8.其他

第四步，形态组合。根据排列组合方法，共可得到300多种组合方案，如采用容器式装载形式，轨道作为输送方式，压缩空气作为动力来源；采用吊包式装载形式，滑面作为输送方式，电磁力作为动力来源；采用容器式装载形式，水作为输送方式，内燃机作为动力来源等。

第五步，评选出最佳的组合和实施方案。从300多种组合方案中，严格地分析、计算、实验，选出切实可行的方案。

关于形态分析法的运用程序，有两点需要说明：

第一，上述几个步骤不是一成不变的，有经验的专家可以省去其中一些步骤，而把主要精力放在组合设想的最佳化研究上。

第二，对于复杂的技术课题，可以分层次、多级运用形态分析法，从而找到各种最具体的解决方案。因为任何一个技术系统、任何一种技术手段都可以看成是由多种子系统组成的多层次的系列。按照上述步骤为某一因素寻找具体形态时，很可能发现该因素仍是一个子技术手段的集合体，还可再加以细分。这样就可以在更精细的层次上进行更广泛的形态分析和组合，从而获得更多的具体方案。

6.9 信息交合法

6.9.1 信息交合法概述

6.9.1.1 信息交合法的概念

信息交合法是由我国创造学研究者许国泰发明的，是建立在信息交合理论基础上的一种组合分析类创造技法。其具体做法是：把若干种信息排列在各自的线性轴标上，将它们进行交合，形成“信息反应场”，每个轴标上的各信息依次与另一轴标各点上的信息交合而产生新的组合信息。其实质就是将现有事物进行分解，然后借助于辐射状的标线重新组合成新事物。这种方法在许国泰所著的《产品构思畅想曲》一书中有较详细的介绍。

信息交合法俗称“魔球法”。魔球可定义为：一个由多维信息标组成的全方位信息反应场，在这个“魔球”中包含着信息、信息标和信息反应场等三要素，如图 6.7 所示(像一个有标线的原子模型)。

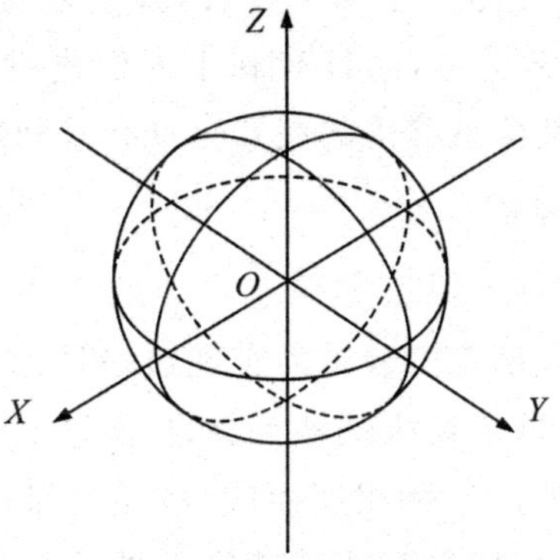

图 6.7　魔球示意图

例如，曲别针的用途有哪些？一般人能够根据自己的实践经验说出几十种，其用途不外乎勾、挂、别、夹……魔球法却能突破这种格局，能创造性地交合出曲别针的更多种用途，其思维技巧是利用信息标与信息反应场，如图 6.8 所示。先把曲别针总体信息分解成质量、体积、材料、长度、截面、颜色、弹性、硬度、直边、圆弧 10 个要素，把这些要素用直线连成信息标的 x 轴；然后，再把与曲别针有关的人类实践(各种实践活动)进行要素分解，连成信息标的 y 轴；两轴垂直相交，思维的奇迹就产生了。

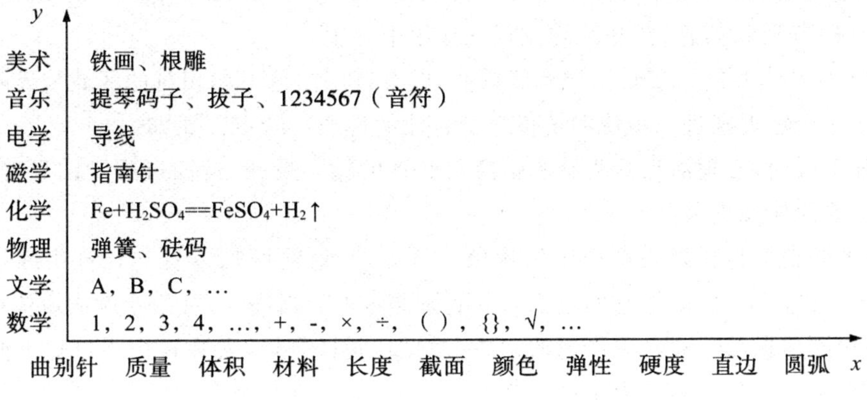

图 6.8　曲别针用途信息场示意图

举例说，如拿 x 轴上的“圆弧”要素与 y 轴上的“文学”标相交合，曲别针就可弯成 A，B，C，…；y 轴上的“电学”标与 x 轴上的“直边”要素相交合，曲别针就可用作导线或线圈；y 轴上的“磁学”标与 x 轴上的“直边”要素相交合，曲别针就可做成指南针等。

6.9.1.2　信息标的概念

信息标是指用来串联信息要素的一条有向线段。在运用信息交合法时，人们可将一个信息设定为一个要素，对于同一类型或同一系统的信息则可先按要素展开，然后依照信息展开的顺序用有向线段连接起来，以帮助人们进行信息交合。

就本质而言，人的思维过程是一个动态过程，并且还是一个有向过程。因而设立信息标不仅有利于人们进行科学思考，而且有利于人们进行有序联想。在发明创造过程中，引进信息标的概念，可以使信息群落的展开更具有系列性、层次性、逻辑性和完整性。

6.9.1.3　信息反应场的构成

从本质上进行分析，任何新产品都是信息交合的产物。要想获得科学研究成果，获得技术发明的课题就必须进行信息交合。为实现这一目标，人们应提供一个可使信息交合在一起发生“反应”的场所，这个场所就是所谓的“信息反应场”。

信息反应场至少应由两维信息标相连而成，越是复杂的信息交合过程，所需要的信息标就越多。因此，为了构思结构复杂或功能完备的系统，可以多设置几个相互联系的信息标，为信息交合创造条件。

从理论上分析，信息交合法由两个公理和三个定理构成：

公理 1：不同信息的交合可以产生新信息。

公理 2：不同联系的交合可以产生新联系。

上述的两个公理构成了信息交合法的基本论点，即信息是事物间本质属性及联系的印记，人类通过信息认识事物，事物在相互作用中又衍生出新信息，即子信息，这种子信息往往能萌生出发明创造。

定理 1：人们心理世界的构象，即人们头脑中勾画的映像，由信息和联系组成。

定理 2：任何新信息、新联系均在相互作用中产生。

定理 3：具体的信息和联系均有区域性，即有特定的范围和相对的区域与界限。

上述三个定理则进一步说明了信息交合法的性质与特点。比如：

定理 1 说明，心理活动是大脑中信息与联系的输入反映、运演过程和结果表达，这可通过以下方面体现出来：

(1)不同信息与相同联系产生的构象。例如，X 射线照相装置与计算机断层扫描技术是两个不同的信息，但把它们交合在一起则构成 CT 扫描仪，可诊断颅内或体内病变。

(2)相同信息与不同联系产生的构象。例如，同样是灯，安装在街道灯柱上则成为路灯，安装在矿工帽盔上则成为矿灯。

(3)不同信息与不同联系产生的构象。例如，独轮车与锅碗瓢盆本来就不是相同的信息，并且没有相同的联系，但技艺精湛的杂技演员却能将它们联系起来，表演“高车踢碗”的绝技。

定理 2 说明，没有相互作用就不能产生新信息和新联系。事实上，只要条件具备，任何信息以及任何联系之间，都能发生不同程度的相互作用。例如，将“桌子”与“床”交合，可导致床头桌问世；将“镜子”与“电视”交合，可导致反画面电视机的诞生。

定理 3 说明，任何具体事物都在一定的时空范围内活动。由于人类活动、科技条件、客观环境以及认识能力都存在相应的局限性，因而信息交合法的运用范围及作用效果也只能局限在研究心理信息运演的范围内，人们不应对其抱有不切实际的幻想。

6.9.2 信息交合法的运用

要获得信息反应场成果，关键在于科学分析与综合的过程。在该过程中，存在许多变数，既有必然性和偶然性存在，又有现实性和可能性存在。如果交合工作开展得好，会使人们思如泉涌，新的创意和构思会不断产生。相反，如果交合不当，信息反应场就变得僵化和呆板。因此，信息交合并非随心所欲、胡拼乱凑，必须遵守一定的科学法则。

1)成对列举交合

成对列举交合可以用于定向交合，也可以用于随机交合。在明确创造意图后，列举出所需的各种信息，然后按照图 6.9 所示的新式家具创意例子中的方式，使所列信息一一交合，强制联想产生新的信息。

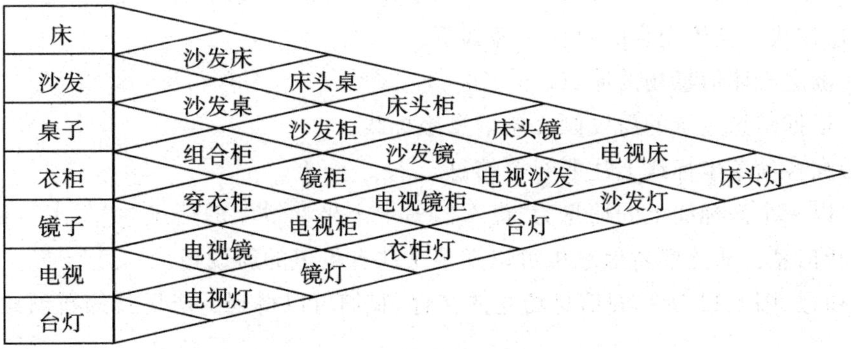

图 6.9 成对列举交合(新式家具创意示例)

2)平面坐标交合

平面坐标交合就是从 x 轴和 y 轴两个方向列出信息元素后进行成对交合思考，如图 6.10 所示。这种利用坐标系的方法促使人们从意义上缩小不同事物之间的差距，使原来无关的事物建立起联系，并演变为新事物。

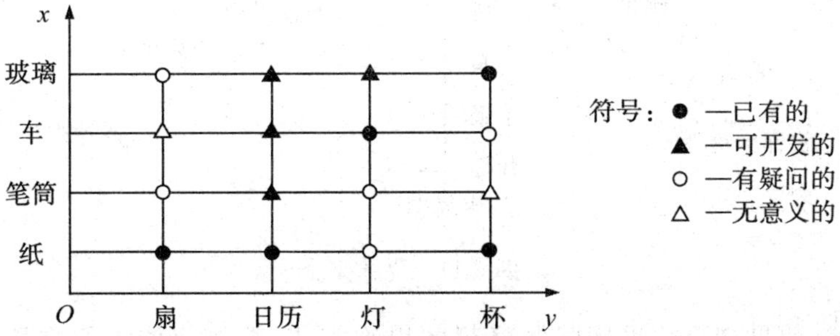

图 6.10 平面坐标交合

平面坐标交合的操作可按下列步骤进行：

(1)列出交合元素，所列相交元素的范围要广，不能局限在某一专业领域，应包括名词、形容词等有关产品特性的词汇以及 1/2 左右的非商品元素和非人造元素。另外，还应加入一些新材料、新产品等，以得到新颖的设想。

(2)使 x、y 两坐标线上的所有元素彼此相交和自身相交，得到若干个相交点。

(3)进行相交和判断，并将相交和判断的结果按图示的标记符号画在相交点处，相交时可以互换两个相交元素的位置。

(4)从坐标图中摘取有意义的相交结果。

(5)对有意义的相交结果进行可行性分析，从中找出适用性项目作为近期或长期的研究课题。

3)立体交合

立体交合是指确立一个问题点并以此为中心，先分解出许多不同的变量坐标，而每一变量坐标又可以不断分解设置下去，然后用线线相交或面面相交的办法，以寻找新创意的创造技法。立体交合的具体步骤如下：

(1)确定立体信息场的原点。

(2)根据信息基点的需要画几条信息坐标线。

(3)在各信息坐标线上注明有关信息。

(4)以一个坐标线上的信息为“母本”，另一个坐标线上的信息为“父本”，彼此相交后即产生新信息。从这些新信息中可以发现某些有价值的新设想。

例如，从图 6.11 所示的信息场立体交合，我们可以得到生产玩具的新创意。

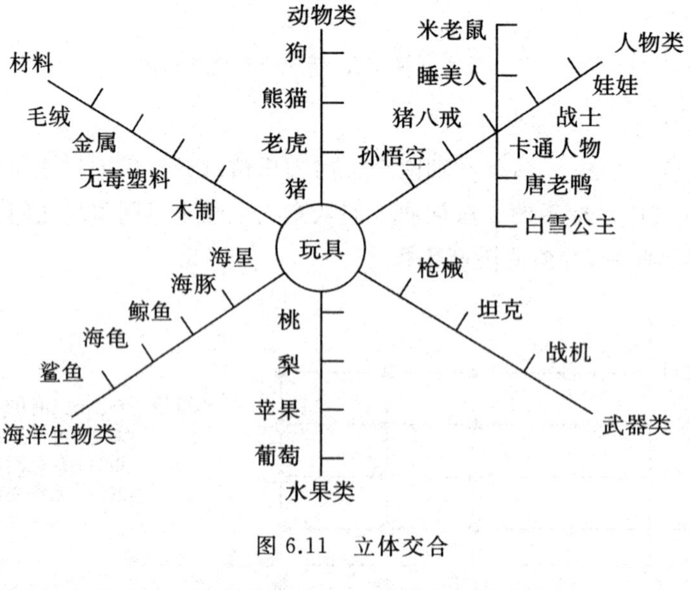

图 6.11　立体交合

综上所述，信息交合法采用强制联想的思维方式，能够促使人们在原来无关的事物之间建立起联系，并演变出新事物，常用于创造的初期阶段。

6.10 TRIZ方法

6.10.1 TRIZ起源与发展

TRIZ的含义是“发明问题解决理论”，是俄文字母的缩写，并按ISO/R9-1968E的规定转换成拉丁字母：

T：Теории(T→T)

R：Решения(P→R)

I：изобретательских(и→I)

Z：задач(з→Z)

根里奇·阿利赫舒列尔是苏联的一位天才发明家和创造、创新学家。他在15岁时，就申请了第一项专利。1946年，年仅20岁的阿利赫舒列尔由于其出色的发明成为苏联海军里海舰队专利部的一名专利审查员，从此开始了他半个多世纪的TRIZ理论的研究生涯。

在阿利赫舒列尔看来，解决发明问题过程中所寻求的科学原理和法则是客观存在的，大量发明面临的基本问题和矛盾(TRIZ称之为系统矛盾和物理矛盾)也是相同的，同样的技术创新原理和相应的解决问题方案，会在后来的一次次发明中被重复应用，只是被使用的技术领域不同而已。因此，将那些已有的知识进行提炼和重组，形成一套系统化的理论，就可以用来指导后来者的发明创造、创新和开发。正是基于这一思想，在他的带领下，众多苏联专家，经过50多年的时间，对数以百万计的专利文献加以搜集、研究、整理、归纳、提炼，建立起了一整套体系化的、实用的解决发明问题的理论方法体系，这就是TRIZ。TRIZ的来源如图6.12所示。当时由于正处在冷战期间，该理论不为西方国家所知。直至苏联解体后，随着研究人员移居到欧美等西方国家，TRIZ才很快引起学术界和企业界的极大关注，特别是传入美国后，成立了TRIZ研究咨询机构，在密歇根州等地继续进行研究，使TRIZ法得到了广泛、深入的应用和发展。该理论在我国也得到了学术界的重视。

TRIZ理论的发展历程可用表示技术系统发展进化的“S曲线”来表示(见图6.12)。第一条S曲线代表的是从1946年到1999年的半个多世纪中，经典TRIZ从产生、发展到成熟的过程。在这一时期中，从1946年阿利赫舒列尔开始研究隐藏在发明背后的规律，至1956年第一篇TRIZ论文发表(ARIZ-56)，是TRIZ的诞生期；再到1985年发明问题解决算法新版本的发布(ARIZ-85)，标志着TRIZ理论体系的完善，是TRIZ的发展期，在这一阶段，TRIZ从专家的研究应用走向教育普及；20世纪80年代末到90年代末是TRIZ发展的成熟期，在这一时期，苏联开发出了第一个TRIZ软件，TRIZ专家开始研究

TRIZ 与其他理论方法(如价值工程)的结合。1989 年,苏联 TRIZ 协会(即后来的国际 TRIZ 协会)成立,1993 年 TRIZ 正式进入美国,1999 年美国阿利赫舒列尔 TRIZ 研究院和欧洲 TRIZ 协会相继成立,TRIZ 正式走向世界。

伴随着 TRIZ 在世界范围内的大规模研究与应用的兴起,TRIZ 的发展进入了第二条 S 曲线。在这一新的进化阶段,世界各地的 TRIZ 研究者和应用者广泛吸收产品研发与技术创新的最新成果,试图建立基于 TRIZ 的技术创新理论体系。2004 年,TRIZ 国际认证进入中国,标志着中国人将为 TRIZ 理论的新发展做出贡献。

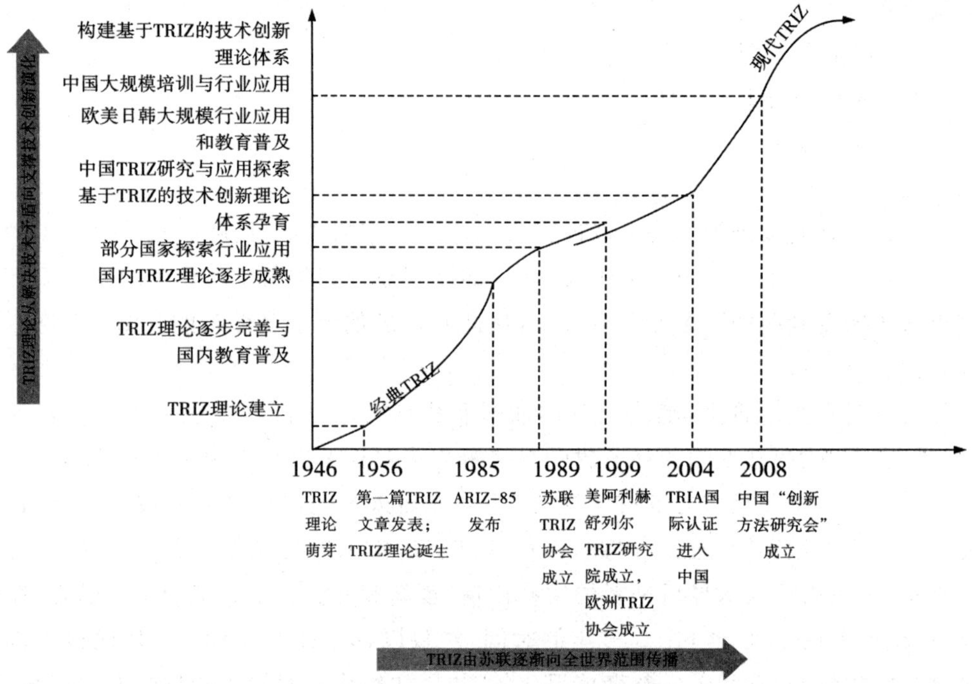

图 6.12 TRIZ 的发展历程

目前,根据 TR1Z 理论方法开发的计算机软件主要有美国 IWINT(亿维讯)集团公司的计算机辅助创新设计平台 Pro/InnovatorTM 和创新能力拓展平台 CBT/NO-VATM 等,它们已成为许多公司在尖端技术领域解决技术难题的有效工具。

6.10.2 TRIZ 的理论体系

TRIZ 的核心是消除矛盾,所依据的是技术系统进化原理,并建立了基于知识消除矛盾的逻辑方法,用标准解的方法解决特殊问题或矛盾。图 6.13 列出了 TRIZ 的理论体系。

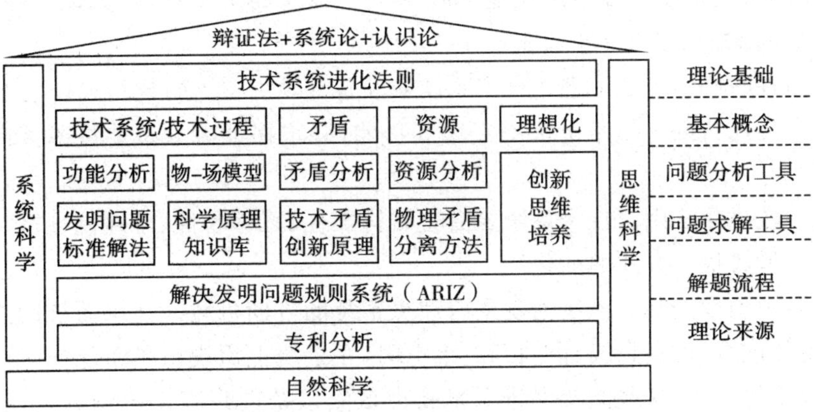

图 6.13　TRIZ 的理论体系

6.10.2.1　理论基础

TRIZ 的理论前提和基本认识是：

(1)产品或技术系统的进化有规律可循。

(2)生产实践中遇到的工程矛盾往复出现。

(3)彻底解决工程矛盾的创新原理容易掌握。

(4)其他领域的科学原理可解决本领域的技术问题。

TRIZ 理论强调技术系统一直处于进化之中，解决矛盾是进化的唯一方法，解决阻碍技术系统进化的问题就是解决更深层次的矛盾。自然界中技术系统的演进如图 6.14 所示。

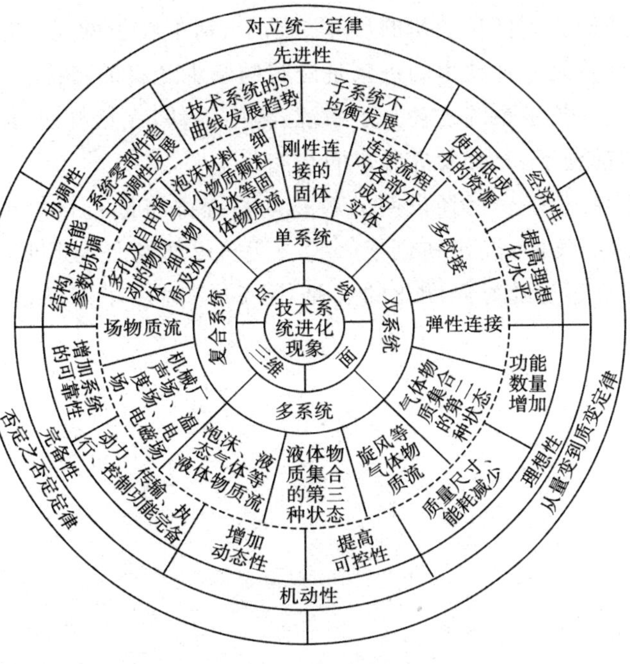

图 6.14　技术系统的演进方向图

技术系统进化是指实现系统功能的技术从低级向高级变化的过程。在这个变化过程中，TRIZ理论提出以下8个法则：

(1)完备性法则。一个完整的技术系统必须包含动力、传输、执行和控制4个部件。

(2)能量传递法则。技术系统要实现其功能，必须保证能量从能量源流向技术系统的所有元件。

(3)动态性进化法则。技术系统要沿着结构柔性、可移动性、可控制性增加的方向发展，以适应环境或执行方式的变化。

(4)提高理想度法则。该法则就是向理想系统的方向进化。技术系统的进化按量变到质变的规律进行，由点到线、由面到三维空间，在系统上出现由单系统向双系统和复合系统方向演变的趋势，这些演变促进了事物由低级系统向高级系统的进化，表现在产品由单功能向多功能、由低效率向高效率转化，并始终体现在性能价格比的逐步提升上，这些转化的极限是理想化。理想化是TRIZ技术的最高准则，最理想的技术系统作为物理实体并不存在，它不消耗任何资源，但是却能够实现所有必要的功能。计算机行业的摩尔定律堪称理想化的典范。

(5)子系统不均衡进化法则。技术系统进化动力源于事物子系统的不均衡性，它和哲学对立统一定律相对应。每个技术系统都是由多个实现不同功能的子系统组成，每个子系统都是沿着自己的S曲线向前发展，该法则要求人们及时发现并改进最不理想的子系统。

(6)向超系统进化法则。在该子系统的功能得到增强、改进的同时，也简化了原有的技术系统。

(7)微观进化法则。元件从最初的尺寸向原子、基本粒子的尺寸进化，同时能更好地实现相同的功能；计算机芯片技术的进化是宏观向微观迁移的特征。

(8)协调性法则。技术系统的各个子系统、各个部件，在结构、性能参数、工作节奏和频率上保持协调的前提下，充分发挥各自的功能。

所有工程产品、任何一个已经发明的新技术系统都将进行自然系统的演进，并按图6.15中所示的S曲线发展，经历初创期—成长期—成熟期—衰退期4个阶段。图6.16显示了产品进化设计过程随时间变化的规律，图6.17显示了产品设计过程随时间变化的演进规律。

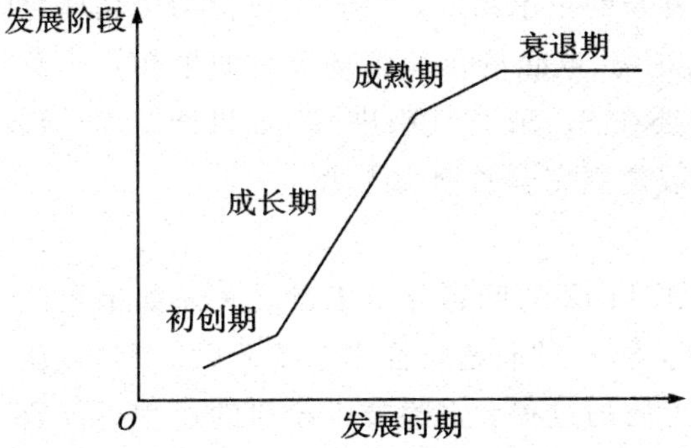

图 6.15　技术系统的演进阶段

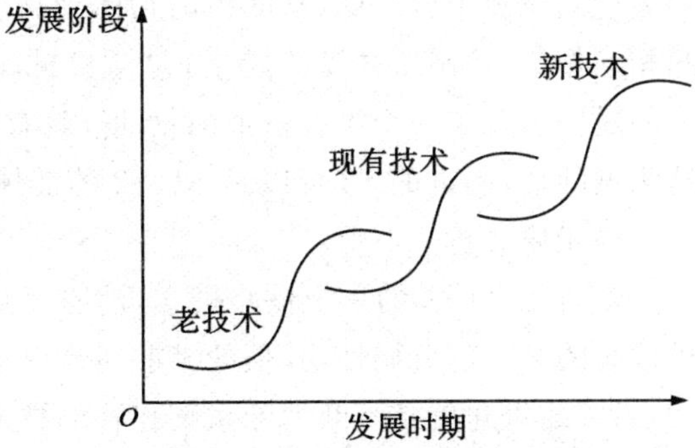

图 6.16　技术系统的演进方向

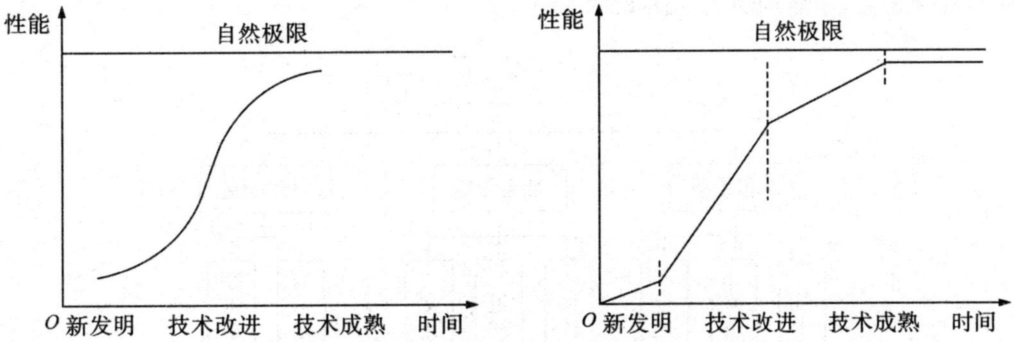

图 6.17　产品设计过程随时间变化的演进规律

一旦了解了技术系统进化法则，掌握了相应规律，就可以在此基础上确定产品所处的发展阶段、发现产品中存在的缺陷和问题，并依据法则的提示预测其未来的发展趋势、制订产品开发战略和规划。

6.10.2.2　问题分析工具

1)物-场模型

物-场模型是 TRIZ 的问题分析工具之一。阿利赫舒列尔提出，为解决发明问题必须建立完全的物-场模型，如图 6.18 所示。

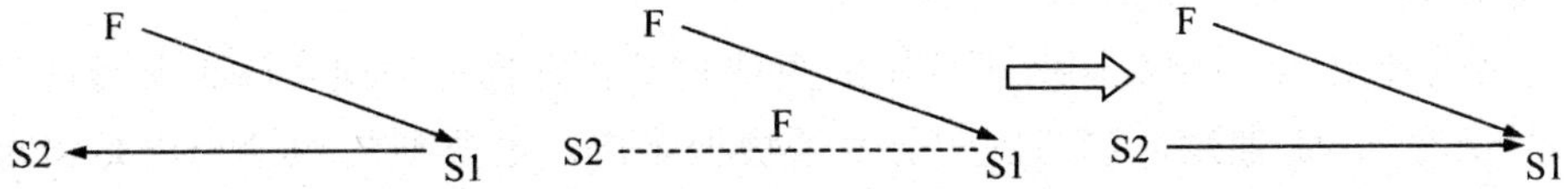

图 6.18　物-场模型

2)功能分析

产品是功能的一种实现。所有产品的功能可以分解为两种物质和一种场，即一种产品的功能是由两种物质 S1、S2 及一种场 F 三个元素组成，三者缺一不可。“物”在 TRIZ

中表达的意思十分广泛，从简单的物体到高度复杂的技术系统。“场”主要指两个物体之间相互作用、控制所必需的能量，包括机械场、热场、电磁场及化学场等。如果在一个具体问题中出现了一个没有价值的物-场，就有必要在 S1、S2 之间引进 S3，如果情况不允许这么做的话，引进的 S3 可以是 S1、S2 的变体，以建立完全的物-场模型。

3）矛盾分析

矛盾是 TRIZ 的一个核心概念，消除矛盾是 TRIZ 的问题分析工具之一。如果要改进系统的某一部分属性，其他的某些属性就会恶化，这种问题就称作系统矛盾。TRIZ 认为，系统的进化就是不断消除系统存在的技术矛盾的过程。消除技术矛盾的过程不仅要改善矛盾的一个方面，同时又要不降低另一方面的希望，以达到解决矛盾的“理想化”。

系统矛盾类型有工程矛盾、社会矛盾和自然矛盾，而工程矛盾又分为技术矛盾、物理矛盾和管理矛盾，矛盾的类型如图 6.19 所示。

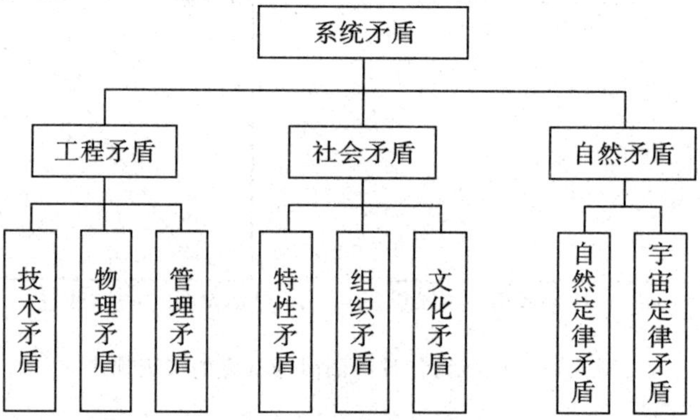

图 6.19　系统矛盾类型

较好的技术系统应是在构造、使用和维护中，消耗较少资源而能完成同样功能的系统。TRIZ 追求的理想系统则是不需要耗费材料、能量和空间，不需要维护，也不会有危害，即在物理上不存在但却能完成需要的功能。其理想性可用下式表示：

$$\text{理想性} = \frac{\sum A}{\sum B + \sum C} \tag{6.1}$$

式中：A 表示效益，B 表示成本，C 表示危害。

在产品设计中，某一部分同时表现出的两种相反状态称为物理矛盾。典型的系统矛盾有质量-强度、形状-速度、可靠性-复杂性等物理矛盾。最典型的物理矛盾是当增加一个零件的强度时，往往会导致该零件的质量或尺寸增加，而设计者又不希望增加零件的尺寸或质量，因此出现了物理矛盾。该矛盾的解决方法是既增加了零件的强度，又不增加其质量或尺寸。

4)资源分析

解决发明问题必须指明“给定的条件”和要求“应得的结果”。发明创造的过程就是从描述和分析发明情景开始,包括技术、生产、研究、生活、军事等各种资源情景。对系统资源分析得越详细、越深刻,就越能接近问题的理想解(IER)。

6.10.2.3　问题求解工具

1)发明问题标准解法

TRIZ 理论解决问题的思路是:首先将特殊问题归结为 TRIZ 的一般问题,然后应用 TRIZ 理论寻求标准解法,在此基础上演绎形成初始问题的具体解法,依据类似的标准解决方法就可以解决特殊问题了,如图 6.20 所示。依据物-场分析模型,阿利赫舒列尔等提出了 76 种标准解,并分为如下 5 类:①改变和仅少量改变已有系统:13 种标准解。②改变已有系统:23 种标准解。③系统传递:6 种标准解。④检查与测量:17 种标准解。⑤简化与改善策略:17 种标准解。

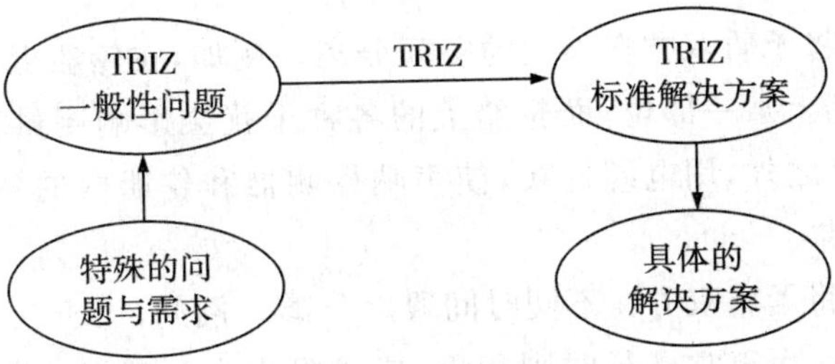

图 6.20　TRIZ 理论解决问题的思路

利用物-场模型分析方法解决发明问题的流程如图 6.21 所示。具体程序如下:①识别物质 S1;②构造初步的物-场模型;③识别物质 S2,建立完整系统,生成理想的物-场模型;④提出解决问题的标准解。这一流程有时要在③④之间反复进行,最后由已有系统的特定问题,将标准解变为特定解。发展概念并应用其他知识性工具,以求得提出问题的完善解决。

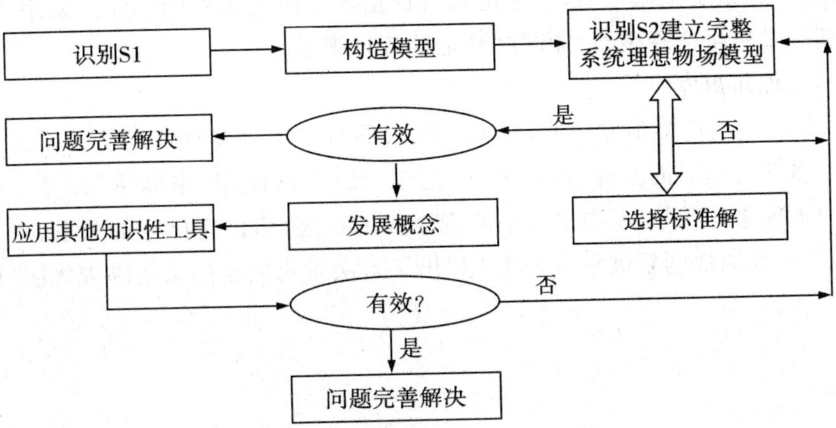

图 6.21　物-场模型解决发明问题的流程

2)物理矛盾分离方法

TRIZ 认为,为降低解决问题的难度,往往首先采用分离原理来解决物理矛盾。将一个问题深入地分析、细化,直至物理矛盾的确定。其分离原理包括 4 种方法,如图 6.22 所示。

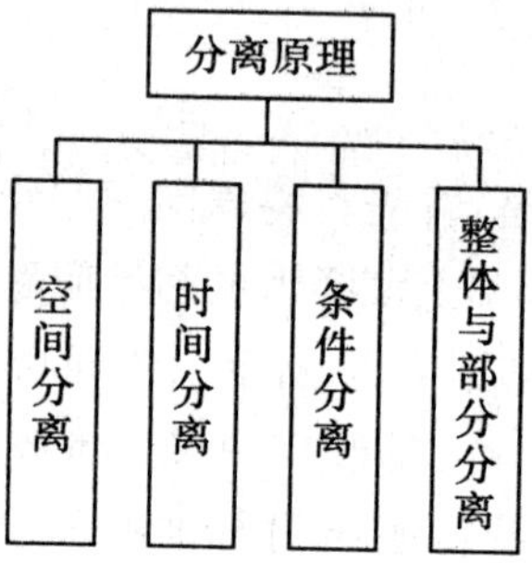

图 6.22　分离原理

(1)空间分离。将矛盾双方在不同的空间分离。例如,在轮船上测量海底深度时,将声呐探测器安装在船上某一部位,而轮船上的各种干扰会影响测量精度,如将声呐探测器单独置于船后千米之外,用电缆连接,使声呐探测器和轮船内的各种干扰在空间上分离,即可提高测量效果。

(2)时间分离。将矛盾双方在不同时间段上分离。例如,飞机在起飞时要求升力大,因此机翼面积要加大;而正常飞行时则相反,要求阻力小。理想的方案是设计能调节机翼面积的活动机翼,以适应飞行各时间段的不同要求。

(3)条件分离。将矛盾双方在不同条件下分离。例如,水射流可以是软物质,能用于洗澡时按摩;也可以是硬物质,高压、高速射流可以作为加工手段和武器使用,水射流是软物质还是硬物质取决于射流的速度和射流中有无其他物质。

(4)整体与部分分离。将矛盾双方在不同层次上分离。例如,市场的需求有两种情况:一种是大众化、量大、面广的产品,要求采用生产线大批量连续生产以满足市场需求,这是主体;另一种是个性化产品,个性化的消费正逐步成为消费的潮流。采用零库存、准时生产原理的柔性生产线生产,能同时满足这两种需求。

3)科学原理知识库

应用 TRIZ 之所以能消除矛盾,有赖于强大的科学原理知识库的支持。科学原理知识库涵盖了多学科领域的原理,包括物理、化学、几何等,应用“本体论”并对自然科学及工程领域中事物之间纷繁、复杂的关系实现全面的描述,借助于已有的关系、全新技术和相关知识,可大大加快创新进程。表 6.3 列出了解决发明问题的某些物理效应(科学原理知识库)。

表 6.3　解决发明问题的某些物理效应表(科学原理知识库)

序号	要求作用、用途	物理现象、效应、因素、方法
1	测量温度	热膨胀及由其引起的固有振荡频率的变化,热电现象;辐射光谱物质的光;电的变化;经过居里点变化;霍普金斯效应,巴克豪森效应
2	降低温度	相变,焦耳-汤姆逊效应,佩尔捷效应,磁热效应,热电现象
3	提高温度	电磁感应,涡流,表面效应,电介质加热,电加热,放热,物质吸收辐射,热电现象
4	稳定温度	相变(其中包括经过居里点的转变)
5	指定物体的位置和位移	引进可标记的物质,它能改造外界的场,如荧光粉;或能形成自己的场的铁磁体,因此易于发现。光的反射和发射,光效应变形,伦琴和电磁波辐射,发光,电磁和磁场的变化,发电,多普勒效应
6	控制物体位移	磁力,安培力,洛伦兹力,液体或气体的压强,浮力,液体动力,机械振动,惯性力,热膨胀,热双金属片
7	控制液体及气体的运动	毛细管现象,渗透压,汤姆斯效应,伯努利效应,波动,离心力,魏森贝格效应
8	控制气性溶胶液(灰尘、烟、雾)	电离,电场及磁场,光压
9	搅拌混合物形成溶液	超声波,空隙现象,扩散,电场,与铁磁性物质相结合的磁场,电泳,溶解
10	分解混合物	电分离与磁分离,在电场和磁场作用下液体分选剂质量密度发生变化,离心力,吸收,扩散,渗透压
11	稳定物体位置	电场及磁场,液体在电场和磁场中的固化,回转效应,反冲运动
12	力的作用、力的调节、形成很大压力	磁场通过铁磁物质起作用,热膨胀,离心力,磁性液体,应用爆炸物,电水效应,光水效应,渗透压
13	改变摩擦	约翰逊·拉别克效应,辐射作用,克拉格尔斯基现象,振动
14	破坏物体	放电,电水效应,共振,超声波,气蚀现象,感应辐射
15	积蓄机械能与热能	弹性变形,回转效应,相变
16	传递能量、机械能、热能、辐射能、电能	形变,振动,波动(包括冲击波),辐射,热传导,对流,光反射现象,感应辐射,电磁感应,超导现象

续表

序号	要求作用、用途	物理现象、效应、因素、方法
17	确定活动(变化)物体与固定(不变化)物体间的相互作用	利用电磁场(从“物质”的联系过渡到“场”的联系)
18	测量物体的尺寸	测量固有振动频率,标上磁或电的标记并能读校
19	改变物体尺寸	热膨胀,形变,磁致与电致伸缩,压电效应
20	检查表面状态和性质	放电,光反射,电子发射,光谱,辐射
21	改变表面	摩擦,吸收,扩散,包辛格效应,发电,机械振动和声振动,紫外辐射
22	检查物体内状态和性质	引进标记物质,能改变外界的场,如荧光粉,或形成取决于被研究物质状态及性质的场,如铁磁体,改变取决于物体结构及性质变化的比电阻,与光的相互作用,电光现象及磁光现象,偏振光,伦琴及无线电辐射,电子顺磁共振和核磁共振,磁弹性效应,经过居里点的转变,霍普金斯效应及巴克豪森效应,测量物体的固有震动频率,超声波,穆斯堡尔谱效应,霍尔效应
23	改变物体空间性质	电场及磁场作用下改变液体性质(视在密度、黏度)引进铁磁性物质及磁场作用、热作用,相变,在电场作用下电离,紫外线,伦琴射线,电磁波辐射,形变,扩散,电场及磁场,包辛格效应,热电效应,热磁及磁光效应,气蚀现象,光电效应,内光电效应
24	形成要求的结构、稳定物体结构	波的干涉,驻波,光谱,电磁场,相变,机械振动和声振荡,气蚀现象
25	指示出电场和磁场	渗透压,物体电离,放电,压电及塞格涅特电效应,驻极体,电子发射,光电现象,霍普金斯效应及巴克豪森效应,霍尔效应,核磁共振,回转磁现象及磁光现象
26	指示出辐射	光声效应,热膨胀,光电效应,发光,照片底片效应
27	产生电磁辐射	约瑟夫森效应,感应辐射现象,隧道效应,发光,耿氏效应,契林柯夫效应
28	控制电磁场	屏蔽,改变截止状态,如其导电性的增加或减少,改变与场相互作用的物体的表面形状
29	控制光	折射,反射,吸收,发射聚焦,电-光和磁-光,克尔现象,法拉第效应,耿氏效应
30	产生和加强化学变化	弹性波,共振,驻波,振动,气穴现象,光谱,放电现象,X射线,放电,电晕放电,电弧,火花放电,爆炸,电液压冲压,电水压振扰

4)技术矛盾和创新原理

阿利赫舒列尔通过对全世界250万件专利文献的详细研究、分析,归纳出了40条发明创新原理(见表6.4)和39个通用工程矛盾参数(见表6.5)来描述矛盾,并根据它们之间建立的对应关系设计了矛盾矩阵表(可从网络上搜索下载),其部分内容如表6.6所示。矛盾矩阵表的垂直向和水平向均表示出39个通用工程矛盾参数,在垂直向和水平向参数的交叉点就是推荐采用的创新原理序号,利用40条发明创新原理即可提供解决问题的关键、对策及探索方向。在实际工程设计中,如果改进了系统的一个参数,总会引起另一参数的变化,利用矛盾矩阵表就能找出组成双方内部性能的某两个矛盾,并能得到标准解。

表6.4 TRIZ40条发明创新原理与示例

创新原理	实例说明
1.分离,分割 (1)把一个物体分成相互独立的部分 (2)将物体分成容易组装的部分 (3)提高物体的可分性	(1)对垃圾的回收设置不同的回收箱(如玻璃、纸、铁罐等) (2)组合夹具、组合家具 (3)以百叶软帘代替遮阳板
2.抽取 (1)从系统中抽出产生负面影响的部分或属性 (2)从物体中抽出必要的部分或属性	(1)避雷针 (2)用光纤或光波分离主光源,以增加照明点
3.局部质量 (1)将均匀的物体结构或外部环境改为不均匀的 (2)让物体的不同部分执行不同功能 (3)使物体的各部分具有不同的实用功能	(1)利用温度、密度或压强的梯度代替恒定、均一的温度、密度和压强 (2)瑞士军刀 (3)午餐盒有分别盛放冷、热、固、形食品和汤液的格筋
4.增加不对称性 (1)引入一个几何特性来防止元件不正确地使用 (2)对不对称物进一步提高其不对称性	(1)电插头 (2)把“U”形密封圈截面由圆形变为椭圆乃至特殊形状,以改变密封性
5.组合、合并 (1)把相同或相近似的物体组合在一起并行运行 (2)把临近的或并行的作业安排在同时进行	(1)集成多路板上的多个电子芯片 (2)利用生物芯片可同时化验多项血液指标
6.多用性 使一部件、物体具有多项功能同时取代其余部件	沙发同时可当作床铺用,门铃和烟气报警器组合
7.嵌套 (1)一物套一物,再套一物……形成多层 (2)一部分可收入另一部分的空腔中	(1)收缩式旅行杯,俄罗斯嵌套娃娃 (2)拉杆式钓鱼竿

续表

创新原理	实例说明
8.质量补偿 (1)将某一物体与另一能提供升力的物体组合，以补偿其质量 (2)通过介质(气动力、液动力、弹簧力等)平衡物体质量	(1)氦气球扯起广告标幅 (2)气垫船
9.预先反作用 (1)事先施加反作用，来消除不利影响 (2)在部件上建立预应力以抵消事后出现的不希望有的工作应力	(1)给树木刷渗透漆来防止腐烂 (2)在浇注混凝土之前施加预应力钢筋
10.预先作用 (1)预置必要的动作、机能 (2)在方便的位置预先安置物体，使其在最适当的时机发挥作用而不浪费时间	(1)不干胶粘贴 (2)在停车场安置的预付费系统
11.事先防范 针对物体相对低可靠性部位(薄弱环节)设置应急措施加以补救	(1)飞机上的备用空气系统 (2)每本图书中放置射频智能卡，防止图书被盗
12.等势 在势场中限制位置的改变(即在重力场中改善物体的运作状态，以减少物体提升或下降的需要)	为汽车维修设置地下坑道，巴拿马运河的水闸，方便轮椅通行的斜坡
13.反向作用 (1)用相反的动作替代要求指定的动作 (2)让物体可动部分不动，不动部分可动	(1)采用对内置件冷却的方法使两个套紧的物体分离，而不是加热外层物体 (2)加工中心中变工具旋转为工件旋转
14.曲面化、曲率增加 (1)将直线、平面变成曲线或曲面，将立方体变成球形结构 (2)使用滚筒、球状、螺旋状的物体 (3)改直线运动为回转运动，利用离心力	(1)在建筑结构上使用弧形、拱形代替直线形 (2)圆珠笔和钢笔的球形笔尖，使书写流畅 (3)洗衣机桶高速旋转甩干水分代替手工拧干衣物
15.动态特性 (1)使物体外部环境或过程具有动态性、能自行优化寻找到最佳的运行状况 (2)把事物分割成可相对移动的几个部分 (3)使固定的(或刚性的)物体或过程可以移动或具有柔性	(1)形状记忆合金 (2)计算机分为驱动器、显示器、键盘、鼠标等 (3)医用微型内窥摄影机，如柔性结肠镜
16.不足或过度的作用 假如某既定方法难以完全达到目标，稍微超过或小于期望效果，会使问题大大简化	在孔中填充过多的石膏，然后再打磨平滑

续表

创新原理	实例说明
17.空间维数变化 (1)把物体带入二维或三维空间 (2)用多位置存储代替单位置	(1)五轴机床可准确完成三维复杂曲面的切削 (2)智能身份证有多扇存储区,可分别存储个人的生理、健康、资信等信息
18.机械振动 (1)使物体振动 (2)提高振动频率 (3)利用物体共振频率 (4)利用压电振动代替机械振动 (5)电磁场综合利用	(1)医用超声波刀用于骨科手术 (2)振动送料机 (3)利用超声波共振击碎胆、肾结石 (4)石英晶体振动驱动高精度钟表 (5)在感应熔炉中搅拌粉碎枝晶,制造半固态合金
19.周期性作用 以周期性或脉冲动作代替连续动作	闪烁警示灯更引人注目,且省电 使用AM(调幅),FM(调频),PWM(脉冲调制)传输信息
20.有效作用的连续性 (1)保持连续运转,使机器各部件同时满负荷工作 (2)取消空闲或停止间歇动作	(1)路口停车时,飞轮(或液压蓄能器)储存能量,发动机在适当的功率下工作 (2)打印头在回程也执行打印动作
21.减少有害作用的时间 将危险或有害的作业在高速下进行	发动机快速跃过共振转速,照相机用闪光灯,落锤锻造
22.变害为利 (1)利用有害因素获取有益结果 (2)将两项有害要素迭加以消除危害	(1)利用垃圾发热、发电 (2)发电厂用炉灰的碱性中和废水的酸性
23.反馈 (1)引入反馈、提高性能 (2)若已引入反馈,改变其大小或作用	(1)音响的音量自动控制电路 (2)将管理评价方式由考虑预算差异改为提高用户满意度
24.借助中介物 (1)利用媒介携带物品或参与中间过程 (2)把一物体临时附加到另一物体上	(1)蜜蜂传花粉 (2)失蜡铸造;将射频智能芯片贴到汽车的某一部位,为侦破汽车被盗提供信息
25.自服务 使物体具有自补充、自恢复功能	汽车使用有修复缸体磨损作用的特种润滑油,自补充饮水器
26.复制 (1)利用简单价廉的复制品代替复杂稀有、昂贵的物体 (2)用照片代替事物或实际过程	(1)听录音代替出席报告会,计算机模拟仿真 (2)利用太空遥测摄影代替实地勘察绘制地图

续表

创新原理	实例说明
27.廉价替代品 利用低值易耗物品代替昂贵的耐用物品	一次性用品,如纸杯、纸巾等
28.机械系统替代 (1)用光学、声学、味觉或嗅觉传感系统代替机械 (2)利用电场、磁场和电磁场作用于物体	(1)在天然气中掺入难闻的气味给用户以泄露警告,而不用机械或电的传感器 (2)以交流变频技术替代减速箱变速
29.气压与液压结构 使用气动或液压部件代替固体部件(利用液体、气体缓冲)	在矿井或基坑施工中利用可伸缩液压支柱代替木材坑柱,气垫运动鞋减少运动对足底的冲击
30.柔性壳体或薄膜 (1)利用膜片和薄膜取代三维结构 (2)利用柔性膜片和薄膜隔绝物体和外部环境	(1)利用薄膜(帆布帐篷)结构在冬季遮盖网球场 (2)真空铸造造型时在模型和砂型间加一层柔性薄膜以保持铸型有足够的强度
31.多孔材料 (1)使用多孔材料制造物体或加入多孔元件(嵌入其中或涂敷于表面等) (2)如果物体已是多孔的了,可事先在其多孔中添加有用物料	(1)在两层铝合金板之间加进薄壁空心铝球,并使其结合在一起,大大提高结构刚性和隔热、隔音能力 (2)氢储存在多孔的纳米碳管中,储存量大且安全
32.改变颜色、拟态 (1)改变物体或其周围环境的颜色 (2)改变物体或其周围环境的透明度或可视度	(1)在冰山上撒石墨片,黑色石墨片有效吸收阳光热量,加速冰雪融化,解决山下缺水问题 (2)感光玻璃
33.同质性 相互作用的两物体用同种或相近材料制成	以金刚石粉粒作为切割金刚石的工具 为减少化学反应,尽量使物体及外包装材质一致
34.废弃或再生 (1)采用溶解、蒸发等手段废弃已完成其功能的零部件,或改造其机能 (2)在工作过程中迅速补充消耗或减少的部分	(1)用冰块作模板夯土筑坝,完工后,冰块融化(干冰板升华)只剩下土坝;可溶性的药物胶囊 (2)自磨锐刀片割草机,自动铅笔
35.物理或化学参数改变 (1)使物体发生物理相变 (2)改变物体浓度或黏度 (3)改变柔性 (4)改变温度	(1)将氧气、氮气或石油液化,以减小体积便于运输 (2)洗手液比肥皂块使用方便,用量易掌握,公用时更卫生 (3)橡胶硫化可改变其弹性和耐久性 (4)升温至居里点以上使铁磁性物质变为顺磁性物质
36.相变 利用物质相变时所发生的某种现象(如体积变化、放热或吸热等)	热泵利用地层和温水的热,使工质蒸发和压缩冷凝发热用于建筑物采暖;利用相变材料吸热特性做成的降温服

续表

创新原理	实例说明
37.热膨胀 (1)使用热膨胀(或收缩)材料 (2)组合使用不同热膨胀系数的材料	(1)装配钢双环时,使内环冷却收缩,外环升温膨胀,再将两环装配,待恢复常温后,内、外环就紧固在一起了 (2)双金属片,在升温和冷却时分别向不同方向弯曲变形,用其制造温渡计或热敏开关
38.加速氧化 (1)以富氧空气替代普通空气 (2)以纯氧代替富氧空气 (3)利用电离的氧	(1)高炉富氧送风可以提高铁的产量 (2)使用纯氧-乙炔法进行更高温度的切割 (3)在空气清洁器中用电离的空气分离污染物
39.惰性环境 (1)以惰性气体取代通常的环境 (2)向物体加入中性或惰性添加剂	(1)用氢气等惰性气体填充灯泡,做成霓虹灯 (2)真空包装食品,延长储存期
40.复合材料 以复合材料取代均质材料	利用晶须复合材料制造刃具和模具,有更高的使用寿命 玻璃纤维(玻璃钢)冲浪板比木制的更轻、更容易操作(控制),而且更容易制成各种所需的形状

表 6.5　TRIZ39 个通用工程矛盾参数

1.运动物体质量	14.强度	27.可靠性
2.静止物体质量	15.移动物体作用时间	28.测量精度
3.运动物体长度	16.静止物体作用时间	29.制造精度
4.静止物体长度	17.温度	30.作用于物体的有害因素
5.运动物体面积	18.照明强度	31.物体产生的有害因素
6.静止物体面积	19.移动物体的能量消耗	32.制造方便性
7.运动物体体积	20.静止物体的能量消耗	33.操作方便性
8.静止物体体积	21.功率	34.维修方便性
9.速度	22.能量损失	35.实用性、通用性
10.力	23.物质损失	36.设备复杂性
11.应力或压力	24.信息损失	37.检测复杂性
12.形状	25.时间损失	38.自动化程度
13.物体的稳定性	26.物质的量	39.生产率

表 6.6 TRIZ 矛盾矩阵表(部分内容)恶化的参数

改善的参数		恶化的参数					
		1	2	3	…	29	31
		运动物体质量	静止物体质量	运动物体尺寸	…	制造精度	物体产生的有害因素
1	运动物体质量	—	—	15 8 29 34	…	28 35 26 18	22 35 31 39
2	静止物体质量	—	—	—	…	10 1 35 17	35 22 1 39
3	运动物体长度	15 8 29 34	—	—	…	10 28 29 37	17 15
…	…	…	…	…	…	…	…
29	制造精度	28 32 13 18	28 35 27 9	10 28 29 37	…	—	4 17 34 26

6.10.2.4 问题求解流程(ARIZ)

ARIZ(algorithm for inventive problem solving)是 TRIZ 理论的解题流程。TRIZ 法特别强调矛盾与理想解的程式化。TRIZ 法中,发明问题求解的过程是对问题不断描述、程式化的过程。一个问题解决的困难程度取决于对该问题的描述或程式化方法,描述得越清楚,问题就越容易解决。ARIZ 是由一整套逻辑过程组成的规则系统,用以促使初始问题逐渐程式化,以使技术系统向理想解的方向进化。

ARIZ 解决发明问题的规则系统如图 6.23 所示,主要包括:①选择问题;②系统矛盾定义;③分析矛盾区及资源域;④描述理想方案;⑤描述物理矛盾;⑥消除物理矛盾的方法;⑦获得解决方案。经过这一过程,初始问题最根本的矛盾被清楚地暴露出来,能否求解已很清楚。如果已有的知识能用于该问题,则有解;如果已有的知识不能解决该问题,则无解;需重新表述问题,再次描述系统矛盾或需等待自然科学或技术的进一步发展。

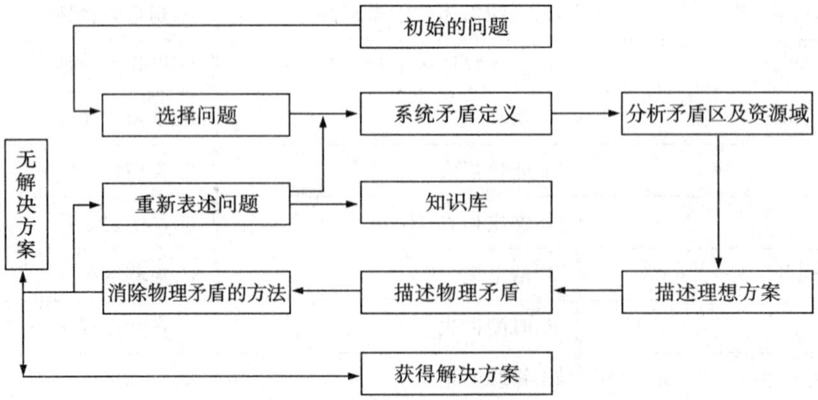

图 6.23 ARIZ 解决发明问题的规则系统

6.10.2.5　TRIZ 理论应用举例

现通过下面的实例介绍，让我们熟悉和掌握矛盾矩阵表的使用方法。

在生活中，许多人都曾经想努力拧开太紧或生锈的螺母，但由于传统的扳手在紧固或松开螺母时，大部分荷载都集中在螺母角上，容易造成螺母损坏，如图 6.24 所示。为解决拧开生锈的螺母非常困难还经常损坏螺母这个难题，可以有以下三个方案：

(1)提高制造精度，使扳手的内侧和螺母的侧面较好地吻合。

(2)允许扳手的侧面做自我调整，使其与螺母的侧面相符。

(3)使用软一点的材料做扳手，以便不损坏螺母。

根据上述三个答案的比较，第一个是最切合实际的。经物理矛盾分析后可以得出如下的结论：如果制造精度越高，则工艺性越差，从而确定了它们之间相应的技术矛盾。从 TRIZ 矛盾矩阵表 6.6 查出：恶化的参数——No.31“物体产生的有害因素”；改善的参数——No.29“制造精度”。

为更好地找出对应于空间精度与工艺性参数之间的相关性，把它们映射到 TRIZ 矛盾矩阵表(表 6.6)上，以恶化的参数——No.31“物体产生的有害因素”为纵坐标，以改善的参数——No.29“制造精度”为横坐标，将两个坐标相交即可得到四组数据，再将这些数据映射到 40 条发明创新原理与示例表(见表 6.4)上，即可得知该四组数据具体表达的发明原理。它们分别是：No.4 增加不对称性、No.17 空间维数变化、No.34 废弃或再生、No.26复制。对 No.17 及 No.4 两条发明创新原理进行深入分析表明，如果扳手工作面与螺母的侧面能多点接触，而不只是与棱角单点接触，问题就可以得到解决，如图 6.25 所示。该设计已在 1995 年获得了美国专利。

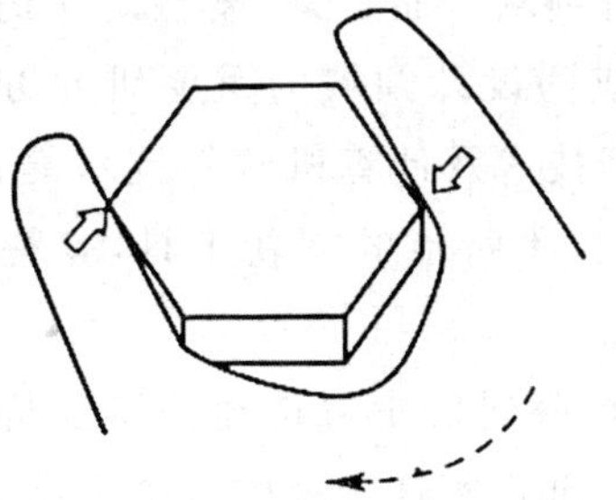

图 6.24　用传统扳手拧紧或松开螺母

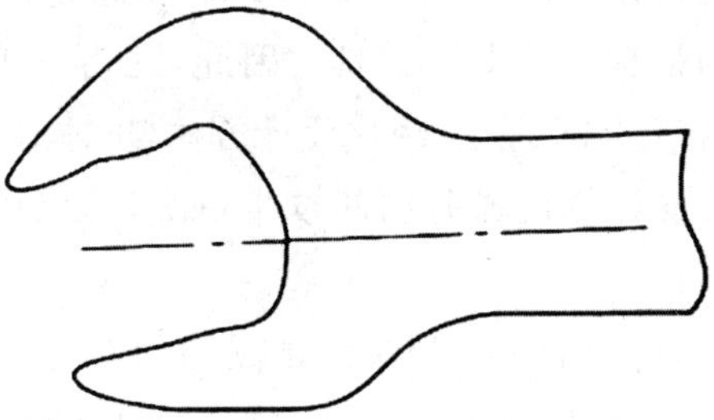

图 6.25　美国专利扳手

6.10.3　TRIZ 的应用前景

TRIZ 理论成功地揭示了创造发明的内在规律和原理，着力于澄清和强调系统中存在的矛盾，其目标是完全解决矛盾，获得最终的理想解。它不是采取折中或者妥协的做法，而是基于技术的发展演化规律研究整个设计与开发过程，不再是随机的行为。实践证明，运用 TRIZ 理论，不仅可大大加快人们创造发明的进程，而且能得到高质量的创新产品。

目前，TRIZ 理论已由原来擅长的工程技术领域向自然科学、社会科学、管理科学等领域发展，用于指导解决各领域遇到的问题。在美国的很多企业，特别是大企业，如波音、通用汽车、克莱斯勒、摩托罗拉等，TRIZ 理论在新产品开发中也得到了应用，并且取得了可观的经济效益。

例如，福特汽车公司曾遇到了推力轴承在高载荷时出现偏移的问题。通过 TRIZ 理论产生了 28 个新概念（问题的解决方案），其中一个非常吸引人的新概念是：利用小热膨胀系数的材料制造轴承，从而很好地解决了推力轴承在高载荷时出现偏移的问题。1999 年，福特汽车公司应用 TRIZ 理论解决了企业生产过程中遇到的技术矛盾，使公司增加利润达 1.5 亿美元。

20 世纪 90 年代中期以来，美国供应商协会（ASI）一直致力于把 TRIZ 理论与 QFD（质量功能推广）方法和 Taguchi 方法（田口法）一起推荐给世界 500 强企业。在俄罗斯，TRIZ 理论的培训已扩展到小学生。科瓦利克博士在加利福尼亚北部向中学生传授 TRIZ 法，那里的中学生们正在改变他们思考问题的方法，创造力迅猛提高，并且学会了用相对容易的方法处理比较难的问题。美国的列奥纳多 · 达 · 芬奇研究院正在研制将 TRIZ 理论应用在小学和中学的教学手册。

TRIZ 理论的出发点是借助于经验发现设计中的矛盾，矛盾发现的过程也是通过对问题的定性描述来完成的。它解决了设计中如何做（How）和做什么（What）的问题，但未能给出合适的方法。其他的设计理论，特别是 QFD（质量功能展示）方法恰恰能解决做什么的方法问题。所以，将两者有机地结合，发挥各自的优势，将更有助于产品创新。然而，TRIZ 与 QFD 都未能给出具体的参数设计方法，稳健设计则特别适合于详细设计阶段的参数设计。将 QFD、TRIZ 和稳健设计集成，能得到从产品定义、概念设计到详细设计的强有力的支持工具。因此，三者的有机集成已成为设计领域的重要研究方向。当前，将 TRIZ 理论、现代设计方法学、本体论、语义处理技术及计算机软件技术集为一体，开发的计算机辅助创新技术（CAI）是针对不同行业技术特点的创新工具，其特点表现如下：

（1）涵盖了不同学科领域的创新方案库，企业在产品研发中可迅速获得独特的集成创新方案，使获得具有自主知识产权的技术成为可能，真正实现企业的自主创新，提高公司的竞争力。

（2）独特的问题描述方法，快速准确地发现现有方案中存在的问题，明确研发的方向，把握技术发展趋势。

（3）基于 900 万件发明专利的分析技术、有效的创新方法，保证了提供方案的有效性和可操作性，并大大提高了研发效率和成功率。

（4）在概念设计阶段即可对方案进行技术和经济的评估，从而大大降低了产品的研发和生产成本。

（5）作为企业智力资产的管理平台，可实现行业知识的积累、共享和管理一体化。

6.11 创造技法的应用特性

实践表明，只有科学而灵活地运用前人或他人总结出来的方法和技巧，才能真正发挥创造技法的导向、启发和求解创新功能。形而上学地去套用创造技法，反而会成为一种创造障碍。因此，在学习上述创造技法之后，还应当认识创造技法的应用特性。

所谓"创造技法的应用特性"，是指人们在创造实践中借鉴使用创造技法求解问题时必须遵循的若干规律，即创造技法发挥创造功能的基本属性，亦即指导人们进行创造性思考的基本原则。概括起来，创造工程学中的创造技法具有适宜性、协同性、依存性和实践性等应用特性。

6.11.1 创造技法应用的适宜性

创造技法从总体上讲适合所有的创造活动，但由于具体的一种创造技法总会带有种个性色彩，对不同的创造课题或创造过程中的不同阶段表现出不同的适宜性。因此应用创造技法时，应针对不同的应用范围和应用阶段，优选最适宜的创造技法。

为了便于人们遵循适宜性去选择创造技法，表6.10提供了本书所介绍的10种创技法的适宜性情况。

表6.10 创造技法的适宜性

序号	技法名称	最佳应用阶段			最佳应用范围		
		科学发现	技术发明	技术创新	提出课题	分析问题	设计方案
1	智力激励法		△	△	△	△	
2	类比法	△	△	△	△	△	△
3	列举法		△	△	△		
4	联想法	△	△	△	△	△	△
5	移植法			△	△	△	△
6	演绎发明法					△	
7	逆向构思法	△	△	△	△	△	△
8	形态分析法		△	△	△	△	△
9	信息交合法		△	△	△		
10	TRIZ方法	△	△	△	△	△	△

6.11.2 创造技法应用的协同性

通过对大量创造案例的分析表明，要完成一项创造课题（尤其是求解复杂的课题），常常需要几种创造技法的协同配合，这就是创造技法应用的协同性。

协同性主要有串联[见图 6.26(a)]、并联[见图 6.26(b)]和反馈[见图 6.26(c)]三种基本协同模式，更复杂的情况则是这三种基本形式的混合。例如，根据创造技法的协同性，开发新型洗衣机时，可采用图 6.27(a)、图 6.27(b)、图 6.27(c)、图 6.27(d)所示的四种思考方案。

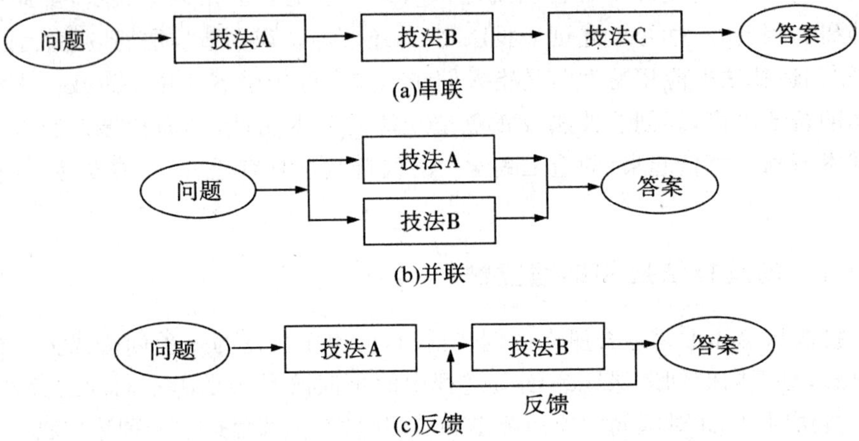

图 6.26　协同应用创造技法的三种基本模式

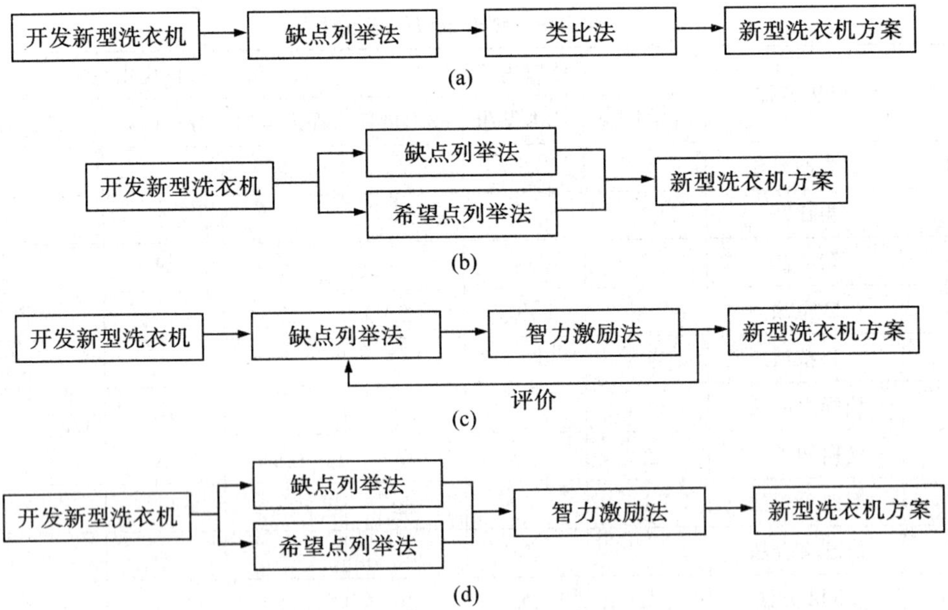

图 6.27　协同设计技法开发新型洗衣机

6.11.3 创造技法应用的依存性

创造技法是解决新问题的一种手段，但要卓有成效地应用创造技法去解决问题，单单依靠创造技法本身往往难以达到这一要求。为此，除了正确掌握创造技法的基本原理和实施要点外，还离不开对心理、知识、技能等因素的依存，这种应用特性称为依存性。

创造技法的有效应用必须以良好的心理素质为依托。比如应用缺点列举法时，创造主体首先要有对现有事物不满意的心理情绪，如果对现有事物总感到心满意足，怎么会“吹毛求疵”地去列举缺点呢？应用创造技法看起来似乎与心理素质无关，其实任何创造技法的应用都与心理素质的依托息息相关。同时，心理动机也会影响人们应用创造技法的热情、意图和兴趣。因此，强化创造动机，有利于人们自觉、主动地去学习和应用创造技法。此外，当应用创造技法一时无法解决问题时，不怕挫折和坚持到底的心理品质就会帮助创造者调节思想情绪，克服暂时产生的对创造技法的不信任感，进而继续应用创造技法去攻克难关。

由于创造技法多源于创造性思维的应用，离开了知识的依托，要提出富有新颖性、创造性和实用性的概念或课题是很困难的，往往有停留在设想平台上的现象。比如，立足21世纪提出一种性能优良的新型轿车，你能想出什么样的新概念呢？有人提出了“21世纪傻瓜车”的概念，这是一种卫星指路、雷达防撞、电脑控制油耗和行驶的高科技轿车。这不就是现在人们正在开发的自动驾驶或无人驾驶汽车吗？除此之外，你还能从你的知识出发，再想出若干种前所未有的汽车新产品吗？因此，必须突破创造技法仅仅是一种思维技巧的障碍，将其与各种知识联系起来思考，设计者们才能在设想平台的基础上跃上新的台阶，将设想推进到技术方案设计阶段，以真正实现创造、创新。

6.11.4 创造技法应用的实践性

创造技法应用的实践性包含以下几层含义：

(1)创造技法只有通过实践才能学到手。应用创造技法去解决实际问题是最好的应用。一般来说，这种应用可以有两种方式：“问题-技法式”和“技法-问题式”。前者是带着问题用技法，后者是学了技法想问题。

(2)创造技法的应用要经受实践的验证。尽管创造技法本身是创造实践的总结，但应用某种创造技法去从事某项具体创造时，最终是否能取得真正的创造成果，还应接受实践的验证。

总之，创造活动并不是单纯的智力游戏，人们的最终希望是用自己的创造活动产生良好的经济效益和社会效益。因此，应用创造技法时要特别考虑技术经济和社会环境的制约。法国艺术大师罗丹说过：真正的艺术是忽视艺术的。创造也是一门艺术，它同时也要忽视形而上学的创造技法应用规则。在任何时候和任何场合都不要墨守成规，而要实事求是，这才是应用创造技法的艺术。

学习指导

科学技术的发明创造有一定的规律可循，众多创造、创新学者历经多年的搜集、整理、归纳，总结出了多种多样的创造技法，以原则、诀窍、思路的形式来指导人们的创造实践活动。本章介绍了智力激励法、类比法、列举法、联想法、移植法、演绎发明法、逆向构思法、形态分析法、信息交合法、TRIZ 方法、创造技法的应用特性等内容。学习本章的目的在于通过对创造技法的学习，有效地指导同学们的创造实践活动，提高发明创造的效率、速度和成功率。学习本章的基本要求是：掌握智力激励法、类比法、列举法、联想法、移植法、逆向构思法的原理、类型和应用，熟悉演绎发明法、形态分析法、信息交合法的原理、类型和应用，了解 TRIZ 方法和创造技法的应用特性。

复习与思考题

6.1　本章主要介绍了哪些类型的创造技法？
6.2　何谓智力激励法？实施智力激励法的原则有哪些？
6.3　智力激励法的运用程序包括哪些阶段？
6.4　何谓类比法？类比法主要有哪些类型？
6.5　何谓列举法？列举法主要有哪些类型？
6.6　何谓联想法？联想法主要有哪些类型？
6.7　何谓移植法？移植法主要有哪些类型？
6.8　何谓演绎发明法？演绎推理的基本方式有哪些？
6.9　何谓逆向构思法？逆向构思法主要有哪些类型？
6.10　何谓形态分析法？形态分析法的运用程序包括哪些步骤？
6.11　何谓信息交合法？信息交合法主要有哪些类型？
6.12　何为 TRIZ？TRIZ 的核心是什么？
6.13　TRIZ 的问题分析工具有哪些？
6.14　TRIZ 的问题求解工具有哪些？
6.15　何谓创造技法的应用特性？创造工程学中的创造技法具有哪些应用特性？
6.16　举例说明你曾用何种创造技法进行过创造、创新活动。
6.17　举例说明你在现实生活中遇到的用品是用何种创造技法进行创造的。
6.18　谈谈你学习本章后的感想和体会。

第7章　创新战略

创新战略是企业依据多变的环境，积极主动地在经营战略、工艺、技术、产品、组织等方面不断进行创新，从而在激烈的竞争中保持独特优势的战略。研究企业的技术创新战略，对确保企业获得持续竞争的优势具有头等重要的意义。本章介绍了企业面临的创新形势（技术创新模式的演化、当前技术创新的特点）、企业的技术创新模式（自主创新、模仿创新、合作创新、连续创新、突破创新）和企业的技术创新战略（创新战略的内容与原则、技术创新模式的特点、技术创新模式对企业技术能力的匹配要求、企业技术创新模式的定位选择、企业的创新流）等内容。学习本章的目的在于使同学们熟悉各类企业技术创新模式，合理选择和有效运用创新战略，卓有成效地开展创新活动。

7.1　企业面临的创新形势

7.1.1　技术创新模式的演化

（1）技术推动的创新模式

20世纪40～60年代前的创新模式是技术推动的创新模式（见图7.1），具体表现为在技术的推动下，从基础科学研究到市场销售，均为自发的线性序列模式。在这种模式中，研究开发是公司预算中的一项，没有研究开发的战略和计划，总经理几乎不参与研究开发项目的确定，而由研究部门确定主攻方向，雇用最优秀的开发人员，给他们一定的资金，创造优良的环境，公司等待开发人员拿出有市场价值的成果。这种模式不能及时满足企业需要，研究方向不可控制，企业的营销、生产及用户均难以介入，这种封闭式研究开发模式现在已很少采用。

图7.1　技术推动的创新模式

(2)需求拉动的创新模式

1960～1970 年的创新模式是以市场需求为动力的线性序列模式，即需求拉动的创新模式(见图 7.2)。该模式强调市场需求为产品创新、创造的机会。由于研究开发部门与市场部门有着不同的价值观，导致双方在新产品的开发上难以形成很好的沟通。

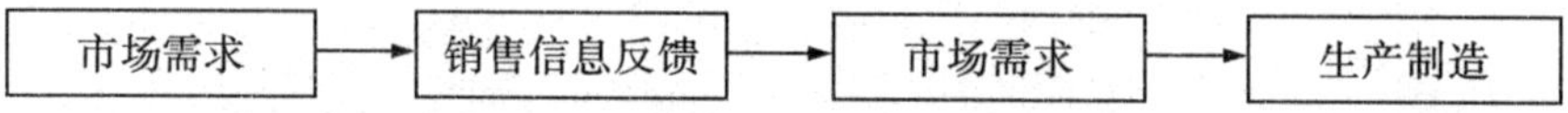

图 7.2　需求拉动的创新模式

(3)技术与市场相互耦合的创新模式

该模式的技术创新是技术和市场相互耦合而引发的(见图 7.3)，因此要识别不同因素在产品生命周期及创新过程不同阶段的相互作用和反馈机制。由于多次交叉与协调促使创新流量加大，使这种创新模式有较高的效率和效益。

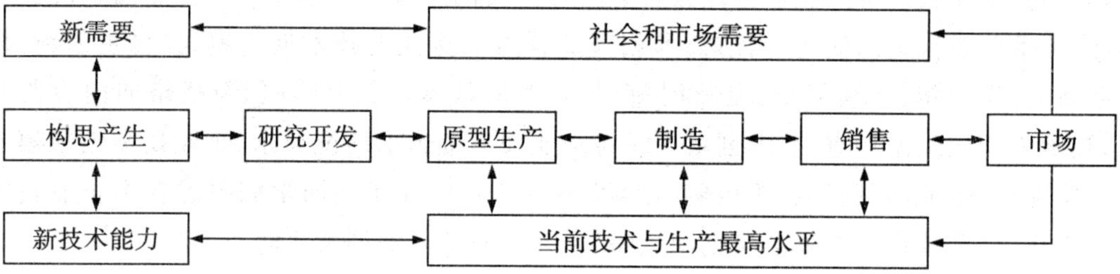

图 7.3　技术与市场互相耦合的创新模式

(4)并行创新模式

该模式把创新视为企业内部研究、设计开发、中间试验、生产制造、销售等职能并行运作的过程，产品创新过程充分考虑技术转移，便于运用模块化产品设计方法，通过确定标准化的部件界面，使设计的产品部件尽可能地得以互换。由于在模块化产品结构中，标准化的部件界面本身已经提供了协调各部件的开发机制，所以这些模块化部件的开发可以独立、并行进行，通过组合和匹配，可以同时产生多个品种。产品的创新过程还特别强调企业内部一体化，上游为关键供应商，下游为有需求的顾客，强调关系和联盟，如图 7.4 所示。并行创新模式具有更大的创新流量和更高的技术交换，并且使协调管理变得切实可行。

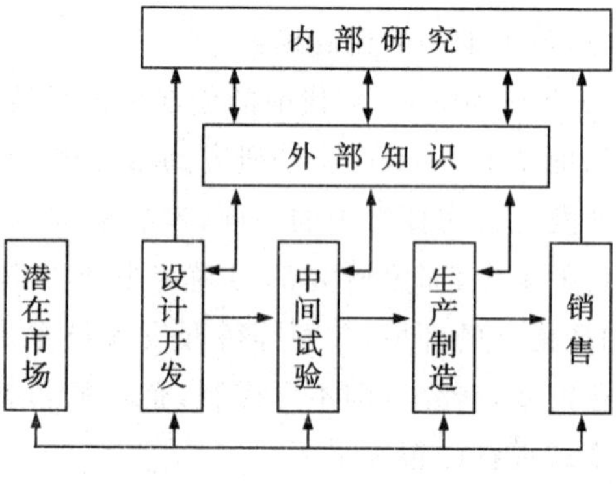

图 7.4　并行创新模式

(5)集成网络创新模式

该模式是为应对技术迅速变化、产品生命周期缩短、时间重要性日趋突出的情况，在整合创新模式的思想基础上引入信息技术，其特征是重视技术积累，关注技术和制造集成，强调应变能力和开发速度，重视产品个性化和多样化，强调企业内部集成和外部网络。该模式是促进中小企业有效创新的理想模式。

7.1.2 当前技术创新的特点

当前技术创新的主要特点可归纳如下：

(1)技术创新能力成为竞争成败的决定性因素

技术创新能力已经取代价格等传统因素，成为竞争成败的决定性因素。技术创新不但能够适应市场和消费的需求，而且更重要的是可以开拓市场，创造新的消费需求，引导消费结构变化。

技术创新能力上的差距导致了发展中国家和发达国家差距的进一步拉大。以资源、劳动力和传统技术为基础的低层次产业结构与以高技术为基础的高层次产业结构相互竞争，劣势十分明显。发展中国家的资源和初加工产品、劳动密集型产品的低价格竞争优势已经逐渐消失；新产品，特别是高技术产品的研究开发成本越来越高，而且研究开发的力量主要集中在发达国家。发达国家优越的工作条件和生活条件吸引着世界各地优秀的科技人才，导致发展中国家人才严重流失，使得本来就已经很严重的科技实力失衡局面进一步加剧。所以，迅速提高科技实力特别是技术创新能力，已经成为广大发展中国家发展经济、自强自立的当务之急，是涉及民族利益、地位乃至民族生存的迫切任务。

(2)新学科的发明和发现推动突破创新

18世纪，以蒸汽机和机床的发明为标志的英国工业革命，揭开了工业经济时代的序幕，开创了以机器占主导地位的制造业新纪元，造就了制造业企业雏形——工场式生产；19世纪末20世纪初，交通与运载工具对轻巧、高效发动机的需求是诱发内燃机发明的社会动因，而内燃机的发明及其宏大的市场需求继而引发了制造业的革命；机床的广泛使用使机械制造业进入了机械化时代；程序控制和自动控制技术的突破使机械制造业进入了电气自动化时代；激光等光刻技术的发明使大规模集成电路等微电子与精密制造成为可能，促进了计算机和信息技术的发展，进而又使机械制造业进入了数字化制造的新时代；新材料、新工艺的出现往往会给制造技术带来根本性的变革。不胜枚举的事例证明，关键技术的创新和突破所产生的影响是深远的，其意义不可估量。

回顾过去200多年制造技术与产业发展的历程证明，新学科的发明、发现及其关键技术的突破往往导致制造技术和制造产业的重大进步，成为实现跨越发展、开创技术新纪元的革命性变革。因此，要加强基础理论研究，夺取科学技术的制高点，为突破创新领航开道。

(3)科技成果的转化周期大大缩短

从第二次世界大战结束到20世纪末，短短的半个世纪，科学技术发展经历了以下五次大的革命：

1945～1955年，人类实现了原子能的释放和控制，开始了利用核能的新时代。

1955～1965年，人造地球卫星发射成功，人类开始摆脱地球的引力，进入外层空间。

1965～1975年，DNA重组实验成功，人类开始可以控制遗传和生命过程。

1975～1985年，微处理机大量生产和应用，延伸了人脑的功能。

1985年以来，以软件和网络化为标志，人类开启了信息化、网络化和全球化新纪元。

五次大的技术变革，构造出21世纪最为壮观而又多姿多彩的历史画卷，也正是由这些技术变革的合力带来了一个新的世纪，一个全球化的信息时代。科技成果的转化时间大大缩短，表7.1列出了各种技术创新成果的发明、应用时间及间隔。由此可见，在17世纪，人造丝从发明到应用时隔220年；在18世纪，水泥从发明到应用时隔94年；在19世纪，飞机从发明到应用时隔14年；到了20世纪，晶体管从发明到应用仅仅用了5年的时间，而激光仅仅用了1年就获得了多种应用。

信息技术使科学技术加速发展，且呈指数增长。以微电子技术为例，自1975年以来，其一直遵循摩尔定律增长，也就是单位面积集成电路上的晶体管数量每18个月增长1倍，成本基本不变；计算机技术，每5～7年速度增长10倍，体积缩小到十分之一，价格下降到十分之一左右；光纤技术，1975～1998年，光纤带宽从每秒2 M比特增加到每秒400 G比特，增加了20万倍，成本指数从100下降到0.08，下降到1/1250，也就是每年平均带宽增加约70%，成本下降约30%。

表7.1　技术创新成果发明、应用年份及间隔时间

发明内容	发明年份(年)	应用年份(年)	间隔时间(年)
人造丝	1665	1885	220
摄影	1727	1839	112
蒸汽机	1680	1780	100
水泥	1750	1844	94
电影机	1832	1895	63
电动机	1829	1886	57
电话机	1820	1876	56
无线电	1867	1902	35
电灯	1884	1915	31
汽车	1868	1895	27
柴油机	1878	1897	19
飞机	1897	1911	14
电视机	1922	1934	12
晶体管	1948	1953	5
尼龙	1935	1939	4
太阳能电池	1953	1955	2
激光	1954	1955	1

(4)各学科相互综合、渗透与交叉,推动集成创新的发展

近几十年来,学科分支已经从20世纪初的600多门发展到现在的6000多门。科学的发展导致越来越多的学科相互综合、渗透与交叉,也导致了一系列新的跨学科研究领域的出现,比如环境科学、信息科学、能源科学、材料科学、空间科学、人工智能等。

当前科学技术的相互渗透、交叉与综合,集中表现在科学技术正在从宏观和微观方面向着最复杂、最基本的方向发展。一方面,建立在多学科基础上的复杂系统研究已经列入科学研究的重大议程,如对社会系统、生态系统、网络系统的研究,将对经济、社会和人类自身的发展产生重大影响;另一方面,对微观系统的深入探索,如对基本粒子研究和受控核裂变、基因、微机械、微加工和纳米材料的研究,必将引发一场更新的技术革命。

各技术、各学科领域相互渗透、交叉与融合,促进了集成创新的发展。在市场需求的驱动下,人们将已获取的新知识、新技术,创造性地集成起来,成为实现技术跨越的突破口,以系统集成的方式创造出新产品、新工艺和新技术,从而满足不断发展的需求。集成创新是一种风险小、成本低、周期短、具有重大商业价值的创新战略。从运载火箭、波音747飞机到家用电器,从普通机床到加工中心、激光加工设备,从打印机到超级计算机等,大都是集成创新的产物。

(5)研究与开发的国际化趋势

全球性的信息网络促进了世界各国的科研人员、科研机构以及仪器、资源等基础设施的共享和信息流动,使得全球的研究开发资源有了可以充分流动和利用的巨大空间,出现了虚拟实验室等多种新型的研究组织形式,逐步形成一个"全球研究村"。

研究与开发的国际化过程中,发达国家无疑是最大的受益者。跨国公司已成为发达国家争夺市场、资源,开展全球竞争的新形式。跨国公司将研究开发与当地结合,在技术创新扩散过程中起着举足轻重的作用,也推动了科技资源的流动和重新组合。在美国的硅谷地区,30%的研究与开发工作是在日本、欧洲和印度进行的。对发展中国家来说,首先这是一个挑战,因为这有可能加剧科技人员的流失;同时,跨国公司的产品还将更具有针对性和本土化的特征,有可能对民族产业产生更大的冲击。但另一方面也要看到,由于研究和开发的国际化可以大幅度降低研究开发的成本,并能通过技术扩散和人才流动,加速提高自身的科技实力,因此也为发展中国家创造了一个极好的机遇。统计资料表明,研发领先国家(美国、日本、德国)80%以上的创新活动在本土进行,世界性大公司大约只有11%的创新活动在其本土之外进行,所以发展中国家应立足于自主创新提高自身实力。

(6)突出的市场性和战略性

市场性是技术创新与纯科学研究的最大差异。一切创新活动都是围绕市场需求展开的,只有将市场和技术有机地结合在一起,将技术转化为可消费的商品,以谋取竞争优势、获得经济效益,才算是技术创新成功。仅仅实现某个方面的技术突破而没有应用于企业的生产经营,则不属于技术创新的范畴。

战略性是实现技术创新的关键。为了使技术创新获得理想的、长期的经济效益，就要有更长远的眼光，须制订战略用以指导技术创新的可持续发展。一个国家、一个地区、一个企业，都必须针对当前的社会环境并结合自身的条件进行战略选择，主要包括自主创新、集成创新和模仿创新的选择，还包括连续创新、突破创新以及由它们形成的各种创新流等。

当今世界是一个经济、社会发展在很大程度上受科学技术进步和技术创新影响的时代，技术创新已经成为时代的主旋律和新经济的灵魂。特别是自我国加入 WTO 以来，以资源、劳动力和传统技术为基础的企业，面对以全新的产业结构、高技术为基础的国外企业，复杂和多变的创新环境，使竞争更加激烈，不但要应对国内外同行业内的竞争，而且要应对市场出现的全新替代产品的冲击，企业的生存和发展，特别是可持续发展受到了严重挑战。

科学和技术的高度融合是当代科学技术发展的一个基本特征。当前，科学和技术的结合以及相互作用、相互转化更加迅速，逐步形成了统一的科学技术体系。在这个过程当中，基础科学的作用日益增强，不断为技术创新开辟新的方向，并且以更快的速度向应用开发和产业化转移。研究当代技术创新特点，对于了解和理解技术创新的意义，分析技术创新对经济、社会的影响，探讨技术发展轨迹和未来的发展趋势具有重要的意义。

20 世纪 80 年代，许多经济学家就“产业技术模式”进行过探讨，发现它们具有很强的“路径依赖性”，即产业技术的发展总是依赖于以往的技术积累，这就是连续创新的特征。20 世纪 90 年代后，由于科技的迅猛发展，许多技术创新，特别是中小科技企业的技术创新，不在既定的“技术轨道”上进行，而是另辟蹊径，这就是突破创新的特征，它使许多依旧在连续创新轨道上发展的大公司惨遭失败，而突破创新者却因此获得巨大的发展机会。从无数企业技术创新的成功和失败的案例中，可以总结出企业的竞争并不在于比技术创新项目本身的高低，重要的是在开展技术创新活动的过程中，比企业的洞察力、比企业对技术的理解、比企业对市场走势的把握能力等。总之，技术创新战略已经成为企业竞争成败的关键。因此，研究企业的技术创新战略对增强企业、地区乃至国家的实力，通过创造创新获得竞争优势，具有头等重要的意义。

7.2 企业的技术创新模式

技术创新模式是指企业应用创新的知识和新技术、新工艺，采用新的生产方式和经营管理模式，提高产品质量，开发生产新的产品，提供新的服务，占据市场并实现市场价值。

根据技术创新的动力源、创新的内容、创新的重要性和幅度、技术创新的方法以及综合创新的来源、基础和动态过程的不同，通常将企业的技术创新模式分为自主创新、模仿创新、合作创新、连续创新和突破创新等类型。

7.2.1 自主创新

7.2.1.1 自主创新的概念

自主创新又称“领先型创新”，是指通过拥有自主知识产权的、独特的核心技术以及在此基础上实现新产品的价值的过程。

自主创新的关键点有三个方面：一是自主创新重在“自主”，即独立自主地进行技术创新活动，把立足点从过多依赖国外技术逐步转移到主要依靠自主创新；二是“自主”所寻求的是技术自主，而不是技术自立，是在开放的背景下自主把握技术发展的方向和进程，博采众长、为我所用，而不是摒弃外部优秀的技术资源、自我封闭；三是自主创新只是手段而非目标，不是主体的概念，而是方式的概念。从这个意义上来看，所谓“自主创新”，就是能够独立控制和把握创新目标、创新方式与创新进程的技术创新，其核心内容是以我为主和综合集成。

7.2.1.2 自主创新的分类

自主创新分为原始创新、集成创新和引进消化吸收再创新三种类型。

(1)原始创新。原始创新是指创造新的知识并为其创造新的应用的创新，是科技进步的先导和源泉。

原始创新意味着在研究开发方面，特别是在基础研究和高技术研究领域取得独有的发现或发明。原始创新是最根本的创新，是最能体现智慧的创新，是一个民族对人类文明进步做出贡献的重要体现。也有观点认为，原始创新是指“元创新”(meta-innovation)，是一种观念上的根本性创新，由元创新将会带出其他科技创新。也有人打比方认为，原始创新就像是一只“老母鸡”，由它下出许多蛋，孵出大量“小鸡”(即衍生创新)来。

原始创新成果通常具有三大特征：一是首创性，即前所未有、与众不同；二是突破性，即在原理、技术、方法等某个或多个方面实现重大变革；三是带动性，即在对科技自身发展产生重大牵引作用的同时，对经济结构和产业形态也带来重大变革，在微观层面上将引发企业竞争态势的变化，在宏观层面上则有可能导致社会财富的重新分配、竞争格局的重新形成。

原始创新与基础研究存在密切关系，对基础研究的重视与投入是产生重大原始创新的保障。就美国的经验来看，美国政府对基础研究进行长期、稳定的支持是维持美国科技经济竞争力的根本。

(2)集成创新。集成创新是指在特定的系统内集成相关的成熟技术和创新成果，整合为新的系统以实现创新。

“集成”即集大成，是指将某类事物中好的、精华的部分集中、组合在一起，达到整体最优的效果。“集成”的英文为integration，其意为融合、综合、成为整体、一体化。我国学者张正义、吴林海认为，集成不是简单的连入、堆积、混合、叠加、汇聚、捆绑和包装，而是将各种创新要素通过创造性的融合，使各项创新要素之间互补匹配，从而使创新系统的整体功能发生质的跃变，形成独特的创新能力和竞争优势。

集成创新的主体是企业。现代企业的集成创新以提高企业持续的整体竞争力为目标，将创新过程与创新资源创造性地集成与协同，在主动寻求最佳匹配要素的优化组合中产生“1＋1＞2”的集成效应。对于原始性技术创新与重大发明成果都较稀缺的我国及我国企业来说，集成创新显得尤为重要，有可能成为技术跨越的突破口。

集成创新通常具有以下特征：一是用户至上的思想，强调用户在创新活动中的参与和互动；二是创新内容的多元化，要求不同类型的创新资源和能力相互激发和协同作用，在本质上是创新要素的交叉和融合；三是创新主体的多元化及能动性，要求各创新主体能积极思考、有效沟通和协作创新，创造协同效益；四是创新过程与组织的网络化，要求建立企业与企业间的网络联系，采取合作的形式整合资源，实现企业间优势互补，以达到降低风险的目的。

集成创新已经成为新经济时代对企业发展提出的客观要求，是当今时代社会发展的主旋律，也是后进赶超先进的有效创新方式。例如，20 世纪 70 年代初，日本超大规模集成电路(very large scale integration，VLSI)产业整体上落后美国达十年以上，而计算机产业的竞争主要体现在 VLSI 的研制上。日本的五大计算机生产企业(日立、富士通、三菱、日本电气和东芝)在研制 VLSI 的 6 项关键技术(微细加工技术环境、芯片技术、设计技术、工艺技术、检测技术和关键设备制造技术)上各有优势，但都无力独自完成这项艰巨的任务。于是，它们联合起来，历时 4 年对 6 项关键技术实施集成创新。结果，到 1983 年，日本半导体存储器产品的世界市场占有率已与美国持平；到 1988 年，日本半导体存储器产品在世界市场的占有率达到了 85％，把美国远远地抛在了后面。

(3)引进消化吸收再创新。引进消化吸收再创新是指引进、吸收、消化他人的创新，在此基础上突破引进的科学与技术成果，形成具有自主知识产权的新技术的创新。

发展中国家从发达国家直接引进先进技术，尤其是通过利用外商直接投资或跨国并购方式获得的国外先进技术，经过消化、吸收实现自主创新，不仅大大缩短了创新时间，而且降低了创新风险和成本。其实施过程主要有“技术引进”“工艺技术的消化、吸收与创新”及“产品创新”三个阶段，如图 7.5 所示。

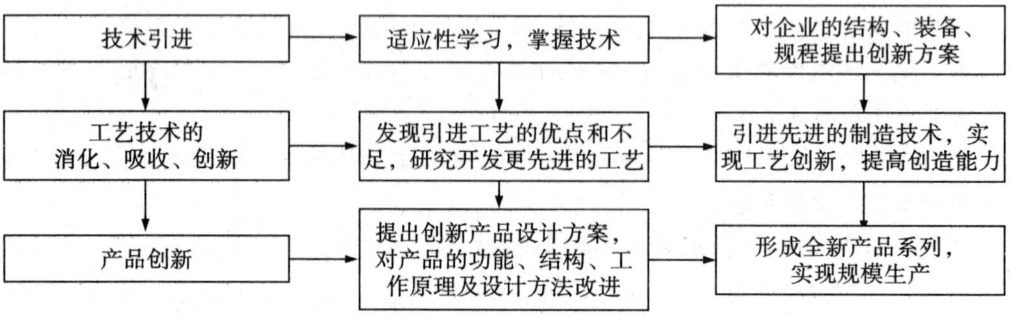

图 7.5　引进消化吸收再创新的实施阶段

在技术引进阶段，要通过“安装中学”“试用中学”和“干中学”等适应性学习方式，尽快掌握引进技术，并对企业的结构、规章、制度等进行相应的调整，使企业迅速形成仿制和生产能力。

在工艺技术的消化、吸收与创新阶段，要通过对引进工艺的消化、吸收，掌握其原理，揭示其奥秘，全力分析其优点和不足，结合企业本身的核心工艺技术进行工艺创新，使创新产品在性能及价格上均能优于引进产品。

在产品创新阶段，要对产品的技术性能、经济性和顾客的满意度等方面进行综合比较，并与企业产品的技术优势融合，开发出技术含量更高、市场前景更好的新产品；要掌握产品的功能、结构、工作原理和设计方法，并进行系统的集成和整合，使之系列化、模块化、集群化，迅速扩大产品的市场份额。

在这里需要强调的是，引进、消化、吸收之后，一定要进行“再创新”，这是提高自主创新能力的重要捷径。例如，联想集团通过跨国并购、实现国际化、打造世界品牌、提高研发和管理能力等，形成了一种技术引进消化吸收再创新的创新模式，其主要表现是：①敢为天下先，通过跨国兼并，建立全球研发体系，加强资源整合，完成了从土生土长的中国品牌到全球知名的世界品牌，从一个只会管理中国市场的企业到全球运营的跨国公司的转变。在跨国并购中，以小搏大，实现产业链的完整收购，打造了国际化的快速通道。②在消化、吸收中，整合全球资源，维持人员稳定，建立了全球研发体系。③在发展创新中，整合全球营销网络，加强管理创新，打造了世界品牌。

7.2.1.3 自主创新的特征

自主创新具有核心技术的内生性、技术成果的首创性、创新市场的率先性、创新过程的风险性等特征。

(1)核心技术的内生性。自主创新所需要的核心技术来源于内部的技术积累和突破，是依靠自身力量、通过独立的研究开发活动而获得的，其本质就是牢牢把握创新核心环节的主动权，掌握核心技术的所有权，这是它区别于其他创新模式的本质特点。如美国英特尔公司的计算机微处理器、我国北大方正的中文电子出版系统就是典型的例子。

(2)技术成果的首创性。自主创新是以人为主体，依靠自身能力实现的创新过程，是积极、主动、独立的发现、发明、创造的活动，获取的拥有自主知识产权的核心技术以及在此基础上开发的新产品等成果，在技术上具有首创性，在竞争上具有主动性。

(3)创新市场的率先性。自主创新的成果一般体现为新的科学发现以及拥有自主知识产权的技术、产品、品牌等，通常是建立起一个全新的市场，创造一个全新的需求空间。如青霉素的发现和研制成功使全世界开始普遍使用新的抗生素，尼龙的发明则创造了一个全新的合成纤维产业。因此，自主创新核心技术的内生性及其产品的首创性可以使企业超越竞争者，成为市场上的领先者或挑战者。

(4)创新过程的风险性。自主创新技术研发的周期长、投资多、成本高和成功率低，创新市场的接受性难以预测，存在很大的技术不确定性和市场风险性。但因其技术的首创性和市场的率先性，该种创新又集高利润和高风险于一身，如战略对策运用得当，创新一旦获得成功，其经济和社会效益将会十分显著。

7.2.1.4 自主创新的战略对策

(1)创新前要细致地分析创新的条件。这些条件和因素既包括创新知识本身，也包括社会、经济及文化观念等因素。要通过分析明确哪些因素目前尚不具备，这些因素可不可以通过努力创造出来。若可能就要全力以赴地投入，否则就要将创新向后推延。

(2)创新的成功需要全力以赴地投入。参与自主创新必须是雄心勃勃的，否则注定要失败。全力以赴要求创新者要以在新产业或新市场中取得领导权或支配性地位为目标，并且一开始就要取得这种领先地位。只有这样，创新的行动才能得到极大的回报。

(3)自主创新要找准战略重点。自主创新不偏爱第一个成功者，初期的成功稍有失误就会被别人超过。这就要求重点必须明确，决不能犹豫不定。其重点主要有以下三点：

一是发展与创新相关的整个市场。爱迪生和英国人斯旺都发明了电灯，但后者仅仅是个科学家，爱迪生则在发明的同时筹资拿下了向电灯用户架线的市场，并建立了整个配电系统，创造出新的电力产业。

二是要以市场为导向。杜邦公司的成功并不是去卖尼龙，而是开辟了以尼龙为原料的服装消费品市场，并开发了使用尼龙的汽车轮胎市场等。

三是抓住生产制造中的关键环节。美国普非策公司成功的关键是把重点放在青霉素生产中的发酵环节上。

总之，从长远发展的观点来看，一个国家的经济强盛，一个企业核心竞争力的打造，最终都有赖于拥有自主知识产权的核心技术。因此，技术自主创新应该成为我国经济和企业发展的最终目标和努力方向。自主创新是实现国家和企业赶超战略、后来居上、超越发展的根本途径。

7.2.2 模仿创新

7.2.2.1 模仿创新的概念

模仿创新也称跟随型创新，是指创新主体通过学习模仿率先创新者的方法，引进、购买或破译率先创新者的核心技术和技术秘密，并以此为基础进行改进、创新的做法。

创新不是发明，因此可以有自主创新，也可以有模仿创新。模仿创新是在别人的创新基础上进行的创新，可以吸取别人的东西，从某个环节开始模仿，模仿的过程并不等于没有创新的可能性，实际上在每个过程中都可以有所改进、有所发展、有所创新。模仿创新的思路与领先者不同，它注重技术，却以市场为导向，创新领导者必须要有较高的洞察力。

7.2.2.2 模仿创新的特征

模仿创新具有积极跟随性、市场开拓性、学习积累性、中间聚积性等特征。

(1)积极跟随性。模仿创新的积极跟随性主要体现在技术和市场两个方面:在技术方面,模仿创新不做新技术的开拓探索者和率先使用者,而是做有价值的新技术的积极追随学习者和改进者;在市场方面,模仿创新者不独自去开辟全新的市场,而是充分利用并进一步发展率先者所开辟的市场。

(2)市场开拓性。模仿创新在市场方面同样具有开拓性,不仅是抢占率先创新者已开辟的市场空间,而且包含着对新市场空间的进一步拓展和扩充。

(3)学习积累性。学习积累性亦即“看中学”的积累性。学习积累机制是技术创新中的核心问题,是支持技术创新得以顺利开展的重要基础。率先创新的学习积累主要依赖于自我探索,除了基础知识可来源于外部外,大部分相关知识和专业技能都是企业“干中学”的结果。而模仿创新的学习积累来源是多方面的,开始主要是通过“看中学”,即通过观察、选择、节俭、模仿率先创新者的行为,从他们的成功和失败中学习,在模仿中吸取大量的外部知识,培养提高自身的技能。这样有投资少、时间短、见效快的特点,这是模仿创新竞争力的重要根基。

(4)中间聚积性。中间聚积性亦即资源投入的中间聚积性。模仿创新省去了新技术探索性开发的大量早期投入和新市场开发建设的大量风险投入,因而能够集中力量在创新链的中游环节投入较多的人力和物力,使得创新链上的资源分布向总部聚积。这样一方面保证了模仿创新企业并不丰富的创新资源的集中利用,另一方面也保证了在工艺改进、质量控制、成本控制、大批量生产管理等方面形成强势技术积累,这是模仿创新竞争力的又一重要根基。

7.2.2.3 模仿创新的战略对策

(1)模仿创新是后发者赶超首创者的必由之路。后发者以首创者的创新经验为基础,以原始创新产品为示范,着眼于成为市场的后来者。这就要求企业有强大的分析能力和理解能力,通过“分解研究”与“破译黑箱”等途径,消化和吸收模仿对象的隐形技术知识,并在此基础上研究和开发出具有竞争力的创新产品,包括产品的工艺创新、结构创新和流程创新等。由于模仿创新是一种投入少、省力、风险小、见效快、易开展的创新活动,其技术原理通常没有重大变化,主要是基于市场需求的扩展和技术上的改进,也能形成自己的知识产权,从模仿创新到自主创新是许多中小企业实现跨越的必由之路。

(2)模仿创新是中小企业创新模式的理性选择。伴随着经济全球化,我国中小企业在国际国内市场上面临的竞争将更加激烈。中小企业如何依靠技术进步求得生存与发展,如何依靠技术优势扩大市场占有率,是当前我国经济发展面临的一个重要课题。创新是企业持续发展的根本所在,而中小企业因其经营环境及自身能力的制约,常常陷入需要创新以推进企业发展却又难以承担创新风险与投入的两难困境。而模仿创新则成为中小企业创新模式的一种理性选择。

(3)技术模仿创新是中小企业经常采用的重要方法。量大面广、不具备技术自主创新能力的中小企业,在初始阶段应该以模仿创新为主,踏踏实实地进行技术积累,进行消化吸收，在干中学，逐步培育出一支善于创新的人才队伍，不断增强自己的研究开发实力。同时，由于国家正进入一个新的技术时代，传统产业的萎缩使大企业面临重重困难，而高新技术带动新产业发展的同时，也为中小企业的发展提供了契机。中小企业在技术创新的尝试阶段，在技术的扩散以及技术模仿创新产品、工艺和方法的应用方面扮演了重要角色。

(4)模仿创新是追赶世界先进技术的现实途径。大量事实证明，技术模仿创新是中小企业以最小代价、最快速度追赶世界先进技术的现实途径，是最终实现技术自主创新的必经阶段。历史上，美国工业的发展正是得益于对欧洲国家先进技术的模仿创新；日本战后经济振兴的奇迹正是得益于对世界发达国家(尤其是美国)工业技术的模仿创新；韩国也是通过模仿创新，迅速改变落后面貌，一跃成为新兴的工业化国家。

总之，模仿创新适用于一些较为重要、影响面大的产品、加工过程或服务，通常以较高的市场占有率为目标。在高技术领域，最初的创新者通常是技术专家，他们往往忽视以市场为中心这一点，而偏重于技术或产品本身。由于缺乏充分的市场调查和认识，经常不能正确认识创新的实际意义和进一步开发的方向，而模仿创新者正好利用了这一弱点。因此，模仿创新最适用于高技术领域。模仿创新已成为各国企业普遍采用的创新行为，日本是模仿创新最成功的典范，日本的松下、三洋电机等企业都依靠模仿创新取得了巨大成功。

7.2.3 合作创新

7.2.3.1 合作创新的概念

合作创新又称为依赖型创新，是指企业通过与其他企业、科研机构、高等学校等建立技术合作关系，在保持各自相对独立的利益及社会身份的同时，在一段时间内开展协作从事技术或产品的研究开发，在共同确定的研究开发目标的基础上实现各自目标的创新活动。

合作创新一般集中在新兴技术和高新技术领域，以合作进行研究开发为主。合作创新通常以合作伙伴的共同利益为基础，以资源共享或利益互补为前提，有明确的合作目标、合作期限、合作规则和利益分配原则，合作各方在技术创新的全过程或某些环节共同投入、共同参与、共享成果、共担风险。因此，合作创新是美国、日本、欧洲等国家和地区十分流行的技术创新战略，不仅中小企业，一些大型企业也热衷于这一创新战略。

7.2.3.2 合作创新的必要性

合作创新的必要性主要体现在以下几个方面：

(1)合作创新能节约获取研发成果的费用。企业要获取一项研发成果，可以有直接研发或通过技术交易购买两种途径，直接研发有独自研发和合作研发两种方式。在独自研发的情况下，企业的技术交易费用很低，甚至为零，但研发投入费用很高，同时要求有相当数量的研发人员；在通过市场购买获得研发成果的情况下，企业研发投入费用很低，但交易费用很高。合作创新同时产生研发费用和交易费用，但能实现合作者对研发资源的整合和信息的有效沟通，使获取研发成果的总体费用降低。

(2)合作创新有利于降低企业的学习成本。随着产业知识化程度的提高，企业应该成为学习型组织，但学习是要付出成本的，合作创新中伙伴合作关系的建立有利于降低学习成本。合作创新是一种有效的学习方式：一是不仅为合作伙伴提供了理论交流的机会，而且有机会以研发工作验证这些理论交流结果在实践中是否可行；二是为了保证研发目标的实现，合作各方会根据合作要求将自身具有的部分技术诀窍在合作组织内公开，实现技术共享；三是合作创新追求开发最新的技术和产品，因而不仅提供了学习对方已有知识和技术的机会，而且具有在实践中共同探索新技术的特点。通过在研究项目和产品的过程中学习，不仅提高了研究参与者个人的学识和智力，而且使群体智力得到开发，可实现以较小的成本付出获得研发人员人力资本的增加和企业研发能力的增强。

(3)合作创新能实现创新资源的互补和共享。企业的自主创新活动通常要求同时使用资金、设备、人才、专利和专有技术等资源，随着技术进步加快和市场竞争程度加剧，企业自主创新投入迅速增加，很多企业拥有的创新资源不能满足投入的要求，而通过实施合作创新可实现企业自身与其他组织的技术创新资源的互补和共享，能使新开发的技术成果超越企业依靠自身力量能够达到的水平，将企业的技术水平推向一个新的高度。如我国乡镇企业创新资源非常有限，但不少乡镇企业依靠与高等学校或科研机构建立合作创新关系，实现了技术上的跨越式进步，达到了国内甚至国际领先水平。

(4)合作创新是企业获得技术能力的重要途径。企业的技术能力主要包括三个方面：技术吸收能力、应用能力和创新能力。研究表明，企业的技术能力只能在研发中形成。许多企业因为研发资源不足，限制了企业开展研发活动，而通过建立合作创新组织，企业可以利用大学或科研机构的研发设备和人员，并通过研发活动实现对技术能力的获取、传递和整合，使企业能够得到能力发展和组织学习的机会，特别是合作创新组织成员间的互动学习，这是企业提高自身技术能力的重要途径。技术和管理知识经历技术共享、组织成员之间的互动、人员的互派、战略性整合，能实现合作创新组织内部知识的传递与整合，为企业提供知识创新与传递的平台与机制。

(5)合作创新可以提高新技术进入市场的速度。知识的快速贬值、技术的迅速发展以及现代技术的高度复杂性和整合性，使产品的生命周期不断缩短，产品不断向高级化、复杂化方向发展。单个企业的经营资源已不足以保证企业在飞速发展的时代继续生存和发展，要求企业能够跟踪外部技术的发展，并有能力充分利用和整合这些新技术为己所用。而技术创新具有高成本、高风险的特点，企业一般很难胜任独立开发的使命，只有开展合作创新，才能加快技术研究与产品的市场化进程。

7.2.3.3 合作创新的风险性

合作创新既具有必要性，又能产生显著的效益，但也存在风险性。其主要风险表现在以下几个方面：

(1)知识产权风险。选择合作创新模式时，往往有许多单位参与技术创新活动，知识产权需要在合作者之间分配。由于知识产权分享和合作伙伴利益最大化行为的威胁，导致合作单位的知识产权存在潜在风险。

(2)成员竞争风险。在合作创新过程中，合作成员之间的相互依赖关系非常强，每个合作成员实际上可以进入其他成员的知识库。知识库中可能包括当前和计划生产的产品以及将要研究和开发的产品等各种信息，合作成员可能受利益的驱动模仿其他成员的技术，并试图与其竞争，由此带来了成员之间的竞争风险。

(3)组织协调风险。在合作创新过程中，需要成员的相互协调，多个成员之间有效合作所需要的行为模式与单个组织运作的行为模式有所不同，由此带来了组织协调风险。

综上所述，企业与高校和科研单位之间通过适当分工进行合作创新，通过外部技术资源的内部化实现资源共享和优势互补，已成为国内外企业技术创新的主要方式和必然趋势，也是企业在全球性技术竞争不断加剧、创新活动越来越复杂的情况下做出的必然选择。

7.2.4 连续创新

7.2.4.1 连续创新的概念

连续创新是在原有技术的基础上，通过发展、淘汰、再发展、再淘汰这样一个次序更替的过程来完成技术发展的创新。

连续创新是其他各种创新模式的基础，企业新产品的质量提高、成本下降、效率提高，取决于连续创新的进程，它决定了产品的市场份额和企业的效益。没有连续创新作后盾，企业就不可能形成富有成效的创新流。据美国科学基金会 1976 年的调查，1953～1973 年的 21 年间，全世界共出现了 500 项重要技术创新，其中 90%左右属于连续创新。研究表明，连续式的工艺创新所带来的累积效果往往超过偶尔为之的突破创新，日本企业正是通过长期的连续创新才使其制造业获得巨大的成功的。

因此，连续创新对企业决策非常重要，是企业创新活动和获取竞争优势的核心内容之一。企业要了解产业连续创新的模式和规律，增加对连续创新经济价值的认识，培养连续创新能力，消除制度障碍，获取竞争优势。

7.2.4.2 连续创新的特征

连续创新是一种渐进式的创新，在创新的过程中并不完全否定原有的技术，往往会借用原有技术的部分甚至核心要件，在其基础上进行进一步的改善与完善。其主要特征归纳如下：

(1)在技术方面，强调技术发展路径主要是依赖企业现有的组件和结构知识。这些技术创新是渐进式的，日积月累地沿着已有的技术轨道发展。例如，通过连续创新，使产品获得更高的性能、更低的成本、更安全和更长的生命周期，其结果是最终提升了企业现有组件和结构的技术含量。

(2)在市场方面，连续创新面对的是成熟的市场，在产品生命周期内，其市场占有率高，拥有一大批依赖其产品的老用户，获利率也高，如图 7.6 所示。在突破创新侵入市场初期，突破创新产品尚未形成气候，市场占有率特低，获利率无几，往往感觉不到突破创新的威胁，如图 7.7 所示。

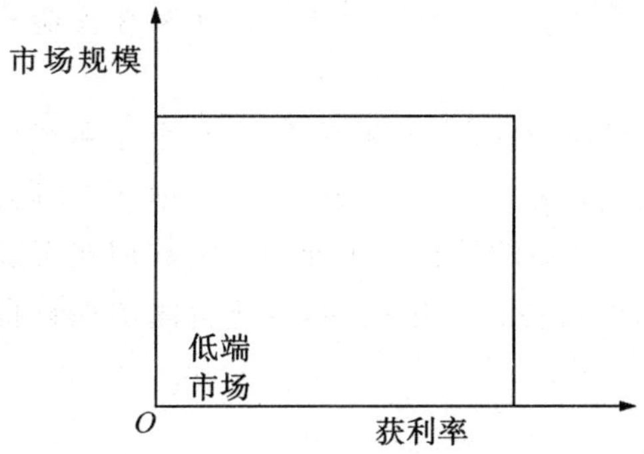

图 7.6　市场轨道图

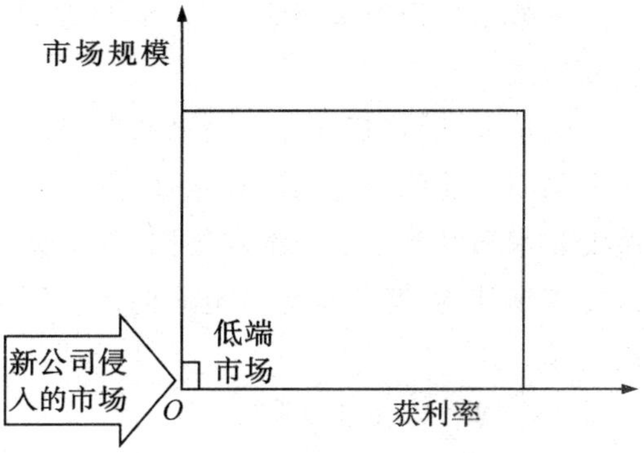

图 7.7　突破创新侵入市场

(3)在管理方面，连续创新受已有的标准和技术规范指导，企业在组织上已形成稳定可靠的传统创新体系。问题是，成功和辉煌的业绩往往也会使企业骄傲自满、求稳怕变，这就隐含了失败的风险。

7.2.4.3　连续创新的切入口

企业可按如图 7.8 所示的六个方面作为连续式创新的切入口，不断采用新技术、新工艺、新材料、新的生产方式和新的经营模式，大大提升企业的核心能力；在保持企业强劲竞争力的同时，形成企业独特的创新文化和学习氛围，强化职工的自信心和凝聚力，提高全体员工的素质和能力，这种特殊的核心能力是别的企业短时间内难以模仿和赶超的。特别是传统产业与电子信息技术的嫁接能促进产业的升级和自动化、智能化，加速整个经济的信息化进程，故长期坚持连续创新有着特别重要的意义。

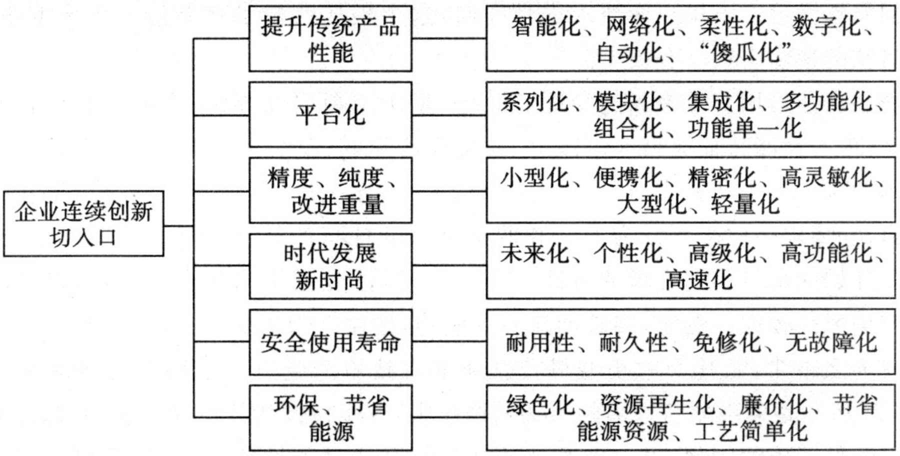

图 7.8　企业连续创新的切入口

7.2.5 突破创新

7.2.5.1 突破创新的概念

突破创新是以全新的产品、生产方式和竞争形态，对市场与产业做出颠覆性改造的创新模式。

近年来，随着新兴技术的迅速发展，竞争格局和产业结构不断调整，现有企业和新兴企业均面临前所未有的不确定性，新兴技术创新的基本特点是突破性，突破创新有时会改变技术和经济方面的游戏规则，甚至会引起整个行业的消亡。企业通过突破创新可以改变市场结构、竞争态势乃至人们的生活、工作方式，在这一过程中，企业也能实现自身的变革。

7.2.5.2 突破创新的特征

(1)学科新知识是突破创新的源泉。一般说来，突破创新是在全新的知识或是各种知识融合的基础上产生的，和原有产品技术相比，具有全新的功能，是现有市场上不曾有过的产品，具有发展潜力，最终能大大降低产品的成本。

突破创新是技术发展上的一条新轨道，突破创新需要更新设计、技术路线和基础设施。由于缺少技术标准和规范，技术风险较大，导致经常出现一些意想不到的困难和结果；有些项目起始时的设想往往不能成功，通过多次挫折，可能朝着当初未能设想的方向发展。

(2)潜在的市场是突破创新的突破口。突破创新的目标是建立新兴产业，从根本上改变市场竞争的格局。传统产业如果忽视突破创新，跟不上技术发展的潮流，就很有可能被新兴的中小型科技企业淘汰出局。

突破创新产品的市场侵入是一个复杂过程。研究表明，引起突破创新的重要因素是出现了一种破坏性技术。破坏性技术在市场价值体系内特有的轨道上出现并发展。当其发展到能够满足广大用户所要求的性能时，这个破坏性技术就能侵入传统市场，并能以令人目眩的速度击败已有技术。

突破创新能给用户带来新的功能和服务[据迈耶斯研究界定：产品具有全新的性能特征，或将现有性能特征提高 5 倍以上，或将成本降低 30%以上者为突破创新产品]，能改变人们的工作和生活方式，在竞争中创造新的市场。正由于突破创新是以潜在的市场为突破口，它要求用户改变行为方式和调整依赖的现有产品和服务。但实际上，突破创新产品一开始往往得不到市场的青睐，若在某一阶段处理不当就会夭折，所以突破创新产品的市场风险较大。然而，突破创新一旦成功，往往会带来极其丰厚的回报，它诱惑许多创新者为之奋斗，尤其为中小型科技企业取得技术跨越创造了极好的机遇和发展空间。图 7.9 所示是突破创新产品的市场稍稍扩大，逐步侵蚀传统产品的市场，此时突破创新产品又开始了连续创新，以出人意料的速度提高产品的性能，如结构简单、体积小、使用方便且价格便宜等；图 7.10 表示突破创新产品逐渐取得市场优势，传统产品节节败退；

图 7.11 说明突破创新产品取得主导地位;图 7.12 表示下一轮的突破浪潮会重新出现。

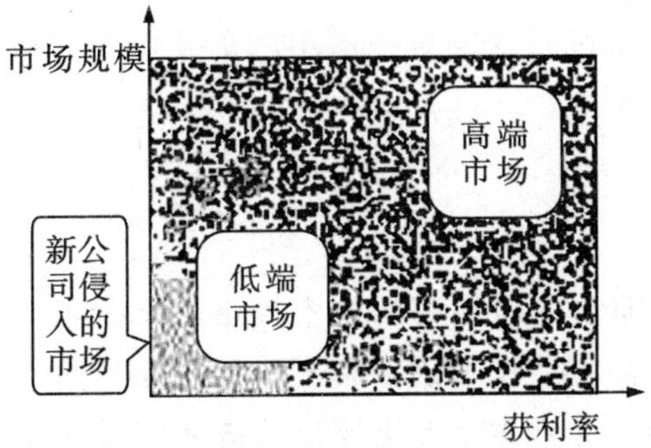

图 7.9　突破创新产品的市场稍稍扩大

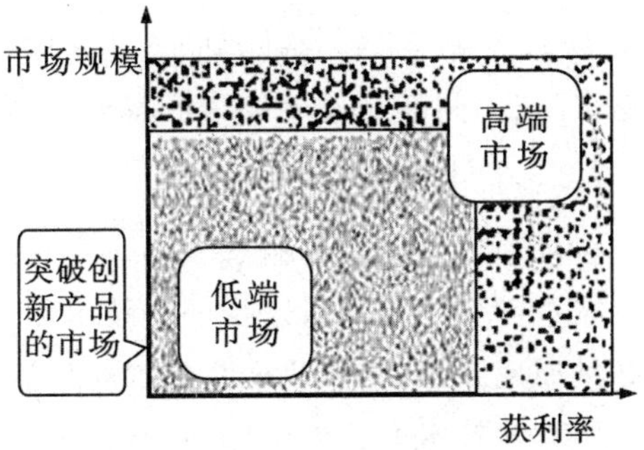

图 7.10　突破创新产品逐渐取得市场优势

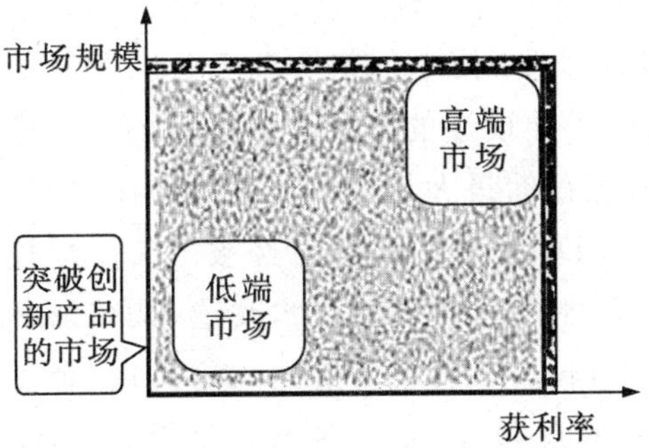

图 7.11　突破创新产品取得主导地位

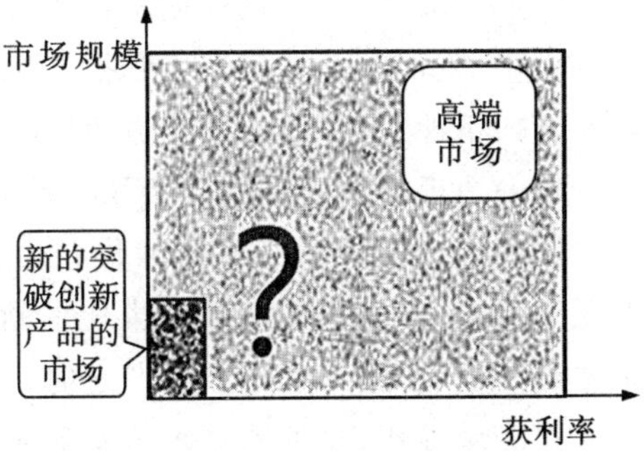

图 7.12　下一轮的突破浪潮

(3)突破创新不确定性和管理风险大。突破创新需要投入巨额资金用于研究开发,因此企业必须拥有实力雄厚的研究队伍,必须面对开发成功率低的风险。如美国基础性研究的成功率仅为 5%;应用研究虽有 50%能获得技术上的成功,但其中只有 30%能获得商业上的成功,而仅有 12%可以给企业带来利润。

突破创新的全过程存在着巨大的管理风险。突破创新技术是一种破坏性技术,它在替代现有技术的同时,将废除企业许多现存的技能、知识、设计、生产技术、工厂和设备,破坏和取代了企业整套的包括研究与开发、生产和营销方面的能力。由于没有现成的技术标准和规范,故突破创新存在许多偶然性和不确定性,需要靠直觉判断,需要内生出新的技术路线、新的技术和市场知识以及新的管理理念,以应对不同学科知识融合的需要,特别是要在知识和技术的创造者、供应商、特定用户、政府甚至竞争对手之间建立起新的伙伴关系,形成技术创新网络。如若处理不当或处理不及时,就有可能产生“技术间断”。当“技术间断”发生时,在旧技术轨道和新技术轨道之间就会存在“技术创新陷阱”,使一些大企业难以从旧技术轨道跨向新技术轨道,难以跨越“技术间断”。

“技术间断”的战略影响在产业发展史上屡见不鲜。例如,汽车业在 20 世纪 20 年代初出现了一次密封钢制车取代敞篷木制车的“技术间断”。当时的汽车行业龙头企业福特公司没有认清变化的实质，只是增加了一些原车型的特征，结果失去领先地位，市场份额从1921年的55.4%猛跌到1927年的10.6%，而它的竞争对手通用汽车公司及时抓住了这次“技术间断”，发展成为汽车业的新的领导者。

7.2.5.3　技术创新陷阱

1)技术创新陷阱的概念

技术创新陷阱是指这样一种技术创新领域，即企业沿原有的技术轨道强化技术创新就必然加速衰亡，越强化死亡越加快。这就意味着，在“技术创新陷阱”中，企业越是利用自己原有的技术专长连续创新，在原有技术轨道上走得越远，就越容易遭受旧技术极限的遏制，越容易延迟进入新的技术轨道。而一旦新的技术轨道成为行业主导时，传统企业就会被市场淘汰。

在技术创新陷阱中，企业创新的典型特征是有很大的不确定性，包括市场不确定和技术不确定，表现为产品昂贵，缺乏可靠性，市场需求小，技术创新资源不足。即使企业家具有开拓精神，技术创新最终也会因行业内新的主导设计的出现而失去市场。录像机产品就是一个很典型的事例。VCD、DVD因其信息存储量大，且音色、图像的质量好，光盘易于保存，价格低廉，必然要取代录像机。在VCD和DVD产品已经被广大用户接受的情况下，如果有人执意沿着录像机的轨道进行大规模的投资和技术改造，其结果必然是录像机厂建成之日，就是其破产之时。长期以来，在一些传统工业区也曾出现“企业不搞技术改造慢慢死，要是搞技术改造则死得更快”的现象，致使许多企业无所适从，解决的关键就在于企业如何正确应对“技术间断”和“技术创新陷阱”。正如德鲁克所指出的：一旦这种情况发生，产业中的每个企业必须立即反应，如果还按原有方式经营企业，往往会带来灾难，而且很可能是灭顶之灾。至少公司将失去它的领导地位；若一旦失去，再想恢复几乎是不可能的。

2)技术创新陷阱的特点

第一，具有隐蔽性，不易觉察。在“技术创新陷阱”中，倘若企业依然投入巨量的技术创新资源，保持技术创新活力，产品创新和工艺创新的“锦上添花”或“革新”也依然不断，产品需求持续扩张，这种短时期的表面繁荣不仅不能确保企业未来的生存，它还麻痹了企业经营者，使其看不到或不能正视企业潜在的经营困境。

第二，具有锁定性，不易摆脱。企业往往在自己的技术系统惯性驱动下不知不觉地陷入“技术创新陷阱”之中，而一旦陷入再想摆脱就非常困难。

第三，具有破坏性，不易弥补。“技术创新陷阱”擒获了企业技术创新的“远景”，也就是说它使企业不能正确地看到行业技术未来发展的方向。不仅如此，它还耗散了企业的技术创新资源，瓦解了企业的市场生存根基，使企业加速趋于灭亡。

3)技术创新陷阱的类型

技术创新陷阱有两种类型:特殊阶段防卫型和流动阶段进攻型,如图 7.13 所示。

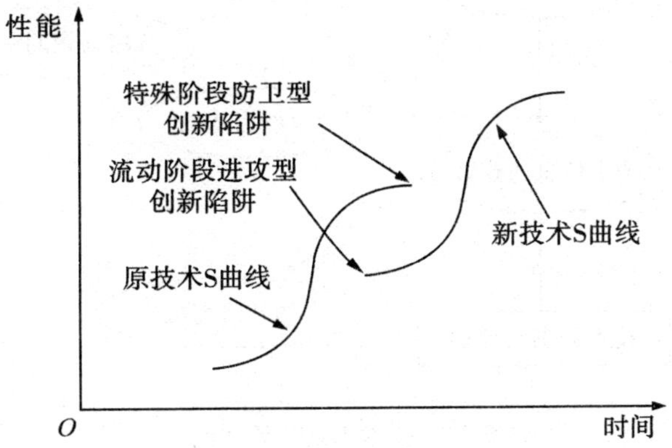

图 7.13　技术间断和技术创新陷阱

(1)特殊阶段防卫型技术创新陷阱。这种陷阱位于原技术性能 S 曲线的尾部,在这种技术创新陷阱中,企业技术创新是在原技术的基础上对产品或工艺进行渐进改进,它的典型特征是:①有确定的技术方式作指导;②有充足的技术创新资源作支持;③在一定时期有强大而明确的市场需求拉动;④在一定时期内有显著的技术创新效益并使旧技术性能奇迹般地提高。但存在技术性能改进速率低、研究与开发效率低、创新持续性弱等缺点,这些缺点往往因受前四点的遮蔽而被企业忽视,技术创新最终因突破创新技术的兴起而失去市场需求。

(2)流动阶段进攻型技术创新陷阱。这种陷阱位于新技术性能 S 曲线的头部,在这种技术创新陷阱中,企业技术创新旨在创造和占领一个全新市场或替代原有市场,但选择了新的错误的技术范式,注定难以成功。在早期的汽车开发中,对电动和蒸汽动力汽车的开发就是跌入了这种技术创新的陷阱。

企业加强对技术的识别与评估可以避免陷入创新陷阱,技术识别与评估流程如图 7.14 所示。当企业认识到某项技术的潜在价值后,为了能够及时、正确地形成推动技术创新的内在驱动力,需要加强对企业后方的管理,包括建立与大学和科研机构的联系、用科学方法对商业前景问题进行预测、企业公关部门与创新网络建立良好的公共关系等工作,同时也要注意企业资源的合理分配。由于技术争夺着企业的资源,选择一个投资领域通常会阻碍其他投资领域的选择。因此,企业必须对各种技术机会进行综合权衡。

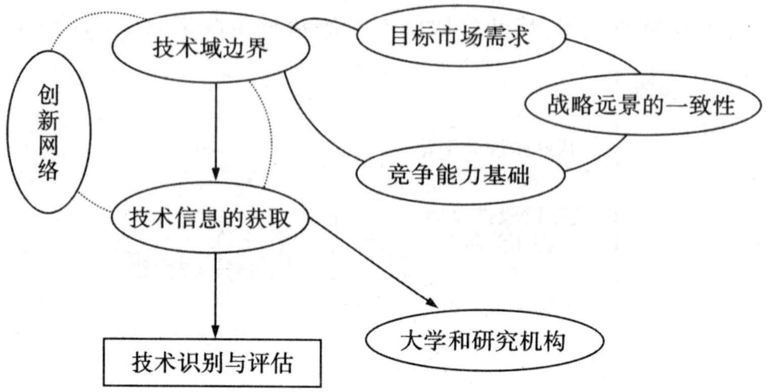

图 7.14　技术识别与评估流程

7.2.5.4　创新动态过程模型与技术周期

技术周期贯穿于整个产品更新换代过程，每一项突破创新的成果都来自许多个技术周期的结果。一些简单的或非组装产品，其技术周期很直观；而较复杂的组装产品（如手表）或设备（如无线电、传呼装置），其技术周期始于零部件：如手表由振荡器、能源、传动装置、外壳和显示部分等组成，各产品子系统都有其技术生命周期，呈 S 曲线。

创新模式与产品生命周期如图 7.15 所示，从中可以分别找出产品生命周期、产品创新、工艺创新的不同高峰。

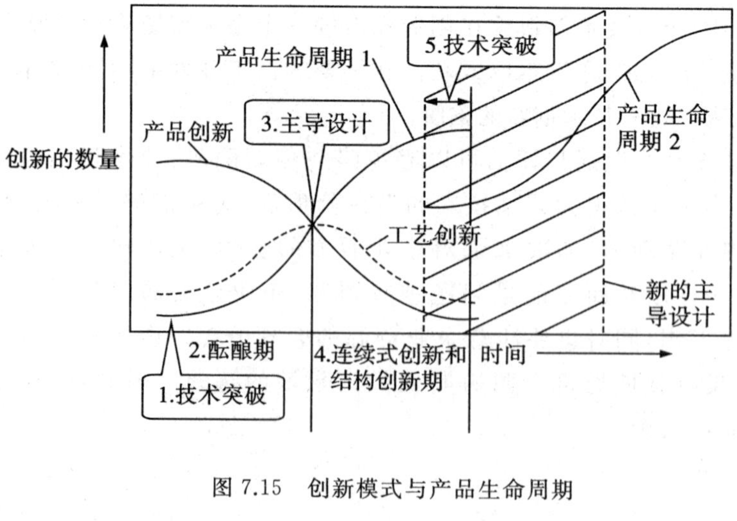

图 7.15　创新模式与产品生命周期

创新动态过程发展阶段依次是酝酿期、连续创新和结构创新期，其间产品的创新数量随着主导设计的逐步确立而不断递减；工艺创新数量随着竞争的加剧而不断加大，又最终因工艺的完善而逐步递减。在产品性能尚未完善、主导设计尚未明确的酝酿期，技术和市场的不确定因素很多，且市场尚未全面开发，技术壁垒较高；而在连续式创新和结构创新期，市场进入者急剧增加，市场容量渐趋饱和，而产品创新与工艺创新的空间很小，且新一轮技术突破即将出现，因此较为理想的开发突破创新产品的酝酿期为图7.15中的阴影部分。在此阶段，消费需求被迅速激发，市场容量扩大，产品技术也开始稳定，产品创新和工艺创新存在的空间很小，这就为企业实施第二次技术突破创新创造了条件。

如果将每一个产品生命周期转化的技术周期进行细化，可分为技术突破阶段、技术酝酿阶段、主导设计阶段和连续创新阶段四个阶段，如图7.16所示。

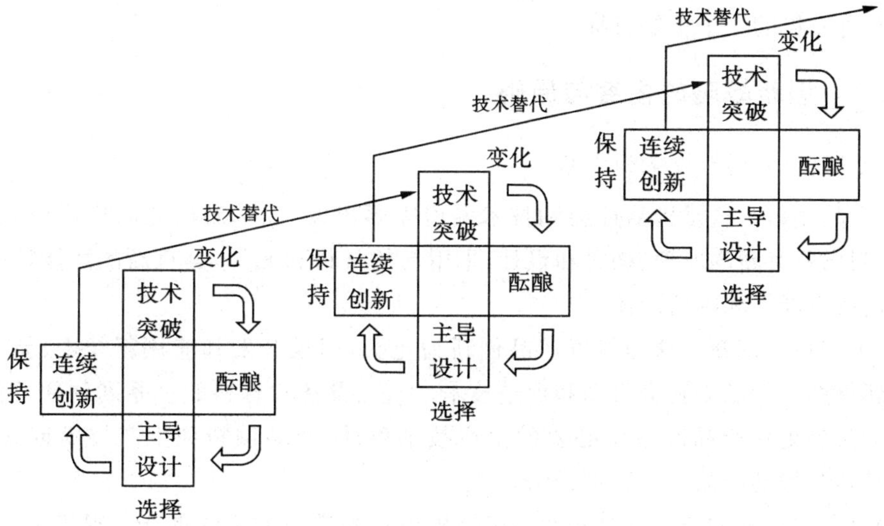

图7.16　技术周期的螺旋增长

(1)技术突破阶段。由于科学或技术的进步，在现存技术和新的科学技术之间以及各种新科学技术相互交叉融合的成果之中，出现技术替代，打破现有的连续模式，引发技术突破。每一轮技术周期都是从一项技术突破开始的。

(2)技术酝酿阶段。在此阶段，顾客、供应商、买家和管理机构都有参与，企业知识发明人的代表、潜在的供应商和用户组成技术创新的团队，重大项目政府参与共同学习、协同创新，涌现出各种不同的、混乱而不确定的方案。

(3)主导设计阶段。主导设计的出现是导致形成突破创新技术轨道和市场结构发生变化的分界点。所谓“主导设计”，是指综合了先前各种独立产品设计的优点，产生一种公认优秀的产品设计或者一整套特征形式的创新。它是各种学科、各种技术相互融合、交叉，迅速形成的专有技术成果，随之而来的往往是产生新的行业标准。如计算机发展初期，有多种设计模式，最后IBM公司的个人计算机模式成为主导设计而占领市场。

(4)连续创新阶段。在此阶段，从创新产品为主导转向工艺创新、结构创新和流程创新，小批量投入生产，首先被政府采购和特定用户使用。

每完成一个技术周期，总会出现一次飞跃，呈螺旋式增长趋势，直至全新系列产品大批量投入市场阶段。

7.3 企业的技术创新战略

创新战略是以产品的创新以及产品生命周期为导向的一种竞争战略，采取这种战略的企业往往强调风险承担和新产品的不断推出，并把缩短产品由设计到投放市场的时间看成是自身发展的一个重要目标。

7.3.1 创新战略的内容与原则

7.3.1.1 企业创新战略的内容

(1)产品创新。这是指从社会和技术发展需要出发，以基础研究和应用研究成果为基础，研制出具有新的原理、构思和设计，采用新的材料和元件，具有新的性能特点，具有新的用途或市场需求的新产品。

(2)生产技术创新。这是指以产品创新为龙头，积极开发和应用新技术、新工艺、新设备和新材料。产品创新会带动和促进技术、工艺、设备和材料的一系列创新，而生产技术的创新又为更新产品准备了必要的生产技术条件，产品创新和生产技术创新循环往复、互为影响，推动产品不断转型升级。

(3)组织与管理创新。这是指对组织结构模式和管理方法的创新。现代企业组织创新是为了实现管理目的，将企业资源进行重组与重置，采用新的管理方式和方法、新的组织结构和比例关系，使企业能够适应外部环境和内部条件的发展变化，更适合经济发展和技术进步。

(4)研究开发创新。这是指通过基础研究、应用研究和开发研究，为技术创新提供保证与前提，主要内容包括经济研究、经营管理研究、市场研究、面向产品的研究、面向生产工艺的研究等。

7.3.1.2 企业组织创新的原则

(1)从企业的实际出发，有利于企业战略目标的实现，有利于管理工作效率和经济效益的提高。

(2)有效协调。

(3)尽量减少管理层次，保证信息传递及时、准确。

(4)统一领导与分权管理相结合。

7.3.2 技术创新模式的特点

技术创新模式是反映技术创新规律性的创新形式，即技术创新在实际运行过程中，根据实际技术状况而采取的推动方式。不论是自主创新、模仿创新还是合作创新，都各有优点，采用这些模式也需要有不同的条件和要求。自主创新要求创新主体有强大的经济实力、雄厚的研发力量和成果积累，在技术上具有领先优势，起点和要求是最高的；相对来说，模仿创新和合作创新的起点和要求就低很多。自主创新、模仿创新和合作创新的特点见表7.2。

表7.2 技术创新模式的特点

技术创新特点	技术创新模式		
	自主创新	模仿创新	合作创新
创新的目的	依靠自身能力实现原始创新，获取核心技术及其知识产权	借助于学习模仿实现二次创新，谋求后发优势	依托各合作方实现模仿或原始创新，尽快取得技术成果
创新的手段	独立研发	跟随模仿	互补前提下的模仿或者创新
技术的来源与获取	内生性；通常情况下获取技术困难	外来性；一般情况下获取技术容易	技术来源于外部或各合作方，获取技术比较容易
技术和市场地位	在技术上的领先性，在竞争上的主动性；可以超越竞争者，成为市场上的领先者或挑战者	在技术上的滞后性，在竞争上的被动性；一时很难超越竞争者，成为市场上的跟随者或补缺者	在技术上的滞后性或领先性，在竞争上往往先被动，后主动；可能超越共同的竞争者，成为市场上的挑战者或补缺者
技术研发的周期、投资和成本	技术研发的周期长、投资多和成本高	技术研发的周期短、投资少和成本低	技术研发的周期缩短、投资减少和成本降低
技术和市场风险	技术和市场的风险都比较大	技术和市场的风险都比较小	技术和市场的风险可以分散化

7.3.3 技术创新模式对企业技术能力的匹配要求

企业技术能力的演化和技术创新模式的升级，实质上是技术能力和技术创新模式匹配关系形态不断演进的过程。技术能力按照演化维度可分为技术仿制、创造性模仿和自主创新三个阶段。技术创新模式按照自主程度从低到高可分为简单仿制、模仿创新和自主创新三种层次。技术能力决定技术创新模式，二者互相适应才能取得最佳的创新效益。

不同的创新模式，对企业的资源投入、创新管理、研发、生产和营销能力有不同的要求。表7.3按照模仿创新、合作创新和自主创新对技术创新各项要素能力的基本要求进行逐项对应分析，以进一步明确企业技术创新模式与其技术创新能力的匹配关系，从而为企业开展技术创新模式定位及其演化路径选择提供一个可参考的依据。

表 7.3　企业技术创新模式对技术创新能力的匹配要求

对技术创新能力的要求	技术创新模式		
	模仿创新	合作创新	自主创新
对资源投入能力的要求	需要相应素质的研发人才与科研管理人才；有一定的研发资金和人力投入，技术引进和消化吸收的投入较多；研发基础资源与实验平台相对充足	科研管理人才尤其是研发人才在层次和结构上不够完善；研发资金投入可能不足；研发基础资源与实验平台相对欠缺	研发人才与科研管理人才综合素质要求高，结构合理，能力互补，形成人才组合的整体优势；研发资金和人力投入很大；研发基础资源与实验平台充足
对创新管理能力的要求	技术跟踪和模仿的意识强烈，技术模仿、引进和吸收的机制比较完善，有相应的研发组织结构和组织管理能力支持	了解自己在创新上的优势和劣势，研发合作的意愿很强；在创新战略和机制上有独到之处；专业管理能力和组织管理有一定的长处；通过合作能够互补资源并发挥优势	创新文化建设深入人心，科研氛围良好，有独创精神和领先意识；创新机制和战略规划完备；知识管理能力和研发组织管理能力强大，技术创新的运营能力和过程管理能力也很强
对研发能力的要求	在发展研究方面，有一定的技术选择能力和改进能力，技术模仿能力、吸收能力和跟踪能力比较强，也要有一定的创新能力	有从事部分应用研究和发展研究的能力，有一定的技术吸收能力和改造能力，在某些领域或专业上有一定的研发能力；在合作基础上能够发挥出一定的技术创造能力	在整个科研过程中，具有独立从事基础研究、应用研究和发展研究的能力；科研探索能力和技术创新能力都很强
对生产能力的要求	符合模仿需要的设计能力、试制能力、生产能力和配套能力比较强，生产成本控制能力很强	在提高技术创新能力和研发新成果转化为批量生产新产品的过程中，设计能力、试制能力、生产能力和配套能力有一部分强项，而其他能力需要合作方提供	对于技术创新全过程需要具备很强的设计能力、工艺装备能力、小试中试能力、批量生产能力以及相应的生产配套能力
对营销能力的要求	市场信息收集和分析能力比较强，有一定的市场选择和促销条件，产品销售渠道比较畅通	作为强势或者劣势的合作方，在市场调研能力、市场开拓能力以及促销能力和分销能力中的某些部分都有可能需要合作方的帮助	环境分析能力尤其是对科技发展趋势、竞争者的研发动态和市场需求变化的分析都很强，要有比较强的市场开发能力和市场营销能力
对企业技术创新能力的总体要求	低	中	高

根据以上企业技术创新模式对技术创新能力匹配要求的分析，除了表7.3中基本的匹配要求之外，还需要明确以下几点：

(1)各种技术创新模式对技术创新能力的匹配要求各有侧重点。考虑到技术创新战略的需要，不同类型的企业技术创新模式对其技术创新能力的要求不完全相同，特别是侧重点具有明显的倾向性：

①模仿创新着眼于利用学习、模仿的途径来取得技术，进而谋求技术的创新，这样就必须先具备获取已有成熟技术的能力，再逐步提高企业自己的技术创新能力。

②合作创新着眼于通过与各方合作的方式来实现技术上的创新，这样就依赖于各方合作的资源、条件和能力形成互补关系，在接受帮助与合作学习下，既能够较快地取得技术研发新成果，又能够有效地提升企业自己的技术创新能力。

③自主创新则着眼于运用企业自己的创新资源条件、基础平台和要素能力来取得技术的突破性创新，这就要求企业的整体技术创新能力水平很高，既要求企业技术创新的各项要素能力都很强，又要求企业具备高水平的技术创新要素整合能力。

(2)各种技术创新模式对技术创新能力匹配的总体要求。企业技术创新能力是由各项要素能力构成的组合能力，每项要素能力对企业的整体技术创新能力的贡献作用各有不同。在企业技术创新的过程中，因为产业、企业、技术、时期、产品、竞争、政策和市场等环境因素的不同，都会对不同的要素能力产生直接或间接的影响，从而制约着企业整体技术创新能力的实际水平。

考虑到内、外环境多因素作用的复杂性，从不同技术创新模式对企业技术创新能力的整体要求来分析，只能利用相对模糊的方式从总体的角度上来粗略地把握这种要求：对于模仿创新的要求相对比较低，对于合作创新的要求有明显提高，对于自主创新的要求整体很高。如果利用连贯性思维来看，模仿创新、合作创新和自主创新对技术创新能力水平的总体要求基本上形成了从“低”到“中”再到“高”的三个层次，而且这三个层次的要求呈现出阶梯式渐进提升的迹象。

(3)各种技术创新模式的其他适用条件。应当强调的是，技术创新能力水平并不是企业选择技术创新模式的唯一依据，这只不过是最主要的因素，因而成为本书论证的基础依据。然而，这并不能否认选择技术创新模式还存在着其他条件，因此有必要进行适当地补充以比较全面地认识这些适用条件，如表7.4所示。

表7.4 企业技术创新模式的其他适用条件

技术创新条件	技术创新模式		
	模仿创新	合作创新	自主创新
企业规模	小	较大	大
企业经济实力	弱	较强	强
企业成长阶段	生存期	发育期	成熟期

续表

技术创新条件	技术创新模式		
	模仿创新	合作创新	自主创新
企业产品寿命周期	稳定期	成长期	投入期
企业现有技术水平	一般与先进技术差距大	一般与先进技术有一定差距	一般与先进技术差距不大
企业创新技术类型	通常是受技术极限制约的成熟技术	通常是与技术极限有较大距离的成长技术	通常是还看不出技术极限的先导技术
企业类型	大多数为发展中国家的追赶型企业	部分赶超型企业	大多数为发达国家的领先型跨国公司

总之，从实践来看，不同模式的技术创新活动必须具备相应水平的技术创新能力；从理论来讲，不同水平的技术创新能力也必须适应相应层次的技术创新模式。所以，任何企业都应该根据自己的实际情况来全面深入地研究环境因素，以扬长避短、抓住机会而避开威胁，本着与自己技术创新能力相匹配的基本要求，选择协调性好的技术创新模式，制订切实可行的企业技术创新战略。

7.3.4 企业技术创新模式的定位选择

在企业成长过程中，其规模实力、拥有资源数量和运用资源的能力都会发生不同变化，企业进行技术创新的层次和深度也应随之相应变化，采取相应的技术创新模式，从而取得最佳的创新效果。

7.3.4.1 企业生命周期

企业生命周期是指企业从诞生开始，经过不断努力发展、壮大，直至最后衰退、消亡的整个过程，其阶段特征见表 7.5。

表 7.5 企业生命周期各发展阶段特征

企业生命周期	发展阶段特征
初创期	规模小、结构简单，企业自身拥有的各种资源均有限，因而很难从企业外部得到援助
成长期	努力扩大市场占有份额，提高企业知名度，树立良好的企业形象，争取更多稳定顾客，不断积累管理经验和技术力量，同时拥有的资源量也大大增加
成熟期	拥有相当的市场份额、良好的企业形象、知名度和稳定的顾客群，企业内部的人员素质、管理水平、技术力量经过前几个阶段的不断积累已达到一定水平
衰退期	市场份额急剧下降，市场竞争力减弱，企业人才资源、资金和技术力量减弱

7.3.4.2　针对不同生命周期的企业技术创新模式选择

基于对以上各种创新模式及企业生命周期的比较分析，我们认为我国企业，特别是中小型高科技企业可结合自身技术创新的优势和劣势，根据市场需求变化，参照企业所处生命周期的不同阶段，选择适合自身条件的技术创新模式。对于我国大多数中小型高科技企业来说，可采用以下战略选择（见图7.17）。

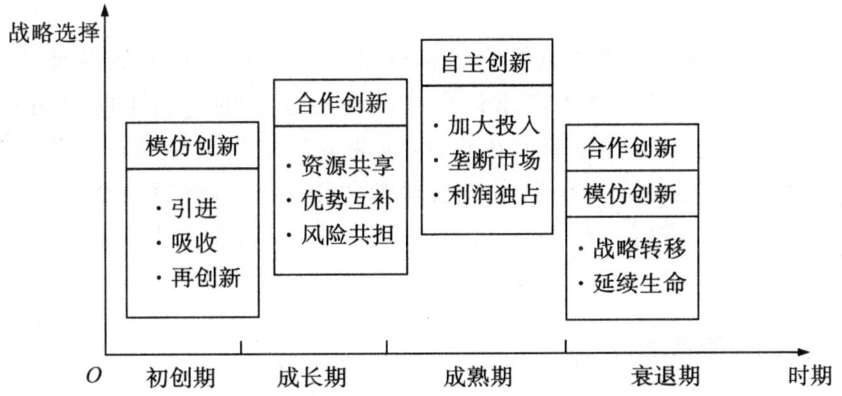

图7.17　基于生命周期的企业技术创新模式选择

（1）企业初创期的技术创新模式选择。在这一时期，企业规模小、创新能力较弱，表现为资金缺乏、人力资源不足、承受创新失败风险的能力较弱，一般处于新进入者的劣势状态，在市场中没有发言权，也没有树立起企业形象和知名度，在市场内外都没有得到认可。由于技术创新往往具有较大的风险，向企业外部寻求创新合作者有较大难度，难以进行合作创新。企业内部拥有的创新资源贫乏，能够从外部得到的支持（如银行贷款、创新风险投资等）非常有限，自主创新也就无从谈起。所以在这一阶段，企业应当面向市场需求，选择以模仿创新为主，注重引进技术的消化、吸收和再创新，充分利用自己已有的技术和经济能力在二次创新上下功夫，使自己在较短的时间内提高技术水平，增强企业的竞争力。

（2）企业成长期的技术创新模式选择。这一时期企业在技术、资金及其他资源方面积累了一定的实力，具有一定的竞争优势，有一定能力吸引投资者和合作者的注意，因此应当在模仿创新和以模仿创新为基础的二次创新基础上，将重点工作放在市场渗透、市场开发和新产品开发上。同时利用积累的资源和实力，根据实际情况适当选择合作创新战略。一方面，可以充分利用合作者的资源，优势互补；另一方面，通过风险共担也降低了创新失败可能对企业造成的损失。在技术创新的基础上，企业也应注重制度创新和管理创新，加快企业成长速度，进一步增强企业竞争力。

（3）企业成熟期的技术创新模式选择。企业进入成熟期的标志是在行业内占有较大的市场份额、拥有良好的知名度和企业形象。经过一定时期的发展，企业聚集了相当数量的高素质人才,从外部吸引人才也较容易,大的市场份额使企业拥有很强的资金能力,高知名度和良好的企业形象也使企业从外部获得支持相对容易,所有这些都为企业进行自主创新创造了很好的条件。企业应抓住机会,不失时机地开展自主创新,开发出新技术、新产品来引导市场,而不是像初创期和成长期那样靠市场需求来推动技术创新,这样不仅可以较早占领新产品和原材料供应市场,抢先建立起自己的销售渠道、获得巨额垄断利润,更能进一步树立企业形象,扩大企业在行业中的影响力和发言权,为以后的发展壮大奠定良好基础。

(4)企业衰退期的技术创新模式选择。企业进入衰退期往往是因其他竞争者的新产品抢占了市场,或者是消费者需求的变化使企业原来的产品不能适销对路,这时的高科技企业仍具有一定的技术创新能力,企业应尽快将战略重点转移到技术升级换代或者全新技术的开发上,采用模仿创新模式跟随市场新领导企业,或在仍能找到合作伙伴的前提下进行合作创新,尽快开发出新产品,挽回失去的优势和市场,延长企业的生命周期。

7.3.5 企业的创新流

7.3.5.1 创新流的形成

各种形式的创新,包括模仿创新、合作创新、自主创新、连续创新、突破创新以及伴随着的组织变革,会同时或周期性地在企业相继出现,企业为了要取得长期的成功,必须具有驾驭它们的能力,将这些完全不同的创新形成企业的创新流。事实证明,只有在企业内部形成创新流,才能确保企业获得持续竞争的优势。企业在技术或市场的驱动下,取得了突破性创新成果,继而形成了主导设计和行业标准。然后,利用自己连续创新的功底,迅速建成创新平台。通过抢先形成的创新流,管理者可以立足于成熟的技术群,同时取得连续创新的效益和形成突破创新的方向和空间,在前者的基础上发展新技术。

突破创新不断孕育着新的主导设计和新的标准,为企业的长远发展奠定了基础。企业一旦获得突破创新后,必须从单一产品向创新平台过渡,以降低成本为目标,既要关注市场的多样性需求,又要注意生产工艺的简单性,实施规模化和范围化的经济生产,创造衍生系列产品。例如,索尼公司推出的“随身听”就是塑造创新流的出色范例。索尼公司在建立以 WM-20 型“随身听”为基型的平台上,立即推出了 30 多种同属 WM-20 系列的产品。在随后的 10 年内,索尼公司又开发出四大产品族的 160 多种产品。在子系统方面(如平面电机和微型电池),索尼公司持续进行零部件的突破创新,形成了几个标准产品平台(产品平台是一组产品共享的设计与零部件集合,通过这组共享的产品平台,创造具有不同性能与特征、能满足不同用户需求的一系列产品,即产品族),领导产品不断增值,强化了索尼公司对行业标准的控制,从而超越了本国及欧美的竞争对手。

7.3.5.2 创新流与突破式组织变革

从前述图 7.15 中可以看到,在进行替代技术创新时以产品创新为主导;而当主导设计确定后，企业内的创新转回到新产品的工艺创新上，并要进行不断的连续式创新。在结合处，创新流的变化定将伴以组织结构变革。组织进化要经过漫长的连续式创新，然而，组织变革往往会受到企业内部惰性的阻碍。因此，单靠连续式的组织变革难以驾驭对抗势力，只有通过组织突变来促使创新流的转变，图 7.18 显示了连续式被突破式打断的组织变革。连续式变革可以使今天的组织受益，但却阻碍着未来组织的发展。单纯地靠战略转移或卓越技术，不可能获得卓越的业绩。只有当管理者打算修改其组织规则时，才能试图改变行业规则。当微软从 DOS 转向 Windows 行业标准时，就伴随着公司结构、控制、系统和文化的转变。通过突破式组织变革，对战略进行重新取向，形成创新流战略，决断主导设计、结构创新和产品替代，进而使企业从灿烂的今天走向更加辉煌的明天。

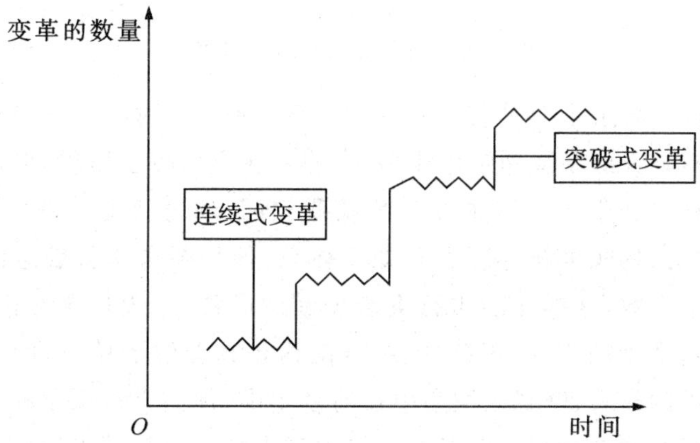

图 7.18　组织演变：连续式常被突破式打断的组织变革

7.3.5.3　企业的组织变革

企业的组织变革内容包括：构建复合组织；建立高层领导班子，健全领导负责制；加强复合组织的管理；建立三足鼎立的产业结构。

1)构建复合组织

所谓“复合组织”，就是主持多项内部结构、能力和文化不同的组织运作，同时采用几种经营模式以保持竞争优势。具有复合能力的组织既能在短期内保持高效率，又能高瞻远瞩，积极主动地进行战略决策。对此，企业一方面要强调稳定和控制短期效率，保持效率一致性和可靠性；另一方面还要进行实验，在干中学，即兴创作，为长期创新而冒险。

不同类型的创新需要不同的组织硬件(结构、制度和奖酬等)，也需要有不同的软件(人力资源、网络和文化)，如图 7.19 所示。

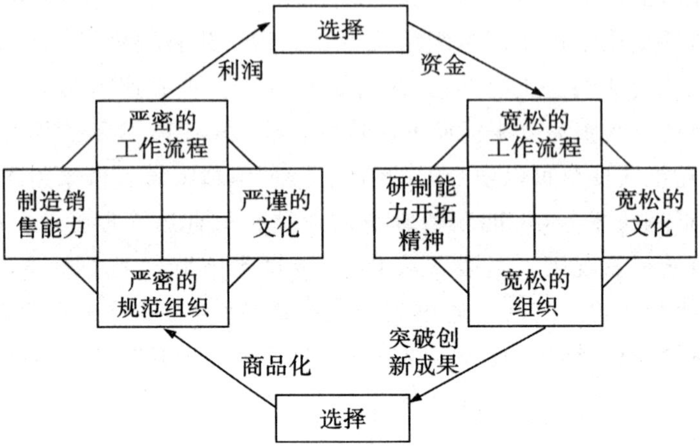

图 7.19　不同的组织硬件与软件

在连续创新阶段，要求企业具有较严密、规范的组织结构，较严密的工作流程，较严谨的企业文化导向，较强的制造和销售能力、素质。在突破创新阶段，要求企业具有较宽松的组织结构，宽松的企业文化，宽松的工作流程，较强的研制能力和开拓精神以及较年轻而素质各异的成员，构成全新的理念和知识体系，他们要勇于打破老组织所树立的规范，不断试验并承受失败，这样才能进行突破创新。通常，一边是老资格的、有较高效率的盈利单位；另一边是年轻、有开拓精神、敢冒险而正在花钱的单位，两边的不满和冲突是必然的，由于组织的权力、资源往往集中在前者手中，他们常常试图贬低或取消那些具有开拓精神的单位，管理者必须对后者予以保护和支持。对复合组织的管理既要保持连续式创新，又要推进突破创新，复合组织就是建立在同时操持今天和明天的矛盾中。

据资料介绍，日本的许多企业为求得突破性创新，常由较年轻的人组成团队，选择较年长的受尊敬者当负责人，这种团队的特点是：

(1)承认个体的需求动机，并和技术创新的活动有机结合，形成一整套激励个体创新的制度。

(2)组织规模小，有相对异质化的年轻科技人员队伍，热衷于试验，具有较强的进取能力和突破能力。

(3)该组织一般独立于原企业主体组织之外，不受原组织的干扰，是一个不断吸纳优秀人才、得到企业高层的有力支持、投入较大的高风险单位。

(4)组织形式是开放型的，与知识的供应者、供应商、用户等保持密切的合作关系，不断优化自己的创新系统。

(5)其宗旨是探索全新技术，产生主导设计，取得突变成果，产生行业标准，培育新事业，创造企业未来，而绝非因短期利润转向。

2)建立高层领导班子，健全领导负责制

企业的领导问题一直为人们所关注，在企业转折时期尤为重要。然而，对一个领导者来说，无论他具有怎样的才能，仅靠独自一人是不可能成功地实施变革的。对变革的管理需要一支有凝聚力的高级管理队伍，在总经理对企业管理全面负责的前提下，应同时设置分别管理知识、创新、运营等方面的副总经理，如图 7.20 所示。企业要建立健全领导负责制，通过他们延伸领导职权；对变革和创新进行管理，并使之制度化。

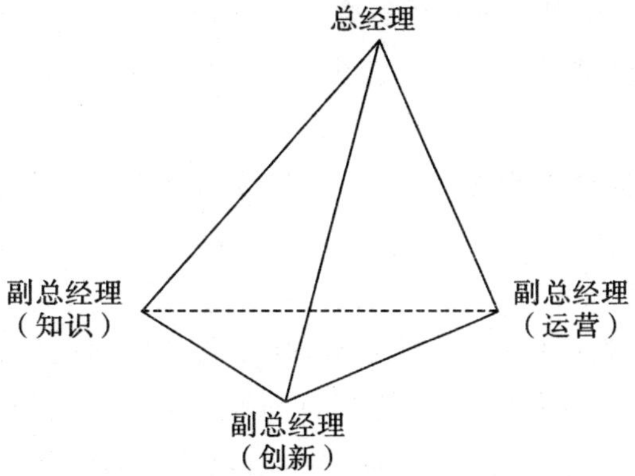

图 7.20 企业非连续创新领导负责制设置

(1)设置知识副总经理(又称“知识主管”“智力资本主管”“智力资产主管”)，负责组织全体员工的学习，全面提升企业创新理念和技术水平。

国际竞争的焦点已不再是单一的各种生产活动的最终产品，而是包括各种知识活动的成果。全社会将以知识和信息的生产、分配进行重组。竞争的前沿已经转移到科学研究阶段、研究开发的主攻方向选择阶段和用于进行突变创新的科学成果的筛选阶段。企业的生存发展既面临同行的产品竞争，又面临新知识融合创新出替代产品的双重压力，还要应对国内外激烈的市场竞争和消费倾向的变化，企业只有通过组织全体员工学习、不断创新，才能与时俱进。因此，对知识的学习、交流和管理已成为企业管理的重要组成部分。新知识、新技术将会给企业带来全新的产品和服务。在知识经济时代，企业的核心工作就是学习，企业要成为学习型组织，每个人都要成为学习者。学习的方式主要有从探索中学、从比较中学、从反求中学、从研究开发中学、从科技文献中学、从自主研究开发中学和向领先者学等。

作为管理知识的副总经理，应制订知识创新决策，根据企业的知识基础、技术创新能力以及知识创新的空间、机会、风险、难度、周期经济性和可行性等因素，确定企业的知识创新点和知识创新的类型，要采用各种激励措施鼓励创新。

按知识创新点划分，知识创新包括原理知识创新、设计知识创新、工艺知识创新、构架知识创新、功能知识创新、包装知识创新等。按照知识创新的实施途径划分，知识创新类型包括“纵向顺轨创新”(按首创者的“技术轨道”创造出更先进的知识过程)和“横向集成创新”。此外，还要重视意外事件，不断增强企业创新人员从意外事件中发现创新源的意识。

应大力加强企业信息化监视，改善企业内外的信息交流。企业的知识副总经理应选拔善于思考的人，把人力资源、信息技术乃至战略统一起来，像对待企业的固定资产、流动资金一样，重视知识信息资产的管理，忽视知识资产的管理将会对企业带来不堪设想的后果。

(2)设置创新副总经理，负责制订适应突变创新的技术发展战略和与之相关的研究开发计划，对创新和孵化项目实施集中的资源配置，不断为企业开发全新的产品。

(3)设置运营副总经理，负责制造、销售、短期战略和领导产品的连续创新工作及多角化服务。

实践证明，没有专职的领导，创新项目将会遭到严重阻碍，创新流难以形成，企业的突破创新也就不可能实现。

3)加强复合组织的管理

复合组织有各种资源、观点和创新方案，管理者可以据此塑造创新流。实现创新成功也正是来自寻求行为的多样化、迅速形成创新流的能力。在识别主导设计或替代产品时，管理者不可能当即了解决策是否正确。在突破创新和连续创新、效率和创新、战术和战略以及今天和明天所进行的大大小小的变革之间，矛盾是经常出现的，领导班子的任务就是要掌握这些矛盾，利用复合组织并运用多种权能的压力和协作、前景和战略，将这些双重性的事物结合在一起，形成一种合力，创立一种既有很大差异又能高度协调的组织。在高层领导中，首先要观念创新，并能平衡新旧观念，要像杂技演员那样，协调地控制着手中和空中的球，掌握矛盾并实行复合的更高水平领导(见图 7.21)。要使全体职工明确形成创新流对企业生存和可持续发展的重要意义。如果复合组织的各种能力都得以利用，就能引发创新流。然而，在实践中往往是差异易行而协调难办，可借助于以下两种方法予以妥善解决：

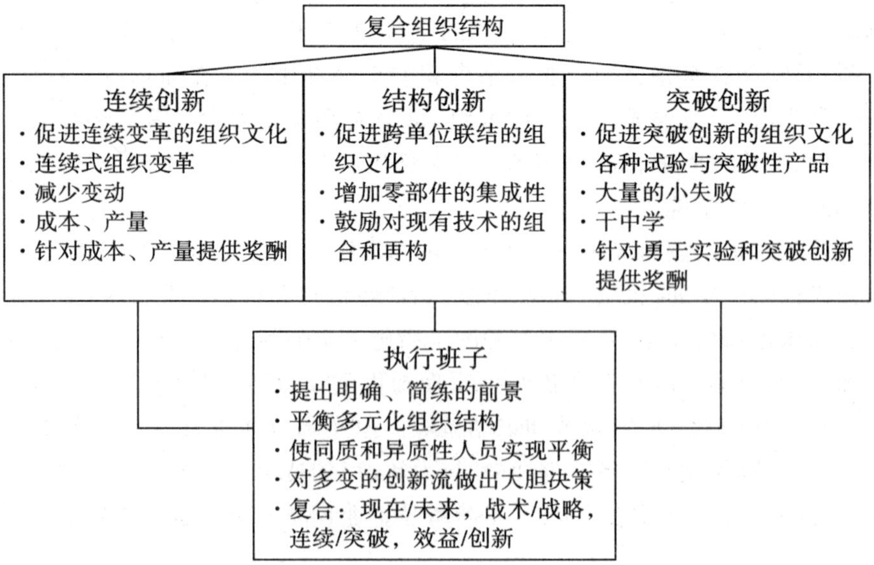

图 7.21　组织、结构、兼管

(1)提供一个创新流的战略支撑,如提出“创新满足客户要求”或一幅明确的激动人心的前景,使之稳定、协调内部冲突。即使战略和目标发生变化时,也要坚持一贯的承诺。

(2)构成有效的领导班子,有效的领导班子能驾驭更多的信息和决策方案,处理各种有争议、不确定的乃至相互矛盾的事物。知识和年龄结构以及他们共事的方式是协调的有效手段。一个成员同质的组织往往能更快地决策并付诸实施,而成员异质的组织却往往更具有创造性,两者要平衡。

4)建立三足鼎立的产业结构

新的知识、新的技术使企业的主导产业产生诸多不确定因素。企业通过突破创新、集成创新或模仿创新,不断更新主导产品,提高企业的竞争和生存能力。但面对国内外的激烈市场竞争和消费倾向的变化,企业的可持续发展仍难以维持。随着 21 世纪高科技服务领域的进一步扩大,企业需要有新的支撑,在强化研发的同时,应根据自身的特点,建立主导产业、创造孵化全新产品和多角化经营三足鼎立的产业结构,以确保企业的可持续发展,如图 7.22 所示。

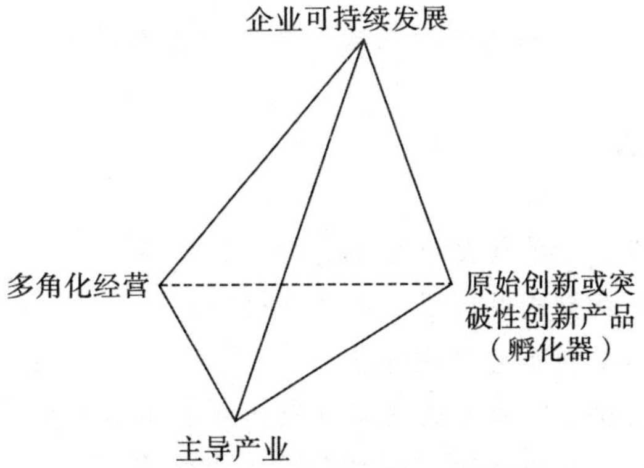

图 7.22 三足鼎立的产业结构

例如,杰克·韦尔奇领导的美国通用电气公司,通过 600 次重组、调整、兼并、扩大服务领域,将一个世界最大的制造企业转变为以服务为主的高科技企业,公司收入来源主要依靠咨询、信息、金融和产品服务,1980～2003 年公司服务业收入所占比重已由 15%提升至 72%,原有的制造业务则向全球转移或转为外包。美国通用电气公司的这一做法值得我们深思,我们不需要完全效仿,但重要的是必须根据地区和企业的自身情况,适时调整战略战术。从世界产业的发展趋势看,制造环节对国民生产总值的贡献在逐渐减少,而研究开发正成为高附加值的源泉。许多跨国公司正在成为没有生产、只有研究开发和销售的“头脑公司”。有实力的企业采用“三足鼎立”的模式,可以逐步从资本密集、规模型的高技术制造业,转向知识密集型的高技术服务业。

发展具有代表性的知识密集型的高技术服务业(即“头脑产业”)包括研究开发产业、软件产业、信息产业、信息服务产品和工程设计、医药产业、媒体产业、教育产业,这些产业的特点是:基本上不从事硬件制造,而从事知识的开发和应用,其中以产品的开发和销售为核心；最主要的投入是研究开发，即知识的生产活动；最重要的资源是人力资源。美国的“硅谷”、日本的“硅岛”、印度的“硅原”等均属此类。

学习指导

创新战略是企业依据多变的环境，积极主动地在经营战略、工艺、技术、产品、组织等方面不断进行创新，从而在激烈竞争中保持独特优势的战略。本章介绍了企业面临的创新形势（技术创新模式的演化、当前技术创新的特点）、企业的技术创新模式（自主创新、模仿创新、合作创新、连续创新、突破创新）和企业的技术创新战略（创新战略的内容与原则、技术创新模式的特点、技术创新模式对企业技术能力的匹配要求、企业技术创新模式的定位选择、企业的创新流）等内容。学习本章的目的在于使同学们熟悉各类企业技术创新模式，合理选择和有效运用创新战略，卓有成效地开展创新活动。学习本章的基本要求是：掌握企业技术创新模式的概念、类型及其特征，熟悉创新战略的内容与原则、技术创新模式的特点、技术创新模式对企业技术能力的匹配要求、企业技术创新模式的定位选择和企业的创新流，了解技术创新模式的演化和技术创新的特点等。

复习与思考题

7.1 何谓创新战略？为什么要研究企业的创新战略？

7.2 企业的技术创新模式经历了哪些演化模式？

7.3 当前企业的技术创新有哪些特点？

7.4 何谓技术创新模式？企业的技术创新模式有哪些类型？

7.5 何谓自主创新？自主创新有哪些类型和特征？

7.6 何谓原始创新？原始创新有哪些特征？

7.7 何谓集成创新？集成创新有哪些特征？

7.8 何谓引进消化吸收再创新？引进消化吸收再创新的实施过程主要有哪些阶段？

7.9 何谓模仿创新？模仿创新有哪些特征？

7.10 何谓合作创新？合作创新的必要性和风险性主要体现在哪些方面？

7.11 何为连续创新？连续创新有哪些特征？

7.12 何为突破创新？突破创新有哪些特征？

7.13 何为“技术创新陷阱”？“技术创新陷阱”的主要特点是什么？

7.14 企业的创新战略包括哪些内容？

7.15 模仿创新、合作创新和自主创新对企业技术创新能力水平的总体要求是什么？

7.16 针对企业生命周期的不同阶段，应选择什么样的技术创新模式？

7.17 在企业内部形成创新流有何重要意义？企业组织变革的主要内容有哪些？

7.18 谈谈你学习本章后的感想和体会。

第8章 创新工具

在创新的过程中，创新者需要在各种不确定因素中寻觅到需求的突破点，发展出具有新意的解决方案并最终付诸实践。在这个过程中，采用不同的方法，选择不同的工具，完成同一创新实践的效果、效率、成本与代价常会存在较大差异。本章主要介绍了创新工具概述（创新工具的概念，创新工具与创新思维、创新方法的关系，创新工具与创业的关系）、典型创新工具（产品创新工具、服务创新工具、商业创新工具、设计创新工具）和创新工具的应用（创新工具在团队使用中的关键要素、创新团队合作的四种模式、创新团队的合作模式选择）等内容。通过本章的学习，同学们可以了解和熟悉各种不同的创新工具，并合理选择和有效利用创新工具，辅助项目的想法发生和实践，辅助创新者全面提高创新技能。

8.1 创新工具概述

8.1.1 创新工具的概念

从创新的本质来看，创新是一种实践行为，是围绕需求和问题提供解决方案而展开的一系列活动。在这些活动过程中，要时刻询问自己是否具备了创新的思维、是否具有独特的方法将任务可操作化以及是否拥有足够的技能和工具来实现想法。

创新工具是帮助创新者将产品打磨落地的一系列辅助方法的统称。在不同的阶段，产品需要不同的帮助，所以需要借助的工具也会随之不同。比如在调研的阶段，会用到很多接触用户、理解市场需求的方法，这些工具就能成为最好的道具，以帮助团队更好地获得信息；在需要集思广益的环节，635（默写式智力激励法）、思维导图法、鱼骨思维法等能够帮助团队进行更加发散性地思考，从而得到更多的想法。

例如，如果要求你把一枚钉子钉到木板上，你会怎么做？你首先会想到用锤子把钉子砸进去（见图8.1）。当然，你也可能选用射钉枪。当没有这些工具的时候，你可能“就地取材”，找一块砖头、石头或铁块。一般来说，你不会选择用你的手掌来“拍”钉子，除非你有“铁砂掌”的功夫。

图 8.1 用锤子钉钉子示意图

由此可以得出以下几点结论：

(1)如果没有工具可以选用，创新实践是难以完成的。

(2)采用不同的方法、选择不同的工具，完成同一创新实践的效果、效率、成本与代价常常会存在较大的差别。

(3)创新实践需要场所，如现在最时兴的创客工坊、创客工场、创客空间或众创空间等。

《论语·卫灵公》有云：“工欲善其事，必先利其器。”显然，创新不仅需要方法、需要工具，还需要空间。

创新工具是为了帮助创新者更好地产出项目而准备的优质道具。在学习创新工具的过程中需要注意以下几点：

第一，创新工具不能保证创新一定发生。正如绝佳的菜谱也不能保证每个人都能烹饪出美味的菜品一样，创新工具的作用是需要实践者拥有对工具的把握和判别能力的。创新工具能够帮助使用团队在合适的时间发生对话和碰撞，厘清产品的定位和价值主张，验证市场的需求是否匹配，对消费者的需求是否理解，促使产品快速迭代等。在恰当的环节使用合适的工具会有意想不到的效果，但是使用工具的核心还在于对其把握的程度和实践，要在实践中思考领悟出最适合自己的技巧和工具。

第二，创新工具要在合理的选择下才能发挥效果。同一个方法会有成百上千个不同用途，同一个问题也可采取各式各样的方法去解决。每一种创新工具都有其适用性和局限性，要带着批判精神去选用工具，做到巧用工具、善用工具、妙用工具。

第三，创新工具可以整合使用。在需要的时候，不同创新工具可以搭配使用，有时候会有意想不到的效果。比如说用户肖像的工具，可以用来描述典型用户的需求和特征，也可以与其他强调以用户为中心的工具结合使用，从而有效地发挥强调终端用户的效果。

8.1.2 创新工具与创新思维、创新方法的关系

从作用上来说，创新思维能激发想法的产生，掌握多种思维方式能够缩小个人的思维局限性，扩大视角，帮助创新者全面地看待局势，洞察了解市场的需求，换位思考用户的心理；创新方法则是站在巨人的肩膀上，利用一些经过前人尝试、验证的环节和理论，将所有的想法进行推进和打磨；而创新工具就是借助具体操作步骤和途径将想法变为现实。

如果把创新过程比喻为要开往远方的船，那么创新思维就是帮助掌握行驶航线和方向的舵，创新方法就是帮助航行加速的发动机，而创新工具就是帮助船进行航行的每一个零部件。每一个零部件对于完成庞大的过程都有着不可或缺的作用，丝丝入扣，环环相衔，才能掌控整体的速度、方向和效率。

8.1.3 创新工具与创业的关系

创新工具能够辅助创业活动的开展，成为创业发生的加速器。目前，大多数公司都会采用非常多的创新工具帮助公司调整策略、制订战略。比如，设计思维的头脑风暴工具就在艾迪欧(IDEO)设计咨询公司广泛使用，以帮助促发设计师的灵感。在创业的不同阶段，都要善于利用这些经过验证的有效工具进行辅助，因为创业过程充满了未知和意外，利用一个好的工具，就有可能在创业的关键环节提供有效帮助。

8.2 典型创新工具

在此将介绍四种典型创新工具：产品创新工具、服务创新工具、商业创新工具和设计创新工具。

8.2.1 产品创新工具

8.2.1.1 产品创新工具的概念

产品创新是指创造某种新产品或对某一产品的功能进行创新。而产品创新工具是指在创造一个新产品过程中，辅助开发者生产出更好产品的工具，或者将原有产品改进成更加符合预期产品的工具。

8.2.1.2 典型工具：卡诺分析

(1)工具介绍：产品属性对用户的重要性各不相同，可以利用卡诺分析(Kano analysis，见图 8.2)工具确定产品的哪些属性能够影响客户的满意度。

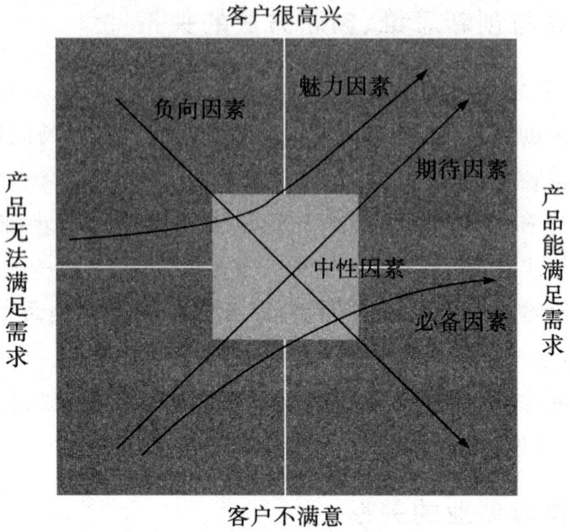

图 8.2 卡诺分析图

(2)适用范围:分析客户满意程度、客户忠诚度的相关问题。

(3)局限性:卡诺分析是一种分析工具,强调帮助创新者梳理现有的因素,但难以产生新的灵感。

(4)使用说明:在产品制作过程中,并不是功能越多越好,有时候过多的功能会导致用户使用时感到迷茫,产生不合理的开发费用,并且也不一定能提高用户的满意度。在调查和访谈过程中使用卡诺分析,能够筛选出用户和产品的重要度和优先级,形成产品总体的大框架。以下因素类别可用来帮助团队厘清哪些功能可以直接关联用户的满意度。

①必备因素。必备因素指的是一个产品要满足用户最基础的需求,一般指基本的安全、可靠、隐私等需求。这类需求是用户的底线需求,需要尽可能地保证产品能够实现这些需求,否则会大幅度降低用户的满意度。

②魅力因素。魅力因素指的是某些要素能让用户对产品的质量产生好感,包括风格、交互、功能上的提升,或者增加了用户想象不到的一些特质,让其眼前一亮、产生惊喜感,感受到产品的魅力,从而提高满意指数。一般而言,这是用户潜在的需求,如果没有不会降低用户的期待值,但是有的话会让产品增色不少。

③中性因素。中性因素指的是可有可无的一些属性。这一部分的功能大多是承载或者链接主要功能的作用,这些属性存在与否,都不会对用户产生影响。

④负向因素。负向因素指的是会有负面情绪产生的属性,如在产品的使用中可能使用户产生不悦、不便利或者感觉没必要的一些产品特质。在大部分情况下,应该要规避产生此类特征;而在特定情况下,这也可以成为一些商业上的策略,比如用户付费去除广告等。

⑤期待因素。期待因素指的是用户期待应该具有的属性。某些产品的因素在满足

用户的基本需求后，用户会对其品质产生期待。如果能够满足这些期待值，可以提升用户的满意度。

(5)操作步骤。

步骤1：在评估每个产品的属性和特征时，要写下两个问题：第一，如果具备这种产品属性，顾客会觉得怎么样？第二，如果没有这种产品属性，顾客会觉得怎么样？例如，如果餐厅提供免费的餐巾纸，顾客会觉得怎么样？如果餐厅不提供免费的餐巾纸，顾客会觉得怎么样？

步骤2：要用满意、中性和不满意三种回答为以上命题选择答案(见表8.1)。

表8.1 卡诺分析——满意程度设置

问题	满意	中性	不满意
满意	不确定	负向因素	负向因素
中性	魅力因素	中性因素	负向因素
不满意	期待因素	必备因素	不确定

步骤3：对产品的每个功能都重复进行步骤1和步骤2。

步骤4：当每个产品都归类在不同的现象图(见图8.2)之后，可以根据功能所在的区域来判断改变功能是否会让客户满意。

总结：在产品的设计过程中，需要尽量避免中性因素和负向因素，至少做好必备因素和期待因素，努力做好魅力因素。

(6)应用技巧：①尽可能详细地将产品的功能细化后再进行分析；②在评估各个功能的满意指数时可以引用数字，比如说满意为3分，中性为2分，不满意为1分，最后综合计算各个功能的得分情况，便于一目了然地比较出各个功能与用户满意度之间的联系。

现用卡诺分析图分析宜家的竞争优势(见图8.3)。宜家是一家来自瑞典的家具公司，但是其独特的公司定位使其一直深受消费者欢迎。

图8.3 宜家的卡诺分析图

在这个例子中，必要因素就是宜家最基础的功能，也就是贩卖家具，作为消费者最明显的需求就是有不同类型的家具可供选择。而无差别因素就是家具的配送，因为大多数的家具公司都有这项服务，宜家并没有在这个环节上与众不同。期待因素是指宜家在服务上提供了带有北欧风情的风格并且价格低廉的餐厅，帮助用户在一天劳顿之余能够饱餐一顿。在魅力因素方面，宜家的家具大多需要自己装配，因此低廉的价格是其他公司难以匹配的；卖场中用户最大限度地随意试用，也体现了宜家的魅力和气度。

8.2.2 服务创新工具

8.2.2.1 服务创新工具的概念

好的服务设计就像是一场好的舞台剧，为了能让观众有一种极致的体验，舞台的叙事方式、演员、服装甚至是幕后的灯光等所有环节都要精心设计、良好配合。面对服务过程中越是不明晰的部分，越是要用明确的步骤和流程将其效果固定下来，形成可重复操作和保证优良效果的服务，这就是服务创新的宗旨。

而在这个过程中，服务创新工具能帮助使用者更好地去感受用户的交互需求，以及进行系统性的编排，具象化抽象的事物，定性随机不稳定的因素，从而形成持续稳定且以人为本的服务设计。

8.2.2.2 典型工具：用户体验历程图

(1)工具介绍：用户体验历程图(customer journey map)将人们使用产品或者服务的过程视觉化地呈现出来，便于评估和改善其中的环节。

(2)适用范围：在了解服务内容、用户和服务价值的情况下，帮助发展一个连贯的服务和有标准的服务步骤，能整体地呈现用户所有的交互和反应，配合用户画像快速准确地查找用户的不满意之处。对于无实物的产品，创新者容易造成纸上谈兵的现象，在策划时都能良好运转各个环节，然而在真实操作中会有很多细节出现纰漏或瑕疵。用户体验历程图在很大程度上促进了系统思考，帮助在各个阶段发现不足之处，进而改善整体的用户交互体验。

(3)局限性：用户历程图的使用是基于对典型用户群体的假设，要注意考虑用户的真实体验而不是创新者自己的想法。

(4)操作步骤。

步骤 1：在用户需求一栏确定和说明用户特征。选择典型的用户群体，并且结合其特征创建一张用户肖像，配置图片、用户的典型性格、行为模式。这些详细的描述要能体现特定用户的特征，这样有利于工具使用者从这个人物角度完成后续的描述。

步骤 2：在行为一栏中按照时间的发展顺序依次描述出用户使用该产品的所有过程，可以用绘画和文字相结合的方式表达。

步骤 3：在情绪体验一栏真实地呈现在各个环节中用户可能有的所有情绪，包括开心、愉悦、紧张、犹豫、挫败、惊喜等。

步骤 4:在接触点一栏表述在各个环节可能会接触到的产品部分、人员、其他设备等。

步骤 5:在机遇一栏描述在各个环节中可能发现的可以改进或者受启发的点,详细描述如何将这些变成产品的机遇,简单地说就是这张图能提供的所有有用的信息。

(5)应用技巧:

①将接触点最后描述,因为用户历程图重要的是反映用户的情绪变化,所以不要过多描述“用户需要什么”,而是要关注“用户想要用什么”。

②要多从典型用户的性格特征和思维方式出发来描述因素。

以下案例是寄明信片的用户历程图。首先对于典型用户要有详细的介绍,大致的个人资料能让人了解到用户的行为和性格模式。值得注意的是,根据不同的典型用户制作不同的用户历程图,然后对比共性和差异点,这是一种很好的方法。也可以做类似旅游达人寄明信片的用户历程图(见图 8.4),其中的心情和动机等会有很多的差异,开发团队可以根据这些要素来调整自己的服务系统。

在这张用户历程图中,有的行为是用线框图来表示,在实践过程中描述的形式是多样的,也可以用图标、图画、文字或者照片等任何形式,心情曲线也可以用笑脸和哭脸的图标表示。

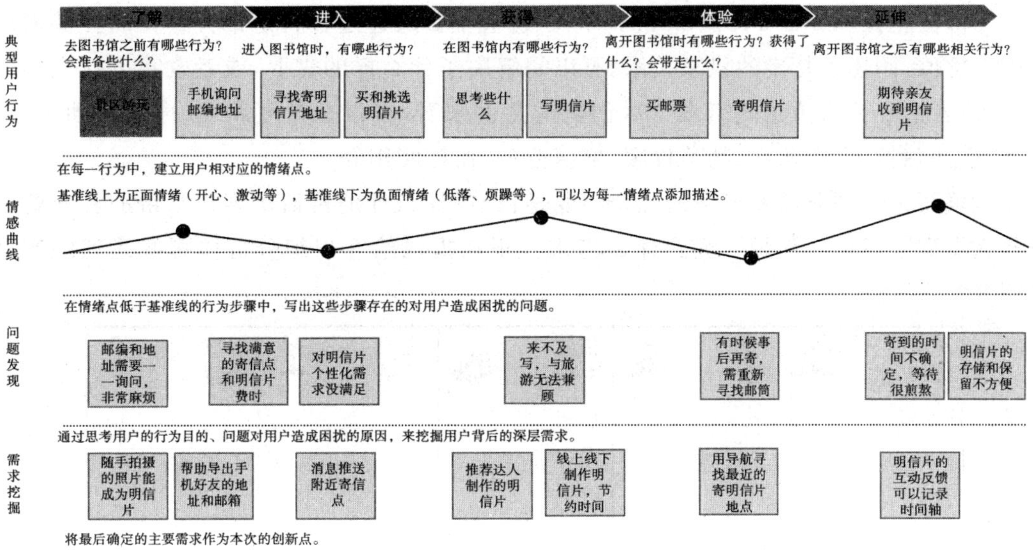

图 8.4　寄明信片的用户历程图

8.2.3 商业创新工具

8.2.3.1 商业创新工具的概念

商业模式从本质上来说就是创造价值的方式,通俗地讲就是盈利的方式。而帮助商业模式创新的工具就是帮助开发者改变为市场和用户创造价值的形式和内容。

在如今的“互联网＋”时代，产品渠道便利化、交易方式快捷化、信息屏障减小、用户反馈机制增强等特质，为各种新颖的盈利方式提供了土壤，很多以前看起来不能理解的经营模式也成了主流。因此，学习商业创新工具能够帮助开发者了解商业行为的本质，激发合适且顺应趋势的商业计划。

8.2.3.2　典型工具：商业模式画布

(1)工具介绍：商业模式画布(business model canvas)是讨论商业模型概念的视觉化工具，商业元素标准化可以帮助了解各个元素间的关联性，可以用来帮助评估早期的商业模型雏形，也可用于分析现有商业模式的优势及劣势所在(见图 8.5)。

(2)适用范围：用于催生想法、验证风险、测试用户和需求的匹配度、是否能合理解决问题、评估商业价值、分析环境和经济背景等。

(3)局限性：相对于商业计划书，商业模式画布只是一个概念式的构思，因此没有相对的数字支撑，描述也可能不够详细，并且画布本身没有实践的维度。

(4)使用说明：商业模式画布(见图 8.5)一共有九个格子需要填入，建议按照以下的类型填写相关因素。

第一类型：供应内容。这类主要指产品最主要的存在理由，有价值主张这一项。

①价值主张(Value Proposition，VP)。价值主张通过迎合特定细分客户的独特需求来创造价值，阐述了特定的供求关系，可以是解决了什么样的需要，或者改善了什么样的痛点，或者给了什么灵感的启发。从创新的角度来看，可以是角度新颖、性能强劲、订制服务、设计独特、品牌象征、物美价廉、增值业务、便捷实用等。

在填写这一项时需要思考的几个问题是：提供什么样的价值给客户？帮助客户解决了什么类型的问题？满足了客户什么需求？正在提供给客户细分群体哪些系列的产品和服务？

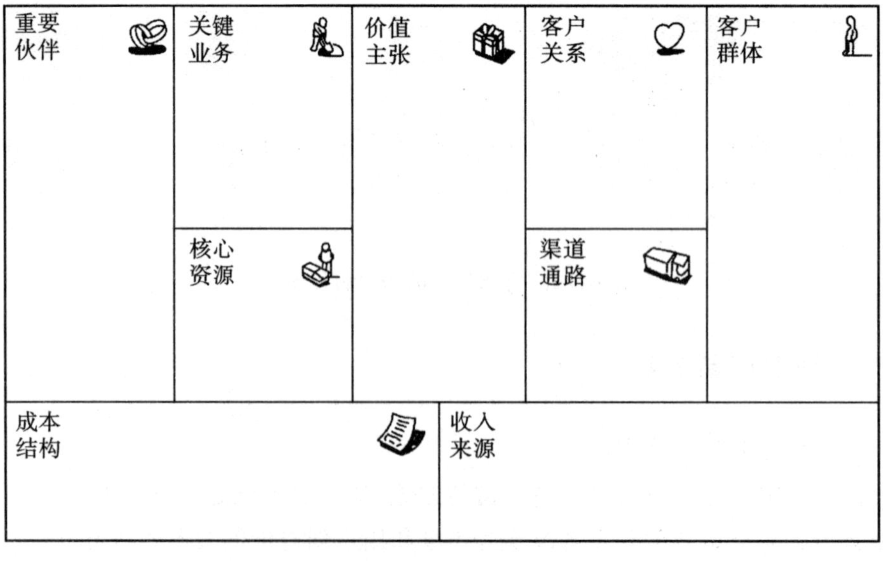

图 8.5　商业模式画布

第二类型:业务内容。这一类型主要指产品内在的活动,有关键业务、核心资源、重要伙伴这三项。

②关键业务(Key Activities,KA):确保其商业模式可行,是企业一定要做的最重要的事物。关键业务是支撑公司进行商业运转的必要活动,但是公司属性不同,所承载的关键业务也会有所差异,比如说制造公司的关键业务是产品的销售,软件公司的关键业务是软件的开发等。常见的关键业务有制造产品、咨询解决、平台空间、网络关系等。

在填写这一项时需要思考的几个问题是:有哪些关键工作需要去做?什么核心业务能够确保价值主张、客户关系、渠道、收入来源?

③核心资源(Key Resources,KR):让商务模式运转最重要且必要的因素。

核心资源是一个公司赖以运转的关键资源。从来源上说,这种资源可以是独有的,也可以是市场决定的,或者是合伙人借力而来的;从形式上说,核心资源可以是实体、人际关系,或者是网络虚拟物资、良好的品牌信誉等。

在填写这一项时需要思考的几个问题是:拥有什么核心资源能保障商业模式各方面的运转、价值主张、渠道通路、客户关系和收入来源?

④重要伙伴(Key Partners,KP):商业模式运转所需要的合伙人、供应商、销售商等重要人际网络。

重要伙伴用来描述公司打造的各个合作关系。常见的几种合作关系有合作、非竞争者的战略联盟关系,竞争者的合作关系,合资、供应商关系等。

在填写这一项时需要思考的几个问题是:谁是重要伙伴?谁是重要供应商?谁会帮助或者参与来完成一些必需的事项?

第三类型:客户。这一类主要指产品的外部资源,有客户细分、渠道道路、客户关系这三项。

⑤客户细分(Customer Segments,CS):产品所针对客户的细分和组成,也称客户群体。

针对产品的属性和公司的战略,一般的目标用户都会有其独特的属性,细分客户要考虑哪些是主要的客户人群、哪些是短时间内可以忽略的人群、哪些是具有支付能力的人群、哪些是拥有最大需求的人群等问题。

在填写这一项时需要思考的几个问题是:为谁创造价值、处理难题?谁是最重要的客户?

⑥渠道通路(Channels,CH):公司是如何与客户接触和服务的。

渠道是公司和目标用户发生联系的通道和途径,包括客户如何知晓公司、如何选择本公司而不是其他同行业竞争对手、如何购买产品、公司如何将产品交付给顾客、如何处理售后等环节中用户和公司、产品联系的渠道。

在填写这一项时需要思考的几个问是:通过哪些渠道可以接触客户细分群体?如何接触客户?渠道如何整合?哪些渠道最有效?如何把渠道与客户的例行程序进行整合?

⑦客户关系(Customer Pelationships,CR):公司和目标细分用户建立的关系类型。

公司应该清楚如何维护与目标客户的关系,如何保持关联和帮助以达到互赢的状态。常见的客户关系有这几种:个人助理中心处理客户需要的帮助和交流,专用个人助理指为某种用户类型安排专门的客户代表,自助服务指发挥客户主观能动性,自动化服务指利用可以辨识用户来提供不同方式服务的自助服务系统,共同创作是指刺激用户和公司一起参与开发过程。

在填写这一项时需要思考的几个问题是:客户希望建立什么关系?用什么形式建立关系?客户会以什么形式来建立有忠诚度的长期关系?这些关系形式的成本如何?如何把这些关系和现在的商业模式进行整合?

第四类型:财务。这一类主要指收入和支出,有成本结构和收入来源这两项。

⑧成本结构(Cost Structure,CS):支撑运营需要在哪些项目上付出成本。

成本结构是指支持运营所需要的各个环节的成本总和。如维护用户关系、渠道花销、研发成本等的总和。

在填写这一项时需要思考的几个问题是:什么是商业模式中最不可避免的成本?哪些核心资源花费最多?哪些关键业务花费最多?哪些模块带来了成本?

⑨收入来源(Revenue Streams,RS):公司能从客户处获得的现金收入。

收入来源是指公司在各个环节中从用户身上得到的纯利润。在计算的时候需要扣除成本,只计算纯收益部分。

在填写这一项时需要思考的几个问题是:什么样的产品和价值能够让用户付费?用户现在付费究竟是需要什么?用户希望的付费标准是多少?用户愿意用什么方式支付?

(5)操作步骤:小组先独立思考每个环节的内容,然后讨论填入的内容,如果相互有关联的可以用箭头表示。根据指导填好所有的环节,然后整体把握项目的商业模式。

(6)应用技巧:

①填写各个部分的时候描述方式尽量统一,描述精练、简单而有概括性,便于团队成员之间互相理解表述的意思。

②在初稿版本中可以先在便签纸上填写想法,然后粘贴在纸上,最后撰写最终版本。

③如果是团队合作完成一个画布,每个人可以先在一段时间内独立思考,然后一起分享对于某个部分的想法,再由团队统一筛选出决定留下的描述,这样既有利于独立思考,又便于团队协作。

④参与讨论的成员不应该立即否定某一想法,要对所有想法保持开放的态度,想法可以改进,但是应保证每个人说出想法的权利。

8.2.4 设计创新工具

8.2.4.1 设计创新工具的概念

创新设计是指充分发挥设计者的创造力,利用人类已有的相关科技成果进行创新构思，设计出具有科学性、创造性、新颖性及实用性成果的一种实践活动。

创新是设计的本质要求，也是时代的要求。作为“为传达而设计”的视觉传达设计，如何正确充分地传达信息是每一个设计者始终要面临的中心问题。但是，在当今社会，仅仅把传达信息的关键词定位于正确和充分显然是不够的。必须要把视觉传达设计的创新重视起来，从设计理念、视觉语言和技术表现方式的创新入手，正确、充分地传达信息。

从这个角度而言，设计创新工具能帮助开发者更好地激发灵感、筛选灵感和实施落地。

8.2.4.2　典型工具：COCD 图

(1)工具介绍：COCD(catalog of open cluster data)图是一种评估大量设计概念的矩阵图，如图 8.6 所示。该方法将所有被评估的设计概念按照“创新性”和“可行性”高低的程度排布在一个坐标内。

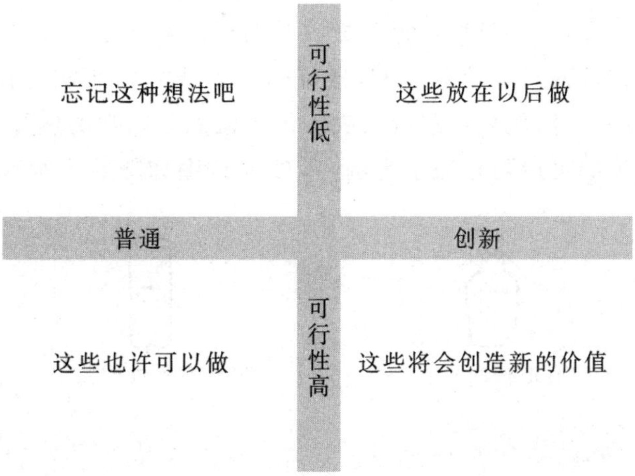

图 8.6　COCD 图

(2)适用范围：COCD 图往往用于概念创意的早期阶段，尤其是在“头脑风暴”后获得了大量创意(如产生了 40 个以上的创意)时，制作一张 COCD 图能帮助开发团队对概念创意展开讨论，从而加强对解决方案的理解。同时，也能使所有的组员就设计流程的主要方向达成共识，并且筛选出可以进行下一步骤的想法。

(3)局限性：在有很多创意时，辅助决策有很大好处，如果创意太少则不能发挥很大作用。

(4)使用说明：首先，该想法需要在“头脑风暴”后有大量的想法产出时实施；其次，要设定横纵坐标，将所有的创意想法标注在对应的坐标位置上并进行分类。COCD 图以图中的四个象限作为不同的维度，通过将对所有想法的直观区分进行判断。

(5)操作步骤。

步骤 1：在一张大纸上绘制一个坐标系，形成一个 2×2 的 COCD 矩阵(见图 8.6)。其中 x 轴表示创新性，位于 x 轴负极表示创新性不高，位于 x 轴正极代表令人耳目一新的创意；y 轴代表可行性，位于 y 轴负极代表可以实现的创意，位于 y 轴正极则表示现实性不高的创意。因此两条坐标将图分割成了1(创新性低且可行性低)、2(创新性高但可行性低)、3(创新性低但可行性高)、4(创新性高且可行性高)共四个区域。

步骤2:将所有人的创意写(画)在纸上。

步骤3:所有的组员参与到创意的讨论中,对照坐标轴的参数将所有创意粘贴到COCD图的对应位置。

步骤4:选定一个最符合设计要求的区域。这时候,显然区域4(创新性高且可行性高)的创意是符合可实践性和创新性双重标准的,但是同时也要考虑区域2(创新性高但可行性低)的创意可能是具有未来开发前景和价值的;区域3(创新性低但可行性高)因为实践性高,很有可能是已经被前人实践的想法;区域1(创新性低且可行性低)的想法属于创意不高又不容易展开实践,所以不建议采用。

将所有的创意都放入COCD图后,可以继续进行下面的步骤,如挑选出最具有开发前景的创意进行深入设计,并且摒弃那些最没有创意且不可行的想法。

(6)应用技巧:在放入对应位置之前,最好团队把所有的想法都描述讨论一遍,保证每个人都了解创意的内容,然后小组统一决策每个创意应归类的位置。

以生活中最常见的可口可乐瓶子为例,其COCD图如图8.7所示。

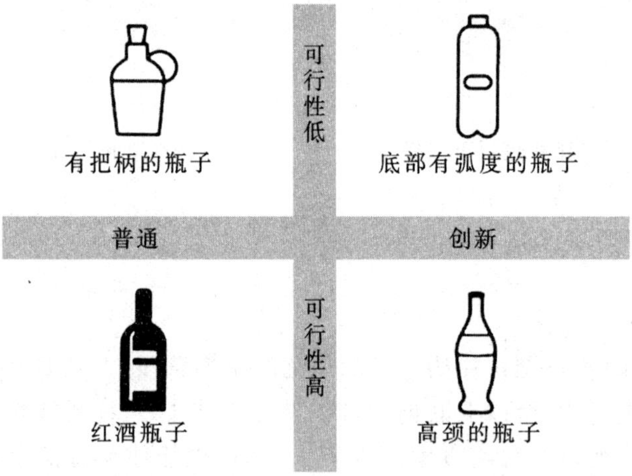

图8.7 可口可乐瓶子的COCD图

在图中,1的创新性低且可行性低,为有把柄的瓶子,手柄的设计造成了多余的材料浪费,并且不利于运输,所以不是很可取;2的创新性高但可行性低,为底部有弧度的瓶子,在当时来说这是非常新颖的设计,但是从可行性来说,特殊的弧度带来的加工难度大大增加,不能保证成品的合格率;3的创新性低但可行性高,为红酒瓶子,这种瓶子比较常见,创新度比较低,但是由于市场上类似瓶子的加工厂很多,所以可操作性强;4的创新性高且可行性高,为高颈的瓶子,颈部容易让人抓握,另外颈部高的特点使得相同体积中的饮料看起来分量很足,从设计上来说弧度的设计很像可可树的果实,让人一下子就能记住是可口可乐的瓶子。综合考虑,这种高颈瓶子的设计是最佳选择。

8.3 创新工具的应用

8.3.1 创新工具在团队使用中的关键要素

创新团队运用创新思维、方法和工具合作时，会由于要解决的问题、目标、时间、资源和人员的不同而呈现不同的状态。然而合作的本质是人和人的交流互动，以下六个要素是影响人与人之间更好的合作的重要基石，同样也是创新工具要达到更好的交互式结构效果的影响因子。

(1)动机。协作的驱动力是动机，为了让团队合作成功，需要让参与的成员感觉他们将从团队合作中获益，并且感受到正在从事一件有意义的事情，并将从此获得一个有价值的最终结果。

(2)通信。团队需要决定交流和沟通的方式，项目的信息应当及时明确地传达到成员处，重大的决策有足够的成员了解或参与。

(3)多样。参与的成员背景越是多样，越有可能彼此激发新的灵感，对于项目来说也有更多的技能和资源可以使用。

(4)分享。成员要分享想法和资源，要鼓励大家相互交流想法，在交流中改善点子。

(5)支持。在创新的过程中协同非常重要，特别在产生危机或者资源不足的情况下，需要有相互信任和合作的态度，在保障自己工作的基础上支持其他成员，以团队的利益为导向展开工作。

(6)问题。在产生危机或出现不在计划之中的问题时，团队成员应该一起承担风险并解决问题。

8.3.2 创新团队合作的四种模式

根据团队合作的开放指数，创新团队的合作分为四种模式：开放、封闭、公平和层级。

(1)开放

这种合作模式的每个成员对参与合作持开放的态度。这种模式可能会产生于当某个人或组织设置了一个问题、展开了某个合作或公众寻求帮助的情况，适用于要解决的问题没有被很细地定义时。这种模式容易让参与者产生想法、投入工作和利用资源，如图 8.8 所示。

(2)封闭

这种合作模式的参与者被组织者挑选，通常保持一个小的规模，公司内部合作时经常使用这种模式；也适用于要解决的问题被很好地定义，并且容易决定谁可以为团队做出贡献的情况，如图 8.9 所示。

(3)公平

这种合作模式的参与者都可以参与决策环节,并共同承担危机和决策的后果。为了使合作顺利进行,所有的参与者都需要认同项目的目标,如图 8.10 所示。

(4)层级

这种合作模式的部分成员或者组织有决策的权利,决策者决定参与者的挑选和任务。在层级的团队中,每个人都有自己的想法和目标,如图 8.11 所示。

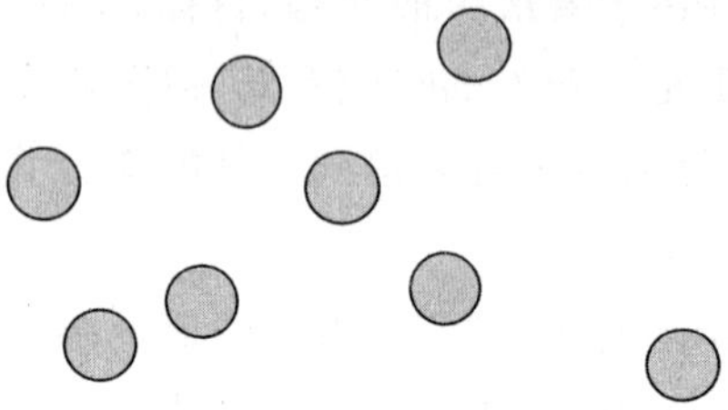

图 8.8　开放的团队合作模式

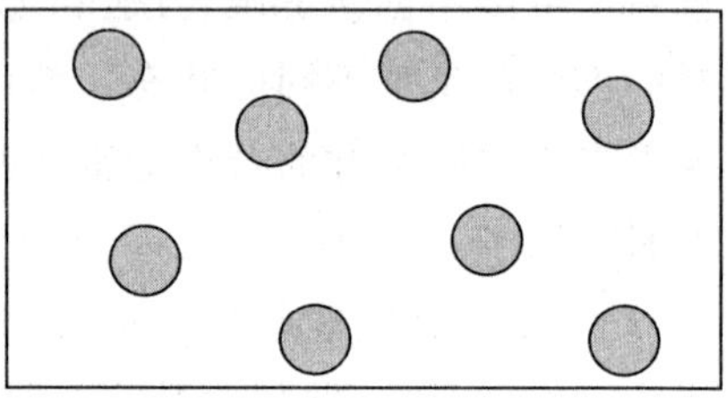

图 8.9　封闭的团队合作模式

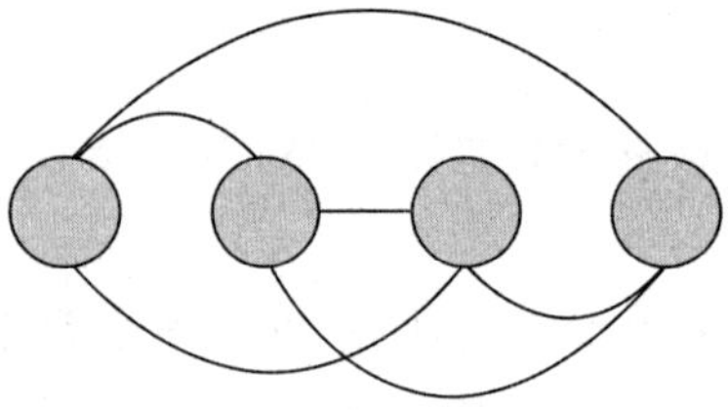

图 8.10　公平的团队合作模式

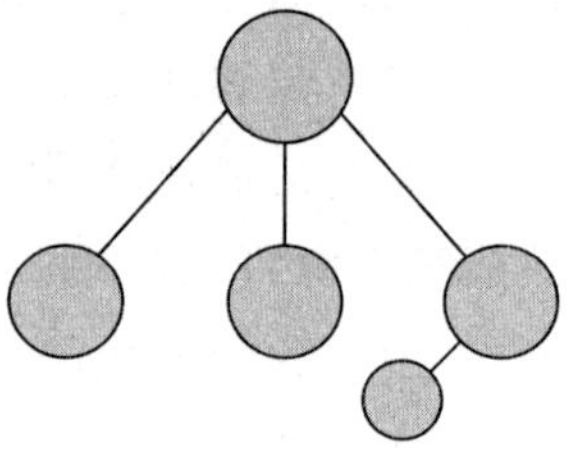

图 8.11　层级的团队合作模式

8.3.3　创新团队的合作模式选择

创新团队选择合作模式时,可通过横纵轴的两个维度,即开放程度和公平程度,组合成四种类型,而这四种类型对应不同的团队表现。图 8.12 主要针对做决策和选择参与者这两个活动进行了分类,清楚地显示了不同的合作模式。

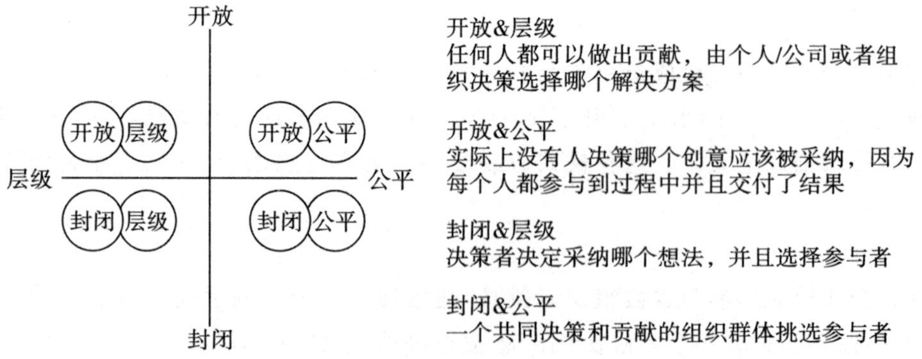

图 8.12　创新过程中的合作模式选择

对于项目而言，针对不同的目标和配置，应合理地选择适合的模式，比如说针对公司内部一个明确且交付日期紧急的任务，就可以选择“封闭 & 层级”的合作模式；如果针对解决一个没有明确定义的难题，需要鼓励大家参与重视并且激发好的想法，就应该选择降低参与难度、让参与者自主加入并且能够参与决策环节的方式，也就是“开放 & 公平”的合作模式。

学习指导

创新不仅需要方法，还需要工具。采用不同的方法，选择不同的工具，完成同一创新实践的效果、效率、成本与代价常会存在较大差异。本章主要介绍了创新工具概述(创新工具的概念，创新工具与创新思维、创新方法的关系，创新工具与创业的关系)、典型创新工具(产品创新工具、服务创新工具、商业创新工具、设计创新工具)和创新工具的应用(创新工具在团队使用中的关键要素、创新团队合作的四种模式、创新团队的合作模式选择)等内容。学习本章的目的在于了解和熟悉各种不同的创新工具，并合理选择和有效利用创新工具辅助项目的想法发生和实践，辅助创新者全面提高创新技能。学习本章的基本要求是：掌握创新工具的概念，典型创新工具的使用要求和操作步骤；熟悉创新工具在团队使用中的关键要素、创新团队的合作模式及其选择；了解创新工具与创新思维、创新方法的关系，创新工具与创业的关系。

复习与思考题

8.1 何谓创新工具？在学习创新工具的过程中需要注意哪些问题？

8.2 典型的创新工具有哪些类型？不同类型创新工具的典型工具及其适用范围和局限性是什么？

8.3 创新工具在团队使用中有哪些关键要素？

8.4 根据团队合作的开放指数，创新团队的合作分为哪些模式？

8.5 图示说明创新团队在创新过程中如何选择合作模式。

8.6 “海底捞”火锅店独特的商业模式受到了消费者的欢迎，试用卡诺分析图来解释“海底捞”的商业模式是如何满足消费者的基本需求和期待需求的。

8.7 请利用用户历程图的原理，选取一个典型的用户来制作一张超市购物的历程图。请尽可能描述你选取的典型用户，然后再从用户的角度展开描述，比如一位有着未满2岁女儿的母亲会如何购物等。

8.8 请根据商业模式画布的原理，思考并实践一下星巴克咖啡馆的商业模式画布是什么样的。

8.9 请根据COCD图的原理，思考一下如果要开一家餐饮店，你希望经营什么类型的店，并且在筛选想法时你觉得哪个最适合进行操作。

8.10 谈谈你学习本章后的感想和体会。

第9章　创新设计

创新设计是充分发挥创造才能，利用技术原理进行创新构思的设计实践活动，它是开展创新活动的必备环节，是开发新产品和使老产品更新换代的有力武器。要进行创新构思和开展创新活动，就必须学习创新设计知识。本章将介绍创新设计概论（创新设计的概念、系统、要素、类型、特点和进程）、机电产品创新设计（基于广义特征的产品创新设计、基于知识驱动的产品创新设计和创新设计中的多视点需求分析方法）、创新设计典型案例（手机、自行车和汽车等典型机电产品的演变和创新设计过程）、创新作品设计训练等内容。通过本章的学习，使同学们能够运用所学创新设计的基本知识、理论和方法进行作品的初步创新设计。

9.1　创新设计概论

所谓“创新设计”，是指充分发挥创造才能，利用技术原理进行创新构思的设计实践活动，其目的是为人类社会提供富有新颖性和先进性的产品或技术系统。从这一定义可以看出，创新设计的基本特征是新颖性和先进性。所谓“新颖性”，就是设计者不囿于前人或别人已有的成就，敢于根据从未尝试过的想法去进行新的探索，设计出别开生面的东西；所谓“先进性”，就是说设计的东西不但标新立异，而且在技术水平上至少比现有类似产品超前一步，即在功能、性能、规格、结构等方面显示出新的特点和实质性的进步。

创新设计是一种现代设计科学，它是开发新产品和使老产品更新换代的有力武器。随着科学技术的突飞猛进和商品经济的高度发展，创新设计问题越来越普遍地受到设计界的重视。

创新设计是一种现代设计活动，它以开发新产品和改进现有产品，使之升级换代为己任。由于产品面貌和更新速度是一个国家经济技术水平的综合反映和进步标志，采用创新设计来促使产品发展和提高，无疑具有重要的意义。在开展现代设计的过程中，创新设计以其崭新的原理与方法，越来越受到工程设计界的青睐。

创新设计是一种现代设计方法，它是研究设计程序、设计规律和设计思维与方法的一门新型综合性科学。在工程设计过程中，只有充分发挥创新思维，采用创新设计方法，才能设计出富有新颖性和先进性的产品，最大限度地满足和适应人们在生产和生活中的需要，促进经济的发展和社会的进步。

9.1.1 创新设计的系统

设计系统是一种信息处理系统，输入的是设计要求和约束条件，设计者运用一定的知识和方法，通过计算机、试验设备等工具进行设计，最后输出的是方案、图样、程序、文件等设计结果。通过设计者的合理处理，可使设计结果更趋完善，如图 9.1 所示。

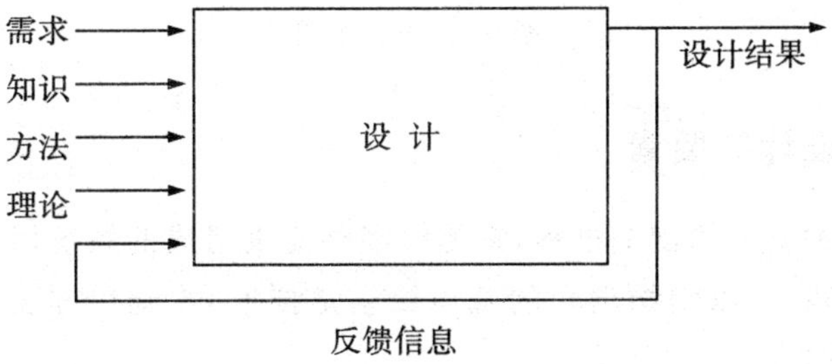

图 9.1 设计-处理信息的系统

现代设计越来越依赖系统工程。系统工程是在控制论、信息论、运筹学和管理科学基础上发展起来的用于解决工程问题，使之达到最优设计、最优控制和最优管理的一门科学。传统的分析方法往往把事物分解为许多独立的互不相干的部分分别进行研究，由于是孤立、静止地分析问题，所得出的结论往往是片面的、局限的。而系统工程的方法是把事物当作整体系统来研究，从系统出发分析各组成部分之间的有机联系及系统与外界环境的关系，这是一种较全面的综合研究方法。

从系统工程的观点来看，设计系统可认为是一个由时间、逻辑和方法构成的三维正交系统：时间维反映按时间顺序的设计工作阶段，逻辑维是解决问题的逻辑步骤，方法维列出设计过程中的各种思维方法和工作方法。设计过程中的每一个行为都反映为这个三维空间中的一个点，如图 9.2 所示。人们也可以通过这三个方向深入分析和研究设计系统的规律。

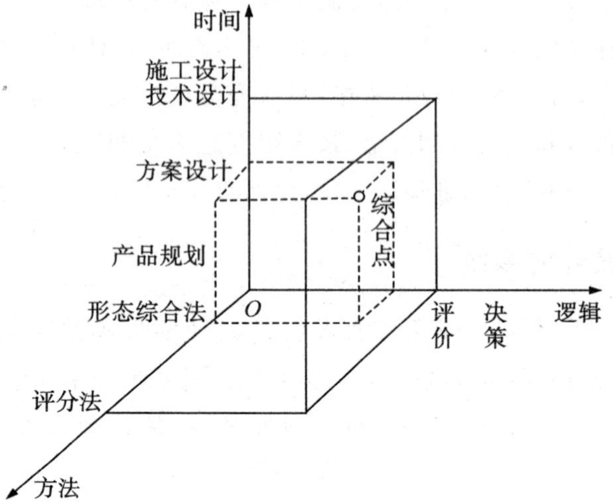

图 9.2 设计系统

9.1.2 创新设计的要素

创新设计是一种复杂的创造过程，它是由多种要素组成的系统活动。剖析不同技术领域的创新设计实践，可以归纳出它的基本要素是技术、才能和方法。下面阐述这三大要素所包含的基本内容。

1)技术要素

创新设计离不开技术这一基本要素，它以技术的进步为依托，并把先进技术转化为直接的生产力。

(1)技术的概念。所谓“技术”(technology)，按希腊文的原意是指个人的技能或技艺。但是随着生产的发展，特别是工业革命的兴起，靠过去由长期经验积累而形成的技能正逐渐被工具和机器所取代。从此，人们开始把技术活动的物质手段看作是技术的主要标志。18 世纪，法国百科全书派的代表学者德尼·狄德罗曾把技术定义为“为了完成特定目标而协调动作的方法、手段和规则相结合的体系”。其后，有关技术的定义数不胜数，但由于都是从各自不同的出发点提出的，因而难免存在片面性。

马克思把技术放到劳动过程中去加以考察，才揭示出技术的本质。他指出，技术实质上是人对自然的能动关系，它不仅存在于物质生产过程中，而且还表现在人的社会生活和精神生产过程方面。这就是说，在马克思看来，技术从属于劳动过程，是人用来引起、调节和控制人与自然之间物质交换过程的劳动手段、工具及其技能、方法的综合。

(2)技术的属性。从技术的这种本质和含义出发，可见技术具有双重属性，即自然属性和社会属性。

技术的自然属性首先表现在任何技术都必须符合自然规律，违背自然规律的技术是不存在的，从粗制的石器到神奇的计算机，都是人类为满足自己的需要，运用相应的自然规律所创造的产物。

技术的社会属性与人类需要技术的目的密切相关。人类之所以需要技术，是为了用它来改造自然，最终造福人类。因此，任何技术从其诞生起就具有社会目的性，并随着社会的发展而变化。技术的社会属性还表现在它总要受到社会种种条件（经济、法律等）的制约。技术的后果如能造福社会，人们就会支持并促进它的发展；而对社会有害的技术，人们则会舍弃它。

认识技术所具有的双重属性，有利于设计者把握创新设计活动的技术内涵。在设计活动中，必须依据技术的本质属性，把自然规律和社会经济规律统一起来，把自然因素和社会因素以及技术本身的内在因素妥善地结合起来，以便在技术上的完善性和经济上的合理性之间找出一个两全其美的现实的设计方案。

设计活动的最终目标是获得满足一定功能要求的技术系统。要获得这种人造的自然系统，既要在科学技术原理上进行探索，也要在物质技术领域内做实体要素的综合。这就是说，技术的双重属性要求创新设计活动在综合应用自然科学各门学科原理和方法的同时，还要综合运用社会科学、经济科学、思维科学等阐明的原理与方法。

（3）技术的特点。技术的综合性是当代技术发展的重要特点，各种技术的综合有可能出现新的创造。有关资料对多年以来的数百项世界性新技术进行了统计分析，结果发现依赖基础理论研究推演出来的全新式技术（如晶体管技术、原子能技术、激光技术等）在总技术成果中占的比例在急剧下降，而以技术综合性为特点的革新式新技术的比例却显著上升。

技术综合性是通过技术与技术的组合、移植、渗透等方式来实现的。它们有机结合成为一个整体，并发展出更为优越的新型技术。例如，机械技术与电子技术结合的机电一体化技术，造就了自动洗衣机、数控机床、工业机器人等机电一体化产品，这些产品的共同特点是结构简单、体积小巧、性能优良和功能广泛。机电一体化也逐渐变为一种新的设计思想，它对于机电工业产品的升级换代有着重要的指导意义。

导致技术综合性特点出现的主要原因有以下三点：

第一，突破性全新技术的产生，依赖科学基础理论的新发现，在现代这种发现的难度越来越大，投资越来越高，研究的风险也在所难免。相对来说，综合性技术的开发比较容易达到预期的目标，经济上的风险也不大。

第二，已发明创造的现有技术，其效用还远远没有充分发挥出来，有的技术发明甚至停留在专利机关的抽屉里不能变为现实技术。因此，开发应用现有技术并将它们进行综合，是一条多快好省地发展技术的途径。

第三，技术综合不是几种技术的简单拼凑，它要按照技术与技术相互结合的基本原则，造就新的整体功能。美国航天飞机中的技术几乎都是已有的现成技术，但是在综合之后却获得了单项技术无法达到的技术效果。也正因为如此，依靠综合进行创造已成为最基本的技术开发方式和进行创新设计的基本途径。

总之,认识创新设计的技术要素,目的是揭示创新设计活动与技术的内在关系。创新设计在技术发展和进步的推动与支持下,有着强大的动力和取之不尽的创新源泉。

2)才能要素

创新设计的主体是人。进行创新设计活动,是设计者显示才能的过程。所以,人的才能也是创新设计的一个基本要素。所谓"才能",是指多种知识、智力和能力的结合,是人们进行创新设计的综合心理品质。

(1)知识要素。才能中的知识要素是人们对客观事物、现象和过程的反应,是人们运用自己的智力和能力认识客观外界的结果。知识一般可分为经验知识和科学知识两种。

经验知识是人们在变革自然和社会的实践活动中所获得的感觉、知觉和印象的总和。这种知识带有零散性和局部性,因此不能揭示外界事物深处的奥妙,也没有说明为什么用某种方式去作用于客观事物可以得到相应的结果。但是,经验知识是理论的基础,在这一基础上,人们将所获得的经验知识加以概括总结,使之条理化和理论化,最终上升为科学知识。

科学知识所反映的是自然和社会的规律,是客观事物、现象和过程本质的联系,可用概念、判断和推论表述。由于科学知识具有这种特点,因此它具有稳定的、普遍适用的性质,能指导人们认识和改造客观世界的实践。

对设计者来说,为了完成设计任务,必须具备相应的设计基础知识。例如,在机械设计领域内,这些基础知识主要包括机械制图、机械原理、机械零件、理论力学、工程材料、材料力学、机械工艺学等。但是,从事创新设计活动时,设计者仅仅在自己的专业知识范围内来回奔波,往往难以标新立异。相反,那些敢于异域走马的人常常能设计出不落俗套的新方案。因此,创新设计要求设计者的知识结构要既专又博。从事机械产品设计的人,在机械上应学有专长,在电子、化学、生物以及社会科学上也应有所知晓。

我国著名科学家李四光曾告诫科学工作者要正确处理"专"与"博"的辩证关系,他说,任何专业都不是孤立的,它和周围的其他专业总有一定的联系,往往是主要要求某一专业发挥主要作用,同时也往往需要其他专业的协作。如若从事某一专业者对别的专业一无所知,他就很难得到它们的支援,很难自由地运用一切必需的知识出色地完成任务。这就是说,我们既要"专",又要有一定范围内的"博"。科学技术工作者应该在"博"的基础上求"专",在"专"的要求下求"博",只有这样处理"博"与"专"的关系才是正确的。他的这段话对设计者建立自己的知识结构无疑具有重要的指导意义。

(2)智力要素。才能中的智力要素就是人们常说的"智慧",它是保证人们有效地进行认识活动的心理因素的集合。创新设计活动在要求设计者具备一定知识的同时,更强调人的智力的发挥。正如日本学者川上正光所说,知识,百科全书可以代替,可是考虑出的新思想、新方案,是任何东西也代替不了的。为了设计创新,设计者必须培养敏锐的观察力、丰富的想象力、广深的记忆力等智力要素。

(3)能力要素。所谓"能力",如发现问题的能力、获取信息的能力、分析判断的能力、实际操作的能力、组织管理的能力等，属于实际活动的范畴，它是保证人们成功地完成与实际活动有关的稳固心理特征的综合。

实践表明，对于复杂的创新设计活动，光凭单独的知识、智力或能力是难以圆满地完成设计任务的。换句话说，只有将它们有机地组合起来，建立合理的才能结构，才能适应创新设计的要求。

合理的才能结构可以用图 9.3 所示的“金字塔”结构表示。其中，知识是“金字塔”的基础，属于才能结构的第一层次，说明掌握知识是开发智力和培养能力的基本前提；智力是“金字塔”的塔身，处于第二层次，是才能结构的中坚；最上一层是能力要素，它是攀摘创新设计成果的阶梯。

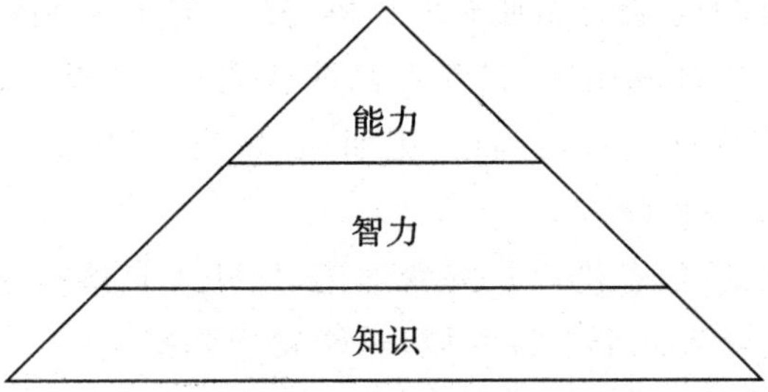

图 9.3　才能“金字塔”结构示意图

上述的才能“金字塔”结构揭示了设计者在才能上的协同关系，只有正确调节自己的才能结构，才能适应创新设计的要求。才能的协同关系是指构成才能整体的三类要素之间有序的协作特性。除了层次关系之外，各层次中具体结构要素也要有适合的比例关系。国外有人分析发现，要想取得创新成果，智力和才能（统称为“智能”）比知识更具有决定性的作用。我们不难发现，具有相同学历的人，其创新能力相差甚远；而知识渊博的人不一定比知识相对贫乏但智能具有优势的人更富有创造能力。随着工程技术人员知识水平的普遍提高，现代设计活动日趋复杂，智能将会处于才能结构的中心位置，并发挥主导作用。

3）方法要素

创新设计的实践表明，每一项创造成果的出现，除了有技术进步的推动和创造才能的保证之外，还与创新设计方法的进步密不可分。创新设计的方法是创新设计活动的一个重要因素，是步入成功大门的一把“金钥匙”。正如法国生理学家贝尔纳所说的那样：良好的方法能使我们更好地发挥运用天赋的能力，而拙劣的方法则可能阻挡才能的发挥。

在很长的一段时间内，工程设计沿袭着传统的设计方法，这种方法最突出的特点是类比模仿，缺乏创造性。创新设计是一种现代设计活动，它所采用的设计方法带有明显的现代特征，是以系统论、控制论、信息论、突变论等现代横向科学方法论为理论基础，结合工程设计创新实践而发展起来的现代设计方法。

系统论、控制论和信息论是20世纪40年代几乎同时崛起的三门横向学科。它们的出现为现代科学技术提供了崭新的思维方法和从整体上认识事物的系统科学方法，这些方法已成为推动现代科学技术迅速发展的重要工具和先进的研究方法。“三论”的基本出发点是事物的整体特性，并以动态的观点分析由多因素构成的复杂系统，谋求获得最优化的问题解答。创新设计研究的问题几乎都是多因素的、复杂的动态系统，用传统的设计方法不可能达到创新、高效、高质量的要求，而“三论”为这种问题的解决提供了卓有成效的方法指导。

新兴的突变论用渐变与突变的新概念来描述事物运动变化的本质联系。事物在从甲状态向乙状态过渡的过程中，失去稳定性的那个临界值是关键点。人的创新活动同样会经历这样的变化过程，理解设计本质时的顿悟，提出新方案时的灵感，都在临界值那一点发生突变。创新设计要推陈出新，以新产品取代老产品，以先进产品淘汰落后产品。它不仅要用“渐变”来实现这一目的，而且更期望以“突变”的方式尽快地获得成功。因此，创新设计是渐变与突变的统一。

总之，系统论、控制论、信息论以及突变理论，反映了自然科学与社会科学日益互相渗透的趋势。每当它们介入某个学科领域，总能发现和提出一些新问题，促进这个学科的发展，或者促使某个新学科的诞生。也正是由于它们的介入，才使得创新设计方法逐步形成和不断完善，从而在现代设计方法体系中显示出独具一格的特点。

9.1.3 创新设计的类型

创新设计成果在各种技术领域中都可以找到。但是，要想用抽象的定义去判断一项具体的设计是否具有创新性，却是一件颇费心思的事情。不过，在多数情况下，创新设计可以归入下述各类中的一种。

(1)原理开拓类

这一类创新设计的特点在于，应用新技术原理解决新问题、应用新技术原理解决老问题以及对“旧”技术原理进行新的开发应用。

新技术原理来源于科学研究和技术发明，应用新技术原理进行新产品开发设计，往往能获得创新设计成果。例如，激光技术是20世纪60年代初发展起来的新技术，人们利用它得天独厚的“本领”，解决了许多技术领域内过去不曾解决的问题，创造性地设计出了许多全新的新产品。比如在加工方面，过去用机械方法打孔的设备对于直径在零点几毫米的精密小孔无可奈何，而激光打孔机则得心应手，不仅功效高，而且精度好。再如在医疗卫生方面，新型的激光手术刀能方便地进行开胸术、脑瘤切除术和心脏手术等。针对患者要动手术的部位，恰当地选择激光的波长、功率、操作条件，激光刀就可以自行控制切入组织的深度，精确地消除病变组织并最大限度地保护器官功能，甚至做到开刀不出血。此外，激光全息照相、激光排版印刷、激光增材制造等都是运用激光技术获得的创新设计新成果。

应用新技术原理去解决老问题，往往也会使设计步入新的天地。例如，在机械设计中将蠕动原理运用于蜗杆传动设计，获得了重大的突破。这种新设计的蜗杆传动机构与传统的阿基米德蜗杆传动相比，具有显著的优越性：第一，它能同时实现两种速比的传动，即由一种输入速度获得两种输出速度的能力；第二，它只需更换一个蜗轮就可以改变速比，不像普通蜗杆那样必须成对更换；第三，能实现减速与增速传动，而传统蜗杆传动很难实现既减速又增速的传动；第四，能实现无齿隙传动，这对传统的蜗杆传动来说是不可思议的。这种新型蜗杆传动机构已经在精密机器人、太空望远镜等方面获得了应用。再如，设计者把集成电路技术应用于收音机的设计上，不仅使新设计的收音机性能更加稳定，而且使收音机向高级、精密的方向迈进了一大步。

利用已有的技术原理构思出鲜为人知的产品方案，也是一种创新设计。例如，人们熟知磁铁的同性相斥、异性相吸原理，并据此设计出许多产品，至今人们还在利用这一"旧"原理不断设计新的产品，如有人设计了一种磁力驱动装置，该装置使固定磁铁与旋转磁铁同极相对，使两磁铁间出现相斥的力，先由外力启动，然后由永久磁铁的磁力驱动转子继续旋转，并向外输出能量，从而产生了一种洁净、高效、廉价的新动力源。

(2)组合创新类

如果将已有的零部件通过合理组合成为一种新产品，这种产品便能实现一种新的整体功能，故这种组合也是一种创新设计。

例如，世界上出现的第一辆汽车就是组合创新的优秀成果。在汽车的设计中，人们所用的许多部件(如转向装置、刹车装置、弹簧悬架等)在汽车时代远未到来之前就有了。历代的汽车设计者(本茨、德戴思、威尔逊等)正是在前人或他人已有成就的基础上，将其他设备早已采用的零部件进行组合创新设计，获得新的整体功能，创造性地设计出了"汽车"这种新型交通工具。

值得注意的是，并不是任何组合都能产生创新设计成果。例如，有人将台钻用螺钉固定在车床的床头箱顶盖上，虽然是一种组合，但并没有使钻床和车床构成有机联系，这种不能形成新的整体功能的简单组合，不是组合创新设计产品。但是，如果使用共同的主传动系统将钻削部件和车床床头及部件有机地组合，获得车、钻综合功能的组合机床，其结构新颖、价格便宜、一机多用，就属于组合创新设计的范畴。因此，组合创新要求组合后的产品在性能上具有 $1+1>2$ 的效果，而在结构上则为 $1+1<2$。

(3)转用创新类

如果将某一技术领域的成熟技术和结构转用于其他技术领域，产生出一种新的产品，则这种转用也是一种创新设计。一般说来，两个技术领域相距越远，转用的难度越大，相应的创新水平就越高。

例如，拉链是一种司空见惯的产品，它广泛应用于服装领域和日用品领域。设计者应用拉链设计一种新型书包，并不意味着他创造性地转用了拉链结构，因为这种转用对一般人来说是显而易见的。但是，如果有人将拉链结构转用到自行车外胎上，设计出可方便维修内胎的车轮,那么这种转用才富有创新性。如果有人将拉链用于食品保鲜(如拉链式香肠)和医疗手术,其设计更是一种创新。

再如,转用一种化验人体毛发以测定人体微量元素含量的仪器的技术方案,去设计一种用以化验牛、羊等动物毛发,据以测量动物体内微量元素含量的仪器,那么这种设计的创新性水平较低,因为转用的距离太近。如果用同样的技术方案设计出可以检测人体早期恶性肿瘤的仪器,由于是一种大跨度的转用,则这种设计更富有创造性。

(4)克服偏见类

所谓"偏见",是指某一技术领域中长期以来存在着的一种固有认识,而这种认识一直阻碍着人们对该技术领域深入地探讨和开发。如果在设计中克服了这种技术偏见,就可以构思出非常规的设计,这种设计属于创新设计的范畴。

飞机的发明就是一个很好的例子。在 19 世纪,当时科学界的名流认为要制造一种比空气重的装置去进行飞行是不可能的,甚至根据物理学的经典原理证明了"飞机"根本无法离开地面。这些来自知名专家学者的技术偏见,在一段时间内严重地束缚了设计者的创新思维。莱特兄弟克服技术偏见,把比空气重的飞机送上了天空,他们所设计的飞机是创新设计史上的伟大创举。

克服偏见、违背常规的创新设计成果屡见不鲜。如用蜗轮机构转向的工程机械、用纸造的锅、不用车轮的火车、不用电的冰箱等,都向人们展示出了这类创新设计的广阔天地。

总之,创新设计是一种以脑力劳动为主、兼有体力劳动的复杂过程。要达到创新设计目的,往往需要应用多种设计方法。在不同的设计阶段,要根据解决问题的重点选择合适的设计方法。

9.1.4 创新设计的特点

研究创新设计活动的特点,一方面是对创新设计这种生产实践规律的总结,另一方面是帮助设计者对它有一个整体认识,这对开展创新设计有着重要的导向作用。创新设计的活动特点可以从以下几方面来分析。

(1)创新设计是有目的、有约束的创新活动

创新设计是一种有目的的创新活动,它以满足社会需要为出发点,为社会提供实现预期功能的产品。因此,创新设计的创造模式为:社会需要→设计→产品。

以旋转式发动机的设计为例,目前汽车上大都采用往复活塞式发动机,但是随着汽车数量的增加、转速的提高和功率的加大,它排放到大气中的对人体有害的化学污染物增多,同时造成了原油短缺的严重问题。为此,人们迫切需要设计出一种性能好、污染轻、效益高的新型发动机。正是这种社会需要,驱使设计者们冥思苦想,反复实践,最终设计出了新型的旋转式发动机。

设计者在创新设计的过程中,为了获得技术上可行而经济上又合算的产品,往往需

要在一定的约束条件构成的设计空间中进行。所谓“约束”，就是对设计的某种限制。这种限制主要表现为对产品设计提出的环境、资源、经济、时间和空间等方面的要求。在设计过程中，如果事先不了解设计约束的种类与内容，就会偏离预定的设计目标，造成创新设计活动的失误。

总之，创新设计所追求的是产品的创新，它要求设计者有目的地思考，以便有的放矢地发挥自己的创造才能。从某种意义上说，从事创新设计的设计者是兼发明家、工程师和企业家于一身的人，他们有发明家的创新思维，有工程师的实际才干和企业家的市场意识。只有这样，才能在设计目的与设计约束之间进行合理的均衡与协同，最终为社会提供质优、价廉、有竞争力的创新产品，满足人们的需要。

(2)创新设计离不开继承

设计的灵魂是创新，只有不断地创新，设计才有发展，产品才能更新换代。但是，创新离不开继承，任何一种创新设计都是在前人设计的基础上，经过改造、创新发展起来的，是人们长期智慧的结晶。

例如，计算机在今天被人们视为一种神奇的创造。但是，这种创造也不是一朝一夕就能实现的。假如从算盘开始，考查计算机的“祖宗三代”，则可发现它的“根”已有几千年的历史了。即使从莱布尼茨的加法器、巴贝奇的原始计算机算起，也经历了几百年的漫长历程。

认识继承与创新的关系，有利于在创新设计过程中注意借鉴前人的经验，利用已有的设计成果。也就是说，创新设计离不开对前人经验的借鉴，注意利用已有的设计成果是获得成功的重要基石。当然，创新设计并不是单纯的继承，而是在继承基础上的创新。设计者在学习以往经验和参考现有设计的同时，更应当根据具体条件和要求，敢于突破传统习俗，提出新设想、新方案和新结构，并在设计实践中不断总结和提高。只有把继承和创新很好地结合起来，才能“无中生有”“旧中生新”，达到开拓创新的目的。

(3)创新设计具有模糊性

创新设计的目的是明确的，但是为达到设计目的所应采用的途径和手段，在完成设计之前是不得而知的。它不像一般的再现性设计，只要给出明确的设计课题(如减速器设计)，设计者凭着已有的知识和方法，就可以按照一定的解答方式去找到比较精确的答案。如果要求设计一种过去不曾生产过的新产品，比如用来分辨鸡蛋可孵出的小鸡雄雌的机械装置或仪器，难度就要比设计减速器高得多。也就是说，设计者在接到这类设计课题时，对如何完成设计任务是不能马上给出答复的，他必须调查用户的需要，确定检测装置或仪器应具有的功能和应达到的技术要求，然后进行创新思维，对众多捉摸不定的设想进行评价与决策。有时，可能长期得不出设计结果。因此，创新设计是一种探索，而这种探索的特点之一就是设计的模糊性，只有逐步将模糊问题明确化，才能得出明确的答案，即将其定量和定性地描述出来。

从事创新设计是一个处理模糊问题的过程，它同传统的以处理明确问题为主的一般设计活动的主要区别见表9.1。

表9.1 一般设计与创新设计活动的区别

	一般设计	创新设计
问题现状	明确的	模糊的
解决方式	规范的	未定的
求解方法	现成、推演的	随机、探索的
答案特点	单一的,可靠的	众多的,可疑的
设计性质	模仿、继承的	创新、发展的

认识创新设计的模糊性特点就是要求设计者在设计的初始阶段,广开思路、大胆设想,尽可能多地构思出多种可供选择的设计方案,在发散思维的基础上逐步收敛,逼近设计目标,否则会造成先入为主,束缚设计者的创造性发挥。由于创新设计的这一特点,也就要求设计者要有一定的风险识别能力,以便加强设计定位与设计决策工作,防止在处理模糊问题时的失误。

9.1.5 创新设计的进程

一项产品设计,从任务提出到设计完成,总要做许多事情,而且这些事情或多或少地是按照时间顺序去做的,从而形成不同的工作阶段。虽然各种产品的设计进程不尽相同,但是在考察了大量的设计实践和通过分析研究之后,人们发现产品设计都有一种共同的进程模式,遵循一定的基本原理,这就是设计的进程原理,它是设计活动中具有战略性意义的内容。

创新设计的进程是建立在现代产品概念的基础之上的,是从时序结构上对设计展开规律的基本描述,它的作用在于引导设计者沿着一条正确的路径前进。

创新设计的进程模式如图9.4所示。由图可见,创新设计活动主要由设计定位、设计转换和设计决策等基本阶段组成。在每一基本阶段中,又可分解出若干层次较低的分阶段。它们的有序组合构成了设计的全过程。

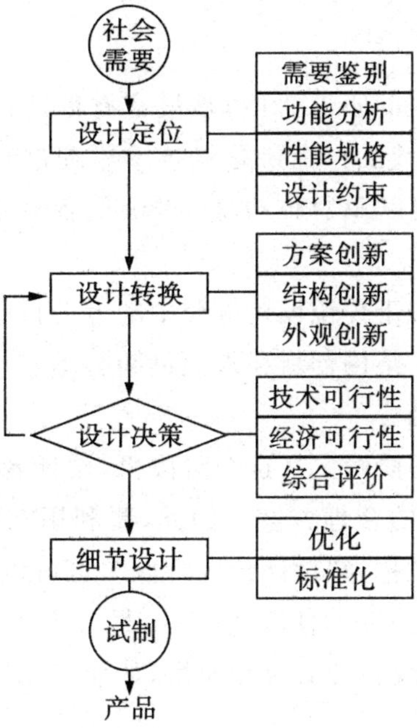

图 9.4　创新设计进程

任何产品的设计都始于设计任务的下达。就我国的情况来说,设计任务的来源主要有三条渠道:一是上级的指令性开发计划,二是外单位的合同性协作计划,三是设计单位或设计者出于某种要求自选的设计开发计划。但是,无论哪种产品计划的形成,都是为了满足社会的某种需求。需求是产品之母,尤其是在市场经济条件下更是如此。

(1)设计定位阶段

从对社会需要的认识出发形成的产品计划,揭开了创新设计进程的第一阶段,即设计定位阶段。

所谓"设计定位",就是使设计在整个创造过程中具有确定的位置,它是把模糊的社会需要转化为具体的产品概念,为设计活动提供基准的分析与综合过程。

在设计定位阶段,需要设计者以敏锐的感知能力,从对客观形势的观察与思考中,确定究竟什么是真正的需要。这种对需要的鉴别看起来可能简单,但却是设计过程中决定性的第一步。对许多设计来说,这一步就是决定成败的关键点。设计师和设计任务的拟定者认定了错误的需求,因而选择了错误的课题进行开发是常有的事情。设计师在还没有准确地鉴别需求之前就着手考虑解决的办法,因而注定要走上错误道路的情况也是常有的事情。因此,为了避免设计失误,就必须首先进行设计定位。

设计定位类似传统设计中的产品规划,但它是对产品规划的一种创新性决策。没有这种设计活动,创新设计就不可能做到有的放矢。创新设计把设计定位安排在设计进程的首要环节,是与创新设计的基本特点密切相关的。从某种意义上说,设计定位是解决带有根本性的设计方向问题。

(2)设计转换阶段

设计转换阶段是设计过程的第二阶段,是最富有创造性的设计阶段,是整个创造活动的重心。在这一阶段中,设计工作主要是将技术原理进行转换,以构思出满足设计要求的产品原理方案、结构方案以及总体方案,提供出各种试制和生产用的图样和技术说明。

创新设计的第二阶段类似于传统设计进程中的方案设计、结构设计以及总体设计阶段的技术活动,包括方案创新、结构创新和外观创新等基本设计环节,它们是设计转换过程中最富有创造性的设计活动。

设计转换是最使人激奋的阶段。在这个阶段里,设计者运用他的所有经验和创新能力,思索着可能达到期望结果的合理方案。为此,要利用在设计定位阶段收集到的全部信息资料。这一阶段之所以被称为"设计转换阶段",也可以认为是它起着连接两方面的桥梁作用,即一方面是输入有关设计任务的信息,另一方面则是输出设计基本结果的多种设想。在这一阶段里,要比较各种组合和变换,从而产生新的设计方案,为设计的收敛决策提供依据。

(3)设计决策阶段

创新设计的第三阶段是设计决策阶段。在这一阶段中,设计者要竭力排除那些在富有创造性的转换阶段里提出的不切实际和价值不大的解决方案,努力把问题收敛到给定条件下可以实现的最好的解决方案。尽管在各个阶段中也要求进行发散性思考之后的收敛,但由于设计要遵循一体化设计原理,因此在得出若干可供选择的初步方案之后,依然有必要安排一个总的收敛决策过程,以便确定最有发展前途的创造性解决方案。在这个阶段中,设计者要根据设计定位要求建立起评价准则,进行技术可行性分析、经济可行性分析和方案的综合评价,在此基础上做出抉择。

一般说来,历经上述三个基本阶段之后,创新设计的大部分工作基本完成,剩下的则是传统的再现性创造工作。

(4)细节设计阶段

图 9.4 中所示的细节设计阶段,主要是将确定的解决方案细化,如解决零部件结构参数的优化、极限与配合的选择、标准化审查、设计图样的整理等问题。

有了设计图样和技术说明,就可以进行样品或样机试制或试生产。这时,设计者主要是从中得到信息反馈,以解决设计时不曾考虑或考虑不周的问题。

值得指出的是,上述的设计进程模式基本上是一种有序的直线型垂直结构。在设计实践中,设计进程要复杂得多。因为每走一步都可能碰到不明确的问题,提出不适当的设想。一旦发现此类问题,就需要进行反馈,即重新回到上一步工作,继续探索正确的解决办法,直至能达到阶段要求为止。这种求解与反馈过程要经历多次,才能逐步集中到有限的解决方案上去,直至问题全部得到解决。

9.2 机电产品创新设计

产品的设计过程是一个创新思维的过程。现代产品设计技术应用于从产品设计构思、概念表达、结构设计、性能分析到最终的技术要求和制造工艺的编制等各个阶段，在设计的各个环节运用设计知识，经过计算、分析、综合等创新思维过程，将设计要求转化为对产品结构、组成、性能参数、制造工艺等的定义和表示。

科学技术的迅猛发展、市场需求的快速变化和全球经济竞争的日趋激烈，致使产品设计的方法和手段发生了重大的变化。新一代产品设计系统必须体现数字化、柔性化、客户化、网络化与全球化等基本特征。伴随着网络化、信息化的飞速发展，基于广义特征的产品创新设计、基于知识的产品创新设计和创新设计中的多视点需求分析方法等新的设计方法，将成为新一代设计体系的主流。

9.2.1 基于广义特征的产品创新设计

9.2.1.1 广义特征的概念

在机电产品设计领域，与特征相关的方法和技术已经得到了广泛的研究与应用。研究成果大都集中在基于特征的建模、基于特征的设计、基于特征的过程规划和基于特征的装配等方面。但是，这些特征都是指产品的物理特征，如形状特征、精度特征、材料特征、装配特征和几何特征等。而产品的抽象特征，如轻巧、古典、便携等特征在机电产品设计领域几乎没有得到研究。这样，各部门的设计人员就无法在同一个平台上有效地协同设计出一个合理的产品，要么造成返工，要么人人都尽量约束自己的设计，从而大大限制了创新设计的可能。

针对这种情况，近年来出现了一种“基于广义特征的创新设计”方法，将狭义的产品特征拓展为包含物理特征和抽象特征的产品特征。而抽象特征除重点考虑使用者的生理特征和心理特征外，还包括使用环境对产品设计的影响等因素。广义特征有效地融合了产品设计中的三大创新源泉：产品、使用者以及使用环境。这种方法将产品与人的关系紧密结合起来，使产品更有市场竞争力。

基于广义特征的创新设计，将目前常见的产品形状特征、技术特征、精度特征、材料特征、装配特征和几何特征等产品的物理特征，拓展为如图 9.5 所示的包含产品的物理特征、抽象特征，顾客的生理和心理特征，以及产品的使用环境特征等广义特征。

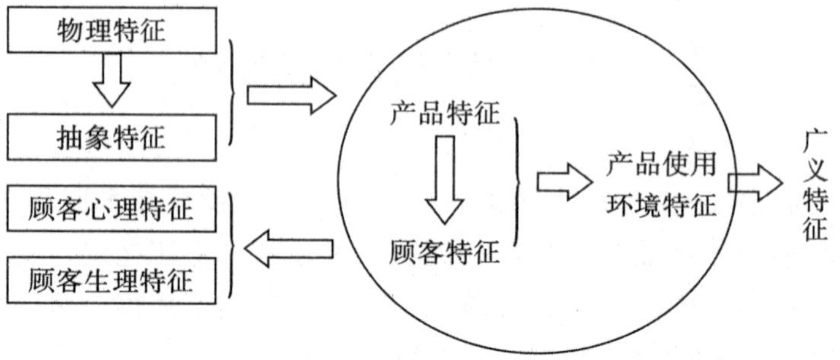

图 9.5　广义特征的概念

从广义特征的角度，产品设计创新活动是一个以产品特征为依托，以顾客特征为导向，考虑特定使用环境特征的产品与人的多种特征的碰撞和整合过程。

广义特征的概念具有以下特点：

(1)它综合了认知心理学、感性工学、技术美学、人机工程学、计算机科学等多学科内容，对产品设计过程进行了全面的分析与支持。

(2)它提取了产品的抽象特征，适于与顾客的自然语义交互，从而更好地支持了概念层次上的创新设计。

(3)通过引入顾客特征，将顾客的角色从被动的产品接收者转换为积极的设计参与者，真正实现了顾客参与的个性化设计。其中，顾客生理特征研究与特定产品相关的重要生理参数的设计有关，顾客心理特征研究与用户的审美倾向、消费倾向等有关。

9.2.1.2　广义特征对创新设计的支持

前面提到由于各部门设计人员无法在同一平台上有效地协同工作，从而抑制了开展创新设计的可能性。那么，广义特征到底是如何有效地支持创新设计的呢？

图 9.6 所示为广义特征对创新设计的支持示意图。从图中可以看到，上面的环形为产品的全生命周期，它是一个循环迭代的过程。顾客向设计提出了人性化和定制的需求，市场向设计提出了个性化需求。人性化设计更多地由顾客的心理特征支持，它主要从顾客的价值取向、消费水平、舒适感等方面对设计提出要求。定制设计更多地侧重按生理参数要求进行修改。产品使用环境考虑特定环境中特定顾客群的需求，从而对个性化设计提供支持。数字化的产品抽象特征适用于需求分析中与顾客的自然语义进行交互，可以有效地支持概念层次上的创新设计。产品物理特征则从制造的角度考虑设计在工艺、造价、技术等方面的物理可行性。由上面的分析可以看出，广义特征的确从产品的全生命周期有效地支持了产品设计，强调或修改其中任意的一点都可能设计出新的产品，使创新设计的可能性大大增加。

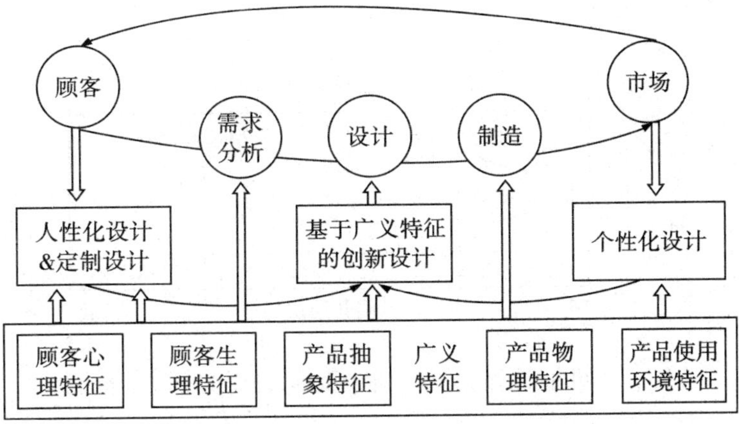

图 9.6　广义特征对创新设计的支持

9.2.2　基于知识驱动的产品创新设计

产品创新设计要求在设计中运用新的理念，采用新的技术手段、技术原理和非常规的方法进行设计，以满足市场现实需求及挖掘潜在需求，构筑竞争优势。随着 CAD(计算机辅助设计)、CAM(计算机辅助制造)、CAE(计算机辅助工程)、VR(Virtual Reality，虚拟现实)技术和通信、并行技术的发展，使得一种新的产品开发——虚拟产品开发(Virtual Product Development，VPD)技术日趋成熟。因此，充分利用现代的、高科技的创新设计手段和技术来改造传统的产品设计方法，是提高设计效率和设计质量，提升产品竞争力的必然趋势。产品创新设计的技术手段有数字化设计、并行化设计、虚拟化设计。数字化是当今创新设计的基础和核心内容，是创新设计成败优劣的关键；并行化设计达到了缩短产品开发周期、提高产品质量、降低产品成本，从而增强企业竞争能力的目标；利用虚拟化设计可以对产品生命周期的全过程(设计、加工制造、装配、性能分析、使用及回收等各个环节)进行可视化跟踪描述，检验创新设计成果，从而大大缩短新产品开发周期，降低开发成本，增加新产品的适应性和市场竞争力。

9.2.2.1　知识驱动产品创新的原理

一般而言，产品创新源于以下创造性基本原理：

①发展原理。发展原理即打破旧框架，建立新事物，如工业缝纫机就是打破一根针、一条线的手工缝纫方式，采用多针、多线的锁式线迹而创造出来的。

②发散原理。发散原理即不局限于现存解决问题的方法，从多个方面或不同角度去考虑问题的解，如机械传动形式的问题不仅有机械传动，还有电、气、液等传动形式。

③拓展原理。拓展原理即多观察不同事物的表现状况，激发创新思维而产生新成果。

为有效获得计算机支持，可采用“发散-收敛”的思维模式，模拟人的创新思维，实现知识驱动创新设计的产品开发模式。图 9.7 所示为基于“发散-收敛”思维模式的知识驱动创新原理。

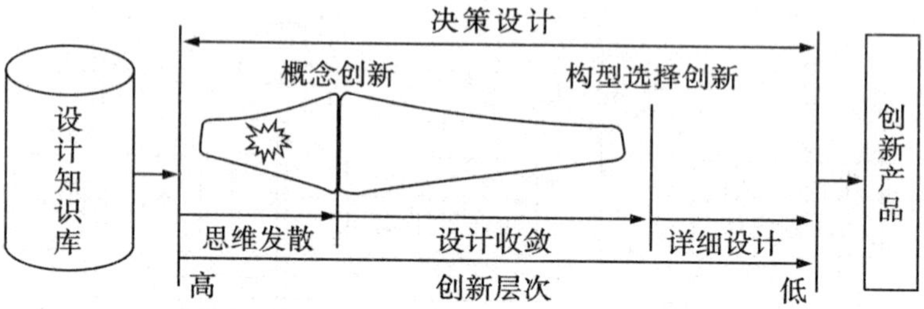

图 9.7　基于“发散-收敛”思维模式的知识驱动产品创新原理

基于“发散—收敛”思维模式的知识驱动产品创新应遵循以下创新法则：

①集成法则。该法则是将两种或两种以上的技术或产品(或部分)进行适当的结合、搭配，如先进技术成果的集成、多学科技术的集成、新技术与传统技术的集成等，也可以利用学科渗透、交叉、融合等技术，把应用于一个研究对象的概念、原理、方法应用到另一个研究对象上，产生创新成果。

②群智法则。该法则是发挥协同小组的群体智慧，通过集思广益、取长补短，使产品创新的灵感形成创新成果。

需要指出的是，传统的参数化产品设计、知识驱动的几何设计、知识驱动的产品创新设计是有本质区别的，三者的比较见表 9.2。

表 9.2　传统的参数化产品设计、知识驱动的几何设计、知识驱动的产品创新设计比较

内容	设计类型		
	传统的参数化产品设计	知识驱动的几何设计	知识驱动的产品创新设计
驱动力	几何尺寸及关系	知识	知识、方法
驱动方式	几何约束	配置及工程规则	概念配置、驱动规则、创新法则
过程性	过程性	非过程性	非过程性
智能性	一般	较高	高
结果	几何模型	几何模型	概念产品、方案、模型结构
创新性(度)	低	一般	高

9.2.2.2　基于知识的产品创新设计体系结构

基于知识的产品创新设计体系结构如图 9.8 所示。这是一种多层技术支撑的结构：底层为网络通信工具及环境，如 Internet、Intranet 以及数据库、数据交换标准等；顶层为决策支持系统，本身带有知识库系统，对整个知识流进行宏观调控、决策；中间层为框架，是设计知识进行表述的流程，包括各种硬件、操作系统以及 CAD 应用软件系统。其中箭头代表知识流在整个设计中的运作流程，在设计过程中处于重要的地位。

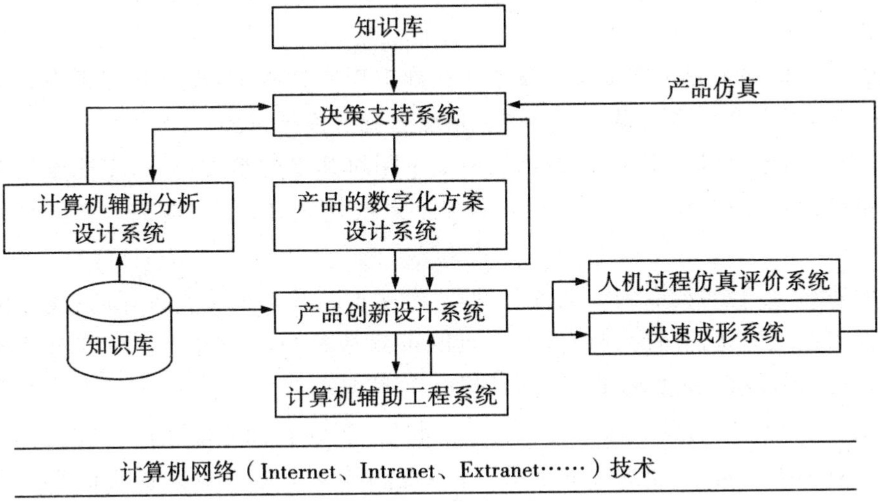

图 9.8 基于知识的产品创新体系结构

9.2.2.3 实现产品创新的关键技术

以上基于知识的产品创新设计体系结构涉及以下关键技术：

(1)产品创新设计知识的获取、表示和实现。这是研究设计领域知识的基本结构，建立符合设计过程特点的知识表示模型，确立合理的知识库结构和知识获取策略。

(2)产品信息建模。产品信息建模是计算机辅助创新设计的关键。在产品创新设计系统中，包含两种产品模型：①集成的产品信息模型，它为产品生命周期的各个环节提供产品的全局相关信息。②局部信息模型，用于处理内部的信息。通过 STEP 等标准可以将全局的产品信息模型与各内部的局部产品信息模型联系起来。主流三维 CAD 软件，如 UG、Pro-E、CATIA 等，都提供 STEP 数据输出接口。

(3)支持产品创新设计过程的数字化建模、仿真和评估。这是以计算机仿真技术为前提，对设计、制造等生产过程进行统一建模，包括制造系统的开放式结构、拟人化结构和分布式智能体系结构的数学描述和建模，新一代产品零件性能预测模型和缺陷预测判据，人机工程仿真、评价模型等。

(4)智能化设计。智能化设计的目的是利用计算机模拟人的创新思维与设计能力，从而尽可能地实现设计的自动化。

9.2.3 创新设计中的多视点需求分析方法

采用传统的需求分析方法对产品创新设计的需求进行分析时，往往对所要创新的产品只有模糊的认识，任何人从自身视角分析得出的也只能是片面的不准确的结论，而且不同的人从不同的方面得出的结论往往不一致，这就使得创新的需求显得不确定，得到的创新需求只能导致创新失败。为此，我们引入多视点的需求分析方法进行产品的创新需求分析。

视点这一概念来源于虚拟现实技术。在虚拟现实技术里，视点被定义为虚拟世界里的一只眼睛，观察者从这只眼睛的方向和角度去观察虚拟世界。

关于视点，还有以下定义：①视点是系统中相对独立的组成部分；②视点是按照一定标准对系统的划分；③视点是系统服务的提供者或接收者；④视点是信息流的来源或目的地。

由此看出，尽管对视点的定义各有不同，但视点的基本组成是一样的：视点由参与者和参与者对系统的认识两部分构成。视点既可以是参与者从各自的角度对系统的不同认识，也可以是按照一定标准对系统的划分。

视点一般不同于对象。对象是具有一定状态、行为和标志的实体。视点和对象都可以看成是对系统的划分，但划分的标准不同：视点是从参与者对系统认识的角度来划分的，对象则是从系统自然构成的角度来划分的；一个视点既可以涉及多个对象，一个对象也可以出现在多个视点中。

采用多视点的方法进行创新需求分析时，关键是如何确定视点。根据前面提到的对视点的定义，可将视点分为系统视点和角色视点。系统视点是按照一定标准对系统进行的划分，角色视点则是不同角色对系统的认识，它们的关系和分析过程如图 9.9 所示。

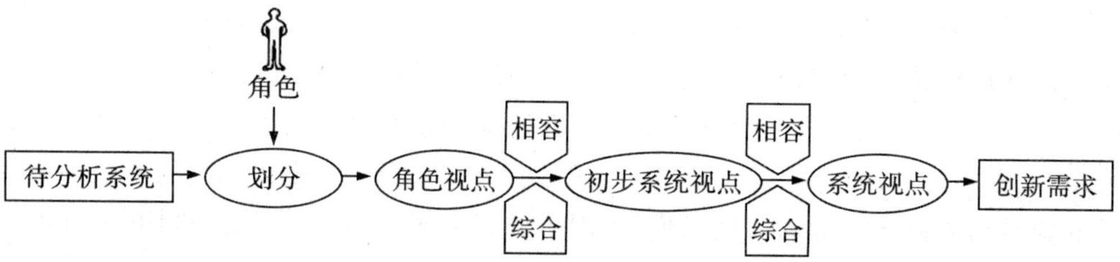

图 9.9　系统视点和角色视点的关系和分析过程

系统可以从功能、结构、设计、工艺、制造、经济（成本价格）、心理（消费心理）、社会因素（市场和经济）等几个方面来划分，因而相应也应有这几类系统视点。参与分析的角色包括决策者、设计者、制造者、技术人员、财务人员、销售商、消费者等，也应有对应的角色视点。

系统视点和角色视点划分的出发点不同，但实际上它们是统一的。首先需要确定系统划分，即系统视点，然后角色视点才能确定观察的角度。不同角色视点对不同的系统视点的权值是不一样的，比如，决策者视点和财务人员视点对经济视点的权值高，而消费者视点对功能视点、心理视点的权值高等。不同的角色视点对不同的系统视点有不同的权值，这能更准确地反映创新的需求，也为相容判断和综合提供了手段。最终得到的是与产品本身相关的系统视点，包含了产品各方面的特性，这也就是对系统的完整认识，为创新设计提供了依据。

在创新设计中采用多视点需求分析方法，可以有效解决传统方法由于创新设计的需求模糊和不确定性所带来的问题，便于快速、准确、全面地获取创新需求，更为重要的是还能发现许多新的创新信息，这也是目前正在得到广泛研究并引起广泛关注的一种新的需求分析方法，当然还有很多地方需要更多、更详尽的研究。

创新需求的分析只是创新设计的基础，在此分析的基础上，要利用对立创新等多种创新思维，建立集成化的发明创造平台。

9.3 创新设计典型案例

9.3.1 手机的演变与创新设计

1902 年，一位名叫内森·斯塔布菲尔德的美国人在肯塔基州默里的乡下住宅内制成了第一个无线电话装置，这部可无线移动通信的电话就是人类对手机技术最早的探索。

1938 年，美国贝尔实验室为美国军方制成了世界上第一部“移动电话”——手机。

1973 年 4 月，美国著名的摩托罗拉公司工程技术员马丁·库帕发明了世界上第一部推向民用的手机，马丁·库帕从此也被称为“现代手机之父”。此后，随着科学技术和移动通信技术的发展，手机也与时俱进，不断演变和创新，至今已经历了 1G、2G、3G、4G 和 5G 共五个时代，其发展历史如图 9.10 所示。

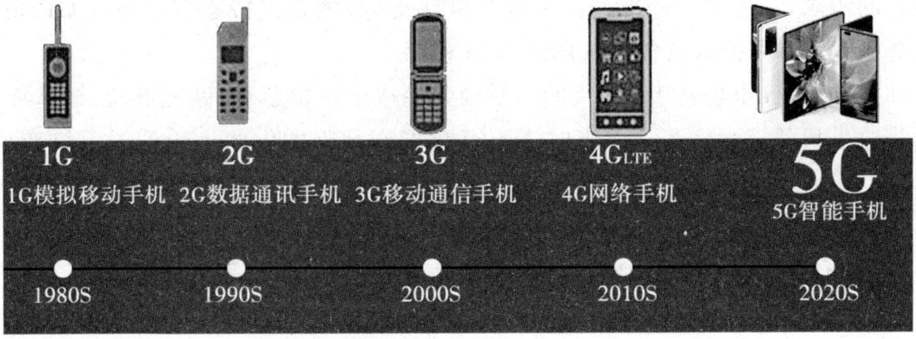

图 9.10 手机从 1G 到 5G 的演变与发展

(1)1G 手机时代

1G 手机是指模拟的移动电话，也就是在 20 世纪 80～90 年代影视作品中出现的“大哥大”。1983 年，世界上第一部移动手机电话——摩托罗拉 DynaTAC8000X(见图 9.11)问世，这是世界上首部获得美国联邦通信委员会(FCC)认可并正式投入商用的蜂窝数据手机。由于当时电池容量的限制、模拟调制技术需要硕大的天线以及集成电路发展状况等条件的制约，这种手机只能称得上“移动”，却算不上“便携”，很多人称这种手机为“砖头”。这种手机有多种制式，如 NMT、AMPS、TACS 等，但是基本上使用频分复用方式，只能进行语音通信，收讯效果不稳定，且保密性不足、无线带宽利用不充分。此种手机类似于简单的无线电双工电台，通话时锁定在一定频率，所以使用可调频电台就可以窃听通话。

图 9.11 1983 年世界上第一部移动手机电话——摩托罗拉 DynaTAC8000X

1987 年，中国出现的第一台手机是摩托罗拉 3200。当时在中国买一部“大哥大”手机需要两三万元，可以说只有当时的富豪才有这样的消费能力。

(2)2G 手机时代

2G 手机通常使用 PHS、GSM 或 CDMA 这些十分成熟的标准，具有稳定的通话质量和合适的待机时间，2G 时代的通信技术全面超过了 1G 时代。在 2G 手机时代，为了适应数据通信的需求，一些中间标准也在手机上得到支持，例如支持彩信业务的 GPRS、支持上网业务的 WAP 服务以及各式各样的 Java 程序等。

2G 时代的手机市场从 1G 时代的一枝独秀变成了三国争霸，摩托罗拉、诺基亚、爱立信成为当时手机的三大巨头。而当时还不存在国产品牌的中国也受到了手机变化的影响，所以在 2G 时代进入中国大陆的第一台手机不再是摩托罗拉，而是爱立信的 GH337，时间是 1995 年 1 月。

在 2G 时代，中国虽然还没有自己的手机品牌，但是中国的手机制造业却已在萌芽之中，随着手机的普及和手机体积的缩小，“山寨机”慢慢地出现在了中国市场上。不过在那个时候，中国的手机市场还是诺基亚、爱立信和摩托罗拉以及一些国外品牌的天下。特别是当时的诺基亚因坚固耐摔，在整个 2G 时代给人们留下了深刻的印象。

(3)3G 手机时代

3G 是指第三代移动通信技术。3G 手机是指将无线通信与国际互联网等多媒体通信相结合的新一代移动通信系统。它能够处理图像、音乐、视频等多种媒体形式，提供包括网页浏览、电话会议、电子商务等多种信息服务。为了提供这种服务，无线网络必须能够支持不同的数据传输速度，也就是说，在室内、室外和行车的环境中，能够分别支持至少 2 Mb/s、384 kb/s 和 144 kb/s 的传输速度。

在 3G 出现之前，所有的手机厂商都在想着如何给自家的手机加上更多的功能，如何做得更薄更好。2007 年，苹果公司推出的第一台触摸屏手机 iPhone 出世，震惊了整个手机市场，同时推进了手机的迅速发展。2008 年，3G 网络进一步普及之后，苹果公司又推出了自己的 3G 手机 iPhone 3G，自此开始了触摸屏智能手机新时代，而苹果公司就是其中的领先者。

2010 年，日本手机厂商夏普推出了第一款裸眼 3D 智能机，分别是 003SH 和 005SH。3D 手机是指具有裸眼 3D 视觉技术的手机。3D 手机集 3G 与 WLAN 于一体，并能够传输高质量的视频图像，它的图像传输质量与高清晰度电视不相上下，并可无线上网。显然，3D 手机已具备了计算机、电视和网络的所有功能。

在 3G 移动通信技术中，中国终于参与其中。在 2008 年公布的第三代移动通信标准中，中国的 TD-SCDMA 和欧洲的 WCDMA、美国的 CDMA2000 一起成为 3G 的三大技术。可以说，中国的手机就是在这时崛起的，不过在开始的时候不是国产品牌直接出现并崛起，而是“山寨机”的泛滥。当时，在中国的手机市场上，各种品牌可谓是五花八门、品种繁多，各个生产商在各自的市场耕耘。与此同时，大家又互相兼容并收，一个品牌的成功经验立刻被复制到另一个品牌，你超薄我也超薄，你智能我也智能，你拍照我也拍照，相互竞争。在 3G 时代的末期，中国的第四代通信技术也已成熟，并从 2014 年开始在全国铺设，华为、小米、魅族等国产手机得到迅猛发展，在国产手机的围攻下，“山寨机”开始加速消亡，国产小品牌在激烈的市场竞争中苦苦生存。

(4)4G 手机时代

4G 是指第四代移动通信技术。4G 手机就是支持 4G 网络传输的手机。4G 手机的主要特点是分辨率高、内存大、主频高、处理器运转快、摄像头高清。移动 4G 手机最高下载速度超过 80 Mb/s，达到主流 3G 网络网速的 10 多倍，是联通 3G 的 2 倍左右，即使在每小时数百公里的高速行驶状态下，移动 4G 仍然能提供服务。

移动 4G 初代手机 TD-LTE 网络是中国自主研发的 4G 网络，中国移动是最早实验并发展 TD-LTE 网络的通信公司。最早支持移动 4G 网络的是天语大黄蜂 4G、三星 N7108D 等第一批的 4G 手机，被称之为“移动 4G 初代手机”。作为第一批次 4G 手机，其一经推出就引起社会的广泛关注。随后，多种品牌的 4G 手机陆续推出：2008 年，首部 Android 手机 HTC G1 由宏达国际电子股份有限公司推出；2008 年，人气很高的触屏手机诺基亚 5800 问世；2013 年，三星发布曲面屏手机 Galaxy S6 Edge；2016 年，全球第一款无刘海全面屏手机小米 MIX 发布；2017 年，全球第一款异全面屏手机 iPhone X 发布；2018 年，全球第一款升降摄像头全面屏手机 vivo NEX/OPPO Find X 发布……

当苹果还是手机行业霸主的时候，中国的手机市场也出现了自己的品牌，如华为、OPPO、vivo、小米、魅族等。不过在当时还比较混乱的时代，各种牌子与“山寨机”混杂在一起，品质难以得到保证，所以那个时候中国手机市场还是外国品牌的天下。但经过多年的激烈竞争之后,国内手机市场发生了天翻地覆的变化,以前曾以摩托罗拉、诺基亚、西门子、爱立信、索爱等为主流品牌,现在是华为、苹果、OPPO、vivo、小米等一统天下。

(5)5G 手机时代

5G 是指第五代移动通信网络,5G 手机则是这种网络下产生的手机。5G 手机的主要特点是传输速率快,最高可达每秒 10 GB 以上;智能设备连接多,如智能手机、智能手环以及智能家庭设备等;网络连接改善,减少了中断情况,改善了用户上网体验;手机及其电池寿命得到显著延长,智能设备及其电池损耗明显减少。

在 5G 手机时代,现已出现的最大亮点当属折叠屏智能手机(见图 9.12)。折叠手机是智能手机的一种造型,柔性 AMOLED 屏幕是折叠手机的关键。2018 年 10 月,柔宇科技发布了全球首款全柔屏折叠式智能手机 FlexPai 柔派。2019 年 2 月 24 日,华为推出旗下首款 5G 可折叠屏手机 Mate X,最大可以 180 度对折,展开后的屏幕尺寸可达 8 英寸。2020 年 11 月 4 日,三星发布了折叠屏手机 W21 5G。目前,折叠手机的经典机型有柔宇 FlexPai、摩托罗拉 V3、诺基亚 N76 等;折叠手机中也拥有比较时尚的机型,如诺基亚 N93i、三星 U308、索爱 Z610 等。

图 9.12 华为 5G 可折叠屏手机

综上所述,在 3G、4G 时代里,苹果手机一枝独秀。在 5G 时代里,华为公司在主导了 5G 技术之后,作为领先者和主导者,在新一代手机市场里必将是最有优势的竞争者之一。

9.3.2 自行车的演变与创新设计

在种类繁多的现代交通工具中,自行车一直是和人们的日常生活关系最为密切的产品之一。自行车自诞生至今已有 200 多年的历史。从作为玩耍、娱乐的用具开始,经由交通工具、运输工具,到今天的休闲、娱乐、健身的伙伴,甚至成为人们生活艺术的化身,它的形成演变是一个有趣而值得探究的过程。从广义上说,凡是以骑车人的体力为动力驱动车轮,并且可以操纵、在地面上可以自由骑行的工具,均属于自行车的范畴,包括单轮车、两轮车、三轮车及四轮车等。

9.3.2.1 自行车的演变历史

人类使用车轮的历史大约有5000年之久了，但直到17世纪初期，人们才开始研究用人力驱动车轮的交通工具。机械师加赛纳首先提出一种用手驱动的方式，驾驶者骑在车座上，用力拉一条绕在车上并能带动轮子转动的绳子，使车前进。

1791年，法国人西夫拉克发明了最早的自行车。这辆最早的自行车是木制的，其结构比较简单，它没有中轴和脚蹬，也没有驱动装置和转向装置，骑车人和行走一样，借助脚蹬地的反作用力，使车轮向前滚动，改变方向时也只能下车搬动车子，如图9.13(a)所示。即使这样，当西夫拉克骑着这辆自行车到公园兜风时，在场的人也都颇为惊异和赞叹。西夫拉克的这一发明表明：人们完全能够驾驶和操纵木制的两轮自行车，并能使其保持平衡。

世界上第一批真正实用型的自行车出现于19世纪初。1817年，德国人德莱斯在法国巴黎发明了带车把的木制两轮自行车。这种自行车虽然仍旧用脚蹬地才能前行，但是可以一边前行一边改变方向，它一问世便引起了人们的极大兴趣。法国人大量对其进行仿制，巴黎街头一时间涌现出了成百上千的自行车。1830年，法国政府还为邮差配备了自行车作为交通工具。

第一辆真正意义上的双轮自行车(bicycle)是1839年由苏格兰铁匠麦克米伦发明制作的，由曲柄连杆机构驱动后轮的铁制自行车，该自行车在后轮上安装曲柄，曲柄与脚踏板之间用两根连杆连接，只要反复蹬踏悬在前支架上的踏板，驾驶者不用蹬地就可以驱动车子前进，如图9.13(b)所示。这一发明实现了自行车发展史上的一次飞跃，使用者可以双脚离开地面，用脚蹬踏板驱动自行车行驶。

为了提高骑车速度，1861年，法国的米肖父子发明了前轮大、后轮小、在前轮上装有曲柄和能转动踏板的自行车。该车前轮装在车架前端可转动的叉座上，能较灵活地把握方向，后轮上有杠杆制动，这样使骑车者对车的控制能力得到了加强。由于骑车速度与前轮周长大小成正比，踏板转一圈，轮子就转一周，因此为了提高速度并减小自行车质量，人们不断增大前轮直径，同时缩小后轮的直径，如图9.13(c)、图9.13(d)所示，人们称之为“高位自行车”，但这种高位自行车骑起来很不方便，也很不安全。

1869年，英国的雷诺首先用辐条来拉紧轮辋，用钢管制成车架，并首先在轮辋上装上了实心的橡胶带，使自行车的质量大大减轻，也使自行车的舒适性大为提高。

1874年，英国的劳森开始在自行车上采用链传动结构，并将驱动方式改为后轮驱动。由于采用了较大的传动比，从而使自行车车轮小、质量轻、速度快，骑车者坐在前轮之后合适的高度上，即使急刹车骑车者也不会翻过车把，故人们称之为“安全型自行车”。但此时的自行车仍是前轮大、后轮小，如图9.13(e)所示。

1886年，英国的斯塔利在自行车上装上了车闸，并使用滚动轴承提高传动效率；同时又将前轮缩小，使前后轮大小相同，并将钢管组成菱形车架，提高自行车的强度，同时进一步减小自行车的质量。他所设计的自行车车型与今天自行车的样子已经基本一致了，如图 9.13(f)所示。

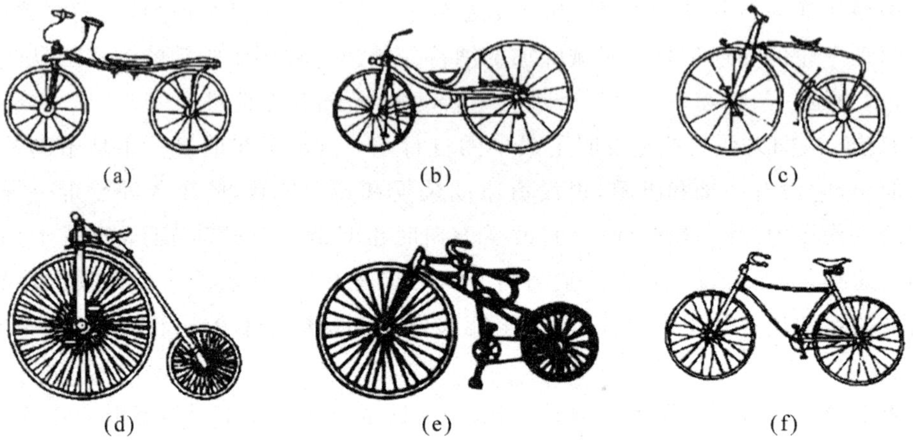

图 9.13 自行车的演变

图片来源：朱瑞富.创新理论与技能[M].北京：高等教育出版社，2013：225.

1888 年，邓洛普引入充气轮胎，使自行车行驶更加平稳。由此，自行车逐渐定型，成为普遍使用的交通工具。

9.3.2.2 自行车的创新设计

随着经济的发展，汽车对环境的污染日益为人们所重识，因此自行车作为一种高效率、低消耗、低污染的交通工具越来越受到人们的青睐。同时，随着生活水平的不断提高，人们也不断地提出了新的希望点，并在此基础上开发出了各种各样的新型自行车。

1)助力自行车

最初，人们为省力而开发出了多种助力车，为避免对环境的污染，多采用电动机驱动。小巧的电动机和减速装置安装在后轮轮毂中，直接驱动车轮，电源则采用干电池。

后来，由于人们认识到电动自行车的动力源铅酸电池中的铅在回收中容易流失，会对环境造成二次污染，因此开发出了新型的动力电池，其中一种是镍氢密封电池，可以在任何位置下工作，使用方便，该电池与普通的铅酸电池相比，二次污染的程度大大降低。同时，该电池可随时充电，循环使用，且不用维护；另一种是锂电池，采取了三层保护措施，同样可随时充电，使用更安全方便，具有体积小、质量轻、使用寿命长、环保(不需要回收)共四大特点。

意大利阿普里利亚自行车公司、德国诺瓦斯公司以及美国科学家还研制过一种靠燃烧氢气来驱动行驶的新型摩托自行车(见图 9.14)。来自 2 L 气瓶中的氢气进入固定在车把上的燃料电池中，在催化器中被空气中的氧气氧化，从而产生驱动电动机的电能。储存的氢气可供车辆行驶 100 km，行驶速度为 30 km/h。燃料电池重 780 g，能产生 670 W 的功率。这种使用氢气驱动的摩托自行车的突出优点是噪声小，并且不会污染空气，因为它排放的废气主要是水蒸气。

图 9.14　由氢气驱动的摩托自行车

图片来源：朱瑞富.创新理论与技能[M]北京：高等教育出版社，2013：226.

2)新材料自行车

碳纤维自行车采用了碳纤维模压制成的整体无骨架式车身(见图 9.15)，具有强度高、能避免焊接薄弱点、无横梁、重心低、易于控制、流线型外形、风阻小、质量轻、速度快等特点。

图 9.16 所示为全塑自行车，其车架、车轮皆为塑料整体结构，一次模压成型，车为整流罩式全握把，整车呈流线型。日本伊嘉制作公司开发的全塑自行车整车质量仅为 7.5 kg。

图 9.15　碳纤维自行车

图片来源：朱瑞富.创新理论与技能[M].北京：高等教育出版社，2013：226.

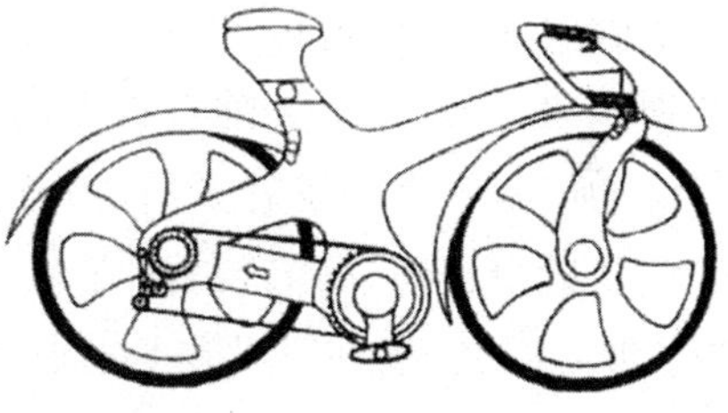

图 9.16　全塑自行车

图片来源：朱瑞富.创新理论与技能[M].北京：高等教育出版社，2013：226.

3)齿轮传动自行车

图 9.17 所示为齿轮传动自行车，这是一种造型优美、骑行安全舒适的自行车。该车在结构上将链传动改为齿轮传动，这是其省力和耐用的根本原因。通过将链条的开式传动改为全封闭式传动，不仅润滑条件好，而且使传动部件得到了保护，避免了风雨灰尘的侵蚀。将棘爪飞轮改为超越式飞轮，保证了齿轮高精度的转动。将单拉线变速挡把改为双拉线变速挡把，保证了变速挡位的可靠性。在使用性能上，与链条自行车相比，齿轮传动自行车具有以下优点：①骑行轻快，省力 22%；②使用寿命是链传动的 3.6 倍；③所有传动部件都安装在坚固的箱体内，可避免因受到硬物的冲撞而造成不能骑行，增加了在骑行中的安全感；④因无大牙盘、链罩等，使行驶更加灵便；⑤彻底消除了掉链的弊病，而且不夹咬、不污染衣物；⑥结构简单，修理方便。

图 9.17　齿轮传动自行车

图片来源：朱瑞富.创新理论与技能[M].北京：高等教育出版社，2013：227.

4）多功能自行车

佛罗里达大学的工程师发明了一种夜间发光的自行车，这种车的车架和两个轮子的轮圈能像夜光表一样在黑暗中发光，夜间骑车时从 200 m 以外就能看到它，明显降低了自行车与汽车相撞的危险。发光自行车的发光系统由一个 9 V 电池供电，电池安装在座垫的下面，可以使用一年。电池本身可以连续工作 4 个小时，或在间断通电的情况下工作更长的时间。与反光镜或普通车灯不同，电致发光不会变暗，也不会在有其他光源时变得不显眼。此外，电池可以随时关掉，比如在白天骑车不需照明时。

长期以来，人们在雨天骑自行车时常用雨衣作为防雨用具，但双脚的鞋袜和裤腿难免被淋湿的问题一直困扰着人们，折叠式自行车雨挡装置就是专门解决这一难题的新型装置。该装置由支座、固定装置、支架、雨布组成。雨布的一侧连接在支座上，支座的截面呈"U"形，支架安装在"U"形支座中，使用时利用固定装置将两副对称的产品固定在自行车前轮两侧，需要时轻轻地将支架从支座中拉出，使得雨布撑开就可以挡住飘向骑车人双脚的雨水，不需要时将支架折回"U"形支座中，这样既不会给平常的使用造成不便，也不影响美观。

图 9.18 所示为双人自行车，由两人驱动，分别设有单向离合器，使驱动力可以同时驱动车轮而互不干涉。

图 9.18　双人自行车

图片来源：朱瑞富.创新理论与技能[M].北京：高等教育出版社，2013：227.

此外，还可以根据需要在自行车上增加各种辅助功能，如在自行车上加车灯、反光镜、自动充气装置、饮水器、载人载物装置、变速装置等。

5)折叠式自行车

为了便于自行车的停放、搬运或携带外出旅行，人们开发了多种类型的折叠式自行车(见图 9.19)。例如，由日本的全国自行车工业公司、松下电器工业公司和东日本铁道公司联合设计生产的三角牌 6500B-PEHT23 型折叠式自行车，其质量只有 6.5 kg；其车架和前叉用钛合金制造，车身很小，可以携带上火车或放进车站的存衣柜里。

(a) (b) (c)

图 9.19 折叠式自行车

图片来源：朱瑞富.创新理论与技能[M].北京：高等教育出版社，2013：227.

6)高速自行车

高速自行车的结构同传统的自行车全然不同：它的外部用轻质的塑料风罩将车身的全部或者一部分包起来，使自行车具有流线型的外形，如图 9.20 所示。

图 9.20 高速自行车

图片来源：朱瑞富.创新理论与技能[M].北京：高等教育出版社，2013：228.

根据试验，如果将整个车身罩在流线型外罩里，可以使车的阻力减少一半，即可使一般人骑自行车的速度大为提高。高速自行车的第二项改进是车座。现在自行车的座位在脚蹬的上方，骑车人在向下踏动脚蹬时，所施加的力一般不能超过自身的重量。但是，骑赛车时把腰弯下，用脚向下蹬踏，就能用上更大的力气。科学家根据这一原理，把高速自行车的车座装在与脚蹬等高的平面上，让人像半躺着一样踩脚蹬。这样，在脚蹬上不用额外多用力，也能把速度提高一大截。高速自行车还像儿童用脚踏车那样，做成三个轮子或者四个轮子，使稳定性更好。现在正在研制的高速自行车不仅具有以上三个特点，而且在车的结构上也下了功夫，如采用整体式车架、蜂窝结构的碳纤维车身，可使车的强度提高 5 倍，而质量只有原来的 1/4。

美国一位宇航科学家曾同人合作，设计出一系列叫“维克多”的高速自行车，可乘坐两人，轮胎内填充着弹性良好的发泡材料，缓冲的车座向上倾斜，外形光滑而呈流线型，雨点也不会留在防风罩上。骑着这种自行车低碳环保又舒适安全。

7)宜人性自行车

图 9.21 所示为一种躺式三轮车，车上座位根据人体工程学设计，躺式蹬车省力，平均速度可达 19.8 km/h。

图 9.22 所示为一种摇杆式自行车，该车将回转蹬踏变为两脚往复蹬踏，充分利用人蹬车时在 90°～120°范围内做的有用功，而避免了做无用功的动作。两摆杆通过链条分别带动超越离合器使后轮转动。

图 9.21 躺式自行车

图片来源：朱瑞富.创新理论与技能[M].北京：高等教育出版社，2013：228.

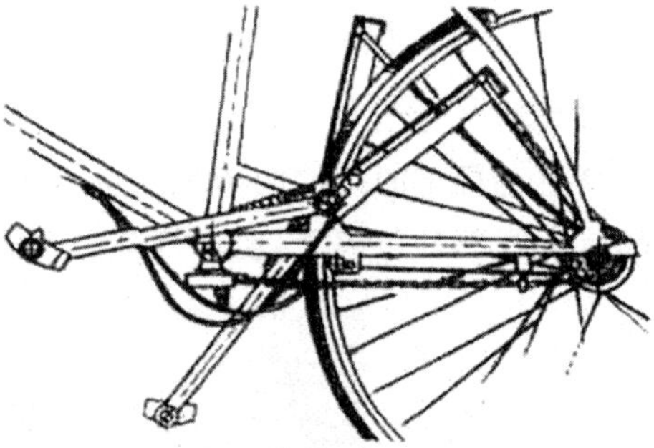

图 9.22 摇杆式自行车

图片来源：朱瑞富.创新理论与技能[M].北京：高等教育出版社，2013：229.

8)共享单车

共享单车是指企业在校园、地铁站点、公交站点、居民区、商业区、公共服务区等提供自行车单车共享服务。共享单车的实现是一个典型的“物联网＋互联网”应用。应用的一边是车(物)、另一边是用户(人)，通过云端的控制来向用户提供单车租赁服务。

第三方数据研究机构比达咨询发布的《2016 中国共享单车市场研究报告》指出，中国的共享单车市场已经历了三个发展阶段：2007～2010 年为第一阶段，由国外兴起的公共单车模式开始引进国内，由政府主导分城市管理，多为有桩单车(见图 9.23)；2010～2014 年为第二阶段，专门经营单车市场的企业开始出现，但公共单车仍以有桩单车为主；2014～2018 年为第三阶段，随着移动互联网的快速发展，以摩拜为首的互联网共享单车应运而生，更加便捷的无桩单车(见图 9.24)开始取代有桩单车。

图 9.23　有桩共享单车

图 9.24　无桩共享单车

2013 年，还是普通媒体人的摩拜单车(mobike)创始人胡玮炜突然冒出了一个想法：为什么不设计一款随时随地扫码开锁就可以骑走的自行车？随后，胡玮炜团队完善了共享单车在城市社会开放环境下的应用模式，首先在上海这个大都市里投入共享单车开始运营。

2014 年，北京大学硕士研究生戴威与薛鼎、张巳丁、于信等四名合伙人共同创立了 ofo 共享单车，提出了“以共享经济＋智能硬件，解决最后一公里出行问题”的理念，并创立了国内首家以平台共享方式运营校园自行车业务的新型互联网科技公司，致力于解决大学校园的出行问题。2015 年 5 月，超过 2000 辆共享单车出现在北大校园。之后 ofo，走出北大，在其他七所首都高校成功推广。

可以说，是以 mobike 的胡玮炜和 ofo 的戴威为首的一群年轻人共同发明创造了无桩共享单车，属于世界首创。目前，国内首创的智能共享单车模式是通过手机应用程序寻找车辆，利用扫码等智能方式一键解锁自行车，通过后台远程实时监控车辆健康和运营状态的单车智能出行新形式。

长期以来，公共交通工具的“最后一公里”一直是城市居民搭乘公共交通出行的主要障碍。如今，遍布各城市大街小巷的共享单车为人们的生活带来了极大便利，让“最后一公里”的问题迎刃而解。这种随时取用和停车的“无桩”理念给市民出行带来了极大便利。无桩共享单车已成为中国的“新四大发明”之一，并已被推广到了世界上的很多城市。

9.3.2.3　自行车的几点启示

(1)小小的自行车有多种新型原理和结构，而且还会不断改进、翻新。可见处处有创新之物，创新设计是大有可为的。

(2)人类和社会的需要是创造发明的源泉。社会需要促使了自行车的演变，也正是社会需要产生了各种新型功能和新结构的自行车。紧紧抓住社会的需要，将使创新设计更有生命力。

(3)不断发展的科学理论和新技术的引入，使产品日趋先进和完善。如在高速自行车的开发中考虑空气动力学和人体力学，采用了新型材料和先进结构，还应用计算机辅助手段进行优化，故此才有先进的性能。共享单车应用“物联网＋互联网”，随时取用、停车、计费和缴费，给市民出行带来了极大便利。实践证明，充分利用先进设计理论和科学技术是创新设计中必须重视的问题。

9.3.3　汽车的演变和创新设计

人类对自然界的认识是逐渐加深的，从最初的利用人力、畜力，到后来使用水力、风力。1705 年，纽科门首次发明了不依靠人力和畜力来做功，而是靠机械做功的实用化蒸汽机。这种蒸汽机用于驱动机械，导致产生了划时代的第一次工业革命。随着蒸汽驱动的机械汽车的诞生，人类社会开始了汽车的发展史。

9.3.3.1　早期汽车的发展

1769 年，法国人尼古拉斯·古诺制造了世界上第一辆蒸汽驱动的三轮汽车（见图 9.25）。这辆汽车被命名为“卡布奥雷”，车长 7.32 m，车高 2.2 m，车架上放置着一个像梨一样的大锅炉，前轮直径 1.28 m，后轮直径 1.50 m。该车前进时靠前轮控制方向，每前进 12～15 min 需停车加热 15 min，运行速度 3.5～3.9 km/h。后来，这辆汽车在试车途中撞到石头墙上损坏了。尽管古诺的这项发明失败了，但它却是古代交通运输（以人、畜或帆为动力）与近代交通运输（动力机械驱动）的分水岭，具有划时代的意义。

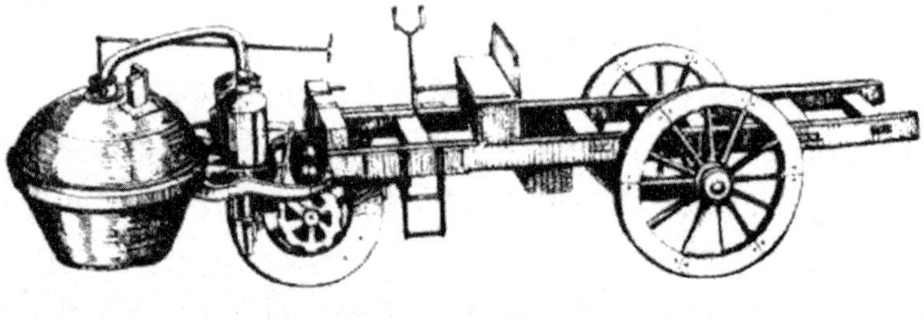

图 9.25　法国人古诺研制的蒸汽汽车

图片来源：朱瑞富.创新理论与技能[M].北京：高等教育出版社，2013：233.

英国人理查德·特里维西克对高压蒸汽机的应用做出了很大贡献。特里维西克于 1801 年制成了他的第一辆蒸汽汽车，并驾驶其驶上了山坡；他还曾驾车一次行驶 135 km，平均速度达 14.2 km/h。

1825 年，英国人哥尔斯瓦底·嘉内制造了一辆蒸汽公共汽车（见图 9.26），该车共 18 座，车速为 19 km/h，由此开始了世界上最早的公共汽车运营。

1831 年，美国的史沃奇·古勒将一台蒸汽汽车投入运输，使相距 15 km 的格斯特和切腾哈姆之间出现了有规律的运输服务。

1834 年，世界上最早的公共汽车运输公司——苏格兰蒸汽汽车运输公司成立了。当时英国爱丁堡市内运营的蒸汽汽车前面坐着驾驶员，中部可容纳 20～30 名乘客，锅炉位于后部，配一名司炉员，蒸汽机气缸位于后轴前方的地板下，以驱动后轮前进。然而，这些车少则 3～4 吨重，多则 10 吨重，体积大、速度慢，常常压坏未经铺设的路面，引发各种事故。

图 9.26　英国人嘉内研制的蒸汽公共汽车

图片来源：朱瑞富.创新理论与技能[M].北京：高等教育出版社，2013：233.

1906 年，美国制造了一辆蒸汽赛车，时速达 205.4 km/h。之后，蒸汽汽车逐渐衰落，但直至 1926 年还有工厂生产。

19 世纪 60～70 年代，煤气机和汽油机相继出现，为汽车的发展打开了新的前景。

1885 年年初，德国的卡尔·本茨在曼海姆制造出了世界上第一辆以汽油为动力的三轮汽车(见图 9.27)，这辆汽车围绕他的工厂行驶了四圈。本茨于 1886 年 1 月 29 日备案获得专利，因此 1 月 29 日被认为是世界汽车诞生日，1886 年为世界汽车诞生年。

图 9.27　德国人本茨发明的辆汽车

图片来源：朱瑞富.创新理论与技能[M].北京：高等教育出版社，2013：234.

本茨发明的汽车为三轮汽车，采用一台两冲程单缸 0.66 kW 的汽油机，时速为 15 km/h。该车前轮小、后轮大，发动机置于后桥上方，动力通过链和齿轮驱动后轮前进。此车具备了现代汽车的一些特点，如火花点火、水冷循环、钢管车架、钢板弹簧悬架、后轮驱动、前轮转向和制动把手等。但该车的性能并不十分完善，行驶速度、装载能力、爬坡性能均不尽如人意，而且在行驶中经常出现故障。

本茨的发明最初被人们所怀疑。当时曼海姆的报纸把他发明的汽车贬为无用可笑之物。本茨的夫人贝瑞塔·本茨为了回击这些人的讥讽，于 1888 年 8 月带领两个儿子驱车实验，他们从曼海姆出发，途经维斯洛赫加油加水，直驶普福尔茨海姆，全程 144 km。这次旅程为本茨的发明增添了说服力。因此，本茨的夫人是历史上第一位女驾驶员，而维斯洛赫则成为历史上第一个汽车加油站。

1885 年年末，德国人歌德利普·戴姆勒发明了第一辆四轮汽车(见图 9.28)。戴姆勒将马车改装，增加了转向、传动装置，安装了功率为 1.1 kW 的内燃机，装上四个轮子，车速达到了 14.4 km/h。1889 年，戴姆勒对以前的车型作了较大的改进。至 1890 年，戴姆勒的汽车销售量达到 350 辆。1893 年，本茨也转而制造四轮汽车。

图 9.28　德国人戴姆勒发明的四轮汽车

图片来源：朱瑞富.创新理论与技能[M].北京：高等教育出版社，2013：234.

1891 年，法国的庞阿尔和勒瓦索改进了汽车的设计，将汽油机装在汽车前部，汽车逐渐形成了自己的独特形式，而不再是装有发动机的马车。到 20 世纪初，汽油机汽车的设计已大体定型，即两轴四轮、前轮转向、后轮驱动和制动(1923 年起普遍采用四轮制动)，并采用了充气轮胎和封闭式车身。前置的四冲程水冷式汽油机的动力通过离合器、变速器、传动轴而传到装有差动机构的后轴和后轮。这种结构形式使汽车的质量恰当地分配于转向的前轮和驱动的后轮，用于驱动的后轮不转向，用于转向的前轮不驱动，结构比较简单。

9.3.3.2　汽车车身的演变

(1)马车型车身。1885 年，德国的两位工程师本茨和戴姆勒分别试制出 0.85 kW 和 1.1 kW 的单缸汽油发动机，并成功地试制出第一台汽车。当时的汽车车身使用的是“马车车身”(见图 9.29、图 9.30)。在以后的一段时期内，汽车车身基本还是沿用马车型。

图 9.29　1894 年的标致马车型汽车

图片来源：朱瑞富.创新理论与技能[M].北京：高等教育出版社，2013：236.

图 9.30　1910 年的福特马车型汽车

图片来源：朱瑞富.创新理论与技能[M].北京：高等教育出版社，2013：236.

当时的马车型车身与我国古时的兵车车身并无本质上的区别，不过是一种箱型加上座椅，车身上部或为敞篷，或为活动布篷用来挡雨挡光。这样的车身难以抵挡较强烈的风雨侵袭，给乘坐者带来了极大的不便。

(2)箱式车身。1915 年，美国福特汽车公司设计、生产了一种新型车身——箱式车身(见图 9.31、图 9.32)，它很像一个大箱子，箱子上部装有门窗，人们把装有这类车身的汽车称为“箱型汽车”。实际上，这种车身只是在原来的马车车身上做了轻微的改进，但这种改进却使乘车人免受风雨灰尘的侵袭。

图 9.31　1915 年的福特箱式汽车

图片来源：朱瑞富.创新理论与技能[M].北京：高等教育出版社，2013：236.

图 9.32　1928 年的雪佛莱箱式汽车

图片来源：朱瑞富.创新理论与技能[M].北京：高等教育出版社，2013：236.

说起箱型车身，不由让人想到现在的客车，现在的客车车身不论是豪华型还是普通型，也不论车身内饰和外形如何变化，供乘客使用的空间都是一个长方体的箱型空间，也就是说，箱型车身延续至今仍然有着不可替代的生命力。但是箱式车身也有缺点，如阻力大，大大降低了汽车前进的速度。

(3)甲壳虫车身。为了减少车身阻力，提高汽车速度，1933 年，费迪南德·波尔舍博士将甲壳虫的自然美及其形状空气阻力很小的特点如实地、天才地运用到车身造型上，得到了一种“甲壳虫车身”(见图 9.33、图 9.34)。

图 9.33　1936 年的林肯和风牌甲壳虫型汽车

图片来源：朱瑞富.创新理论与技能[M].北京：高等教育出版社，2013：237.

图 9.34　大众牌 1200 甲壳虫型汽车

图片来源：朱瑞富.创新理论与技能[M].北京：高等教育出版社，2013：237.

甲壳虫型车身迎风阻力最小，空气动力学的原理在这种车身上得到了很好的应用，也为以后在车身外型设计上运用“仿生学”开创了先河。

(4)船型车身。1949 年和 1959 年，美国福特和通用汽车公司分别研制出了“船型车身”(见图 9.35、图 9.36)。它一改传统的造型设计模式，把前翼子板和发动机罩、后翼子板和行李舱罩融为一体，大灯和散热器罩也形成一个整体，车身两侧形成一个平滑的面，车室位于车的中部，整个车身造型仿如一只小船，所以人们把这类车称为“船型汽车”。

图 9.35　1949 年的福特船型汽车

图片来源：朱瑞富.创新理论与技能[M].北京：高等教育出版社，2013：238.

图 9.36　1959 年的通用船型汽车

图片来源：朱瑞富.创新理论与技能[M].北京：高等教育出版社，2013：238.

船型车身在设计上体现了人机工程学中“以人为主体”的设计思想，使人们便于操纵汽车及乘坐更为舒适。由于船型车身发动机前置，从而使汽车重心相对前移，而且加大了行李舱，使风压中心位于汽车重心之后，从而避免了甲壳虫型车身对横风不稳定的问题。时至今日，现在的轿车无论是流线型还是在前翼子板与发动机罩之间大圆角过渡，或者在轿车尾部做变动，都能看到船型车身的影子。

(5)鱼型车身。由于船型车身尾部过分向后伸出，从而形成阶梯状，这样当汽车高速行驶时会产生较强的空气涡流。为了克服这个问题，设计者把船型车身的后窗玻璃逐渐倾斜，使车身从侧面看上去后窗部位成为斜背式，形状上很像鱼的脊背，人们把这种形状的车身称为“鱼型车身”(见图 9.37)。鱼型汽车和甲壳虫型汽车只从背部来看很相似，但仔细观察可以看出，鱼型汽车的背部和地面所成的角度比较小，尾部较长。

图 9.37 1952 年的别克鱼型汽车

图片来源：朱瑞富.创新理论与技能[M].北京：高等教育出版社，2013：238.

比起船型车身，鱼型车身有很大的优点：它使围绕车身的气流比较平顺，空气涡流较小，而且车室宽大，视野开阔，侧面形状阻力较小，同时增大了行李舱的容积。但是，它也存在一些缺点：由于鱼型车身后窗玻璃倾斜角度太大，从而使玻璃强度下降，而且增加了透光面积，使车内夏季温度很高，同时也存在横风不稳定等问题。

(6)楔形车身。在经过大量的探求和试验后，汽车设计者们此后又发明了一种"楔形车身"。该车身整体向前下方倾斜，车身后部陡然平直。图 9.38 是通用汽车公司生产的别克君威楔形汽车。从外表看，这种车身造型清爽利落、简洁大方，非常具有时代气息，给人以美的享受。

图 9.38 美国通用汽车公司别克君威楔形汽车

1963 年，司蒂倍克·阿本提第一次按楔形设计的汽车，在汽车外形设计专家中得到了极高的评价。1968 年，通用汽车公司的奥兹莫比尔·托罗纳多改进和发展了楔形汽车。这种车身外形不但能有效地克服汽车升力等问题，而且适用于高速行驶。

9.3.3.3 现代汽车的发展

现代汽车的发展大约经历了以下三个阶段：

(1)第一阶段。从 19 世纪末到 20 世纪 30 年代，汽车的发展主要着眼于类型完备化和结构完善化。适合汽车使用的高速汽油机和柴油机、艾克曼式转向梯形连杆机构、等速万向节、弧锥齿轮传动、双曲面齿轮传动、带有同步器的变速器、四轮制动、液压减振器和充气轮胎等，都是这一时期的发展成就。

从 1912 年开始，汽车上装设了发电机-蓄电池-起动电机系统，还以电池点火系统代替了磁电点火系统。由于有了较强劲的电源，汽车的照明和信号系统完备起来，汽车可以安全地在城乡道路上日夜高速行驶。

早期汽车的车身和马车车身一样，在木制骨架上蒙覆铁皮。1910年前后，汽车开始大量生产，逐渐改用金属车身。由于采用经过热处理的合金钢曲轴，汽车用汽油机的转速已能达到3000 r/min。

(2)第二阶段。从20世纪30年代到60年代，由于资本主义经济相对繁荣，石油供应充足、价格低廉，因此汽车发展的主要目标是满足使用者对汽车的方便、舒适、高速和装饰等方面的要求。美国当时的轿车使用者较少考虑他们的要求对社会的影响。

为了降低汽车高度，曾采用中凹式车架，并出现过水滴式的流线型和翘尾翼等，以减少空气阻力和增加车身的外观装饰。在部件结构方面采用了前轮独立悬架系，并一度采用过空气悬架和平衡式油气悬架等。1940年，汽车采用液力自动变速器。动力转向系在20世纪30年代开始用于重型货车和军用汽车，到20世纪40年代开始用于轿车和客车。第二次世界大战期间，军用汽车已开始使用低压轮胎、中央充气、全轮驱动、全轮独立悬架等结构。20世纪50年代的汽车较为普遍地采用了动力制动操纵系。这时，轿车发动机的功率曾达到280 kW，轿车的最高速度达到200 km/h。20世纪50年代以后，轿车开始采用低断面、宽轮辋、低气压的无内胎子午线轮胎，进一步提高了汽车的舒适性和安全性。

在这一阶段，客车和货车的发展也很迅速。1935年左右，大功率高速柴油机的出现使货车载重量达到15 t。20世纪60年代中期，工矿用自卸车载重量已达到百吨级。

(3)第三阶段。20世纪60年代以后，随着高速公路的发展、行车速度的提高和汽车拥有量的迅速增加，带来了汽车交通安全和环境污染等问题。这时，汽车发展的主要目标是既满足使用者的要求，又必须符合政府条例法令的规定。1971年中东战争后，石油涨价，能源问题突出，节省能源又成为汽车发展的重要目标。

在安全方面，要求加装乘员安全带，使用合成纤维树脂、烧结粉末金属和金属陶瓷等新的摩擦材料，盘式制动器、双管路和车轮防抱的制动系等。汽车开始采用防眩目的远近光大灯、易于观察的仪表、能吸收冲击能量的转向机柱。该机柱在发生事故时能吸收冲击能量，而不至于发生过大变形。

20世纪70年代中期以后，为了更进一步节约能源，减轻汽车排气污染，提高汽车的舒适性、稳定性和安全性，许多轿车装置了前轮驱动系统、全轮独立悬架、四轮盘式制动器和数字显示仪表。汽车内部布置追求宽敞舒适，外形更加紧凑简洁。更多的轿车采用了柴油机，在重型货车和超重型工矿自卸车的柴油机上，普遍安装了废气涡轮增压器，有的还安装了中冷却器。为了减少保养工作量，许多汽车的部件内已装用终生润滑或密封的装置。

在这一阶段中，由于计算机辅助设计的应用，某些设计方案可以不经试制就可得出初步结论，并且在设计中运用了20世纪50～60年代发展起来的累积疲劳寿命理论、有限元法、断裂力学分析、应力测定等新的理论和方法，强度和寿命数据的计算比以前更为精确。

有限寿命设计及其设计方法的推广使汽车的质量有所减轻，因此汽车的成本和价格也有所降低，汽车的技术经济性能得到提高，可使用较小的发动机而不降低行驶能力，或在使用原有发动机的条件下提高了汽车的行驶能力。

总之，作为一个综合性的交通工具，汽车的出现本身就是技术革新的成果，在过去的一百多年中，汽车从简陋的出行工具逐步变成了集合众多先进技术的交通工具。随着科学技术的飞速发展，集合更多先进技术的新型汽车将会不断涌现。

9.3.3.4　未来汽车发展展望

目前，全球汽车行业正处在转型期，转型的主要方向是“新四化”：电动化、网联化、智能化、共享化。这个转型发端于美国市场，尤其是在20世纪90年代以通用汽车公司推出纯电动车为先导，后来以特斯拉为代表的新造车企业为先锋，推动了电动智能网联汽车的发展。2009年，中国开始实施“十城千辆”计划，推动了纯电动车、插电式混合动力和氢能源汽车在本土市场的发展。欧洲也在近年加快了新能源汽车的发展。可以预见，智能电动汽车将越来越多地出现在我们的生活中。概括起来，未来汽车的发展将会呈现以下主要趋势：

(1)新能源汽车的发展进入不可逆的快车道。全球汽车发展的最重要的方向就是新能源化，或者说是电动化，这已经成为全球各国和企业的共识。新能源汽车的兴起一方面是环保的高要求，另一方面是传统燃油车的技术走到了尽头。随着“双碳”的实施，能源侧变革会让电动汽车实现绿色化，使用上真正的可再生能源。同时，新能源汽车可以通过接入电网实现车网互动。风电、光伏、储能、电动汽车加智能电网这一理想模型将会提前实现，能源革命和汽车革命将真正实现实质性的协同。但是，现在新能源汽车最突出的问题是续航里程短，全世界都在为此努力探索，新能源汽车的续航里程也在不断取得提高，相信在不久的将来，这个问题将会得到根本性的解决。

(2)实现更快的充电速度或能源更换速度。制约新能源汽车走进千家万户的关键，除了续航里程外，还有充电速度。燃油车从没油到满油仅需要几分钟的加油时间，而新能源汽车尽管充电速度在不断提高，但是依旧需要几个小时的充电时间。如果新能源汽车能够做到半小时充电完毕，或者充电至80%以上，再辅以1000公里的续航里程和大量的充电设施，新能源汽车替代燃油车将真的不再是梦想。据专家预测，随着快充技术的不断发展，在2030年左右将会有运用这种技术的汽车出现。

(3)应用以5G为代表的车机互联技术。传统的燃油车，每一辆车都是独立的个体，不存在互相通信的可能。汽车是快速移动的交通工具，没有5G技术就无法做到和周边环境及时通信。5G技术具有通信速度快、延时低的特点，超高精度地图、车内娱乐系统、车内人工智能等新技术，尤其是无人驾驶技术，也都极度依赖5G技术的发展。

目前，上汽集团已经在洋山港试验运营了5G智能重卡。该重卡融合了北斗导航定位和5G通信服务、人工智能、V2X车联通信等前沿技术，具备了在港区特定场景下的L4级自动驾驶，练就了厘米级定位、精确停车(±3 cm)和东海大桥队列行驶三项绝技，并且还可以和自动化港机设备之间实现自动数据交互，从而提升了港区作业效率、通行效率、环保水平和安全水平，并创造出了显著的商业效益和社会效益，未来商业化运营的潜力十分巨大。

(4)自动驾驶汽车将会得到快速发展。自动驾驶技术与人工智能、视觉计算、雷达、5G技术和全球定位系统的协同合作，最终能使汽车实现不用人类主动操作就能自动驾驶。自动驾驶可以让驾驶员更加轻松，增加了行车的安全性。目前，虽然自动驾驶汽车已经出现，但要实现大众化还需要更多的时间和技术。现在，基本有能力、有水平的汽车厂家都投入了大量精力来研究自动驾驶技术，不少汽车行业外的企业，如百度、腾讯、阿里、大疆等，也开始进入自动驾驶技术领域。因此，在众多资本的催熟之下，更高等级的自动驾驶智能汽车有望在数年内投入使用，尤其是人工智能的应用，让汽车的服务及体验感大大加深，人们可以充分体验到科技的巨大威力。

9.4 创新作品设计训练

本节将运用所学到的创新知识、利用学校的创新资源，进行创新作品设计训练。具体步骤和要求如下：

(1)成立创新设计小组

选修本课程的同学在学习本课程的过程中，按照不同学科、不同年级、不同特长、不同性别等，自主优化组合成3～5人的创新小组，每个小组推选组长1人负责本组创新设计活动的组织与协调工作。

(2)选择创新设计作品

组长组织本组成员经过分析研究、查阅资料、调查研究、反复讨论等过程，从工业产品、家电产品、生活用品、学习用品、节能产品、艺术作品、灵巧工艺品等不同领域，选择具有创新性或能够进行创新设计的作品。

(3)进行作品创新设计

创新设计作品确定之后，首先，由组长组织本组成员统一进行充分的讨论，明确对作品进行创新设计的方向、思路、目标、任务、内容、方法和措施等；其次，制订出完整的创新作品设计计划，进行具体的任务分工，明确对创新设计的要求和进度安排；最后，分别进行各自分工内容的创新设计，并按计划要求完成创新设计任务。需要指出的是，作品的创新性应体现在三个方面：一是时间新，作品的提出应具有时代感；二是内容新，所研究的问题应是前人没有提出、没有解决或没有完全解决的；三是方法新，研究的角度、思路、方法、结构、原理或工艺等要有新意。

(4)制订创新设计方案

组长负责将各自分工的创新作品设计内容进行汇总集成，写出完整的《大学生创新作品设计方案》(见表 9.3)，并反复进行讨论修改后定稿。

表 9.3　大学生创新作品设计方案

一、基本情况

1.项目情况

项目名称	
项目性质	□小发明、小创作、小设计等　□基础性研究 □应用性研究　□探索性研究　□创新性研究
项目来源	□自主立题　□教师指导选题
起止时间	自　年　月至　年　月
需要金额	千元

2.申请者情况

姓名		性别		年龄		民族	
学院			年级			专业	
微信						电话	

3.项目组成员情况

姓名	性别	年龄	专业	分工	每周工作时间	签字

4.指导教师情况

姓名		职称		专业	
E—mail		工作单位			
电话		微信			

二、创新设计方案
1.创新设计依据和意义：
2.创新设计内容与方法：
3.主要特色与创新之处：
4.创新设计目标与成果：
5.创新设计进度及安排：
6.需要经费及使用计划：
三、指导教师审阅
指导教师意见： 签字：　　　　　　年　月　日

(5)介绍创新设计方案

各小组组长代表本组在全班进行创新作品设计方案的介绍、创新思维与创新设计等过程汇报；指导教师对各组的创新作品设计方案进行点评和总结，指出其优点和不足，提出改进意见，并互相起到启迪和引导作用。在此基础上，各小组组长根据指导教师提出的改进意见，组织本组成员进一步讨论修改创新作品设计方案。

(6)实施创新设计方案

各组组长对本组创新作品设计方案进行进一步修改后上交指导教师，指导教师对其进行认真审阅并填写"指导教师意见"。然后，各组组长负责组织本组成员一起，利用学校的创新实验室、开放实验室、教学实验室、科研实验室等创新教育资源，具体实施自己的《大学生创新作品设计方案》，并力争参加各级各类大学生创新创业项目的立项申请和科技创新竞赛活动等。

学习指导

创新设计是充分发挥创造才能，利用技术原理进行创新构思的设计实践活动，它是开展创新活动的必备环节，是开发新产品和使老产品更新换代的有力武器。本章介绍了创新设计概论(创新设计的概念、系统、要素、类型、特点和进程)、机电产品创新设计(基于广义特征的产品创新设计、基于知识驱动的产品创新设计和创新设计中的多视点需求分析方法)、创新设计典型案例(手机、自行车和汽车等典型机电产品的演变和创新设计过程)、创新作品设计训练等内容。学习本章的目的在于使同学们能够运用所学创新设计的基本知识、理论和方法进行作品的初步创新设计。学习本章的基本要求是：掌握创新设计的基本知识和理论，熟悉创新作品设计的步骤、要求和方法，了解手机、自行车和汽车等典型产品的历史演变和创新设计过程，完成自选作品的创新设计方案。

复习与思考题

9.1 何谓创新设计？何谓设计系统？

9.2 创新设计的基本要素有哪些？每个要素分别包含哪些基本内容？

9.3 图示说明合理的才能结构应该是怎样的结构？该结构揭示了设计者在才能上的何种关系？

9.4 创新设计的类型有哪些？请分别举例予以说明。

9.5 创新设计活动的特点有哪些？请分别举例予以说明。

9.6 一般设计与创新设计活动有哪些区别？

9.7 产品创新设计活动主要由哪些阶段组成？在每个阶段所做的主要工作是什么？

9.8 基于广义特征的创新设计具体包含了产品的哪些特征？广义特征的概念有哪些特点？

9.9 知识驱动的产品创新源于哪些创造性基本原理？应遵循哪些创新法则？

9.10 实现产品创新的关键技术有哪些？

9.11 何谓视点？何谓系统视点？何谓角色视点？在创新设计中采用多视点需求分析方法的优点是什么？

9.12 手机的演变与创新设计经历了哪些时代？触摸屏和折叠屏手机分别诞生在哪个时代？

9.13 你认为现在的手机还能进行哪些方面的创新设计？请举例说明。

9.14 何谓共享单车？中国的共享单车市场经历了哪几个发展阶段？

9.15 你认为现在的自行车还能进行哪些方面的创新设计？请举例说明。

9.16 现代汽车的发展经历了哪几个阶段？每个阶段的主要目标是什么？

9.17 汽车车身的历史演变经历了哪些外形？你最喜欢什么车身外形的汽车？

9.18 未来汽车发展有哪些主要趋势？你对未来汽车的发展有什么期望？

9.19 请自选一种你所熟悉的典型产品，用所学的创新设计知识尝试进行创新设计。

9.20 谈谈你学习本章后的感想和体会。

第10章　专利申请

专利是受法律规范保护的发明创造。专利文献是世界上最大的技术信息源。专利申请是发明人、设计人或者其他有申请权的主体向专利机关提出就某一发明或设计取得专利权的请求。本章主要介绍专利概述(专利的概念、类型、授权,专利申请的意义)、专利权概述(专利权的属性与归属、维持与终止、保护与侵权)、中国专利的申请(专利申请的文件,专利文件的撰写,专利申请的步骤、审批、费用)、外国专利的申请(《巴黎公约》途径,《专利合作条约》途径,《欧洲专利公约》途径)等内容。学习专利申请的相关知识,对有效利用前人的发明创造成果,保护自己的发明创造成果,推动发明创造成果的应用具有重要的现实意义。

10.1　专利概述

10.1.1　专利的概念

专利的基本释义是一项发明创造的首创者所拥有的受法律规范保护的独享权益。从我国的司法实践来看,专利的准确含义是指:经专利行政部门依照法定程序进行审查,认定符合专利条件的发明创造。

在知识产权中,"专利"一词具有以下三种含义:

(1)从法律意义上讲,专利是专利权的简称,它是指法律上认定的一种具有排他性与独占性的权利。

(2)从发明创造的角度讲,专利是指符合法定专利条件并取得了专利权的发明创造,亦称专利技术。

(3)"专利"一词还指专利机关颁发的确认申请人对其发明创造享有的专利权的专利证书或指记载发明创造内容并公开了的专利文献。

在这里,专利前两个含义虽然意义不同,但都是无形的;第三个含义才是指有形的物质。“专利”一词可以仅仅指其中的一个意思，或者包含两个以上的意思，具体情况必须联系上下文来确定。

值得注意的是，专利的两个最基本的特征就是“独占”与“公开”，以“公开”换取“独占”是专利制度最基本的核心，这分别代表了权利与义务的两面。“独占”是指法律授予技术发明人在一段时间内享有排他性的独占权利；“公开”是指技术发明人作为对法律授予其独占权的回报而将其技术公之于众，使社会公众可以通过正常渠道获得有关专利信息。

10.1.2 专利的类型

10.1.2.1 专利类型

我国《专利法》规定的专利类型有三种：发明专利、实用新型专利、外观设计专利。

(1)发明专利。发明专利是指对产品、方法或者其改进所提出的新的技术方案。

(2)实用新型专利。实用新型专利是指对产品的形状、构造或者其结合所提出的适于实用的新的技术方案。

(3)外观设计专利。外观设计专利是指对产品的形状、图案或者其结合及色彩与形状、图案的结合所做出的富有美感并适于工业应用的新设计。

在多数国家，专利仅指发明专利。实用新型和外观设计专利都是我国专门的专利，另有相应的法律进行规范。

10.1.2.2 不同类型专利之间的关系

发明专利、实用新型专利和外观设计专利之间有如下关系：

(1)发明和实用新型专利涉及产品的技术方面，外观设计专利仅涉及产品的外观。

(2)实用新型专利只涉及宏观产品(肉眼可以分辨的产品)的形状和构造，不涉及微观产品的形状和构造，也不涉及产品的制造和使用方法。

(3)外观设计与实用新型专利都可以涉及产品的形状，但实用新型专利是一种技术方案，涉及的形状是从产品的技术效果和功能的角度出发的；而外观设计是一种设计方案，它所涉及的形状是从产品美感的角度出发的。

10.1.3 专利的授权

10.1.3.1 授权原则

按照《专利法》的基本原则，对同样的发明创造只能授予一项专利权。当出现两个或两个以上的人就同一发明创造分别提出专利申请时，有如下两种处理原则：

(1)先发明原则。先发明原则是指同一发明创造如有两个以上的人分别提出专利申请，应把专利权授予最先做出此项发明创造的人，而不问其提出专利申请时间的早晚。但由于执行此项原则时，在确定谁是最先发明人的问题上往往会遇到很多实际困难。因此，世界上只有美国、加拿大和菲律宾等少数国家采用这种原则。

(2)先申请原则。先申请原则是指当两个以上的人就同一发明创造分别提出申请时，不问其做出该项发明的时间先后，而是按提出专利申请时间的先后为准，即把专利权授予最先提出申请的人。目前，中国和世界上的大多数国家都采用这一原则。

10.1.3.2 授权条件

1)发明和实用新型

我国《专利法》第 22 条规定："授予专利权的发明和实用新型，应当具备新颖性、创造性和实用性。"这里的新颖性、创造性和实用性通称为"专利三性"。

(1)新颖性。新颖性是指该发明或者实用新型不属于现有技术；也没有任何单位或者个人就同样的发明或者实用新型在申请日以前向国务院专利行政部门提出过申请，并记载在申请日以后公布的专利申请文件或者公告的专利文件中。这里的"现有技术"是指申请日以前在国内外为公众所知的技术。

(2)创造性。创造性是指与现有技术相比，该发明具有突出的实质性特点和显著的进步，该实用新型具有实质性特点和进步。这里的"实质性特点"是指发明创造的技术特征同已有技术相比有本质的差异，这种差异并非技术领域的普通专业人员所能想到的，即具有非显而易见性；这里的"进步"是指技术原理的进步、技术结构的进步和技术成果的进步。

(3)实用性。实用性是指该发明或者实用新型能够制造或者使用，并且能够产生积极效果。这里的"能够制造或者使用"是指在技术上由该专业的普通技术人员能够将该发明付诸实施。

发明专利和实用新型专利授予专利权的条件基本相同，都需要具备新颖性、创造性和实用性，但二者在创造性的要求方面略有不同。就发明专利而言，要求具有突出的实质性特点和显著的进步；就实用新型专利而言，要求具有实质性特点和进步。由此看出，实用新型专利的技术方案注重实用性，其技术水平较发明专利要低一些。

2)外观设计

我国《专利法》第 23 条规定："授予专利权的外观设计，应当不属于现有设计；也没有任何单位或者个人就同样的外观设计在申请日以前向国务院专利行政部门提出过申请，并记载在申请日以后公告的专利文件中。授予专利权的外观设计与现有设计或者现有设计特征的组合相比，应当具有明显区别。授予专利权的外观设计不得与他人在申请日以前已经取得的合法权利相冲突。本法所称现有设计，是指申请日以前在国内外为公众所知的设计。"

10.1.3.3 不授权情况

我国《专利法》第 5 条规定："对违反法律、社会公德或者妨害公共利益的发明创造，不授予专利权。"第 25 条规定："对下列各项，不授予专利权：(一)科学发现；(二)智力活动的规则和方法；(三)疾病的诊断和治疗方法；(四)动物和植物品种；(五)原子核变换方法以及用原子核变换方法获得的物质；（六）对平面印刷品的图案、色彩或者二者的结合作出的主要起标识作用的设计。对前款第（四）项所列产品的生产方法，可以依照本法规定授予专利权。”

10.1.4 专利申请的意义

10.1.4.1 专利申请的含义

专利申请是发明人、设计人或者其他有申请权的主体向专利机关提出就某一发明或设计取得专利权的请求。通常有如下两种含义：

(1)专利申请是指获得专利权的必经程序。专利权的获得要由申请人向国家专利机关提出申请，经国家专利机关批准并颁发证书。申请人在向国家专利机关提出专利申请时，还应提交一系列的申请文件，如请求书、说明书、摘要和权利要求书等。

(2)专利申请是指已经申请了专利但尚未取得专利权的状态。这里需要特别注意的是“专利”和“专利申请”两个概念之间的区别。专利申请在获得授权前，只能称为“专利申请”；如果其能最终获得专利授权，则可称为“专利”，并对其所请求保护的技术范围拥有独占实施权；如果其最终未能获得专利授权，虽然申请人递交了专利申请，但并未就其所请求保护的技术范围获得独占实施权。

10.1.4.2 专利申请的原因

发明人或设计人之所以对自己的发明创造成果申请专利，其主要原因如下：

(1)独占市场。通过法定程序确定发明创造的权利归属关系，可以有效保护自己的发明创造成果，并独占市场；企业通过应用专利制度可以获得最大和长期的利益回报。

(2)知识产权。专利权受到国家专利法保护，未经专利权人同意许可，任何单位或个人都不能使用。如有使用可状告他人侵犯专利权，进行索取赔偿。

(3)避免侵权。自己的发明创造成果如果不及时申请专利，别人可能会对你的劳动成果提出专利申请，反过来向法院或专利管理机构告你侵犯专利权。

(4)技术保护。企业的发明创造及时申请专利，可得到国家法律的保护，构成技术壁垒，防止他人模仿本企业开发的新技术、新产品等成果。

(5)安全生产。确保企业在市场竞争中自身生产与销售的安全性，防止竞争对手拿专利状告侵权，以免遭受高额经济赔偿、迫使自己停止生产与销售。

(6)市场竞争。促进企业产品的更新换代，提高产品的技术含量，提高产品质量和降低生产成本，使企业的产品在市场竞争中立于不败之地。

(7)政策扶持。国家对专利申请有一定的扶持政策，如对政府颁布的专利奖励政策、高新技术企业政策等，会给予部分政策、资金、税收等方面的优惠。各地方政府也纷纷出台相应文件，对专利申请者进行奖励和补助。

(8)商业价值。专利具有巨大的商业价值，是科研成果市场化的桥梁；专利技术可以作为商品出售，比单纯的技术转让更有法律和经济效益。

(9)荣誉价值。专利常被视为企业上市和其他各类科技计划申报和评审中的一项重要指标,例如高新技术企业资格评审、创新基金申报、科技项目的验收和评审等,是企业创新能力的重要评价内容。

(10)无形资产。专利的质量与数量是一种无形资产和无形宣传,是企业强大实力、创新能力和核心竞争能力的综合体现,是企业在该行业身份及地位的象征。

总之,专利既可用作"盾",保护自己的技术和产品;也可用作"矛",打击对手的侵权行为。充分利用专利的各项功能,对企业的生产经营具有极大的促进作用。

10.2 专利权概述

10.2.1 专利权的属性与归属

10.2.1.1 专利权的属性

按照我国《专利法》的相关规定,专利权具有独占性、时间性和地域性等基本属性。专利权是发明创造人或其权利受让人对特定的发明创造在一定期限内依法享有的独占实施权,是知识产权的一种。

(1)独占性。国家依法在一定时期内授予发明创造者或者其权利继受者独占使用其发明创造的权利,对于同一项发明创造只能授予一项专利权。专利权是一种专有权,这种权利具有独占的排他性。

(2)时间性。我国《专利法》第 42 条规定:"发明专利权的期限为二十年,实用新型专利权的期限为十年,外观设计专利权的期限为十五年,均自申请日起计算。"由此可见,专利权只在一定期限内有效,超过法定的有效期限,专利权会自动消失。之后,该项技术就成了全民财产,任何人都可以自由使用。

(3)地域性。一个国家依照其各自的专利法授予的专利权,仅在该国法律的管辖范围内有效,对其他国家没有任何约束力,外国对其专利权不承担保护的义务。如果一项发明创造只在我国取得专利权,那么专利权人只在我国享有独占权或专有权。

10.2.1.2 专利权的归属

我国《专利法》第 3 条规定:"国务院专利行政部门负责管理全国的专利工作;统一受理和审查专利申请,依法授予专利权。"根据专利类型的不同,不同专利申请获得授权之后,可分别称之为发明专利、实用新型专利和外观设计专利。此时,不同专利的申请人就是相应专利的专利权人。根据发明创造主体的不同,专利权的归属分以下几种情况:

(1)职务发明创造。这是指发明人或设计人执行本单位的任务或者主要是利用本单位的物质技术条件所完成的发明创造,其专利申请的权利属于该单位;专利申请被批准后,该单位为专利权人。

(2)非职务发明创造。这是指未列入本单位工作计划,发明人或设计人在业余时间利用自筹资金和设备完成的发明创造,其专利申请的权利属于发明人或者设计人;专利申请被批准后,该发明人或者设计人为专利权人。

(3)合作完成发明创造。两个以上单位或者个人合作完成的发明创造、一个单位或者个人接受其他单位或者个人委托所完成的发明创造,除另有协议外,专利申请的权利属于完成或者共同完成的单位或者个人;专利申请被批准后,申请的单位或者个人为专利权人。

(4)合同约定发明创造。利用本单位的物质技术条件所完成的发明创造,单位与发明人或者设计人订有合同,对专利申请的权利和专利权的归属做出约定的,从其约定。

10.2.2 专利权的维持与终止

10.2.2.1 专利权的维持

被授予专利权后,专利权人应于每一年度期满前一个月预缴下一年度的年费。期满未缴纳或未缴足的,专利机关将发出缴费通知书,通知专利权人自应当缴纳年费期满之日起6个月内补缴,同时缴纳滞纳金。滞纳金的金额按照每超过规定的缴费时间一个月,加收当年全额年费的5%计算;期满未缴纳的或者缴纳数额不足的,专利权自应缴纳年费期满之日起终止。

10.2.2.2 专利权的终止

根据专利权的终止原因可分为如下三种情况:

(1)期限届满终止。发明专利权自申请日起算维持满20年,实用新型专利权自申请日起算维持满10年,外观设计专利权自申请日起算维持满15年,期满依法终止。

(2)未缴费终止。专利机关发出缴费通知书,通知申请人缴纳年费及滞纳金后,申请人仍未缴纳或缴足年费及滞纳金的,专利权自上一年度期满之日起终止。

(3)因专利权人放弃专利权而终止。授予专利权后,专利权人随时可以通过提交放弃专利权声明来主动要求放弃专利权,审查员针对放弃专利权声明发出的手续合格通知书的发文日为生效日,放弃的专利权自该生效日起终止。

10.2.3 专利权的保护与侵权

10.2.3.1 专利保护与范围

(1)专利保护。我国《专利法》第11条规定:“发明和实用新型专利权被授予后,除本法另有规定的以外,任何单位或者个人未经专利权人许可,都不得实施其专利,即不得为生产经营目的制造、使用、许诺销售、销售、进口其专利产品,或者使用其专利方法以及使用、许诺销售、销售、进口依照该专利方法直接获得的产品。外观设计专利权被授予后,任何单位或者个人未经专利权人许可,都不得实施其专利,即不得为生产经营目的制造、许诺销售、销售、进口其外观设计专利产品。”

非专利权人要想使用他人的专利技术,必须依法征得专利权人的授权或许可。任何单位或者个人实施他人专利的，应当与专利权人订立实施许可合同，向专利权人支付专利使用费。被许可人无权允许合同规定以外的任何单位或者个人实施该专利。发明专利申请公布后，申请人可以要求实施其发明的单位或者个人支付适当的费用。

(2)保护范围。我国《专利法》第 64 条规定："发明或者实用新型专利权的保护范围以其权利要求的内容为准，说明书及附图可以用于解释权利要求的内容。外观设计专利权的保护范围以表示在图片或者照片中的该产品的外观设计为准，简要说明可以用于解释图片或者照片所表示的该产品的外观设计。"

10.2.3.2　侵权界定与赔偿

1)侵权界定

我国《专利法》第 65 条规定："未经专利权人许可，实施其专利，即侵犯其专利权，引起纠纷的，由当事人协商解决；不愿协商或者协商不成的，专利权人或者利害关系人可以向人民法院起诉，也可以请求管理专利工作的部门处理。"

在专利侵权纠纷中，被控侵权人有证据证明其实施的技术或者设计属于现有技术或者现有设计的，不构成侵犯专利权。

根据我国《专利法》第 75 条的规定，有下列情形之一的，不视为侵犯专利权：

(1)专利产品或者依照专利方法直接获得的产品，由专利权人或者经其许可的单位、个人售出后，使用、许诺销售、销售、进口该产品的。

(2)在专利申请日前已经制造相同产品、使用相同方法或者已经做好制造、使用的必要准备，并且仅在原有范围内继续制造、使用的。

(3)临时通过中国领陆、领水、领空的外国运输工具，依照其所属国同中国签订的协议或者共同参加的国际条约，或者依照互惠原则，为运输工具自身需要而在其装置和设备中使用有关专利的。

(4)专为科学研究和实验而使用有关专利的。

(5)为提供行政审批所需要的信息，制造、使用、进口专利药品或者专利医疗器械的，以及专门为其制造、进口专利药品或者专利医疗器械的。

总之，专利权赋予专利权人的权利只是对其发明创造(专利技术)的实施权，即通过实施其发明创造获得经济利益的权利，而不是发明创造本身。由此可见，专利权本质上是一种财产权。当然，专利的实施指的是商业化实施，即为生产经营目的而实施。如果有人按照他人的专利技术制造了一件产品供自己日常使用，而没有用于生产经营活动，其实施行为不属于专利侵权行为。

2)侵权赔偿

我国《专利法》第 71 条规定："侵犯专利权的赔偿数额按照权利人因被侵权所受到的实际损失或者侵权人因侵权所获得的利益确定；权利人的损失或者侵权人获得的利益难以确定的，参照该专利许可使用费的倍数合理确定。对故意侵犯专利权，情节严重的，可以在按照上述方法确定数额的一倍以上五倍以下确定赔偿数额。

权利人的损失、侵权人获得的利益和专利许可使用费均难以确定的，人民法院可以根据专利权的类型、侵权行为的性质和情节等因素，确定给予三万元以上五百万元以下的赔偿。

赔偿数额还应当包括权利人为制止侵权行为所支付的合理开支。

人民法院为确定赔偿数额，在权利人已经尽力举证，而与侵权行为相关的账簿、资料主要由侵权人掌握的情况下，可以责令侵权人提供与侵权行为相关的账簿、资料；侵权人不提供或者提供虚假的账簿、资料的，人民法院可以参考权利人的主张和提供的证据判定赔偿数额。”

10.3 中国专利的申请

10.3.1 专利申请的文件

根据我国《专利法》的规定，不同专利申请应向国务院专利行政部门提交相对应的请求书、说明书、权利要求、摘要、附图、优先权请求等申请文件。

(1)申请发明专利的，申请文件应当包括：发明专利请求书、说明书(说明书有附图的，应当提交说明书附图)、权利要求书、摘要(必要时应当有摘要附图)等文件。

(2)申请实用新型专利的，申请文件应当包括：实用新型专利请求书、说明书、说明书附图、权利要求书、摘要及其附图等文件。

(3)申请外观设计专利的，申请文件应当包括：外观设计专利请求书、该外观设计的图片或者照片以及对该外观设计的简要说明等文件。申请人提交的有关图片或者照片应当清楚地显示要求专利保护的产品的外观设计。

申请实用新型和发明专利应提交的文件基本相同。专利申请文件可以由申请人自己撰写，也可以委托专利代理人撰写。但是考虑到精心撰写专利申请文件的重要性，对经验不多的申请人来说，委托专利代理人撰写是值得提倡的。

10.3.2 专利文件的撰写

《专利法》第 26 条规定：“申请发明或者实用新型专利的，应当提交请求书、说明书及其摘要和权利要求书等文件。”下面将分别介绍专利请求书、说明书、说明书摘要和权利要求书的具体撰写要求。

10.3.2.1 专利请求书的撰写

专利请求书是申请人向专利机关表示请求授予专利权愿望的文件，由其启动专利申请和审批程序。专利请求书有三种，分别是发明专利请求书、实用新型专利请求书和外观设计专利请求书。在填写三种请求书时，都应当按照专利法及其实施细则的规定，在专利机关统一制订的表格上填写。撰写请求书有以下注意事项：

(1)发明名称。发明名称需说明是产品专利还是方法专利,如“一种密码锁”是产品专利申请;“一种双金属管的制备工艺”是方法专利申请。应简短、准确、体现发明或实用新型的主题,一般不超过25个字。特殊情况下,如化学领域的某些发明,可以允许最多40个字。

(2)发明人。发明人是在技术上对发明创造做出实质性贡献的人,因此应当是自然人,不能是法人或者其他组织。

(3)申请人。申请人可以是自然人,也可以是法人或其他组织。申请人是单位的,应填写单位的正式全称,与单位公章一致;申请人是个人的,应写真实姓名;申请人是多个人的,应有一个代表人,代表人可以指定,如没有指定,就是第一署名人。

10.3.2.2 专利说明书的撰写

专利说明书是一个技术性文件,是申请专利的核心文件,是专利申请文件中最重要的一部分。用来详细说明发明或实用新型的具体内容,主要起着向社会公众公开专利技术内容的作用。专利说明书也是一个法律性文件,撰写得好与差,将会影响到专利权是否能够获得。同时,专利说明书还解释权利要求。如果权利要求中的文字可以有多种解释或对其所表示的技术特征有疑义时,即可用说明书(包括附图)来解释,以确定权利要求的保护范围。

专利说明书是具体描述发明或者实用新型的实质性内容的文件,其主要内容包括以下几个部分。

(1)名称。名称应当按照以下各项要求填写:①与请求书中的名称一致;②不超过25个字,最多40个字(如化学领域);③采用所属技术领域通用的技术术语;④清楚、简要、全面地反映要求保护的主题和类型;⑤不得使用人名、地名、商标、型号或者商品名称等。同时名称应该写在说明书首页正文部分的上方居中位置。

(2)技术领域。写明发明或者实用新型要求保护的技术方案所属的技术领域。要注意以下三点:①不是上一级的或相邻的技术领域;②是发明所属或直接应用的技术领域;③不是发明本身(发明点)。例如,一项关于挖掘机悬臂的发明,发明特征是将已有技术中的长方形悬臂截面改为椭圆形截面。所属技术领域可写成“本发明涉及一种挖掘机,特别是涉及一种挖掘机悬臂”(具体的技术领域),而不宜写成“本发明涉及一种建筑机械”(上一级的技术领域),也不宜写成“本发明涉及一种挖掘机悬臂的截面”(发明本身)。

(3)背景知识。应审查有用的背景技术,并且引证反映这些背景技术的文件,尤其要引证与发明或者实用新型专利申请最接近的现有技术文件。引证的文件可以是专利文件,也可以是非专利文件,要写明这些文件的详细出处。此外,还要客观地指出背景技术中存在的技术问题和缺点,但应与发明或实用新型所要解决的问题相关,不得诋毁他人。

(4)发明内容。发明内容主要包括以下三个部分:

①所要解决的技术问题。所要解决的技术问题针对现有技术中存在的缺陷或不足,应与发明主题和类型对应,用正面、简洁的语言描述,不得写入技术方案本身。

②技术方案(发明概述)。技术方案部分是说明书的核心,该部分应清楚、完整地描述发明或者实用新型所采取的技术方案的特征。在技术方案中,应当有全部必要技术特征的技术方案,还可以给出包含其他附加技术特征的改进的技术方案。必要技术特征是指发明或者实用新型专利为解决某技术问题所不可缺少的技术特征,其总和足以构成发明或者实用新型的技术方案,使之区别于背景技术中所述的其他技术方案。附加技术特征是指与发明目的有关的、用于进一步完善或展开技术方案的技术特征。对于涉及产品的发明或者实用新型,应当说明产品的机械构成、电路构成或者化学成分,说明组成产品的各部分之间的相互关系;对于方法的发明,应当写明步骤、工艺流程等实质性内容,可以包括用不同的参数或者参数范围表示的工艺条件等。

③有益效果。有益效果是指由构成发明或者实用新型的技术特征直接带来的或者是由所述的技术特征必然产生的技术效果。有益效果是确定发明是否具有创造性的重要依据。有益效果可以由产率、质量、精度和效率的提高,能耗、原材料、工序的节省,加工、操作、控制、使用的简便,环境污染的治理或者根治,以及有用性能的出现等方面来反映;还可以将发明或者实用新型结构特点的分析和理论说明相结合,或者通过列出实验数据的方式予以说明,不得只断言发明或者实用新型具有有益效果。无论用哪种方式说明有益效果,都应当与现有技术进行比较,指出发明或者实用新型与现有技术的区别,不得采用广告式宣传用语。

(5)附图说明。说明书有附图的,应当有附图说明部分,应对附图的名称、图示的内容做简要说明,不必对附图中具体零件名称和细节进行说明。附图不止一幅的,要对所有附图做出图面说明。例如,一件发明名称为“纸浆过滤装置”的专利申请,其说明书如有四幅附图,附图的说明如下:图 1 是本发明纸浆过滤装置的主视图,图 2 是图 1 所示的过滤装置的侧视图,图 3 是图 2 中的 A 向视图,图 4 是图 1 中 B-B 剖视图。

(6)具体实施方式。具体实施方式是说明书的重要组成部分,它对于充分公开、理解和实现发明或实用新型,支持和解释权利要求都是极为重要的。实施方式是技术方案的具体化,应当全面、具体、详细地介绍足够数量的实施方式,充分支持权利要求的保护范围。因此,说明书应当详细描述申请人认为实现发明或者实用新型的优选的具体实施方式。对优选的具体实施方式的描述应当详细,使发明或者实用新型所属技术领域的技术人员能够实现该发明或者实用新型。

说明书附图是说明书中最重要的部分,其作用是进一步解释发明内容,以便他人理解和实施。说明书附图只是发明构思的示意图,绘制尺寸无严格的比例要求。申请发明专利时,用文字足以清楚、完整地描述其技术方案的,可以没有附图;申请实用新型专利时,说明书必须有附图。在同一实施方式的各幅图中,同一组成部分的附图标记应当一致。说明书与附图中使用的相同的附图标记应当表示同一组成部分。说明书中未提及的附图标记不得在附图中出现,附图中未出现的附图标记也不得在说明书文字部分中提及。有多幅附图时,按照“图 1、图 2……”的顺序排列。附图中除了必需的词语外,不应当含有其他的注释。一般情况下,不得使用照片作为附图;特殊情况下,例如显示金相结构或者组织细胞时,可以使用照片作为附图。流程图、框图应当作为附图,对于流程图、框图一类的附图,应当在其框内给出必要的文字或符号。

10.3.2.3 说明书摘要的撰写

说明书摘要是专利申请文件公开内容的概要,其作用是使任何感兴趣的人能尽快得到有关的情报。说明书摘要的撰写首先要交代发明或实用新型的名称、所属技术领域;其次要写明现有技术存在的需要解决的问题,本发明或实用新型解决问题的关键技术;最后讲明该发明或实用新型的主要用途和特征等。说明书摘要仅是一种技术情报,不具有法律效力,不属于原始公开的内容,不能作为修改的根据,也不能用来解释专利权的保护范围。说明书有附图的,应当指定一幅摘要附图,该附图应当是说明书的附图之一。摘要文字部分不得超过 300 字,并且不得使用广告式宣传用语。出现附图标记时要加括号。

10.3.2.4 权利要求书的撰写

权利要求书由权利要求组成,一份权利要求书可以包含多项权利要求。权利要求是在说明书的基础上,用体现发明或者实用新型的技术手段的技术特征构成的技术方案。权利要求中所有技术特征(为解决技术问题、实现发明任务而采取的技术手段、技术方案)的总和构成了该权利要求所要保护的技术方案。权利要求书就是用来界定专利权保护范围的法律文件。通俗地讲,权利要求的内容就是一项专利当中受到法律保护的内容。权利要求书在国外叫权项,是表达申请人要求法律保护的范围。这是专利申请文件中十分重要的部分,写作时要十分慎重。

一项权利要求所记载的技术特征越少,表达每一个技术特征所采用的措辞越是具有广泛的含义,则该权利要求的保护范围就越大。例如,权利要求 1:一种杯子,包括杯体,其特征在于在杯体面相对设置有用于防滑的凹槽。权利要求 2:一种杯子,包括杯体,其特征在于在杯体面相对设置有用于防滑的弧形凹槽。由此可以看出,权利要求 1 的保护范围比权利要求 2 的要广。

专利申请授权后,权利要求书作为限定专利保护范围的依据,其对发明的概括程度与专利保护范围的大小有密切关系,也是判断他人是否侵权的依据。权利要求书具有法律效力,权利要求应尽可能宽地确定发明的范围,以免蒙受不必要的损失。但又不能要求过宽,以免把已知或不能实施的技术和发明包括在内,使申请不被批准。

(1)权利要求的类型。按照形式划分,权利要求分为以下两种类型:

①独立权利要求。独立权利要求即要求应当从整体上反映发明或者实用新型的技术方案,记载解决某技术问题的必要技术特征。

②从属权利要求。从属权利要求是跟随独立权利之后,用附加的技术特征对引用的权利要求做进一步限定的权利要求。

无论是独立权利要求,还是从属权利要求,都应当作为一个整体确立保护范围。保护范围由记载在权利要求中的所有技术特征予以界定，这些技术特征的总和便构成了该项权利要求所要保护的技术方案。

独立权利要求与从属权利要求是一个大环套小环、环环相套的关系（见图 10.1）。独立权利要求的保护范围最大，从属权利要求的保护范围逐级缩小。判断侵权时，从属权利要求对判断侵权一般不起作用，因为独立权利要求的保护范围最大，如果侵犯了从属权利，必然同时侵犯了独立权利要求。也就是说，专利权的保护范围是由独立权利要求确定的。

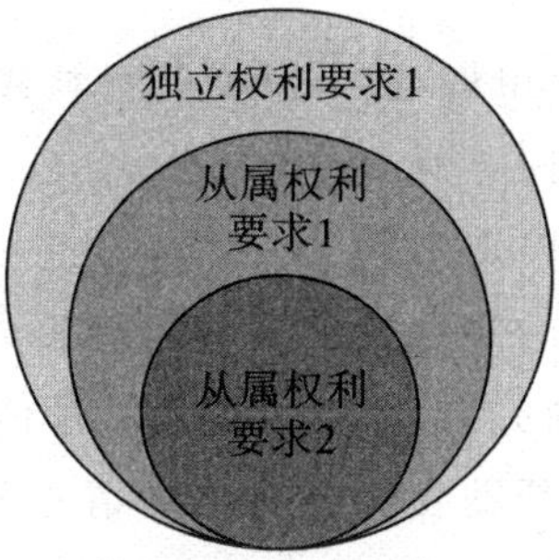

图 10.1　独立权利要求与从属权利要求的关系

(2)权利要求的写作格式。权利要求的写作格式主要有以下两种：

①独立权利要求的写作格式。独立权利要求通常包括两个部分：前序部分和特征部分。前序部分写明要求保护的发明或者实用新型的技术方案的主题名称及与主题最接近的必要技术特征，并应尽量反映发明或者实用新型的用途或应用领域；特征部分写明发明或者实用新型区别于最接近的现有技术的技术特征，即本发明或实用新型具有的、而未包含在最接近现有技术中的区别技术特征。这些特征和前序部分写明的特征一起构成本发明或实用新型要求保护的技术方案，并限定了其保护范围。这一部分通常以“其特征是……”或者类似的语言开始。

②从属权利要求的写作格式。从属权利要求通常也包括两部分：引用部分和限定部分。引用部分应当写明引用的权利要求的编号及其主题名称，通常是先写编号，再重述所引用的权利要求所要保护的技术方案的主题名称。例如，权利要求 1 请求保护的技术方案为一种液晶显示装置，则引用此权利要求 1 的从属权利要求的引用部分可写为：根据权利要求 1 所述的液晶显示装置……。限定部分紧接在该引用句之后，通常以“其特征是……”开始，然后写明发明或者实用新型的附加技术特征，对其引用的权利要求做进一步限定。

(3)权利要求书的撰写步骤。权利要求书的撰写步骤如下：

①在理解发明技术内容的基础上，找出其相关的技术特征，弄清它们之间的关系，确定主题及类型。

②检索已有技术，确定与本发明最接近的现有技术。

③根据最接近的现有技术，确定发明解决的所有技术问题，列出解决技术问题的技

术方案所必须包括的全部必要技术特征。

④将全部必要技术特征与最接近的现有技术特征进行比较，将它们的共有技术特征写入独立权利要求的前序部分，将区别特征写入独立权利要求的特征部分。

⑤对其他的附加技术特征进行分析，将对申请的创造性起作用的附加技术特征写入从属权利要求。

10.3.3 专利申请的步骤

专利申请可以由申请人自己申请，也可以委托专利代理机构申请。对经验不多的申请人来说，建议委托专利代理机构申请。

申请专利是一种法律程序，申请专利的发明人要想快而稳妥地获得专利权，取得法律上的保护，可委托专利事务所的专利代理人为自己提供法律和技术上的帮助；发明人一旦与专利代理人建立委托代理关系，专利代理人就是他的技术顾问和专利律师。准确地说，一个合格的专利代理人会帮助发明人对要申请专利的技术进行二次开发，同时发明人需要给代理人提供技术支持，并及时提供所需要的相关资料。

发明人与专利代理人建立委托代理关系后，应按照代理人的要求提供撰写专利文件所必需的详细技术资料，包括发明创造的目的、新旧技术对比、主要技术特征及实施发明创造目的的具体方案，以及能说明发明创造目的的图纸等。如发明人不会制图或不能提供必需的详细技术资料，可直接向专利代理人口述，专利代理人可根据发明人的发明意图为发明人完成专利申请的全过程，直到获得专利权。

委托专利代理机构申请专利一般要经过以下几个步骤：

1)咨询

(1)咨询确定发明创造的内容是否属于可以申请专利的内容。建议多咨询几家专利代理机构后对比确定正确的结论。

(2)咨询确定发明创造的内容可以申请哪一种专利类型(发明、实用新型、外观设计)。

2)签订委托代理协议

签订代理协议的目的是为了明确申请人和专利代理机构之间的权利和义务，主要是约束专利代理人对申请人的发明创造内容负有保密的义务。

3)技术交底

(1)申请人向专利代理人提供有关发明创造的背景资料或委托检索有关内容。

(2)申请人向专利代理人详细介绍发明创造的内容，帮助专利代理人充分理解发明创造的内容。

4)确定申请方案

专利代理人在对发明创造的理解基础上，会对专利申请的前景做出初步的判断。对专利授权可能性很小的申请，专利代理人将建议申请人撤回，此时代理机构将会收取少量咨询费，大部分申请代理费用将返还给申请人；若专利授权前景较大，专利代理人将提出明确的申请方案、保护的范围和内容，在征得申请人同意的条件下开始准备正式的申请工作。

5)准备申请文件

准备申请文件包括以下内容：

(1)撰写专利申请文件。

(2)制作申请书文件。

(3)提交专利申请并获取专利申请号。

6)审查

专利机关会对专利申请文件进行审查，在审查过程中专利代理人会进行专利补正、意见陈述、答辩、变更等工作。如有需要，申请人应该配合专利代理人完成以上工作。

7)审查结论

专利机关根据审查情况，将会做出授权或驳回的审查结论，这一过程的时间一般为：发明专利2～4年，实用新型专利10～12个月，外观设计专利6个月。随着专利机关审查效率的提高，外观设计与实用新型专利的审查与授权时间已缩短至4～6个月。

8)办理专利登记手续或复审请求

如果专利申请被授权，则根据专利授权通知书的要求办理登记手续，领取专利证书；如果专利申请被驳回，则根据具体的情况确定是否提出复审请求。至此，专利申请过程即告结束。

10.3.4 专利申请的审批

依据《专利法》，发明专利申请的审批程序包括受理、初审、公布、实审与授权五个阶段；实用新型或者外观设计专利申请在审批中不进行公布和实质审查，只有受理、初审和授权三个阶段。专利申请的审批流程如图10.2所示。

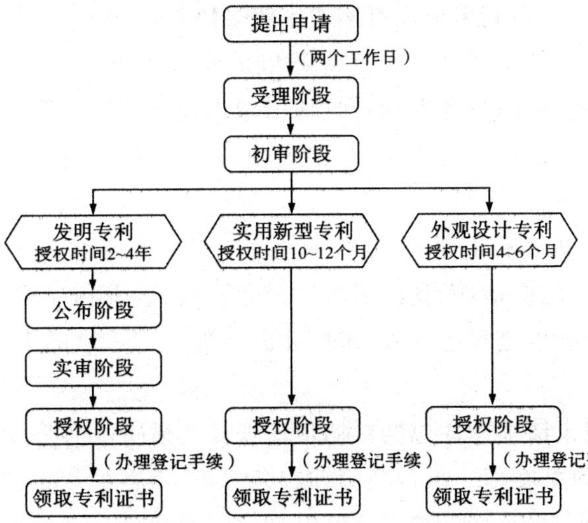

图10.2 专利申请的审批流程

(1)受理阶段。专利机关收到专利申请后进行审查,如果符合受理条件,专利机关将确定申请日,给予申请号,并且核实过文件清单后,发出受理通知书,通知申请人。对不符合受理条件的专利申请不予受理。

(2)初审阶段。经受理后的专利申请按照规定缴纳申请费的,自动进入初审阶段。初审前发明专利申请首先要进行保密审查,需要保密的,按保密程序处理。

初审是对申请是否存在明显缺陷进行审查。对发明专利申请初审合格的,将发给初审合格通知书;对实用新型和外观设计专利申请,经初审未发现驳回理由的,将直接进入授权程序。审查不合格的,专利机关将通知申请人在规定的期限内补正或陈述意见,符合要求的进入下一程序;逾期不答复的,申请将被视为撤回;经答复仍未消除缺陷的,予以驳回。

(3)公布阶段。发明专利申请从发出初审合格通知书起进入公布阶段。如果申请人没有提出提前公开的请求,则自申请日起满 18 个月即行公布;如果申请人请求提前公开的,专利机关可以根据申请人的请求早日公布其申请。申请公布以后,申请人就获得了临时保护的权利。

实用新型和外观设计专利申请没有授权前的公布阶段。

(4)实审阶段。发明专利申请公布以后,如果申请人已经提出实质审查请求并已生效的,申请进入实审程序;如果申请人从申请日起满 3 年还未提出实审请求,或者实审请求未生效的,申请即被视为撤回。

在实审期间,将对专利申请是否具有新颖性、创造性、实用性,以及专利法规定的其他实质性条件进行全面审查。经审查认为不符合授权条件或者存在各种缺陷,将通知申请人在规定的时间内陈述意见或进行修改,符合要求的进入下一程序;无正当理由逾期不答复的,申请即被视为撤回;经申请人陈述意见或进行修改后仍不符合要求的,予以驳回。发明专利申请经实质审查没有发现驳回理由的,将按规定进入授权程序。

实用新型和外观设计专利申请没有实质审查阶段。

(5)授权阶段。实用新型和外观设计专利申请经初步审查、发明专利申请经实质审查没有发现驳回理由的,由国务院专利行政部门做出授予相应专利权的决定。由审查员做出授权通知,申请进入授权登记准备过程,经对授权文本的法律效力和完整性进行复核,对专利申请的著录项目进行校对、修改后,专利机关发出授权通知书和办理登记手续通知书,申请人接到通知书后应当在 2 个月之内按要求办理登记手续并缴纳规定的费用。按期办理登记手续的申请,专利机关将授予专利权,颁发相应的专利证书,同时予以登记和公告,专利权自公告之日起生效;未按规定办理登记手续的申请,将被视为放弃取得专利权。

(6)复审阶段。复审请求案件包括对初步审查和实质审查程序中驳回专利申请的决定不服而请求专利复审的案件。根据我国《专利法》第 41 条的规定:“专利申请人对国务院专利行政部门驳回申请的决定不服的,可以自收到通知之日起三个月内向国务院专利行政部门请求复审。国务院专利行政部门复审后，作出决定，并通知专利申请人。专利申请人对国务院专利行政部门的复审决定不服的，可以自收到通知之日起三个月内向人民法院起诉。”

(7)专利无效。根据我国《专利法》第 45 条的规定：“自国务院专利行政部门公告授予专利权之日起，任何单位或者个人认为该专利权的授予不符合本法有关规定的，可以请求国务院专利行政部门宣告该专利权无效。”专利复审委员会对宣告专利权无效的请求应当及时审查和做出决定，并通知请求人和专利权人。

宣告无效的专利权视为自始不存在。宣告专利权无效的决定，对在宣告专利权无效前人民法院做出并已执行的专利侵权的判决、调解书，已经履行或者强制执行的专利侵权纠纷处理决定，以及已经履行的专利实施许可合同和专利权转让合同，不具有追溯力。但是因专利权人恶意给他人造成的损失，应当给予赔偿。专利权人或专利权转让人应当向被许可人或专利权受让人全部或者部分返还专利侵权赔偿金、专利使用费、专利权转让费。

对专利复审委员会宣告专利权无效或者维持专利权的决定不服的，可以自收到通知之日起 3 个月内向人民法院起诉。

在企业的专利申请和专利运用中，专利无效是被企业、单位运用最多的一个专利法规之一(应该仅次于专利的申请)。专利无效已成为专利诉讼中的必要手段和技巧。

10.3.5 专利申请的费用

10.3.5.1 申请费

申请费(见表 10.1)的缴纳期限是自申请日起 2 个月内。与申请费同时缴纳的费用还包括发明专利申请公布印刷费、申请附加费，要求优先权的，应同时缴纳优先权要求费。未在规定的期限内缴纳或缴足的，专利申请将视为撤回。

说明书(包括附图)页数超过 30 页或者权利要求超过 10 项时，需要缴纳申请附加费，金额以超出页数或者项数计算。

优先权要求费的费用金额以要求优先权的项数计算。未在规定的期限内缴纳或缴足的，视为未要求优先权。

表 10.1 专利申请缴费一览表 单位：元

缴费项目		发明	实用新型	外观设计
申请费		900	500	500
公布印刷费		50	—	—
说明书附加费	从第 31 页起每页	50	50	50
	从第 301 页起每页	100	100	100

续表

缴费项目	发明	实用新型	外观设计
权利要求附加费从第 11 项起每项	150	150	150
优先权要求费每项	80	80	80

10.3.5.2　发明专利申请实质审查费

对于发明专利申请，申请人要求实质审查的，应提交实质审查请求书，并缴纳实质审查费(2500 元)。提交实质审查请求和实质审查费的缴纳期限是自申请日(有优先权要求的，自最早的优先权日)起 3 年内。未在规定的期限内缴纳或缴足的，专利申请视为撤回。

10.3.5.3　专利费用的减缓

专利申请人或专利权人符合下列条件之一的，可以向国家知识产权局请求减缴部分专利收费。

(1)上年度月均收入低于 3500 元(年 4.2 万元)的个人。

(2)上年度企业应纳税所得额低于 30 万元的企业。

(3)事业单位、社会团体、非营利性科研机构。两个或者两个以上的个人或者单位为共同专利申请人或共有专利权人的，应当分别符合前述规定。

专利申请人或者专利权人可以请求减缴下列专利收费：申请费(不包括公布印刷费、申请附加费)，发明专利申请实质审查费，自授予专利权当年起 6 年的年费、复审费。

专利申请人或者专利权人为单个个人或者单个单位的，减缴上述收费的 85%；两个或者两个以上的个人或者单位为共同专利申请人或者共有专利权人的，减缴上述收费的 70%。

10.4　外国专利的申请

发明人或设计人如果要将自己的发明创造成果在外国申请专利，主要有以下几条途径。

10.4.1　《巴黎公约》途径

《保护工业产权巴黎公约》(*Paris Convention for the Protection of Industrial Property*，简称《巴黎公约》)是 1883 年 3 月 20 日在巴黎缔结的保护工业产权的国际公约，是世界知识产权组织管理下的条约之一。《巴黎公约》的调整对象即保护范围是工业产权。中国于 1985 年 3 月 19 日正式成为《巴黎公约》成员国。

根据《巴黎公约》关于优先权的规定，在任一成员国提出发明或实用新型专利申请后，再向其他成员国提出申请时可以享有12个月的优先权；对于外观设计专利申请，可以享有6个月的优先权。在此期间内有关该申请的任何公开或使用等，不影响该申请的新颖性。

10.4.2 《专利合作条约》途径

《专利合作条约》(*Patent Cooperation Treaty*，PCT)是专利领域的一项国际合作条约，它主要涉及专利申请的提交、检索及审查，以及其中包括的技术信息的传播的合作性和合理性。按照PCT的规定，在任何一个PCT成员国提出的一项专利申请，都可以视为在指定的其他成员国同时提出了申请，实现了“一国申请，多国有效”。

PCT申请的审批程序分为“国际阶段”和“国家阶段”。在“国际阶段”，只进行受理、检索、公布和初审程序；在“国家阶段”，由国际申请中指定国家的国家局或代理行使国家局职能的机构(指定局)负责进行最后的审查和专利授权程序。一项PCT申请进入具体国家阶段的时间为自申请日起30个月内。这样，当申请人希望以一项发明创造得到多国(一般为5个以上)保护时，利用PCT途径是很适宜的。

10.4.3 《欧洲专利公约》途径

《欧洲专利公约》(*European Patent Convention*，EPC)是一个地区性国家间专利组织，只对欧洲国家开放。于1973年由欧洲14国在德国慕尼黑签订，并于1978年正式生效。

EPC为各成员国提供了一个共同的法律制度和统一授予专利的程序。审查程序采取早期公开、延迟审查及授权后的异议制度。提出欧洲专利申请时，可以指定一个、几个或全部成员国。一旦依照公约授予专利权，即可在所有指定的成员国生效，与指定的各成员国依国家法授予的专利具有同等效力，欧洲专利权有效期是自申请日起20年。该公约规定，对于欧洲专利的维持、行使、保护以及他人请求宣告欧洲专利无效，均由各指定的成员国依照国家法进行。

学习指导

专利是一项发明创造的首创者所拥有的受保护的独享权益。专利申请是发明人、设计人或者其他有申请权的主体向专利机关提出就某一发明或设计取得专利权的请求。本章主要介绍了专利概述(专利的概念、类型、授权，专利申请的意义)、专利权概述(专利权的属性与归属、维持与终止、保护与侵权)、中国专利的申请(专利申请的文件，专利文件的撰写，专利申请的步骤、审批、费用)、外国专利的申请(《巴黎公约》途径、《专利合作条约》途径、《欧洲专利公约》途径)等内容。学习本章的目的在于使同学们熟悉专利申请文件的撰写方法，增强对科研成果的保护意识，在实践中不断提高自己的发明创造能力。

学习本章的基本要求是：重点掌握专利的概念、类型和授权，专利权的属性与归属、维持与终止、保护与侵权；熟悉专利申请的文件类型、撰写要求、申请步骤、审批流程；了解专利申请的意义、专利申请的费用、外国专利申请的途径。

复习与思考题

10.1　何谓专利？专利的最基本特征是什么？

10.2　我国《专利法》规定的专利有哪些类型？各自的含义是什么？

10.3　专利授权的原则有哪些？我国采用何种授权原则？

10.4　授予专利权的发明和实用新型应当具备哪些条件？

10.5　我国《专利法》规定哪些发明创造不能授予专利权？

10.6　何谓专利申请？其含义是什么？

10.7　对发明创造成果申请专利有何重要意义？

10.8　专利权有哪些属性？

10.9　根据发明创造的主体不同，专利权的归属有哪几种情况？

10.10　如何进行专利权的维持？

10.11　专利权终止的原因有哪些？

10.12　我国《专利法》对专利权的保护、保护范围、专利侵权和侵权赔偿是如何规定的？

10.13　依中国《专利法》规定，申请发明、实用新型和外观设计专利应向专利机关分别提交哪些申请文件？

10.14　委托专利代理机构申请专利一般要经过哪些步骤？

10.15　发明、实用新型和外观设计专利申请的审批过程分别包括哪些阶段？

10.16　申请外国专利有哪些途径？

10.17　请根据自己完成的创新作品设计内容，尝试撰写一篇专利申请文件，包括权利要求书、说明书摘要、说明书及说明书附图。

10.18　谈谈你学习本章后的感想和体会。

10.19　谈谈你学习“大学生创新领航”课程后的感想和体会。

参考文献

[1]甘华鸣,等.创新的策略:通用方法指南[M].北京:红旗出版社,1999.

[2]李青山主编.创造与新产品开发教程[M].北京:中国纺织出版社,1999.

[3]杨撲一编著.创造性思维的启示[M].北京:科学出版社,1999.

[4]叶黔达,郭香玲,陈祥荣主编.创新能力开发[M].成都:四川大学出版社,2000.

[5]杜永平主编.创新思维与创造技法[M].北京:北方交通大学出版社,2003.

[6]甘自恒编著.创造学原理和方法[M].北京:科学出版社,2003.

[7]刘莹,艾红主编.创新设计思维与技法[M]. 北京:机械工业出版社,2004.

[8]赵新军编著.技术创新理论(TRIZ)及应用[M].北京:化学工业出版社,2004.

[9]北京创造学会.创造创新五百问[M]. 北京:民主与建设出版社,2005.

[10]张武城主编.创造创新方略[M]. 北京:机械工业出版社,2005.

[11]宋景芬主编.汽车文化[M].北京:电子工业出版社,2005.

[12]胡珍生,刘奎林.创造性思维学概论[M].北京:经济管理出版社,2006.

[13]李淑文.创新思维方法论[M].北京:中国传媒大学出版社,2006.

[14]陶学忠编著.创造创新能力训练[M]. 北京:中国经济出版社,2008.

[15]冯志强.创新战略:为了中国企业领袖们的辉煌[M].北京:中国市场出版社,2009.

[16]朱瑞富主编.创新理论与技能[M].北京:高等教育出版社,2013.

[17]杨维和主编.汽车文化(第3版)[M].北京:电子工业出版社,2014.

[18]冯林主编.大学生创新基础[M].北京:高等教育出版社,2017.

[19]胡家秀,陈峰编著.机械创新设计概论[M]. 北京:机械工业出版社,2018.

[20]罗玲玲主编.大学生创新方法[M].北京:高等教育出版社,2018.

[21]裴钢主编.大学生创新方法教学理论与实践探索[M].北京:高等教育出版社,2018.

[22]王滨主编.大学生创新实践[M].北京:高等教育出版社,2018.

[23]李岳梅,孙守迁,潘云鹤.基于广义特征的创新设计模型及方法的研究[J].中国

机械工程，2002(4)：47-50.

[24]朱上上，潘云鹤，罗仕鉴，等.基于知识的产品创新设计技术研究[J]. 中国机械工程，2002(4)：73-76.

[25]涂卫平，文贵华，丁月华，等.创新设计中的多视点需求分析方法[J].计算机应用研究，2003(1)：23-34.

[26]李莉敏，吴冬青，唐文献.基于知识的产品创新设计系统研究[J].中国制造业信息化，2004(7)：94-96.

[27]梅姝娥.技术创新模式选择问题研究[J].东南大学学报(哲学社会科学版)，2008(3)：20-24.

[28]赵忠伟.中小型高科技企业技术创新模式选择研究[J].科技管理研究，2009，29(8)：456-458.

[29]陈勇星，杨晶照，屠文娟.企业技术创新模式选择与能力的匹配性研究[J].统计与决策，2010(20)：174-177.

[30]李岳梅.基于广义特征的产品创新设计方法与技术[D].浙江大学硕士学位论文，2002.